아산재단 연구총서 제455집

한국 다문화 사회의 교육과 복지 실천

아산재단 연구총서 제455집

한국 다문화 사회의 교육과 복지 실천

김영순·김선정 외

집문당

아산재단 연구총서 제455집

한국 다문화 사회의 교육과 복지 실천

2020년 1월 20일 1판 1쇄

저 자 | 김영순 · 김선정 외
발행인 | 임동규
발행처 | **(주)집문당**
등록 | 1971. 3. 23. 제2012-000069호
주소 | 03134 서울시 종로구 돈화문로 82 집문당빌딩 5층
전화 | (02)743-3192~3 팩스(02)742-4657
이메일 | sale@jipmoon.co.kr
홈페이지 | www.jipmoon.co.kr

ISBN 978-89-303-1853-2 94370
978-89-303-1500-5(세트)

가격 22,500원

이 도서의 국립중앙도서관 출판시도서목록(CIP)은 e-CIP홈페이지(http://www.nl.go.kr/ecip)와
국가자료공동목록시스템(http://www.nl.go.kr/kolisnet)에서 이용하실 수 있습니다.
(CIP제어번호: CIP2019051601)

머리말

한 가지 색깔의 장미꽃으로 이루어진 꽃밭을 상상해 보자. 이런 단일한 색깔의 장미들로만 이루어진 군집은 그 나름대로 아름답다고 생각할 수는 있지만, 진정 '아름다운 꽃밭'은 다양한 색깔의, 다양한 종류의 꽃들로 이루어져야 보기에 좋지 않을까.

우리는 모두 아름답게 살기를 희망한다. 자의든 타의든 우리는 다양함이 증가하는 사회 속에서 살아가고 있다. 오늘날 우리가 살아가는 사회는 정보화, 세계화 등으로 급격한 사회문화적 변동과정을 접하고 있다. 특히 세계화로 인해 국가 간 인적, 물적 이동이 그 어느 때보다 활발해지고 있으며, 많은 나라들이 개방화를 표명하면서 문화교류 및 전파 역시 빠른 속도로 진행되고 있다.

세계화가 진행되면서 서로 다른 문화를 가진 사람들이 만나 함께 살아가야 하는 것이 우리의 현실이다. 또한 국경을 넘는 초국적 이주가 보편화된 시대가 도래했다. 이런 사회문화적 맥락을 담은 세계화 시대에는 학생들과 학부모들이 낯선 문화와 사고방식을 이해하고, 다른 사람들과 더불어 사는 법을 배우는 것이 매우 중요한 교육의 과제이다. '유네스코 21세기 세계교육위원회'가 '함께 살기 위한 학습'을 21세기 교육의 핵심 과제로 제시할 만큼 다문화된 세상과 현실에 대한 교육의 역할은 강조되고 있다.

지금까지 우리나라는 '단일민족'을 강조하여 다양성에 대하여 보수적인 입장을 취했던 것이 사실이다. 하지만 90년대 이후부터 현재에 이르기까지 지속적으로 늘고 있는 이주노동자와 국제결혼 가정은 지금까지의 우리 한국의 사회문화 분위기를 전환하는 데 일종의 '문화적 계기'를 마련했다. 이런 다양한 외국 인구의 유입으로 우리나라에서도 다문화 정책에 대한 필요성이 대두되기 시작했다. 정부와 관련 부처는 다문화 정책을 시행하기 위한 다각적인 노력을 진행하고 있다. 하지만 현재 우리나라의 다문화 정책의 실천 정도는 겨우 초기 단계에 머물러 있다고 봐도 과언이 아니다. 이제 문화의 다양성을 인정하고 그에 합당한 정책들이 필요한 시대가 도래한 것이다.

다문화 정책은 국가적 차원의 정책적, 제도적 대응에 있어서 단기적 정책과 중·장기적으로는 지속적으로 민·관·연이 협력해야 한다. 즉 제대로 된 다문화 정책을 위한 정부의 노력도 중요하지만, 그것을 받아들이는 시민들의 태도 변화가 필요하기 때문이다. 개인 대 개인 또는 집단 대 집단의 '틀림'이라는 고정관념을 '다름'으로 전환하여 상호 간 문화의 차이를 인정하는 것이 필요하다. 이것은 개인, 단체, 국가가 다양성의 입장에서 서로를 인정·존중하여 상호 적응하는 일련의 인식 전환이 필요하다는 것을 의미한다고 할 수 있다. 이제는 급격하게 다문화 사회로 변화해가는 한국사회에서 다문화 가정의 사회통합과 자녀들의 학교적응 및 다문화 사회에 대한 이해 증진이 절실히 필요한 시점이다.

최근 법무부 통계월보에 따르면 2019년 7월 한국에 체류하는 외국인은 2,415,714명이다. 체류외국인 중 외국인등록자는 1,257,132명이며 외국국적 동포로 국내 거소 신고자는 453,633명, 단기 체류자는 704,949명이다. 국내 체류 외국인의 수는 해마다 그 증가 폭이 기하급수적으로 늘어날 전망이다. 급격하게 증가하는 인구의 다양성에 대비하여 정부는 지속가능한 다문화 사회 유지에 기여하는 사회통합 정책을 모색해야 한다. 그 이유는 체계적이고 지속적인 정책을 수립하지 않아 격렬한 인종 폭동과 테러가 발생한 프랑스나 영국, 그리고 최근 정부의 다문화주의를 '문화적 마르크스주의'라고 비난하면서 테러를 일으킨 노르웨이의 사건에서 떠올릴 수 있다.

이와 같은 타국가의 경험이 말해주듯이, 다문화 가정과 그 자녀들이 우리 사회에 제대로 통합되지 않고 우리 또한 이들을 잘 이해하고 수용하지 않는다면, 다문화 가정 자녀뿐만 아니라, 우리 사회와 국민에게도 막대한 피해와 손실을 초래할 수 있어서 미래의 사회안전망을 해칠 수 있는 변수로 작동될 수 있을 것이다.

이 책은 이런 미래에 발생할 사회문제를 현재 시점에서 감소시키기 위하여 교육적으로 해결할 수 있는 몇몇 제안을 내놓고자 한다. 이를 위해 한국 다문화 사회에서 대두되고 있는 언어, 문화, 종교, 여성, 교육, 복지 등의 문제들을 다룬 13편의 연구물들을 세 개의 부로 구분하여 심도 있게 다루고 대안도 제시하고 있다.

1부 '다문화주의와 교육적 쟁점'에서는 다문화 사회 도래에 따른 교육적 쟁점을 기술한다. 특히 다양성에 관한 철학적 배경, 다문화교육과 상호문화교육에 관한 이론적 논쟁, 통합적 다문화교육의 실천 사례, 다문화 사회에서의 종교교육 등을 다룬 4개의 장을 구성했다.

제1장 '다문화주의 실천과 시민의 다문화 역량'에서는 다문화주의의 교육적 실천 방안으로 시민의 다문화 역량 교육을 시민교육의 일환으로 제안했다. 특히 다문화 역량을 강화하기 위한 방법으로 시민교육으로서 협동학습을 제안했다. 특히 학교교육의 영역에서 '다문화 시민' 교육이 수행되는 것과 같이, 학교와 지역사회가 연계되어 다문화 시민교육이 이루어져야 한다는 점이다. 그럼으로써 다문화 시민성

을 지닌 시민들이 다문화 사회에서 '그들'과 함께 아름답게 살아갈 수 있을 것이다. 다문화시민성은 곧 우리 사회 구성원들의 다문화 역량의 바로미터임을 시사하기 때문이다.

제2장 '다문화교육과 상호문화교육의 대안적 논쟁'은 다문화교육의 주요 이론인 다문화교육 이론과 상호문화교육 이론을 상호보완적 입장으로 설명했다. 최근 들어 다문화교육의 쟁점 중 하나로 부각된 다문화 학교의 의미와 개념을 살펴보았으며, 다문화성이 지니는 집단적 성격을 넘어서 개인 상호 간 유지될 수 있는 상호문화성에 주목했다. 따라서 다문화성과 상호문화성이 대립적 특성을 나타내는 것이 아니라 상호보완적 측면이 있음을 강조하고 상호문화 역량 확보를 주장했다.

제3장 '다문화주의와 통합적 다문화교육의 실제'에서는 다문화주의에 대한 다양한 시각을 논의한 후, 독일의 다문화 가정과 그 자녀들을 위한 학교 영역과 사회 영역의 교육 프로그램을 살펴보고, 한국의 사회교육 프로그램, 특히 시민단체의 교육프로그램을 분석했다. 이제는 학교와 가정 및 사회영역 등 다각적인 교육의 현장화가 이루어짐으로써 이들이 통합되어 다문화교육의 시너지 효과를 극대화할 수 있는 '통합적 다문화교육'이 요구되기 때문이다. 따라서 이 장에서는 독일의 공교육과 사회영역에서 실시되고 있는 다문화교육의 사례를 바탕으로 한국의 다문화교육이 지향해야 할 방향성을 조명했다.

제4장 '다민족 · 다문화 사회에서의 종교교육'에서는 유럽에서 논의되고 있는 이슬람에 대한 시각을 살펴보고, 이를 바탕으로 독일의 종교교육을 둘러싼 논쟁과 사회통합을 위해 함부르크에서 실시되고 있는 종교수업 사례에 대해 고찰했다. 종교 문제는 다문화 사회에서 사회통합을 위해 반드시 극복해야 할 매우 중요한 사안이다. 우리나라도 앞으로 이주민의 출신 국가가 아랍 · 이슬람권으로 확대될 것이기

때문에 우리가 가장 먼저 이해해야 할 종교문화는 이슬람일 것이다. 따라서 이 장은 앞으로 전개될 다문화 사회의 현실에 대한 우리의 인식 전환과 함께 다른 종교문화에 대한 올바른 이해와 교육이 절실히 요구된다는 점을 일깨워준다.

2부 '다문화 사회의 교육과 복지'에서는 지속가능한 다문화 도시의 개념을 바탕으로 다문화가족 복지 정책 현황을 기술했다. 이어서 이주여성을 위한 한국어교육 방향, 이주여성의 자녀 대상 모국어 교육 경험, 중도입국자녀를 둔 이주여성의 복지서비스 경험들을 다루었다.

第5장 '지속가능한 다문화 도시와 다문화가족지원 정책'은 초국적 이주에 따른 지속가능한 다문화 도시의 구상을 다문화가족 복지 정책과 연결하여 교육과 복지 실행을 담은 새로운 정책을 제안했다. 특히 지속가능성이란 미래 사회의 가치를 바탕으로 다문화 도시 실현을 위한 기존의 다문화 정책들을 점검하고 인천시의 인구 다양성 등을 사례로 제시하고 대안으로서 교육과 복지를 담은 이민청에 관한 제안을 기술했다.

第6장 '이주여성을 위한 한국어교육 방향'은 여성결혼이민자들의 구어 자유 담화 자료를 분석하고 설문 조사와 심층 면접을 실시했다. 이를 통해 한국어 문장 구성에 나타나는 특성을 알아보고, 나아가 이들이 의사소통을 위해 사용하는 전략적 특성을 파악했다. 따라서 이 장에서는 여성결혼이민자들을 대상으로 하는 한국어교육의 효율성과 이들의 의사소통 능력의 개발을 위하여 자료 분석과 설문조사 및 심층면접을 통해 여성 결혼이민자의 발화에 나타난 문장구성 상의 특징과 그들이 사용하는 의사소통 전략에 관해 살펴보았다.

第7장 '이주여성의 자녀 대상 모국어 교육 경험'은 이주여성들이 그들의 자녀에게 모국어 교육을 실행하고 있는 과정에서 어떠한 경험을 하는지 살펴보았다. 특히 결혼이주여성들이 가정 안에서 자신이 자녀들에게 모국어를 가르칠 때 어떠한 방법들을 사용하고 있는가를 연구했다. 또한 그들이 자녀에게 모국어를 가르치는 과정에서 겪게 되는 어려움이 무엇인지 분석했다.

제8장 '중도입국자녀를 둔 이주여성의 복지서비스 이용 경험'은 결혼이주여성들의 자녀들이 한국사회에 잘 적응하고 당면한 여러 상황들을 극복해 나가기 위하여 다양한 복지서비스를 받기를 기대하고 있음을 밝혔다. 나아가 자신과 자녀들에 대한 정책적인 관심도 지속적으로 이어지기를 바라고 있음을 기술했다. 또한 결혼이주여성의 시각에서 바라본 중도입국자녀의 복지서비스 이용 경험을 살펴보고, 앞으로 복지서비스 정책 차원에서 더 개선해야 할 점이 무엇인지를 설명했다.

3부 '다문화 학교와 다문화 학습자'에서는 다문화 대안학교 학습자들의 교육연극과 협동학습, 다문화 가정을 위한 한국어교육 방안, 탈북학생 교육 현황 및 실제, 초등학교 교사의 탈북학생 교육 경험의 의미, 다문화 멘토링 참여 대학생의 사회적 실천과정을 다루었다.

제9장 '다문화 가정 학생의 교육연극과 협동학습'에서는 다양성이 높은 사회에서 전인적 발달을 위한 공평한 학습의 기회는 무엇이며 어떻게 가능할 것인가라는 문제의식으로 논의를 시작했다. 이런 논의를 효과적으로 수행하기 위해 교육법 및 2015 개정 교육과정과 다문화 가정 학생의 실태를 확인하고 다문화교육론자들이 교육적 방안으로 제시한 교육연극과 협동학습에 대해 살펴보았다. 또한 교육연극과 협동학습을 실제 적용한 사례를 통하여 구체적인 모습을 확인했다.

제10장 '다문화 가정 자녀를 위한 한국어교육 방안'은 다문화 가정 자녀의 현황을 알아보고, 이들을 대상으로 한국어교육을 통한 다문화 교육의 방향을 제안했다. 지금까지의 연구들은 다문화 가정 자녀들의

한국어 능력 부족 현상에 대해 논하면서 구체적으로 어느 영역의 어휘가 얼마나 부족한가에 대한 연구가 없었다. 따라서 이 장에서는 다문화 가정 자녀들의 어휘력 분석 결과를 토대로 다문화 가정 자녀들의 부족한 어휘를 보충하기 위한 내용들을 다양하게 제안했다.

제11장 '탈북학생 현황과 탈북학생 교육 실태'에서는 지금 현재 실행되고 있는 탈북학생 교육 정책과 현황에 관한 심층적인 분석을 내놓았다. 탈북학생의 개념 및 정의, 현황 및 특성, 탈북학생 교육지원 정책 현황에 관해 분석한 내용을 살펴보았다. 이와 더불어 탈북학생 교육의 개선과 발전을 도모하며, 더 나아가 통일과 평화를 위한 미래 지향적 통합교육의 방향 설정에 시사점을 제공했다.

제12장 '초등교사의 탈북학생 교육 경험의 의미'에서는 탈북학생을 지도한 초등교사들의 교육 현장 경험을 바탕으로 탈북학생 교육 실행의 실제적 측면을 고찰했다. 이를 통해 탈북학생 교육에 관한 심층적인 이해를 돕고 정책 실행의 효과를 살펴보았으며, 나아가 탈북학생 교육이 나아가야 할 방향성을 제시했다.

제13장 '다문화 멘토링에 참여한 대학생의 사회적 실천과정'은 다문화 멘토링에 참여한 대학생의 경험을 바탕으로 멘토링 실천과정을 분석했다. 이를 통해 대학생들이 인구적으로 문화적으로 다양해진 다문화 사회에서 함께 살아갈 수 있는 방법을 모색하고 나아가 공동체 의식을 고취하고자 했다. 아울러 멘토링에 참여한 대학생들이 청년 실업 등으로 인한 희망감 상실의 현실을 극복하고 그들 스스로도 내적 자기 탐색을 통해 극복할 수 있는 경험을 기술했다.

이제 우리 한국사회도 다양한 인종과 문화가 공존하는 '다민족, 다문화 사회'로 빠르게 변화하고 있다는 것을 아무도 부인할 수 없다. 그래서 서로 협력하고 공존할 줄 아는 공동체적인 삶의 태도와 포용할 수 있는 시민정신을 키워야 할 때이다. 다문화교육은 사회적 통합을 위하여 단기적으로 해결점을 찾는 프로젝트를 넘어 체계적인 내용 체계를 가지고 지속적으로 추구해야 할 장기 프로젝트로서 수행되어야 할 것이다. 다문화 가정과 다문화 가정 자녀들이 우리 사회의 당당한 구성원으로 된다면, 이들은 아시아 공동체를 뛰어 넘어 세계를 상대로 훌륭한 역할을 할 수 있는 글로벌 인재가 될 수 있을 것이다.

우리의 다문화교육은 주로 북미와 유럽 등을 모범으로 삼는다. 이 점에 대해 이 책의 집필진들은 부인하지는 않지만 동의도 역시 하지 못한다. 우리는 베트남 라오까이성의 다양한 소수민족 간의 공존을 교훈으로 삼을 수도 있고, 인도네시아의 국시인 '다양성 속의 조화(Diversity of social culture' but life in UNITY)'에도 동의를 표할 수 있다. 이런 사례와 경험 그리고 슬로건은 우리 사회가 다문화주의와 상호문화주의를 기반으로 하는 다문화교육의 지향성을 제시한다. 이 말이 다수자들에게 소수자들의 문화도 배우게 하자는 성찰을 불러일으키게 하여, 존재의 다름과 같음을 이해하면서 다른 존재자들과도 함께 잘 어울려 살 수 있기를 희망한다.

다문화 사회로의 진입을 하는 과도기에 우리 사회의 요구와 시대적 사명감에 부응하여 이 주제를 연구하게 해 주신 아산사회복지재단 관계자분들과 이 책이 나오기까지 전 과정에 걸쳐 도움을 주신 모든 분들께 깊은 감사를 드린다.

2020년 1월

대표 저자 김영순 · 김선정 씀

| 차 례 |

| 표 차례 |

| 그림 차례 |

제1부

다문화주의와 교육적 쟁점

제1장 다문화주의 실천과 시민의 다문화 역량

제2장 다문화교육과 상호문화교육의 상호 대안적 논쟁

제3장 다문화주의와 '통합적' 다문화교육의 실제

제4장 다민족・다문화 사회에서의 종교교육

제1장 다문화주의 실천과 시민의 다문화 역량

1. 다문화 역량이 필요한 이유

우리는 과연 진정한 단군의 자손이며 단일 민족의 후손들일까? 반도라는 지정학적 여건이 문화전파의 통로이면서 문화융합의 최적지란 사실은 단일민족이라는 '숭고함'을 한 방에 날릴 수 있는 결정적인 단서가 될 수 있다. 이 장은 첫 번째 장으로서 반만년 역사를 지닌 우리민족에게 다문화주의가 어떤 의미로 받아들여지는가, 그리고 다문화주의를 어떻게 실천해왔으며 어떤 방향으로 나가야 할지 고민할 것이다.

한국에서 이주노동자가 유입되고 결혼 이주여성이 생겨나기 시작한 2000년대 초부터 언론과 정책 기관 그리고 학교에서는 물론 학회에서까지 '다문화'의 호들갑을 떨고 있는 것은 사실이다. 요즘 대부분의 학회 및 정책토론회 등에서 다문화 사회 및 다문화교육에 관해 논의하고 있다. 최근 여러 학회에서 다문화를 소재로 학술대회를 여는가 하면, 학회지의 특집호까지 다문화로 장식하고 있는 것을 보면 다문화가 요즘 시대의 대세인 것은 확실하다. 그러나 다문화에 관한 우리나라 역사를 살펴보면 우리가 다문화에 대해 호들갑을 떨 필요성이 없음을 느낄 수 있다. 역사적으로 우리는 이미 다문화 사회를 이루고 살아왔으니까 말이다. 이렇게 이야기하면 새삼스레 무슨 말인가 되묻게 될 것이다.

박기현(2007)의 저서 『우리 역사를 바꾼 귀화 성씨』와 한국문명교류연구소 정수일 교수의 저서 『한국 속의 세계』를 보면, "고려 초기 약 100년 동안 출세를 위해 찾아온 중국인들과 유민, 포로 신분으로 온 발해인과 여진인, 거란인을 포함해 귀화인은 약 17만 명에 달했다"고 한다. 원제국 간섭기를 전후한 후기에는 주로 파견이나 결혼, 포로처럼 자기 의사와 상관없이 들어와 살다 귀화한 경우가 대부분이었다. 그런데 중국인의 귀화 기록은 3회, 일본인은 전기 3회, 후기 19회의 사례가 있는데, 후기의 경우는 모두 포로로 잡혀온 왜구들이다. 특이한 것은 원제국의 후광 속에 색목인이나 회회(回回)인들이 고려에 귀화해 고려인들과 함께 살아가기도 했다. 그들에 의해 새 문물이 들어와 고려사회의 면모는 좀 더 다채로워졌다. 원래가 외국인들이었으므로 외국 사정에 밝아 외교 사절에 기용되는 경우가 많았고, 외교문서 작성이나 외국어 교육에도 종사했다.

> "쌍화점에 쌍화를 사러 가니/회회 아비가 내 손목을 쥐더이다./
> 이 말이 상점 밖에 나면/조그만 새끼광대 네 말이라 하리라."

이 고려가요 '쌍화점'은 우리에게 영화 「쌍화점」으로 더욱 잘 알려져 있다. 영화에서는 고려 말기 왕가의 모습을 다루고 있다. 이 고려가요는 당시 이슬람 상인(회회아비)과 고려 여인에 대한 소문을 표현한 작품이다. 민간에서 널리 부르던 고려가요에 이슬람인이 등장했다는 점을 보더라도 고려시대 이슬람은 우리에게 낯선 이방인이 아니었다. 예성강 하류의 벽란도는 고려시대 최대의 무역항으로 이슬람 문화권을 비롯한 여러 나라에서 몰려온 상인들로 북적이는 국제 무역도시였다. 이슬람인들은 고유 의상과 언어, 문화를 그대로 유지하며 고려의 수도 개경을 중심으로 공동체를 형성했고 이슬람 사원도 건축했다. 뿐만 아니라 경북 경주에 위치한 8세기 통일신라 원성왕의 무덤, 괘릉 앞에 세워진 8척 무인상은 영락없이 서역 아랍인의 모습을 하고 있다. 뿐만 아니라 『삼국유사』에 나오는 처용도 신라 왕실에서 일했던 서역인일 가능성이 높다는 견해도 있다. 이렇게 무슬림들은 통일신라, 고려시대에 크고 작은 관직과 일반 상인에 이르기까지 폭넓게 정착했다. 또 이런저런 이유로 고려에 눌러앉아 귀화한 경우도 적지 않다고 역사학자들은 보고 있다.

위의 내용에서 알 수 있듯이 우리 사회는 이미 오래전부터 다문화 사회를 이루고 살아왔으며, 우리 생활의 전체를 다문화로 구성해오고 있다. 유·불·선 종교의 융합과 외래 종교들의 다양성, 다양한 음식과 이에 따른 음식 문화 등 이루 헤아릴 수 없는 문화융합적 다양성이 어떻게 단일민족에게서 나타날 수 있을 것일까? 이미 우리 조상들은 다문화 사회를 구성했고 다문화를 꽃피우고 있다는 데 동의해야 한다. 다시 말해 최근 화두되고 있는 '다문화'는 결코 새삼스러운 것은 아니다.

그 당시의 국내 거주 외국인 수의 총계를 알 수 있는 통계가 없어서 역사서를 통해 짐작해 보지만, 요즘 들어 우리 사회에서는 어떤 대중교통을 이용하든지 외국인을 만날 수 있는 기회가 잦아졌다. 농어촌 지역 및 공단 지역에서는 우리나라 사람보다 외국인을 더욱 많이 접할 수 있다.

한국사회가 다양한 민족의 이주에 관심을 가지게 된 것은 그리 오래되지 않았다. 외국인들의 유입은 1990년을 기점으로 시작됐고 2002년 올림픽 이후 증가하기 시작했다. 최근 법무부 통계월보에 따르면 2019년 7월 한국에 체류하는 외국인은 2,415,714명이다. 체류 외국인 중 외국인등록자는 1,257,132명이며 외국국적 동포로 국내거소 신고자는 453,633명, 단기 체류자는 704,949명이다. 이들의 국적별 분포를 보면 중국 1,092,622명(45.2%), 베트남 219,076명(9%), 태국 203,343명(8.4%), 미국 161,875명(6.7%), 우즈베키스탄 73,445명(3%), 러시아(연방) 62,567명(2.6%), 필리핀 55,909명(2.3%), 일본 47,120명(2%) 순이다(통계월보, 2019. 7월). 이들은 60% 이상이 수도권에 거주하고 있고 그 다음 영남권, 충청권, 호남권 순으로 분포되어 있으며 노동자, 결혼이민자, 유학생, 난민, 외국 동포들이 대부분이다.

이와 같은 현상은 1990년대 후반부터 이루어진 국내 기업의 외국인 근로자 채용과 농어촌 지역의 국제결혼 붐으로부터 기인한다. 특히 국제결혼의 꾸준한 증가와 이들 가정의 자녀들이 2000년에 들어서면서 초·중등학교에 입학하기 시작했다. 최근 교육과학기술부의 보도 자료에 따르면, 중도입국자녀를 포함한 전국의 학교에 재학 중인 다문화 가정 자녀는 2016년 9만 9천 186명, 2017년 10만 9천 387명으로 해마다 크게 늘어, 2018년을 기준으로 총 12만 2천 212명이다.

이와 같이 증가하는 다문화 가정 자녀들이 효율적인 학교생활 적응을 통하여 '한국인'으로서의 정체성을 찾기 위한 방안이 필요한 시점이다. 그러나 현재 다문화 가정 자녀들을 위한 교육 정책은 근시안적으로 이루어지고 있는 실정이다. 일례로, 정부가 '다문화 가정 자녀 교육지원 대책'을 발표한 2006년 5월 1일 이후 다문화교육에 대한 관심은 고조됐지만, 그 대상은 주로 이민자 자녀들이었고, 단지 그들의 학습 결손을 방지하는 차원에서 이루어졌으며 학교적응 지원에만 초점을 맞춰왔다. 구체적으로 '방과 후 학교' 프로그램, 다문화 가정 자녀들을 위한 대학생 멘토링 우선 선정, 교사 및 또래 집단과의 1대 1 결연, 소수자 배려교육, 한국어교육, 한국문화교육 측면에서의 교원연수강화, 지역인적자원개발 사업을 통한 지역 단위 지원프로그램 활성화 등의 종합적인 대책을 마련했다(교육인적자원부, 2006).

그러나 우리 사회가 진정한 다문화 사회가 되기 위해서는 이런 정책 제시보다 다문화 가정을 바라보는 우리 사회 구성원들의 인식 변화가 더욱 요구된다. 이 문제는 단지 학교교육 영역에 국한된 것이 아니라 사회교육 영역에서까지 전교육적 차원으로 확장될 수 있다. 학교교육에서의 다문화교육 관련 프로그램들은 어느 정도 정착한 기미를 보이나 학교 밖 사회교육에서의 다문화교육은 다문화 가정 구성원을 위해 언어교육이나 사회문화교육 정도의 이해교육 차원에 머무르고 있다(김영순, 2010a). 이 점은 다문화교육이 시민사회로부터 시작되어 제도권으로 그리고 학교 차원으로 확대되어 온 경향에 비추어볼 때 한 가지 시사점을 얻을 수 있다. 사회 교육적 차원에서의 다문화교육은 다문화 가정 구성원은 물론 일반 시민들의 다문화 역량 강화를 위한 시민교육을 수행해야 한다. 이를 위해서는 시민단체의 관심과 정부의 지원이 절실하게 요구된다는 것을 시사한다.

학교교육의 영역에서 '다문화 시민' 교육이 수행되는 것과 같이 학교와 지역사회가 연계되어 다문화 시민교육이 이루어져야 한다(김영순, 2010b). 다문화 시민성은 곧 사회 구성원들의 다문화 역량의 바로미터이기 때문이다. 이 장에서는 다문화 사회를 살아가는 시민들에게 필요한 자질을 다문화 역량으로 간주하고 이를 함양할 수 있는 방안을 협동학습이라는 시민교육 방법을 통해 제안하고자 한다(김영순, 2010a; 2010b).

따라서 2절에서는 급격히 변화하고 있는 한국의 인구 다양성 현황을 검토하고 3절에서는 다문화 사회의 시민교육에 관한 담론들과 민주시민이 갖추어야 할 다문화 역량을 살펴볼 것이며, 4절에서는 다문화 역량 강화를 위한 시민교육 방법으로써 협동학습에 대해 제안할 것이다.

2. 한국사회의 인구 다양성과 대응 정책

1) 한국사회의 인구구조 변화

(1) 인구변화 개요

한국사회는 2000년대부터 외국인 100만 시대에 접어들어 전체 인구의 2.3% 외국인이 거주하는 다문화 사회에 진입했다. 이런 인구변화는 한국사회로 이주한 결혼이민자와 외국인 유학생, 이주노동자 등 다양한 형태의 이민자들이 유입으로 시작됐다. 2007년 3월 외국국적동포에 대한 방문취업제를 시행하면서 등록외국인 수가 급격하게 증가했다. 2019년 7월 말 현재 체류외국인은 2,415,714명으로 2000년보다 2배가 넘게 증가했다. 외국인등록인구 증감추세는 〈그림 1-1〉과 같다.

2019년 외국인등록인구를 살펴보면 2009년 117만 명으로 전체 인구의 2%를 넘어섰고 2019년에는 242만 명으로 전체 인구의 4%를 넘어섰다. 〈그림 1-1〉을 보면 한국사회에 외국인의 증가 정도를 한눈에 알 수 있다. 이렇게 늘어나는 외국인들을 국적별로 살펴보면

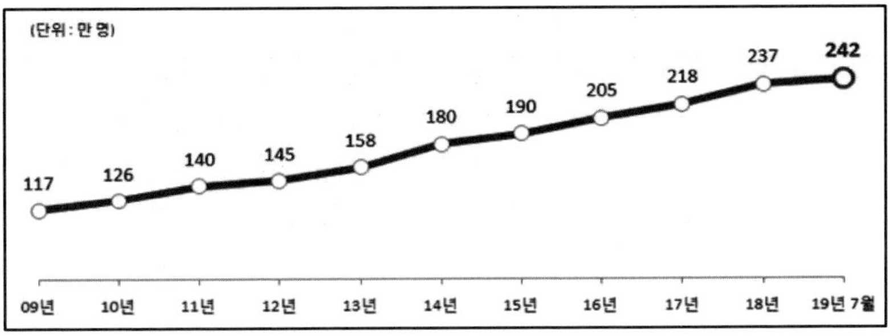

출처: 법무부 출입국·외국인정책본부 통계월보, 2019. 7.

〈그림 1-1〉 외국인등록인구 증감추세

〈표 1-1〉 등록외국인 국적별 현황 (단위: 명)

국적별	계	중 국	베트남	우즈베키스탄	캄보디아	필리핀	네 팔	기 타
인원	1,257,132	547,564	179,899	53,894	44,970	44,748	40,001	346,056
비율(%)	100	43.6	14.3	4.3	3.6	3.6	3.2	27.5

출처: 법무부 출입국·외국인정책본부 통계월보, 2019. 7.

〈표 1-1〉과 같다.

〈표 1-1〉의 등록외국인을 국적별로 살펴보면 중국이 54만 명으로 전체의 43.6%를 차지하고 있으며 그 다음 베트남이 17만 명으로 14.3%로 2위이며 그 다음은 우즈베키스탄, 캄보디아, 필리핀, 네팔이다. 여기에 중국은 재중동포를 포함하고 있다. 한국 등록외국인을 지역별로 살펴보면 〈표 1-2〉와 같다.

〈표 1-2〉와 같이 한국에 등록된 외국인을 단순 비교했을 때에는 경기도에 가장 많이 살고 있지만 인구밀도를 고려하면 서울이 가장 높다는 것을 알 수 있다. 서울에 거주하는 등록외국인은 281,752명으로 약 22.41%를 차지하지만 서울을 비롯하여 경기, 인천 등 수도권에 등록된 외국인은 764,504명으로 전체 61%를 차지하고 있다.

〈표 1-2〉 등록외국인 거주 지역별 현황 (단위: 명)

경기	서울	경남	인천	충남	경북	부산	충북	계
412,330	281,752	74,732	70,422	74,468	57,663	45,174	39,969	1,257,132
전남	울산	대구	전북	광주	제주	대전	강원	
33,769	20,010	28,439	32,440	23,426	25,386	18,246	18,906	

출처: 법무부 출입국·외국인정책본부 통계월보, 2019. 7.

〈표 1-3〉 등록외국인 서울 구역별 분포 현황 (단위: 명)

강남	강동	강북	강서	관악	광진	구로	금천	노원	도봉	동대문	동작	마포
5,068	4,318	3,771	6,594	17,535	15,422	33,420	19,742	4,240	2,297	16,580	12,892	11,510
서대문	서초	성동	성북	송파	양천	영등포	용산	은평	종로	중구	중랑구	총계
12,914	4,184	7,955	11,866	6,867	4,048	34,623	15,837	4,516	10,505	10,079	4,969	281,752

출처: 법무부 출입국·외국인정책본부 통계월보, 2019. 7.

특히 서울 지역에 거주하고 등록외국인은 전체 서울인구 9,751명, 415명(2019. 07. 행정안전부 주민등록인구현황)의 2.8%를 차지하고 있다. 또한 서울 구역별 외국인 등록 분포 현황을 살펴보면 다음 〈표 1-3〉과 같다.

〈표 1-3〉에서 등록외국인 서울 구역별 분포 현황을 살펴보면 영등포구에 거주하는 외국인이 34,623명으로 가장 많으며 그 다음이 구로구 33,420명, 금천구 19,742명이다. 이 지역은 서로 인접하여 있어 서울 전체 25개구의 분포로 볼 때 전체 등록외국인 수의 약 31%를 차지하여 많은 외국인들이 집중되어 있음을 알 수 있다. 특히 서울 25개구를 나누어 볼 때 매우 집중되어 있어 외국인들로 인한 사회문제의 온상이 되거나 서울 시민들이 외국인을 혐오하는 제노포비아 현상이 나타날 수 있다고 본다. 이렇게 예상되는 문제들을 미연에 방지하기 위해서는 적절한 사회통합 정책을 모색해야 할 것이다. 사

회통합 정책은 정부로부터 구상되어 지자체에 실현되거나 지자체의 환경을 반영한 적절한 사회통합 정책이 요구된다. 이러한 사회통합 정책의 모색을 위해 다문화 사회의 주요 구성원인 외국인근로자, 결혼이민자, 외국인 유학생 현황과 이들에 대한 정책을 살펴보도록 한다.

(2) 외국인 근로자 현황

21세기는 전 지구적 불평등의 심화로 출신국을 떠나 보다 나은 삶의 터전을 향해 이동하는 국제이주가 증가하고 있다. 그러나 국제이주를 통해 이동한 외국인 근로자의 삶은 현실적 혹은 법적으로 보호받지 못하는 취약한 상태에 놓여 있다. UN에 따르면, 2013년을 기준으로 세계 이주자는 전 세계 인구의 3.2%에 해당하는 2억 3천 2백만 명을 차지한다.[1] 그중 대부분의 이주자가 아시아 지역(7천 1백만 명)과, 유럽 지역(7천 2백만 명)에서 발생하고 있다. 특히 최근에는 선진국의 저출산·고령화 등의 인구구조의 변화로 아시아 지역 내에서의 노동이주가 활발하게 이루어지고 있다.

이러한 변화에 따라 베트남, 필리핀, 인도네시아 등 개발도상국에서는 경제 개발과 외화 획득을 목적으로 노동력 송출을 증대시키고 있으며 한국이나 일본, 싱가포르 등과 같이 상대적으로 선진화된 국가에서는 부족한 노동력을 채우기 위한 방편으로 외국인 근로자를 수용하고 있다. 한국은 대표적인 노동 수용국으로, 2019년 7월 말 현재 취업자격 체류외국인은 583,315명이다. 이러한 수치는 법무부나 통계청에 보고된 것으로, 불법취업 체류외국인을 포함한 미확인 외국인 근로자의 수는 더욱 많을 것으로 예측하고 있다(법무부, 2019). 한국은

1) UN: http://www.un.org.

지난 2013년 12월 20일 외국인력정책위원회를 개최하고, 2014년에는 외국인력 유입 규모를 5만 3천 명으로 결정했다. 특히 제조업, 어업, 농축산업 등에서는 외국인 근로자 신규 고용 한도를 사업장 규모와 상관없이 허용 인원의 20%까지 초과할 수 있도록 함으로써 외국인력의 유입을 급증시켰다(고용노동부, 2017).

1980년대 말부터 경제적 고도성장을 이룩했지만 저출산, 고령화의 문제와 고학력인력의 3D 업종에 대한 기피현상으로 인력난을 겪으면서 외국인 근로자의 유입이 급증했다. 초기에 외국인 근로자들은 관광비자 또는 단기 방문 비자를 통하여 한국에서 일하기 시작했다. 1988년 이후부터는 개발도상국 출신의 젊은 남성이 유입됐는데 주로 저숙련직의 직종에 종사했다. 1991년을 기점으로 외국인 근로자에 대한 신분은 '해외투자기업연수생제'와 1993년 '산업연수생제' 그리고 2000년도의 '연수취업제'를 통해 변화했다. 그러나 산업연수생제도는 노동자에 대해 연수생이라는 신분을 부여함으로써 노동법의 테두리에서 벗어나, 불법체류를 악용한 인권침해 문제 등을 대두시켰다. 이에 따라, 2003년 송출비리 방지 및 외국인근로자에 대한 대우를 균등하게 하기 위하여 『외국인근로자의 고용 등에 관한 법률』을 제정했다. 이후 2004년 '고용허가제'가 산업연수생제와 동시에 시행됐다. 그러나 2007년에는 산업연수생제가 폐지되고, 고용허가제로 일원화함으로써 고용허가제만을 통해 외국 인력을 유입할 수 있도록 했다(고용노동부, 2017). 외국인 근로자의 취업기간은 3년으로 설정하여 정주화를 방지하고 있다. 고용허가가 만료된 후에는 1회에 한정하여 2년 미만 범위에서(1년 10개월) 사용자가 재고용을 할 경우에만 고용연장이 가능하다. 지역별 외국인 근로자 현황을 살펴보면 다음 〈표 1-4〉와 같다.

〈표 1-4〉 지역별 외국인 근로자 현황 (단위: 명)

<table>
<tr><th>서울</th><th>부산</th><th>대구</th><th>인천</th><th>광주</th><th>대전</th><th>울산</th><th>세종</th><th>경기</th><th>계</th></tr>
<tr><td>70,077</td><td>14,901</td><td>10,219</td><td>23,783</td><td>7,413</td><td>2,826</td><td>9,218</td><td>1,886</td><td>189,028</td><td rowspan="3">495,792</td></tr>
<tr><th>강원</th><th>충북</th><th>충남</th><th>전북</th><th>전남</th><th>경북</th><th>경남</th><th>제주</th><td></td></tr>
<tr><td>6,528</td><td>19,087</td><td>33,806</td><td>10,419</td><td>16,689</td><td>26,283</td><td>44,877</td><td>8,752</td><td></td></tr>
</table>

출처: 행정안전부 지방자치단체외국인주민현황, 2017.

〈표 1-4〉를 살펴보면 경기가 189,028명으로 가장 많고 이는 전체 외국인 근로자의 38%를 차지한다. 또한 서울과 경기 그리고 인천을 포함하면 282,888명으로 전체의 57%를 차지한다. 이렇게 외국인 근로자는 수도권에 집중되어 있음을 알 수 있다.

이렇게 수도권에 집중된 외국인 근로자들에 대한 정책의 문제점을 살펴보면 다양한 원인에 인한 불법체류 사례가 늘어나고 있다는 것이다. 그 이유는 먼저 외국인 근로자는 전문인력과 단순기능 인력으로 구분하며 일정한 기간이 지나면 본국으로 귀환해야 하므로 일시적인 체류 형태를 보인다. 이러한 체류 형태는 정해진 기간에 본국으로 귀환하지 않는 체류자들을 만들고 이런 체류자들이 증가하면서 불법체류자 문제가 발생하여 사회적으로 문제가 부각되기도 한다. 또한 체류외국인은 직업별로 구분하는데 이는 국내노동시장을 보호하기 위한 차원이다. 외국인에 대한 취업 제한을 지나치게 완화하면 노동시장보호 차원에서 문제가 발생할 수 있기 때문에 정부에서는 내국인 노동자의 일자리 잠식을 보호하기 위해 쿼터를 정하고 있다. 또한 정부에서는 취업비자를 구분하여 정부가 노동시장을 관리하지만 철저히 구분된 취업비자는 불법체류자를 증가시키는 요인이기도 하다. 또한 자격별 취업비자는 해당기업에만 취업이 가능하도록 하는 규정이 있어 외국인 근로자들이 불법체류자로 전락하는 주요 원인이 되므로 이에 대한 보완이 필요하다.

(3) 결혼이민자 현황

결혼이민자의 개념은 다양하게 정의된다. 먼저 재한외국인처우기본법의 제2조 제3호에서는 대한민국 국민과 혼인한 적이 있거나 혼인관계에 있는 재한외국인에 대하여 남녀를 구분하지 않고 '결혼이민자'라는 용어를 사용하고 있다. 한국 정부에서는 2006년 '결혼이민자 종합대책', '여성결혼이민자 가족의 사회통합지원 대책' 등과 같은 공식문서에서 '결혼이민자'라는 용어를 사용하고 있다. 설동훈 등(2005)은 '결혼이주여성'이라는 표현을 사용할 경우 그 대립쌍인 '남성결혼이민자'를 '결혼이주남성'이라고 표현할 수밖에 없으므로 국제용례를 좇아 '결혼이민자'라는 개념을 사용한다고 했다. 또한 '결혼이민자'라는 용어는 기존 연구들이 국제결혼을 통해 한국으로 이주하는 아시아권 여성들을 이주여성화라는 관점에서 결혼과 여성 인권 등에 집중해 왔기 때문에 상대적으로 간과되어 온 비아시아권 여성뿐만 아니라 남성결혼이민자도 포함한 포괄적인 이주민을 대상으로 사용하는 개념이다. '결혼이민자'라는 표현은 법적 용어로서 뿐만 아니라, 여성결혼이민자에 한정하지 않고 한국사회에서 실질적으로 남성과 비아시아권 여성의 결혼이민이 진행되고 있는 현실을 반영하고자 함이다.

결혼이민자 체류 현황은 163,104명으로(법무부 출입국・외국인정책본부 통계월보, 2019. 7). 다문화가족지원법이 개정된 2008년도에 비해 약 24.8% 증가했다. 다음 〈표 1-5〉와 같이 결혼이민자 증가율은 다소 낮아지는 경향을 보이지만, 그 수는 계속해서 증가하고 있다. 이들 중 한국인으로의 귀화자 숫자는 약 200% 증가율을 보이고 있다.

〈표 1-6〉의 결혼이민자의 지역별 분포 현황을 보면 이들은 전국에

〈표 1-5〉 결혼이민자 체류 현황 (단위: 명)

연도	2014년	2015년	2016년	2017년	2018년	2018년 7월	2019년 7월
인원	150,994	151,608	152,374	155,457	159,206	157,431	163,104
전년대비 증감률	-	0.4%	0.5%	2.0%	2.4%	-	3.6%

출처: 법무부 출입국・외국인정책본부 통계월보, 2019. 7.

〈표 1-6〉 결혼이민자 거주 지역별 분포 현황 (단위: 명)

경기	서울	경남	인천	충남	경북	부산	전남	계
47,019	27,881	10,520	10,649	9,399	8,044	7,395	6,669	161,276
전북	대구	충북	강원	대전	광주	울산	제주	
6,000	5,490	5,272	3,731	3,439	3,613	3,500	2,655	

출처: 법무부 출입국・외국인정책본부 통계월보, 2019. 7.

〈표 1-7〉 결혼이민자의 성별 및 국적 현황 (단위: 명)

구분	중국	한국계	베트남	일본	필리핀	캄보디아	타이	몽골	기타	전체
전체	59,630	22,348	43,498	13,980	11,960	4,535	4,822	2,498	22,181	163,104
남자	13,199	7,821	2,495	1,223	444	283	95	158	10,115	28,012
여자	46,431	14,527	41,003	12,757	11,516	4,252	4,727	2,340	12,066	135,092

출처: 법무부 출입국・외국인정책본부 통계월보, 2019. 7.

분포하여 있지만 특히 경기 및 서울, 인천 지역에 집중적으로 많이 살고 있다. 전체 결혼이민자의 53%가 넘게 서울, 경기, 인천지역에 살고 있음을 알 수 있다.

또한 결혼이민자들의 성별을 살펴보면 여성이 전체 결혼이민자의 82.8%를 차지하고 있다. 결혼이민자들은 주로 여자 결혼이주여성들이 대부분이며 이들의 국적을 살펴보면 〈표 1-7〉와 같이 중국, 베트남, 일본, 필리핀 순으로 높다는 것을 확인할 수 있다. 한국계는 재중동포를 나타내며 이전에는 조선족으로 표기했다.

이렇게 늘어난 결혼이민자들로 인해 이들의 자녀들도 함께 증가하였다. 교육부 통계(2018)에 의하면 고등교육기관을 제외한 국내 교육기관에 재학 중인 다문화학생 수는 122,212명으로 전년 대비 12,825명(1.2%) 증가한 수치이다. 국내 출신 다문화 가정 자녀뿐만 아니라 중도입국자녀와 외국인가정 자녀를 포함한다. 이를 학제별로 살펴보면, 2018년 학제별 다문화학생 수는 전년 대비 초등학교 93,027명(11%), 중학교 18,068명(1.2%), 고등학교는 10.688명(3.3%), 각종 학교는 429명(1.2%) 증가했다는 것을 알 수 있다.

이를 출생 유형별로 살펴보면 2018년 현재, 국내 출생이 98,263명(80%)으로 가장 많은 비중을 차지하며, 외국인가정 15,629명(12.7%), 중도입국 8,320명(6.8%) 순의 비중을 나타내고 있다. 외국인가정자녀들은 한국학교에 재학하면서 다양한 문제들이 대두되고 있다. 학교생활 부적응으로 일정 학업 수준에 도달하지 못하는 학생들에 외국인가정 자녀들이 다수 포함되기도 하고 교우관계 등이 원만하지 못하는 사례가 나타나기도 한다. 이러한 학교생활 부적응으로 많은 학생들이 학업을 중도 포기하고 학교 밖으로 나가기도 한다.

(4) 외국인 유학생 현황

한국은 고등교육법시행령에 따라 국제 유학생을 외국인 유학생으로 칭하며, 이를 외국인 또는 재외 국민으로 '국내의 대학 및 대학원에서 수학하거나 연구하는 학생'으로 정의한다. 다시 말해서 외국인 유학생은 한국 국적을 소지하지 않고 국내 대학의 학부과정, 대학원의 정규 과정 및 연구과정, 대학부설 어학연수 과정에 재학하고 있는 외국인 학생을 의미한다. 이러한 측면에서 볼 때, 한국에서의 외국인

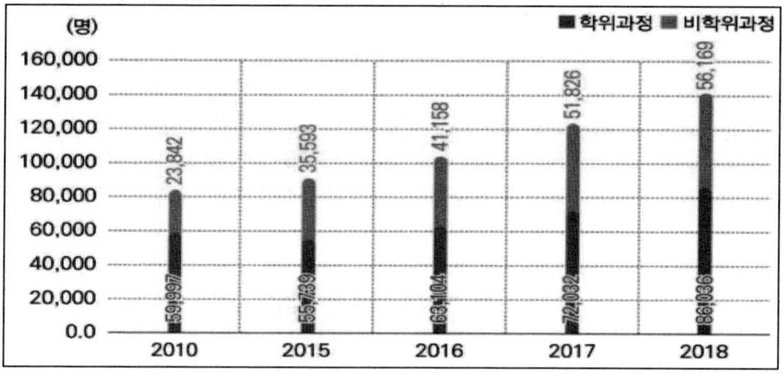

출처: 교육부, 2018c: 2018년도 간추린 교육통계.

〈그림 1-2〉 국내 외국인 유학생 현황

유학생에 대한 정의는 수학 기간에 대한 규정이 없는 UNESCO보다는 OECD의 정의와 유사성이 있지만, 공부를 위해 한국에서 다른 나라로 유출되는 학생을 포함하지 않음으로써 그 범위가 보다 좁다는 것을 알 수 있다. 한국에 거주하는 외국인 유학생 현황을 살펴보면 〈그림 1-2〉와 같다.

외국인 유학생들은 2006년부터 꾸준히 늘어나고 있다. 2004년에는 16.832명, 2006년에는 2배에 달하는 32,557명으로 증가했고, 2008년에도 약 2배에 달하는 63,952명으로 늘어났으며, 2010년에는 83,842명, 2018년에는 142,205명으로 증가했다(교육부, 2018f).

외국인 유학생은 한국 드라마, K-POP과 같은 미디어를 통한 한류 확산, 경제 성장에 따른 한국 이미지의 고양, 세종학당 등의 한국어 보급 노력, 정부와 대학에서 추진하는 외국인 유학생 유치 전략 등과 세계 각국의 관심이 증가함에 따라 지속적으로 증가 추세를 보이고 있다. 국적별 유학생 현황을 살펴보면 학위과정 유학생 중 가장 많은 수를 차지하는 중국인 유학생이 68,537명(48%)으로 감소 추세를 보

〈표 1-8〉 지역별 외국인 유학생 수 (단위: 명)

서울	부산	대구	인천	광주	대전	울산	세종	경기	계
44,150	9,071	3,240	3,268	4,271	6,003	1,171	606	14,609	117,127
강원	충북	충남	전북	전남	경북	경남	제주	-	
3,288	3,388	6,149	5,095	1,512	7,398	2,559	1,349	-	

출처: 행정안전부, 2017: 지방자치단체외국인주민현황.

이는 가운데 베트남 유학생은 27,061명(19%), 몽골 6,768명(4.7%), 일본 3,977명(%), 미국 2,746명(%)으로 아시아 지역 유학생들이 큰 비중을 차지하고 있다.

외국인 유학생이 재학하는 학교는 전문대학을 포함하여 전체 432개교에 골고루 분포되어 있다. 외국인 유학생의 지역별 현황을 살펴보면 〈표 1-8〉과 같다.

〈표 1-8〉과 같이 지역별 외국인 수를 살펴보면 서울에 가장 많은 유학생들이 살고 있다는 것을 알 수 있다. 이는 전체 외국인 유학생 수의 37.6%에 해당하며 서울시가 고급 외국인력이라고 할 수 있는 유학생들에 관한 적절한 다문화 정책을 마련해야 한다는 것을 시사한다. 이처럼 외국인 유학생 수가 증가하는 것은 한국의 학생 수가 감소하는 상황에서 각 대학이 외국인 유학생으로 정원을 충원하고 있기 때문이다. 그러나 외국인 유학생들의 증가와 함께 학업중단율도 지속적으로 증가하고 있는 실정이다. 이들은 한국 대학에 적응하지 못하는 경우도 있지만 경제적인 상황을 해결하기 위해 경제 활동에 참여하는 경우가 많기 때문이다.

2) 다문화 확산에 따른 정부 정책

초기 한국 정부의 이민정책은 한국인의 해외이주와 해외노동자 파견을 지원하는 송출이민정책을 골자로 법무부와 외교부를 중심으로 시행됐다. 그러나 이러한 이민정책은 한국의 경제적 위상이 변화하고 세계화에 따른 자본의 국제 이동과 외국인의 한국으로의 이주가 크게 증가하며 변화를 겪게 됐다. 또한 한국사회 내에는 저출산·고령화·노동인구 감소·농어촌생활 기피와 같은 일련의 사회 현상을 경험함으로써 이에 대응하기 위한 전략으로 다국적 출신의 유입이민정책을 추진했다. 1990년대 초 이주노동자를 중심으로 한 인구 유입 정책에서 2000년대 이후 국제결혼이 급격히 증가하면서 새로운 가족 모형을 탄생시켰다. 국제결혼을 통한 이민자의 증가는 한국사회의 다인종화 및 다민족화를 촉진하며, 이를 통해 정부가 결혼이주여성과 가족, 그리고 자녀 교육에 관심을 가지고 다문화 정책과 교육에 집중하는 계기가 됐다.

인구통계분석 전문가들은 한국이 2020년에는 외국인 체류자가 300만 명에 이를 것이라고 전망한다(김태환, 2013). 이와 같은 인구는 영국, 독일, 프랑스의 현재 외국인 체류 비율인 총인구의 약 8% 수준과 거의 비슷하다. 한국사회의 생산가능 인구는 2016년을 정점으로 감소하고 있다. 또한 2017년에는 65세 이상의 고령인구가 유소년 인구를 초과하는 등 한국의 인구 지형이 크게 변화하고 있다.[2)]

한국의 이민정책은 출입국정책, 외국인력활용정책, 사회통합 정책의 3단계로 나눌 수 있다. 한국은 유럽이나 전통 이민국들에 비하면

---

2) 국가통계포털: http://kosis.kr/search/search.do

역사가 짧고 이와 관련한 정책 경험도 많지 않다. 한국의 이민정책은 정부수립 후부터 정책의 형성과 시기별 전환 그리고 이민자의 유출과 유입에 따라 4단계로 나눌 수 있다. 각 단계별 정책의 시기별 내용과 특징은 다음과 같다.

(1) 제1기 내국인 출국이민정책(1960-1988)

한국의 이민정책은 1960년대 이후부터 가시적으로 나타나기 시작했다. 한국 이민정책의 제1기는 1960년대부터 1988년까지 경제성장과 달러를 획득하기 위한 국가적 요구와 경제적 빈곤을 해결하기 위한 개인적 요구로 정부가 적극적으로 한국인의 해외이민과 노동이민을 장려하던 시기이다. 그 당시 정부는 국민노동력의 해외취업을 적극적으로 장려함으로써 국내 노동인력의 과잉, 실업자 증가 등과 같은 사회 문제를 해결하고 한국경제의 발전에 사용할 외화를 획득하기 위한 계획을 추진했다.

1963년 정부는 산업역군수출의 이름으로 서독과 특별 고용계약을 통해 광부와 간호사를 출국이주노동자로 파견했고, 1965년에는 해외이주와 이주노동자뿐만 아니라 베트남으로 한국 군인의 파병을 추진했다. 1970년대에는 중동의 산유국들을 중심으로 이주노동자들을 파견했다. 그러나 1988년 서울올림픽을 기점으로 해외로 이주하는 이주노동자의 수는 크게 축소됐다. 따라서 한국의 이민정책은 내국인의 이주노동 송출 관련 업무에서 벗어났고 대신 외국인 이민자의 유입 상황을 관리하고 지원하는 입국이민정책으로 전환하는 시기를 맞이했다. 한국의 경제성장과 국가적 위상 등이 높아지면서 한국의 이민정책도 변화한 것이다.

(2) 제2기 이주노동자 입국이민정책(1988-2003)

이민정책의 제2기는 1988년 서울올림픽의 개최로 한국이 주변국에 알려지고 한국의 경제성장과 국가의 신뢰가 높아진 1988년부터 2003년까지이다. 이 시기에는 동남아시아를 중심으로 하는 우리의 주변국에서 코리안드림을 꿈꾸는 노동력이 한국으로 유입되기 시작했다. 1980년대는 국내 경기가 호황 국면이었으나, 정치적 · 경제적 투쟁과 함께 국내 노동자들의 3D산업 기피 현상이 나타났다. 중국과의 역사적인 공식 외교관계를 수립한 1990년에는 재중한국동포가 한국으로 이주하기 시작했고, 이때 동남아시아의 이주노동자들도 함께 유입됐다.

(3) 제3기 결혼이민자 다문화 정책(2004-현재)

이민정책의 제3기는 한국사회에서 저출산 · 고령화의 사회문제가 심각하게 대두하면서 여성결혼이민자의 수가 크게 증가하는 2004년부터 현재까지의 시기이다. 당시 한국사회에는 농촌총각의 결혼과 저출산으로 인한 노동생산성 인구감소 문제의 해결을 기대하는 사회적 요구에 따른 정책적 대응으로 이민정책이 진행되어 왔다. 1980년대부터 통일교의 국제결혼이 늘어나기 시작하면서 한국으로의 결혼이민자의 최초 유입은 종교를 통한 일본 여성결혼이민자의 유입이었다. 이후 1990년대에 들어서면서 한국의 농촌총각 장가보내기의 영향과 한 · 중 수교의 영향으로 재중동포 여성과의 결혼이 늘어나기 시작했으며, 이후 필리핀, 베트남, 태국, 몽골 등으로 확산되면서 결혼이민자의 수는 더욱 증가하기 시작했다.

이러한 국내외적 상황 속에서 한국 정부는 국민과 재한외국인의 공존과 통합을 지향하기 위해 2006년 5월 26일에 '외국인정책기본방향 및 추진체계'를 시행했다. 그 후속 조치로 '재한외국인처우기본법'이 만들어 2007년 5월 17일 공포, 7월 18일부터 시행했다. 그리고 2009년 9월 11일에 '다문화가족 정책위원회규정'을 제정하고 더욱 가시적인 여성결혼이민자 지원과 동화정책을 추진했다. 또한 2011년 1월에는 '2011년 외국인정책시행계획'을 확정하고, '적극적 개방, 질 높은 사회통합, 질서 있는 이민행정, 외국인 인권옹호'라는 4대 정책을 발의했다. 이는 외국인의 인권을 존중하고 외국인과 더불어 살아가는 열린사회와 공존과 상생을 위한 사회통합을 지향하는 정책으로 볼 수 있다.

(4) 제4기 외국인 유학생 유치정책(2004-2020)

외국인 유학생 지원정책은 한국 정부와 대학 간의 적극적인 외국인 유학생 유치 정책은 우수 인재 유치를 통한 국가 경쟁력 확보, 국가 간의 가교 역할을 할 인적자본 형성, 타인종·타문화와의 소통 및 경험 부여 등 경제적인 효과와 더불어 캠퍼스 국제화에 도움이 된다고 평가되고 있다(법무부 출입국·외국인정책본부, 2010). 정부의 외국인 유학생 유치 및 지원을 위한 정책으로 2004년에는 '외국인 유학생 유치 확대 종합 방안(Study Korea Project)'을 발표했고, 2008년에는 '외국인 유학생 유치 확대 발전 방안'을 발표했다. 외국인 유학생 지원 사업은 2010년까지 5만 명 유치를 목표로 했으나 2008년에 조기 달성됨에 따라 2008년 교육과학기술부에서는 '외국인 유학생 지원 발전 방안'을 발표했다. 또한 2009년에는 미래 아시아를 이끌 차세대 리더를 양성한다는 목표로 대학 간 학생교환 프로그램인 '캠퍼스 아시아(CAMPUS Asia: Collective Action for Mobility of University Students in Asia)' 정책을 마련했다.

이렇듯 정부의 외국인 유학생 유치 및 지원 정책은 양적으로 성장했으나 그에 따른 역기능도 나타났다. 외국인 유학생들의 수학 능력 부족으로 대학생활에서의 중도 탈락과 불법 취업 등 한국 대학에 대한 부정적 이미지가 확산될 우려가 제기됐다. 양적인 확대와 함께 우수학생 유치 및 국내대학의 역량강화를 위한 질적 관리 강화가 요구됨에 따라, 2011년 9월 교육과학기술부는 외국인 유학생 유치・관리의 모범적 기준을 제시했다. 또한 국내 대학들이 우수한 외국인 유학생을 유치할 수 있도록 2011년 5월 '우수 외국인 유학생 유치・관리 선진화 방안'을 수립하고, 그 후속 조치로 '외국인 유학생 유치・관리 역량인증제'를 도입하여, 외국인 유학생 정책의 질적 관리를 강화했다.

그리고 긍정적 국가 이미지 형성에 기여하고 한국 고등교육 브랜드 가치의 질적 제고를 도모하기 위한 방안으로, 2012년 4월 30일 제12차 교육개혁협의회를 개최하여 '외국인 유학생 유치 확대(Study Korea) 2020 추진 계획'을 논의했다. 이 계획을 통해 2020년까지 외국인 유학생 20만 명을 국내에 유치한 후, 이들을 활용하여 친한(親韓), 지한(知韓) 인적 자원의 네트워크를 구축하고자 했다. 그리고 유학생 지원 조직체계를 정책적으로 보완하여 '정부초청 외국인 장학생 사업(GKS: Global Korea Scholarship)' 규모의 확대, '한국유학시스템을 통한 홍보 활성화', '유학생 정주 여건 개선 및 취업 연계' 등 세부 추진과제를 지원할 예정이다. 또한 국내 대학의 다양한 국제화 모델 마련을 통해 한국 고등교육의 글로벌 경쟁력을 강화한다는 내용을 포함하고 있다.

앞서 외국인 유학생 현황에서 서울 지역의 외국인 유학생 수는 전국의 유학생 수 대비 38%를 차지하고 있다. 이들 유학생들은 서울은 물론 한국사회를 우호적으로 생각하거나 아니면 졸업 후 한국에 체류할 가능성을 가지고 있는 양질의 인적자원이다. 이들을 적절하게 관리하는 사회통합 정책이 서울시 차원에서 강구되어야 할 것이다.

3. 시민교육 담론과 다문화 시민 역량[3)]

1) 시민교육 담론

김영순(2010)에서는 다문화 사회의 시민 윤리로서 다문화 시민성을 강조하고 있다. 이는 다문화 사회의 시민교육에 있어서 가장 기반이 되는 것은 다문화주의(multticulturalism)로 간주하기 때문이다. 이 개념은 다양한 의미로 사용하며 그 철학적 기반과 개념의 정의 나아가 다문화 정책 등에서 거론될 경우에서도 특별한 합의가 존재하지 않는다. 다문화주의는 좁은 의미에서는 이주 문제에 대한 적절한 해법을 모색하려는 시도라고 일컬어진다. 한편 다문화주의는 세계화의 진전이나 이주시대가 도래함에 따라 나타나는 현상이라고 분석되기도 한다. 그러나 넓은 의미에서 다문화주의는 현대 사회가 평등한 문화적·정치적 지위를 가진 상이한 문화집단을 끌어안을 수 있어야 한다는 믿음이다(김영순 외, 2016). 이 믿음은 민주주의 이념과 일치하는 것이며, 민주주의 사회를 살아가는 민주시민이 추구해야 할 믿음이다.

한국사회의 인적 구성이 다민족화된다는 것은 곧 문화적 다양성을 전제하지는 않는다. 다시 말해 한국이 동화주의 정책을 통해 문화적 다양성을 고양하는 정책보다는 통합에 중심을 둔 정책을 수행한다는 이야기이다. 이 때문에 현재 통용되는 다문화 개념과 다문화 사회에

3) 이번 절은 김영순(2010a; 2010b)의 논의 '다문화시민성'에 기초하고 있으며, 대부분 여기서 나온 내용들을 인용했음을 밝힌다.

대한 진지한 이해 없이 우리 사회를 지속가능한 민주사회로 발돋움하는 데 장애가 된다.

이번 절에서는 다문화 사회에서 살아가는 시민들이 어떻게 하면 갈등 없이 평화적으로 공존할 수 있는가, 이를 위해 시민으로서 갖추어야 할 자질을 어떻게 교육의 장에서 구현할 수 있을까 같은 일련의 질문들에 대해 시민교육이란 개념을 통해 답할 것이다(김영순, 2010a).

우선 시민교육은 다문화 사회를 구성하는 모든 시민들을 대상으로 한다. 시민이란 '시티즌(citizen)' 혹은 '시티즌십(citizenship)'으로 사용된다. 특히 시티즌십은 다의적인 해석이 가능하기 때문에, 먼저 이 글에서 사용하는 시민의 개념을 정의할 필요가 있다. 시티즌십의 주요 연구자인 Kymlicka와 Norman(1995: 284)은 시티즌십을 '법적 지위로서의 시티즌십'뿐만 아니라 '바람직한 시민의 덕성 및 활동으로서의 시티즌십'이라는 두 가지 서로 다른 개념으로 나타내고 있다.

우리는 흔히 시티즌십을 '시민권'으로 번역하거나 '시민성'으로 사용하기도 한다. 그런데 두 용어 모두 시티즌십 개념의 일부만을 포괄하고 있기 때문에 적절하지 않다(김영순, 2010b). 먼저 '시민권'이라는 말을 살펴보면 법적 지위로서의 시티즌십과 관련이 있다는 것을 알 수 있다. 그렇지만 '시민권'은 '시민의 덕성으로서의 시티즌십'은 물론이고 '법적 지위로서의 시티즌십'이라는 의미조차 담아내지 못 하고 있다. 왜냐하면 '법적 지위로서 시티즌십'이 성립되기 위해서는 시민으로서의 '권리'만이 아니라 '의무'나 '소속 국적'이라는 의미까지 포괄적으로 포함하여야 되기 때문이다.

흔히 우리사회에서 '시민권'은 형식적 권리를 가리키는 좁은 의미의 말로 사용된다. 그 때문에 권리, 의무, 소속 국적까지 포함하는 복합적 의미를 제대로 담아내지 못한다. '시민성'이라는 용어 역시 시티즌십에 내포된 의미를 모두 포괄하지 못하므로 적합한 번역어라고 보기 어렵다. 이와 같은 이유로 시민권이나 시민성 대신 '시티즌십'이라는 용어를 그대로 사용한다(최현, 2007). 그러나 이 글에서 시티즌십은 '바람직한 시민의 덕목과 활동'으로 정의할 것이며, '시민 의식'을 뜻하는 '시민성'으로 사용할 것이다.

원래 시민성의 개념은 시민으로서 갖추어야 할 품성으로 원래 국민 국가가 대중적인 애국심과 보편적인 규범, 그리고 국가에 대한 의무와 충성을 좇기 위해 등장했다(조철기, 2005: 465). 그러나 최근에 시민성이 정치적 의미뿐 아니라 사회, 문화적 관점에서 연구되어지고 있고 국가적 통일성을 위한 수단이 아니라 시민사회에서 시민의 사회적 권리를 되찾기 위한 관점으로 접근하고 있다(Smith, 1989: 147).

시민성에 관해서는 다양한 논의들이 존재한다. 대표적인 것을 살펴보면 다음과 같다. Quigley & Bgahmuller(1991)는 시민성의 기능성에 주목했다. 따라서 시민성에 대해 국가나 공동체를 구성하는 개인이나 제도가 구성원으로서 수행해야 하는 기능적 역할이라고 정의한다. Williams(2001)는 시민성을 개인의 정체성과 관련하여 말한다. 그는 시민성이 국민국가의 맥락에서 국가적 경계에 의해 구속된 개인의 정체성으로 개념화된 것이라고 말한다. Proctor(1998)와 Rogers(1992)는 시민성이 갖는 '권리'와 '의무'에 주목했다. 즉, 시민성은 공동체 구성원임을 인정하는 권리와 구성원에게 요구되는 의무의 측면으로 구성된 것이다. 이러한 논의들은 시민성이 정치적 문제뿐만 아니라 사회 제반 문제에 대해 정확히 이해하는 것을 바탕으로 한다. 또한 이를 통하여 올바른 판단을 하고 판단한 것을 실천할 수 있는 능력과 태도라고 할 수 있다.

교통 통신 수단의 발달과 인터넷 사용으로 세계화가 확산되는 오늘날, 시민성의 개념도 확대·변화되고 있다. 시민성의 개념은 국가의 경계를 초월하고 확장되어 세계 시민으로서의 자질을 논의하는 다중시민성 또는 세계시민성 등의 개념이 등장한다. 다중시민성은 한 사람의 시민이 단지 한 국가의 시민으로서 위치가 지워지는 것이 아니라 여러 국가가 연합된 지역의 시민으로서, 그리고 세계시민으로서의 지위를 동시에 다중적으로 가진다고 보는 개념이다(Habermas, 1992; 김왕근, 1999).

세계시민성은 세계화에 더 강조점을 둔 개념으로 세계 다른 지역의 사람들과의 공존에서 요구되고 필요한 시민으로서의 자질이다(Cole, 1984; Merryfield & Wilson, 2005). 그렇다면 다문화 사회에서 인종적·민족적·문화적·다양성이 심화되는 오늘날 우리에게 요구되는 시민성은 무엇이며 교육은 어떻게 변화하여야 하는가?

Tilbury(2002)는 능동적 시민성을 강조한다. 전 지구 차원의 세계화는 기존과 달리 국가의 영향력을 약화시킴으로써 보다 나은 세계를 위한 능동적 시민성이 강조되고 있다고 한다. Kymlica(1995)는 다문화적 시민성이 필요하다고 지적한다. 다문화적 시민성은 오늘날 지구촌 시대에서 국가를 구성하는 다양한 공동체가 국가 시민 문화 속에 민족, 인종 언어, 종교 등이 반영되고 제 목소리를 낼 수 있도록 국가 시민문화가 변혁되어야 함을 의미한다. Hicks(2003)는 문화적, 국가적, 지역적, 세계적 정체성의 함양, 다양한 집단 속에서 자기 역할을 다하고 보다 정의로운 구각 및 세계 건설을 위해 필요한 지식과 태도, 기능의 함양을 포함한 세계 시민성 교육을 제안한다(김영순, 윤희진, 2010). 지리교육에서 세계 시민성 교육은 상호의존성을 강조하고 무시되거나 소홀하게 다루어진 사람들과 지역에 대한 지식과 경험을 배우고 복잡하고 논쟁적인 세계적 문제를 다양한 관점에서 접근하는 것이다(박선희, 2009).

앞의 논의들을 살펴보면, 시민성은 세계화와 다문화 사회의 형성 등으로 국가적 정체성에서 지역정체성을 넘어 세계정체성으로 이동되는 경향이 보이고 있다. 그리고 시민성이나 정체성의 개념 또한 통일적이고 동질적인 개념에서 보다 다차원적이고 복수적인 개념으로 변화되고 있다. 그렇다면 이런 시민성에 부흥하는 시민교육의 모습은 어떠해야 하는가.

우선 학교 영역의 교육을 살펴보면, 모든 학생들은 저마다의 특성과 개성이 있기 때문에 같은 방식으로 가르칠 수 없다. 교수 전략의 개발은 그들이 가지고 있는 서로 다른 욕구나 기능 그리고 경험들을 고려하여야 한다. 학생들이 갖는 특성과 개성은 다양한 심리적·정신적 능력을 포함한 것이며 그들이 속한 인종이나 종족 그리고 성별, 언어, 종교뿐만 아니라 계층적 배경에 따른다. 다문화교육은 민주주의 이념 차원에서 이러한 문화적 다양성을 고려하여 교육에서의 동등성을 실현하려는 개념이다. 여기서 말하는 동등성이란 학생들의 출신집단에 관계없이 사회적 혜택에 접근하는 것을 동일하게 보장해 주는 것을 말한다(김영순, 2010a; Gollnick & Chinn 2002: 6). 그러나 전통적인 교수 모형은 학생들의 삶에 영향을 주는 문화적 정체성을 간과하는 경향이 있다. '모두를 위한 하나의 가장 좋은 방법'이 있다는 확신을 작동시켜 온 것이다. 이렇게 단일 접근법이 모든 문화집단에게 적용되어야 한다는 생각은 가장 동화된 집단을 제외한 모든 집단에게는 사실상 쓸모없는 교육을 하게 만들었다(Maxim 2006, 49). 여기에서의 가장 동화된 집단이란 기존의 사회를 주도하는 다수 주류문화집단을 의미한다. 종족 정체성의 다양성은 강제로 통합되거나 주류사회에 대한 반발을 준비하게 될 것이다.

같은 관점에서 한국사회가 오늘날의 다문화 상황에서 단일 접근법을 적용하여 소수자에게만 다수자 사회에 적응할 것을 강조하는 것은 소수자의 고유한 정체성을 무시하고, 그들만이 지닐 수 있는 또 다른 문화적 가능성을 부정하는 결과를 초래할 수 있다. 이는 또한 소수자의 정체성 재형성 과정의 바탕이 되는 자신의 존재 근거를 상실하는 결과로 이어질 수 있다. 단일 접근법의 가장 심각한 문제는 그들이 한국에 거주하기 이전에 받았던 교육, 경험, 관계 등을 부정하게 하거나, 부정적인 것으로 교육하는 결과를 초래한다는 것이다. 나아가 이주자 부모의 정체성이 무시당하므로 부모가 낮은 자존감을 지니게 되면 그 자녀의 정체성에 혼란을 가중시킬 수 있다(양영자, 2007).

소수 이주집단의 문화적 정체성에 대한 부정은 종족적 소수에 대한 차별을 불러와 민주적 평등 원칙을 훼손하는 결과를 초래하게 되며, 결국에는 사회적 갈등으로 이어져 민주주의 운영을 주도하는 다수자 사회의 안정적 발전을 위협하는 요인으로 작용할 수 있다(김영순, 2010a). 따라서 소수자에게 사회적 평등의 구현과 관련된 동등한 교육 기회를 실질적으로 보장하여 민주주의의 평등 원칙을 적용하고, 이를 통해 고용과 충분한 수입, 정치 권력과 같은 사회적 자본에 접근할 수 있는 자유를 구현할 수 있도록 해야 한다(Howe, 2000). 또한 글로벌 시대의 다문화교육이라는 적극적 관점에서 민주주의 평등 원칙에 따른 소수자의 정체성 형성이 중요한 것은 직접적인 외국 경험 없이 다문화 가정 자녀들과의 자연스런 만남을 통해 이중언어, 다중언어와 문화를 습득할 수 있기 때문이다(김영순 외, 2016). 즉, 우리에게 다문화 상황은 국내에서 글로벌 현상을 이해할 수 있는 기회를 제공해주는 긍정적 기회가 될 수 있다.

민주주의의 실천 차원에서 다문화교육이란 다원주의의 실행을 의미하는 것으로 그 목표는 학생들이 다양하고 민주적인 사회의 적극적인 참여자가 되도록 준비시키는 것이다(김영순, 2010a; Koppelman & Goodhart, 2005). 이를 위해 학생들의 문화적 배경이 효율적인 교수와 학교 환경 개발에 사용되는 교육 전략을 구사해야 하며, 공식적인 학교 환경을 문화, 다양성, 사회정의, 민주주의 개념에 맞도록 변화시켜야 한다(김영순, 2010a; Gollnick & Chinn, 2002). 뿐만 아니라 다문화교육 담당 교사들은 긍정적인 문화적 정체성을 발달시키기 위해서 학생들을 동질 집단 소속의 개인이라기보다는 고유한 개별 주체로 보아야 하며, 학생들이 가지고 있는 문화적, 종족적 배경을 스스로 명료화할 수 있도록 도와주어야 한다(김영순 외, 2016; Manning & Baruth, 2004).

소수집단 학생들이 자신의 정체성을 인식하고, 주류사회의 부속물로서 행동하기보다는 주류문화와 비교하며, 적극적으로 소통할 수 있도록 조장하는 것이 소수집단의 개별 학생과 사회 전체에 유익한 결과를 가져오기 때문이다. 따라서 소수집단 학생들의 배경이 문제가 되지 않고, 그들이 가진 문화적 이질성을 극복하기 위해서는 무엇보다 문화적 다양성에 민감한 교수전략이 가장 요구된다. 그들의 가정 환경이나 문화적 정체성이 학업 실패로 이어지지 않도록 향상에 대한 지속적인 기대를 가져야 하며 개별적인 상호작용을 시도해야 한다(Brophy & Alleman, 2007). 문화반응 교수법은 이러한 의미에서 문화민주주의 논리와 밀접하다. 즉, 다문화 사회의 시민교육은 문화민주주의로 대변되며 모든 시민이 다문화 역량을 함양하는 방향으로 전개되어야 한다.

2) 민주시민의 다문화 역량

역량이란 주어진 역할을 성공적으로 수행하는데 필요한 능력들을 일컫는다. Spencer & Spencer(2007)에 따르면, 역량은 특정한 상황이나 직무를 수행할 때 준거에 따라 효율적이고 우수할 수 있는 내적인 특성이다(한현우, 이병준, 2011). 역량 개념은 직무 상황에서 발전한 것으로 처음에는 업무 성과와 관련된 광범위한 심리적, 행동적 특성으로 정의됐다. 그러나 점차 성공적으로 업무를 수행한 개인이 그렇지 않은 사람들과 구별되는 지식, 기술, 능력 등으로 구성되어 갔다. Spencer & Spencer(1993)는 개발 가능성 정도에 따라 역량의 구성요소를 5가지 유형으로 구분했다.[4] 일반적으로 기술과 지식은 개발하기 쉽지만 특질은 개발하기 어렵다. 이러한 구성요소의 층위를 구분한 것이 MaClelland의 빙산모델이다. 빙산모델은 역량이 기술, 스킬, 지식과 같이 가시적으로 보이는 것과 가치관, 사고방식, 동기와 같이

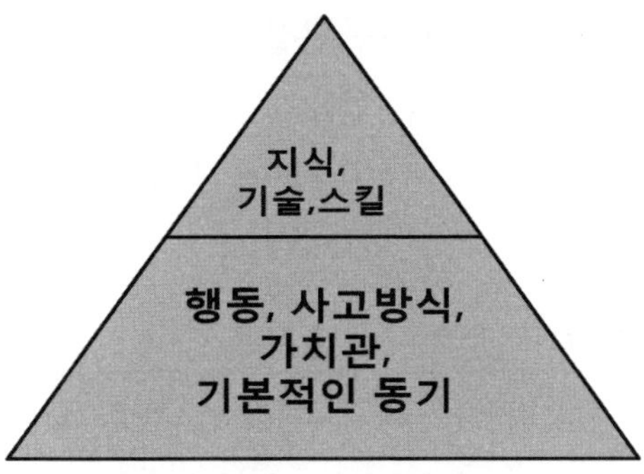

〈그림 1-3〉 MaClelland의 빙산모델

---

4) Spencer & Spencer(1993)가 구분한 5가지 유형은 특질(trait), 지식(knowledge), 기술(skill), 동기(motivate), 자기개념(self concept)이다.

개발하기 어렵고 파악하기 어려운 것이 있다는 것을 설명하고 있다.

그밖에도 역량을 지식, 전이 가능한 지식, 기술, 경험 등으로 보는 시각이 있다. 또한 역량은 조직역량, 직무역량, 개인역량 등으로 구분될 수 있고 중심적이고 보편적으로 필요하다고 판단되는 역량을 핵심역량이라고 본다. 그렇다면 핵심 역량이 과연 존재하는가에 관한 문제가 제기될 수 있다. 사회에서 개인의 역할과 개인과 집합적인(collective) 역량 간의 관계에는 그 사회에서의 문화적 차이가 내제되어 있다(Rychen, 2003). 사실, 국가와 문화마다 다른 콘텍스트를 가지고 있다는 것을 전제로 그 사회에서 요구되는 핵심역량은 달라질 수 있다. 이 문제는 어떠한 환경에서 개인의 역량 혹은 조직의 역량을 개발할 때에도 나타난다. 그럼에도 불구하고 프랑스 학자 Emin(2003)은 특정 인구집단이 특정 맥락 속에서 훈련과 일터에서의 역량을 보는데 그 국가적인 측면에서 보지 않고 전 세계적인 역량을 국제적으로 비교하는 것을 강조했다. 역량을 비교한 실증적 연구들에서 특정 인구집단이 갖는 문화적 차이는 명백하게 나타난다. 그러나 이러한 차이에도 불구하고 공유되는 역량이 있다는 사실 또한 매우 중요하다.

여러 나라에 걸쳐 공통적으로 언급되는 역량을 살펴보면 다음 〈표 1-9〉와 같다. OECD 국가에서는 '역량'에 대해 사회적 능력/협동, 문

〈표 1-9〉 공통적으로 언급되는 역량

높은 수준(high)	중간 수준(medium)	낮은 수준(low)
사회적 역량, 협동	자기역량, 자기경영	건강, 스포츠, 신체적 역량
문해력, 지적 지식, 응용지식	정치적 역량, 민주주의	문화적 역량(미적, 창의적, 상호문화적, 미디어)
학습 역량, 평생 학습	생태학적 역량, 자연과의 관계	-
의사소통 역량	가치지향	-

해력/지식/적용 능력, 학습능력/평생학습, 의사소통 능력 등으로 파악하고 이를 중요하게 인식하고 있다(Emin, 2003).

OECD를 중심으로 역량 연구가 진행되는 가운데 최근에는 문화적 역량에 대한 연구가 계속되고 있다. 특별히 유럽에서 문화적 역량에 대한 연구가 가속화되고 있는 것에는 몇 가지 이유가 있다.

첫째 문화적 역량에 대한 연구는 21세기는 문화가 개인과 조직, 사회와 국가의 경쟁력의 중요한 요소로 등장할 것이라는 과학적 진단에 기인하여 청소년과 성인들의 문화적 역량을 강화하기 위한 기초연구의 차원에서 추진되고 있다(이병준, 2009).

둘째, 문화적 역량 연구는 유럽의 경제적 통합 후 유럽연합 차원에서 다음 단계의 공통과제인 유럽연합 속에서의 문화적 공동체 문제와 문화적 다양성 문제를 동시에 해결하기 위해 진행되고 있다.

셋째, 문화적 역량 연구는 PISA 연구결과에 승복하지 못하는 유럽 국가들이 그들이 Culture-PISA에 대한 강점을 가지고 있음을 나타내기 위한 관심에서 실험적으로 추진하고 있다.

문화적 역량은 영역으로서의 문화와 도구로써의 예술과 문화로 범주화한다. 사회학적 관점에서의 문화 개념은 Rychen이 문화적 역량을 놀이자의 역할에 비유하여 설명한 것과 유사하다. 영역으로서의 문화에서 각 개인의 문화적 역량은 게임에서 플레이어의 역할처럼 도전하고 규칙을 지키며, 고군분투하는 것이다. 이때 역할자로서 각 개인은 '지식, 가치, 규칙, 의식, 코드, 개념, 언어, 법, 기관' 등에 대한 친밀성을 갖추어야 한다. 이는 문화적 활동과 소비를 효과적이고 성공적으로 할 수 있는 것과 연관되며 단순한 소비를 넘어서 창조자로써의 역할을 할 수 있게 되는 것까지를 포함한다(이병준, 2009). Rychen의 관점에서 다문화 역량은 사회구성원들이 합의하고 제도화한다. 문화사회에서의 놀이자(플레이어)의 역할을 충실히 수행하는 것이라고 볼 수 있다.

Rychen과는 달리 Timmerberg(2002)의 연구에서는 문화적 역량의 많은 부분을 다문화 역량이 차지하고 있다. Timmerberg는 문화적 역량을 설명하면서 문화적 역량과 예술적 역량을 각기 다른 카테고리로 분류했다. Timmerberg에 따르면, 문화적 역량은 다양성 속에서 필요한 사회적 역량으로 성(젠더), 문화, 세대, 종교적 문화적으로 이질적인 다양한 사람들과 함께 살아갈 때 필요한 역량이다. 따라서 여기서는 편견 없는 포용성, 관용, 열린 마음, 간문화적 능력들의 요소가 강조된다. Timmerberg의 입장에 따르면 다문화 역량은 문화적 역량의 하위역량이며, 다문화교육의 개념과 모형을 어떠한 방향으로 지향하는가에 따라 관용과 개방된 마음과 같은 문화적 역량과도 연관이 있다. 다문화 역량은 이주사회 속에서의 상황들과 교감(교류)할 수 있는 능력으로 이해할 수 있다.

문화적 역량에 대해서는 Timmerberg와 Rychen과는 다른 이해도 있다. BKJ는 문화 영역에서 역량을 문화적 역량과 예술적 역량 두 가지로 나누고 있다. 문화적 역량은 예술적 역량을 일상생활에 적용시키는 능력으로 이해할 수 있는데, 문화적 통합으로 나아가는 것, 문화적 삶에 참여, 문화적 정체성, 사회적 자본의 개발 등을 포함한다(이병준, 2009). 다음 내용은 BKJ(2003)에서 제시한 문화적 역량의 개념 구조이다.

- 개방성
- 다문화 역량
- 정보 해석/번역 기술 능력

• 문화적 정체성
• 문화적 삶에 참여 능력

문화적 역량의 구성요소에 대한 구체적인 연구물들과 달리 다문화 역량에 대한 구성요소에 대해서는 그것이 무엇인지에 대한 부분적인 논의들만이 있을 뿐이다. 다문화 역량이라는 개념에는 기존의 문화적 역량과 더불어 사회적, 의사소통적, 방법론적 능력들이 포함된다. 뿐만 아니라 공감이나 수용 그리고 관용과 갈등관리 능력 같은 능력들이 연결되어 있다. 다문화 역량은 독자적인 문화적 정체성과 함께 타자가 자기를 규정하는 사회적, 역사적 조건들을 성찰하는 능력과 연관된다. 이와 함께 다문화 역량은 다른 문화적 정체성을 갖는 사람들과 섬세하게 교류하는 능력이나 간문화적 행위능력의 개발을 위한 전재가 된다. 이때 자기성찰에 대한 능력은 넓은 의미에서의 반인종주의로 이해될 수 있는 가치를 함양하기 위한 토대가 된다.

다문화 역량은 이러한 측면에서 사회적 기술 이상이라고 볼 수 있다. 이와 더불어 다문화 역량은 개인적 차원과 기관과 시스템적 차원의 다문화 역량을 주장함으로써 개인적인 차원에서만 강조되는 것을 지양한다.

이처럼 다문화 역량의 개념에 대한 문제는 과연 다문화 역량이 어떠한 것인지, 부분적 역량으로만 구성될 수 있는지와 관련된다. 안타깝게도 현재 다문화 역량이 무엇이며 다문화 역량을 구성하는 그 요소가 어떠한 것인가에 대해서는 구체적으로 합의된 내용들은 없다. 다만 최근 생애 핵심역량과 관련한 논의에서 등장하는 의사소통 능력, 대인관계 능력들과 갈등관리 능력, 그리고 문화적 역량에 포함되는 관용적 능력, 개방적 능력 등은 다문화 역량의 내용적 요소에 포함될 수도 있을 것이다. 다음 내용은 기초 및 핵심능력의 차원에서 본 다문화 역량 요소이다.

- 의사소통 능력
- 사회적/대인관계 능력
- 갈등관리 능력
- 공감, 관용, 수용 능력
- 문화 간의 차이 인정 능력

다문화 역량을 교육학 측면에서 바라보는 시각은 다양해야 한다. 물론 그 시각조차도 지지하는 이론적 모형에 기초한 것이지만 다문화 역량을 통합적으로 바라볼 때 교육적 효과는 극대화될 가능성이 높아진다. '다양한 교육학의 관점'을 고려했을 때, 다문화 역량은 다음과 같이 말할 수 있다. 첫째, 다문화 역량은 생애기초역량이다. 앞으로 진행되는 다문화 사회로의 이행과정은 다문화 역량이 일상의 생활과 삶속에서 요구되는 기초적 역량으로 파악돼야 한다. 둘째, 다문화 역량은 기초직업 능력에 속한다. 향후 외국인 근로자의 수가 증가하고 글로벌화가 가속화되어 작업적 차원에서도 국제화의 물결 속에 생존하기 위해서는 다문화 역량은 거의 모든 직업에 필요되는 기초직업능력으로 이해되어야 한다. 셋째, 다문화 역량은 문화적 역량이다. 다문화 역량은 한 사회 속에서 개인 주체가 세계와의 소통 속에서 관계성과 정체성, 취향을 형성해가는 문화적 역량으로 이해돼야 한다. 넷째, 다문화 역량은 지식과 기술, 태도 및 인식까지를 포함한다. 다문화 역량은 지식적 측면뿐만 아니라 기술적 측면과 태도적 측면, 좀 더 나아가서는 다문화 사회를 바라보는 개인과 사회의 인식의 측면까지 모두 포괄하는 심층적인 측면에서 바라보아야 한다.

또한 다문화 역량의 전달과 학습이 이루어지는 수준은 세 가지 차원에서 이루어질 수 있다. 거시사회적 차원, 생활세계 연관성의 차원, 개인이 겪는 심리사회적 성장의 차원은 교육적 실천의 전문성 논의와 관련된다. 첫째, 전체 사회적 문제 접근은 세계화의 문제와 연계하여 정치적이고 사회적인 문제들을 포함하는 시각을 가진다. 둘째, 생활세계연관성의 차원은 개관할 수 있는 생활세계, 심리사회적 주체의 성장 차원은 주체가 겪을 수 있는 내적·외적 정황, 위기와 미래에 대한 지각과 같은 첫째와 둘째 접근의 시각에 대응할 수 있는 주체의 능력개발에 초점을 둔다.

한현우, 이병준(2011)은 다문화 역량을 다문화 사회를 살아가는 데 필요한 시민적 자질이자 직업적 능력인 생애핵심역량으로 파악하고, "문화적 차이에 대해 이성적이고 정서적으로 이해와 공감하는 능력"이라고 정의한다. 또한 DeSeCo 프로젝트의 논의에서 도출된 생애핵심역량의 구성요소인 "도구의 상호교감적 사용, 이질적 집단에서의 상호작용, 자율적인 행동 역시 다문화 역량과 직접적으로 혹은 간접적으로 관계가 있다"고 본다. 이들의 논의에 의하면 다문화 역량은 직업기초역량이자 생애핵심역량에서 중요한 위치를 차지하는 핵심역량으로 문화적 갈등해결과 더불어 다양한 문화에서의 상호작용을 도와주는 역량이라고 할 수 있다.

그 밖에도 민성혜, 이민영(2009)은 청소년의 역량을 한 개인의 성공적인 삶뿐만 아니라 사회에도 기여할 수 있는 능력 중 청소년기에 핵심적으로 요구되는 지식, 기술, 태도를 포함하는 복합적 종합적 능력으로 정의했으며 OECD의 연구에 따라 문화적 역량도 이 시기에 획득해야 하는 역량으로 간주했다. 여기서 문화적 역량이란 다른 문화에 대해 인식할 수 있고 다른 문화를 수용할 수 있는 능력으로 청소년이 다민족, 다인종 사회에서의 변화와 글로벌화와 그로 인한 문제들의 해결력을 높일 수 있는 지식, 기술, 태도를 포함하는 능력이라고 정의했다.

김옥순(2010)은 '문화 간 역량'이라는 개념을 사용했는데, 외국어 능력뿐 아니라 타문화 이해능력, 세계시민으로서의 자질 모두를 중요한 요소로 들고 있다. 문화 간 역량은 커뮤니케이션 학문 분야에서 문화간 의사소통 역량으로 연구되어 왔다. Bhawuk(1990)은 인간이 타문화집단과 어울리면서 자신의 행동을 조절하는 능력이 문화 간 의사소통 역량이며, 이는 자신의 문화와 타인의 문화가 지니는 차이를 인식해 내는 문화 간 감수성에 기초하고 있다고 보았다. 또한 Wiemann(1977)은 문화 간 의사소통 역량을 감정이입, 우호적인 관계의 지지, 사회적 이완, 행동의 융통성, 상호작용의 조절 등 다섯 가지 요소로 제시했다. 이러한 구성요소에 관한 주장은 대부분 의사소통 역량을 구성하는 세 가지 영역으로 인지 영역(타문화에 대한 지식과 관련됨), 감성 영역(개인의 내적 동기와 관련됨), 행동 영역(개인의 행위와 관련됨)으로 범주화하고 있다. 이를 종합해 보면, 다문화 역량이란 다문화적 인식론을 기반으로 자문화와 타문화를 이해하고 수용하고 문제를 해결하며 의사소통하는 능력이다.

다문화 역량을 측정도구 개발을 시도한 한현우, 이병준(2011)은 다문화 역량을 보다 구체적으로 세 가지 개념으로 정의했다. 가속화되는 다문화 사회에서 일상생활과 삶 속에서 요구되는 생애핵심역량으로써 다문화 역량, 외국인근로자와의 빈번한 대면으로 그들과 의사소통, 대인관계, 갈등관리, 협업할 수 있는 직업기초역량으로써 다문화 역량, 문화적 공동체와 다양성을 높이기 위한 문화적 역량으로써 다

〈표 1-10〉 핵심 역량으로서의 다문화 역량 구성 요소

구성 요소	하위구성 요소	정의
자율적으로 행동하기	자기성찰	자신의 잘못된 문화적 행위에 대한 반성과 성찰을 할 수 있다.
	자기이해 능력	삶의 주체로서 자신을 바라보고 있다.
	자기 동기화	자신의 문화적 행위에 대한 결과를 인식하고 바람직한 학습동기를 가진다.
	자기개발 능력	문화적 차이에 대한 학습을 한다.
	윤리성	문화적 차이를 이용하여 윤리에 어긋나는 행동을 하지 않는다.
	정체성	다른 문화이해를 가능하게 하는 자신의 정체성이 있다.
이질적 집단에서 인간관계 가지기	협력 능력	문화적 차이가 존재하는 사람과 협력하여 문제를 해결할 수 있다.
	공감 능력	문화적 차이가 존재하는 사람의 문화적 행위에 대해 이해하고 공감할 수 있다.
	다양성	문화적 다양성을 이해할 수 있다.
	의사소통 능력	문화적 차이가 존재하는 사람과 효과적인 의사소통을 할 수 있다.
	문화이해 능력	타문화에 대한 이해를 할 수 있다.
	타인이해 능력	문화적 차이가 존재하는 사람을 선입견 없이 한 명의 사람으로 생각하고 이해하고 인간관계를 맺을 수 있다.
	갈등관리 능력	타인을 동기유발시키며 문화적 차이에서 발생하는 갈등을 이해하고 해결할 수 있다.
도구를 효과적으로 사용하기	외국어사용 능력	효과적인 외국어사용뿐만 아니라, 문화적 차이에서 발생하는 의미도 이해할 수 있다.
	갈등해결도구 사용 능력	외국인과 문제발생 시 프로그램/매체 등을 활용하고 필요시 상담기법 등도 사용할 수 있다.
	정보 확보/판단 능력	올바르게 문화적 정보를 판단할 수 있다.
	지식/정보의 체계화 능력	지식과 정보를 체계화시켜 문화적으로 활용할 수 있다.

출처: 한현우, 이병준, 2011.

문화 역량이 그것이다(한현우, 이병준, 2011). 이 논문에서는 생애핵심역량으로써 다문화 역량의 하위구성요소를 〈표 1-10〉과 같이 제시하고 있다.

이러한 다문화 역량은 개인적인 학습은 물론 개인 간 상호작용과 협동학습을 통해 함양될 것으로 판단된다. 다음 절에서는 다문화 역량을 기르는 데 필요한 협동학습을 제안한다.

4. 다문화 역량과 협동학습[5)]

이번 절에서는 다문화 사회에서 시민들에게 요구되는 인간관계 학습을 위해 학교 내에서의 협동학습의 중요성과 방향에 대해 논의할 것이다. 즉 다문화시민이 가져야 할 다양성에 대한 존중을 학습하기 위해 협동학습이란 교육적 실천을 도입한다.

1) 협동학습의 개념

협동학습의 특징을 이해하기 위해서는 우리가 사회생활에서 일상적으로 맞닥뜨리는 상호의존의 상황 속에서 살펴보아야 한다. 사회적인 상호의존이란 각 개인들이 산출한 결과물이 타인의 행동에 의해 영향을 받을 때 존재한다. 사회적인 상호의존은 긍정적으로 나타날 수도 있고 부정적으로 나타날 수도 있다. 긍정적인 상호의존은 협동으로 나타나며, 개인들이 공동의 목표를 성취를 위해 함께 일할 때 존재한다. 부정적인 상호의존은 경쟁으로 나타나며 단지 몇 명만이 도달하는 목표를 성취하기 위해 서로 대립하며 과제를 수행할 때 존재한다. 개인적인 학습 장면에서는 타인의 행동에 전혀 영향을 받지 않는다.

---

5) 본 절에서는 Johnson과 Johnson(2002)의 협동학습 구상을 대부분 인용하고 있으며, 협동학습을 다문화 시민 윤리로 강조하고 있다.

협동은 구성원에게 공유된 목표를 위해 함께 일하는 것이다. 개인은 협동 상황 안에서 자신과 모둠 구성원 모두에게 함께 이익이 되는 결과를 추구한다. 협동학습에서 학생들은 자신과 구성원의 학습 효과를 최대화하기 위해 작은 모둠을 교육적으로 활용한다. 반대로, 경쟁학습은 A^{+}학점과 같이 오직 몇 명의 학생만이 도달할 수 있는 결과를 쟁취하기 위한 것이다. 다문화 사회에서는 사회 혹은 학교에서 다양한 문화의 사람들과 일하는 빈도가 늘 수밖에 없다. 개인들 사이에 구성된 상호의존의 유형은 그들이 어떻게 의사소통을 해왔는지에 따라 결정되고 성취의 결과 역시 크게 달라진다. 협동적인 상황을 구성하는 것의 결과는 각자의 노력에 용기를 주고 서로를 지지하고 보조하고 도와줌으로써 다른 사람의 성공을 증진시키고자 하는 개인의 노력을 만들어 낸다. 경쟁적인 상황을 구성하는 것은 다른 사람의 노력을 막고 방해함으로써 다른 사람의 성공을 막는 결과를 가져온다. 개인적인 노력 모델의 환경을 구성하는 것은 개인들은 다른 사람을 배제하고 혼자 일을 해야 하기 때문에 개인 간에 상호 접촉이 없는 상황을 만드는 결과를 가져온다.

이러한 상호작용 형식은 아래 세 가지의 크고 서로 연관된 결과를 포함하는 수많은 가변성에 영향을 끼친다(Johnson & Johnson, 1989).

- 성취를 위한 노력: 이것은 높은 성취를 포함한다. 그리고 더 훌륭한 결과물을 포함한다. 지속성, 내재적 동기, 성취의욕, 과제에 대한 시간투자, 높은 수준의 논리력, 그리고 비판적 사고력도 포함한다.
- 긍정적인 관계: 협동정신, 관심, 도움을 주는 관계, 개인적인 사교성 및 학문적 사교성, 다양성 가치와 결속력을 포함한다.

- 심리적인 건강: 심리적 적응, 자아 존중감, 사교적 기술, 사교 능력, 자아 정체성, 어려운 난관에 대처하는 능력을 포함한다.

협동학습의 지속적인 실행을 위한 핵심은 다음과 같이 구성주의 학습 환경과 관련된다(Johnson & Johnson, 1989). 첫째, 모든 학습자의 의미 있고 역동적인 참여. 이때 학습자는 적극적인 참여자로서 과제를 성실하게 수행하고, 팀원과 협력하여 과제에 몰입한다. 둘째, 학습자 자신의 잠재력 성취와 심리적 성취감의 경험. 끊임없는 동기부여를 통해서 학습자는 학습에 대한 노력과 열정을 쏟아 붓게 된다. 이때 실패감을 경험한 학습자들은 과제의 성취와 실행에 어려움을 겪으며 심리적, 언어적인 공격성의 원인이 되기도 한다. 셋째, 협동학습의 체계적인 활용을 통한 학습자 간의 관계성 발전. 소외되거나 친구가 없는 학습자는 사교성과 소속감이 있는 학습자에 비해 폭력성과 부정적인 성향을 보인다. 넷째, 협동적인 모둠의 구성. 협동적인 모둠은 다른 학습자들과 함께 효과적인 과제 수행에 필요한 상호작용과 모둠 활동 기술을 발전시킬 수 있는 장을 마련해 준다. 다섯째, 토론 또는 공론의 장 마련. 협동적인 모둠은 문제를 공유하고 해결함에 있어 토론의 장을 마련해 준다. 그 결과 학습자들의 쾌활한 성격, 난관에 대처하는 능력이 확대된다. 이때, 문제를 공유하지 못하는 학습자와 관심을 받지 못하거나 도움을 받지 못하는 학습자들은 부정적인 성향을 가질 위험이 있다. 여섯째, 협동에 대한 민감성. 협동적인 그룹은 높은 자존감, 의미를 찾는 감각을 촉진함으로써 학습을 위한 도움을 주고받거나 질적인 삶이 되도록 기여한다. 일곱째, 모두의 협동. 협동의 장점은 교사들의 협동, 교사와 행정가의 협동, 행정가들의 협동이 있어야 가능하다.

또한 협동학습의 체계적인 활용은 구성주의 방법으로 갈등을 해결할 수 있는 실마리를 제공한다. 이를 위해서는 학생과 교사에게 일련의 공인된 절차가 필요하다. 그래서 학교 단위의 갈등 해결 및 조정 프로그램이 실행되는 것이다. 의미 있는 결과들로 나타나는 협동학습의 효과성은 교수학습방법이라기보다는 가장 중요한 교수학습 도구의 하나로 여겨진다. 앞에서 논의한 협동학습은 크게 세 가지 특정한 유형을 띤다. 형식적인 모둠, 비형식적 모둠, 기본 모둠이 그것이다.

형식적 협동학습 모둠은 한 시간의 수업에서 몇 주간의 수업까지 함께 활동하고, 공동 목표를 성취할 뿐 아니라 공동으로 특정한 과제 및 프로젝트를 수행하는 학습자들로 이루어진다. 예를 들어, 의사결정, 문제해결, 교육과정 단원학습, 보고서 작성, 설문조사 및 실험활동, 교과서 및 참고도서 읽기, 어휘 학습, 교과서 질문에 답하기 등과 같은 활동을 함께 할 학습자들로 구성된다(Johnson, Johnson, & Holubec, 1998).

비형식 협동학습 모둠은 짧게는 몇 분에서 길게는 한 시간 수업까지 일시적인 모둠으로 공동의 학습목표를 성취하기 위해 함께 활동하는 학습자들로 이루어진다(Johnson, Johnson, & Holubec, 1998; Johnson, Johnson, & Smith, 1998). 수업이 이루어지는 동안, 교사들은 학습자들이 자료들을 조직하고, 설명하고, 요약하고, 통합함으로써 개념을 구조화시키는 지적 활동을 하도록 수업 요건을 갖추어야 한다. 비형식 협동학습 모둠은 수업의 도입과 정리 단계에서 3~5분 동안의 토의를 하거나 수업이 전개되는 중에도 2~3분씩 짝 토의를 할 수 있도록 구성된다.

협동적인 기본 모둠은 장기적이고, 안정된 구성원들과 함께 이질집단으로 구성된 협동학습 모둠이다(Johnson, Johnson, & Smith, 1998).

기본 모둠은 학문적인 진보(예를 들어, 수업에 적극적으로 참여하고, 과제를 실행하고, 배우는 진보), 인지 발달, 사회성 발달을 위해 모둠 구성원을 지원하고, 돕고, 격려하고 조력한다. 기본 모둠은 1~7년 동안 지속되는 영속성을 지니고 오랫동안 관심을 주고받는 관계성을 제공함으로써 모둠 구성원이 학교에서 지속적인 노력을 할 수 있도록 영향을 준다. 기본 모둠의 활용은 출석률을 향상시키고, 필수 활동과 학교 경험을 개별화시키고, 배움의 질과 양을 개선시킨다. 학교를 개선시키는 1년 프로젝트를 수행하는 것에 대해 기본 모둠에 책임이 주어진다면 긍정적인 발전은 높아질 것이다.

2) 협동학습의 구성 요인

사실 수업을 조직해나가는 것으로 학생들은 서로서로 일을 효과적으로 해나갈 수 있게 된다. 당신은 반드시 협동 과업을 만드는 기본 요소에 대해서 이해해야 한다. 가장 우선시되고 가장 중요한 요소는 긍정적인 상호의존성이다.

긍정적인 상호의존성의 전제는 다음과 같다. 당신은 학생들에게 반드시 명확한 과제와 모둠 달성 목표를 주어서 학생들은 그들이 함께 가라앉거나 혹은 함께 그것들을 헤쳐 나가게 될 것이라고 믿게 해야 한다. 긍정적인 상호의존성은 모둠 구성원 모두가 성공하지 못하면 아무도 성공할 수 없다는 단 한 가지 방법으로 연결되어 있다는 것을 받아들일 때에 존재한다. 만약 한 사람이 실패하면 모두가 실패한다. 그러므로 모둠 구성원들은 개개인의 노력은 그나 그녀 자신의 이익일 뿐만 아니라 모둠 구성원에게도 해당된다는 것을 인식한다. 긍정적인 상호의존성은 다른 사람들의 성공을 그들 자신의 것처럼 여기는 헌신을 만들어 낸다. 그리고 그것이 바로 협동학습의 핵심이다. 만약 긍정적인 상호의존성이 존재하지 않는다면 협동학습도 존재할 수 없다.

교사들은 아마도 상호적인 목적들을 만들기 위해서(한사람의 몫과 각각의 생산성을 확대하는 것), 상을 연관시키는 것(모든 모둠 구성원의 상, 그들이 기준 이상의 것을 달성하고 각각의 구성원이 보너스 점수를 받는 것), 나누어진 정보들(구성원들은 다른 전문적인 기술을 갖는다) 그리고 주어진 역할(요약자, 참여하는 데 있어서 격려자(칭찬이), 퇴고자)과 같은 긍정적인 상호의존성을 구성한다.

두 번째 협동학습의 본질적인 요소는 개인적인 그리고 모둠별 책임이다. 모둠 구성원들은 반드시 자신들이 도달할 목표에 대하여 설명할 수 있어야 한다. 각 구성원은 개인에게 주어진 일에 기여해야 할 책임을 지니고 있다. 다른 사람의 학습 결과에 아무도 '무임승차' 할 수 없도록 보증하는 그 모둠은 모둠의 목적이 명확해야 하고 측정 가능해야 한다. a) 그것들을 달성하는 데 있어서의 과정 그리고 b) 모둠 구성원들 각각의 개인적인 노력들. 개인적인 노력은 개개인의 점수가 매겨진 수행과제와 모둠의 일원인 개인이 과제를 완성하는데 있어서 누가 더욱 도움과 격려를 필요로 하는지 확인하는 것을 통해 존재한다. 협동학습 모둠의 목적은 개인의 완전한 권리 안에서 각 구성원들을 더 강한 개인으로 만드는 것, 과제를 완성하는 데 있어서 누가 더 도움과 지지 그리고 격려를 필요로 하는지를 함께 배워 그 이후에 개인적으로 더 높은 수행을 완수해 낼 수 있게 하는 것이다.

협동학습의 세 번째 기본적인 요소는 가급적 얼굴과 얼굴을 맞대고 상호작용을 증진시키는 것이다. 학생들은 다른 사람들의 성공을 도와주기 위해 실제로 작업을 함께 하는 것을 필요로 한다. 증진된 상호작용은 구성원들이 재능, 도움, 보조, 격려와 학습하기 위한 각각의 노력을 나누고 다른 사람들의 노력을 칭찬할 때 발생한다. 중요한 인식 활동들과 대인관계의 역동성은 학생들이 서로의 학습을 고무시킬 때만 발생한다. 교사들은 협동 팀들을 구성한다. 그래서 구성원들은 무릎과 무릎을 맞대고 앉아서 그들이 개인적으로 한 과제들의 각각의 부분들을 이야기한다. 이것은 문제를 어떻게 풀 것인지 입으로 설명하고, 이미 학습한 개념의 성질들을 토론하고, 반 친구에게 하나의 지식을 가르치고, 과거의 학습을 현재와 함께 연관 짓는 것을 포함한다. 이렇게 서로의 학습을 얼굴과 얼굴을 맞대고 고무시키는 것을 통하여 구성원들이 개인적으로 그들 모두의 목적뿐 아니라 서로에게도 헌신하게 된다.

협동학습에서 네 번째 기본적인 요소는 요구된 인간관계와 작은 모둠 기술들로 학생들을 가르치는 것이다. 협동학습 모둠에서 학생들에게는 대인관계와 작은 모둠 기술들이 요구되고, 또한 모둠의 부분으로 작용하는 팀워크와 같은 인간관계와 작은 모둠 기술들을 학습해야 한다. 협동학습은 원래 경쟁적이고 개인적인 학습보다 더 복잡하다. 왜냐하면 학생들은 주어진 과제를 하는 것과 팀의 일을 하는 것을 동시에 해내야 하기 때문이다.

모둠 구성원들은 효과적인 리더십, 의견 정하기와 신뢰 쌓기, 대화, 충돌 조절, 그리고 사전에 제시된 기술들을 사용하는 것에 대해서 알아야만 한다. 교사들은 모둠 구성원들에게 학문적인 기술을 익히듯이 의도적이고 꼼꼼하게 팀워크 기술들을 가르쳐야 한다. 왜냐하면 협동과 갈등은 근본적으로 연결되어 있기 때문이다(Johnson & Johnson, 1992). 건설적으로 갈등을 다루기 위한 순서와 기술들은 학습 집단이 오랜 기간 동안의 성공을 위해 특별히 중요하다

협동학습의 다섯 번째 요소는 모둠화 과정이다. 모둠화 과정은 모

둠 구성원들이 그들의 목적을 달성하고 효과적으로 일의 관계들을 유지하기 위해 주어진 시간에 효과적으로 토론을 할 때 존재한다. 모둠은 어떤 구성원의 행동이 도움이 되는지 도움이 되지 않는지 그리고 어떤 행동들을 계속할 것인지 혹은 바꿀 것인지 서술할 필요가 있다. 교사들은 모둠 구성원들에게 특정 임무를 지정해줌으로써 모둠화 과정을 구성한다. 모둠의 성공에 기여하는 최소한 세 명의 구성원들의 행동 요강을 작성하는 것 그리고 좀 더 성공적인 모둠을 만들기 위한 구체적인 행동 지침을 작성하는 것이다.

5. 마무리

지금까지 한국의 다문화 사회의 현황을 인구변화와 이울러 인구적 다양성애 대해 정리했으며, 이런 다양성이 공존하는 사회에서 시민이 지녀야 하는 다문화주의의 가치에 대해 논의했다. 나아가 다문화주의의 교육적 실천 방안으로 시민의 다문화 역량 교육을 시민교육으로 제안했다. 특히 다문화 역량을 강화하기 위한 방법으로 시민교육으로서 협동학습을 제안했다. 이 장에서 강조하는 것은 학교교육의 영역에서 '다문화 시민' 교육이 수행되는 것과 같이, 학교와 지역사회가 연계되어 다문화 시민 교육이 이루어져야 한다는 점이다. 그럼으로써 다문화 시민성을 지닌 시민들이 다문화 사회에서 '그들'과 함께 아름답게 살아갈 수 있을 것이다. 다문화시민성은 곧 우리 사회 구성원들의 다문화 역량의 바로미터임을 시사하기 때문이다.

우리는 2절에서 다문화 사회의 시민교육에 관한 담론들을 살펴보았고, 3절에서는 민주시민이 갖추어야 할 다문화 역량을 검토했으며, 4절에서는 다문화 역량 강화를 위한 시민교육 방법으로서 협동학습에 대해 제안했다. 이와 같은 협동학습에 참여한 학습자들은 맡은 바 개인적 책임감, 긍정적인 기대감, 상호작용이 증진된 것을 경험하게 된다. 교육 환경이 협동학습하에 놓이고 교수자들이 숙련된 협동학습의 멘토 역할을 한다면, 학습자들의 인간관계 형성은 신뢰뿐만 아니라, 다문화 역량을 강화할 수 있는 데 기여할 것이다. 그렇지만 실제 수업을 협동학습으로 기획하고 여기에 참여한 학습자들이 어떤 다문화 역량을 함양했는지에 대한 연구는 빠른 시일 내에 수행해야 할 과제이다.

제2장 다문화교육과 상호문화교육의 대안적 논쟁

1. 다문화교육과 상호문화교육

정책의 선순환은 법과 제도를 견고하게 만든다. 오늘 우리들이 논의할 '다문화 사회의 대안으로서 상호문화교육'에 관한 논의가 가치가 있으려면 현재 견고하게 깔려 있는 다문화교육의 실태를 정확하게 진단하는 일부터 진행해야 한다. 학계, 교육 현장, 정책의 영역에서 다문화교육의 패러다임은 확고하게 판을 구성하고 있다. 상호문화교육이 이 판을 뒤집는 획기적인 전략을 찾기는 낙타가 바늘구멍을 빠져나가는 것처럼 힘든 일이거나 아예 불가능할 수도 있다.

따라서 필자는 이 '어림없는 작업'보다는 잘 차려져 있는 다문화교육이란 밥상 위에 식사 절차나 순서와 같은 식사 참여자의 행위를 규정하는 차원으로 상호문화교육을 이식하고자 한다. 이를테면, 한 단위의 다문화 학교라는 개념과 가치에다가 이를 구현하는 실천 규범으로서 상호문화교육을 설정할 것이다. 이를 위해 우선 다문화 학교의 개념과 특성을 설명하고, 한국에서 실행하고 있는 다문화 정책학교의 유형들이 다문화교육학에서 주장하는 다문화 학교가 아님을 밝힐 것이다. 진정한 다문화 학교가 되기 위해 학교 현장에 상호문화교육을 도입하는데, 이 상호문화교육은 상호문화역량을 함양하는 것에 초점을 두고 있음을 부각할 것이다. 아울러 다문화성과 상호문화성이 대립된 가치 쌍이 아니라 보완적인 가치 쌍임을 강조하고자 한다.

최근 제기되는 다문화교육에 관한 비판과 이를 대체할 패러다임이 상호문화교육이라는 식의 대립적 혹은 대체적 입장을 지양하고, 다문화교육과 상호문화교육 둘 다 인간의 존엄을 추구하는 그 지향점과 실천 방식이 별반 다름없다는 점을 강조할 것이다. 또한 상호문화교육이 다문화교육을 대체한다는 입장보다 상호보완적인 관점을 보여줄 것이다.

그렇다면 왜 보완적 입장을 가져야 하는지 살펴볼 필요가 있다. 최근 들어 '다문화주의'에 기초하고 있는 문화에 대한 모델로서 '다문화성'이 우리 한국사회와 같이 동질적인 단일 문화권 사회에 작동되는데 대한 문제점이 제기되고 있다. 다문화성 모델은 사회 안에 존재하는 여러 문화들을 인정함으로써 한 사회 내에 존재하는 문화들을 서로 다른 하나의 문화적 단위로 취급해버린다. 이는 문화를 정의하는데 있어서 컨테이너적 발상을 축소한 것에 불과하다. 따라서 다문화성 모델은 본질적으로 여전히 주류문화와 하위문화의 구분을 만들기 때문에 집단에 존재하는 권력관계나 불평등의 문제, 내부적 경계를 해결하지 못한다는 문제를 갖는다. '상호문화성'의 선택은 이러한 문제에 대한 대안으로 제시되고 있다. 상호문화성은 구성원 간의 대화를 기반으로 하는 상호작용에 주안점을 두고 있다. 이 때문에 소통과 대화를 통한 규제적 역할을 발전시킬 여지를 갖고 있다. '다문화성'은 이론적으로나, 실제적으로나 단지 병존하고 있는 상태의 기술로써 여러 문화들 간의 연결고리가 없다. 이에 비하여 '상호문화성'은 소통과 문화 간 존재하는 경계와 장애물을 극복하려는 과정을 통해 서로를 변화시켜간다는 적극적 개입이 요구된다. 상호문화교육은 상호문화성을 기본으로 하며 상호보완적 위치에서 다문화교육과 자리매김 할 수 있음을 주장하고자 한다.

2. 다문화 학교의 의미와 개념

한국의 교육학계에 '다문화교육'의 용어가 회자되기 시작한 것은 2006년 4월 교육과학기술부의 '다문화 가정 자녀교육 지원정책'이 발표된 후라고 기억한다. 당시 교육과학기술부의 생각은 대략 이렇다. 2000년대 들어서면서 세계화의 영향으로 초국적 이주가 증가했으며, 이 추세에 한국도 예외가 아니어서 이주노동자, 결혼이민자들이 가파르게 증가하기 시작했다. 이에 따라 이들의 자녀들이 학령기에 들어서면서 교육현장인 학교를 대상으로 지원 정책을 제시한 것이다. 이 정책이 다문화교육 정책의 첫걸음이라는 긍정적인 평가 이면에 다문화가정 학생을 '소외계층'으로 여기고 '지원'해야 하는 당위적 성격이 강했다는 비판도 컸다.

당시 교육과학기술부와 각 시·도교육청의 다문화교육 정책에 대해 서범석(2010)은 '다문화 가정 학생 교육 지원 계획'의 차원에서 보자면 적합했지만 다문화교육의 본질적인 이념과는 거리가 먼 것이었고, 다문화교육의 실천 방향이 분명하지 않는 등의 문제점을 지니고 있었다고 한다. 또한 다문화 가정 학생을 대상으로 한 교육이 중심이 되고 있어, 다문화교육의 정의가 교육개혁운동으로 발전한 것과는 거리가 멀다고 비판했다.

그러나 최근 들어 다행인 것은 모든 학생에 대한 다문화이해교육

프로그램을 중점적으로 실시하여, 다름을 인정하고 서로를 존중하는 학교 문화를 만들어 갈 것을 선언하고 이를 실천하고 있다는 것이다. 구체적으로 다문화 정책 학교란, 다문화학생의 다양한 특성을 고려한 맞춤형 교육 지원과 다문화 친화적인 교육 환경 조성을 위한 선도모델을 마련하기 위해 정부와 교육부가 지정한 학교로서 다문화 유치원, 다문화 예비학교, 다문화 중점학교, 다문화 연구학교가 있다(김영순 외, 2016).

① 다문화 유치원: 이 유형은 다문화 유아의 발달이 원활하도록 맞춤형 교육을 지원하고, 다문화이해교육 모델을 개발하여 다른 유치원으로의 확산을 담당하는 유치원이다. 이 유치원에서는 기초학습, 인지능력 발달이 지연되지 않도록 누리과정을 운영하고, 다양한 활동 영역과 연계하여 통합언어 교육을 실시하고 있다.

② 다문화 예비학교: 이 유형은 중도입국학생, 외국인학생 등에 대한 한국어·한국문화 적응 교육을 통해 공교육 진입 및 적응을 지원해주기 위한 학교이다. 시·도교육청이 지정·공모하여 2가지 유형으로 운영된다. 직영형의 경우는 정규학교, 소속 학교 재학생을 대상으로 하고, 위탁형의 경우는 학력인정 대안학교·기관, 동일 학교급 대상 타학교 대상이 있다. 예비학교에 입급한 학생은 6개월~1년 미만 동안 한국어교육과정을 집중적으로 학습하고 원적 학급에 복귀하도록 한다. 이 학교에서는 다문화 특별학급을 운영할 수 있다. 마치 장애학생을 교육하는 특수학급과 같이 다문화학생을 대상으로 한 한국어교육과정(KSL)을 전담하여 운영하는 학급이다. 서울시교육청의 경우 다문화 예비학교에 다문화 특별학급을 설치하고 정규 교원을 배치했다.

③ 다문화 중점학교: 이 학교에서는 모든 학생에 대한 다문화 이해교육과 다문화학생 맞춤형 교육을 수행하여 다문화 친화적인 교육 환경을 조성하는 데 초점을 둔 학교이다. 이 학교는 일정 수 이상 다문화학생이 재학하고, 교육과정과 연계하여 다문화교육을 적극적으로 실시하고, 다문화교육의 전파 의지가 있는 학교를 우선적으로 선정한다. 이 다문화 중점학교에서는 다문화학생 낙인효과, 역차별 등을 완화하기 위해 다문화감수성 제고, 반편견 · 평등교육 등을 실시한다.

④ 다문화 연구학교: 이 유형의 학교에서는 이중언어교육의 확대와 세계시민교육 활성화 등 다문화학생 밀집학교의 교육력을 높일 수 있는 교육과정을 운영하고, 다문화 교육과정 모델 개발을 위해 연구를 수행하는 학교이다.

교육부는 다문화교육 지원정책에서 다문화 정책학교 운영을 대표적으로 자랑한다. 그런데, 이것이 과연 진정한 다문화 학교일까? 우리의 다문화 학교는 다문화 가정 자녀가 일정 수 있어야만 지정된다. 그렇다면 진정한 의미의 다문화 학교, 즉 다문화교육에서 강조하는 이상적인 다문화 학교의 모습은 과연 어떨까? 우리는 다문화 학교 관련 논의에서 다문화교육의 선구자인 Bennett(2003)과 Banks(2014)를 만날 수 있다.

Bennett(2003)은 통합학교에 관한 연구에서 그 학교가 다원주의 특성이 강할수록 인종 간의 우호적 관계 형성이 가능하며, 학습자들의 성취를 향상시키며, 학습자 개개인의 발달을 촉진시킬 가능성이 높다고 주장한다. 그는 학교 내에서 문화다원주의 혹은 통합적 다원주의가 실현되기 위해서는 교사의 긍정적인 기대, 긍정적인 집단 간 접촉을 촉진하는 학습 환경, 다문화 교육과정 운영, 이 세 가지 조건이 필수적으로 요청된다(Bennett, 김옥순 외 역, 2010: 49).

특히, 그가 주장한 다문화 교육과정의 운영에 주목할 필요가 있다. Bennett(2003)은 다문화 교육과정을 해당 학교 교사들의 가치관과 기대, 학생의 또래집단 형성 방법, 학교의 규칙 등과 밀접한 관계가 있다고 본다. 또한 학생들이 지닌 다양한 가치관, 문화적 양식, 지식, 견해 등과도 밀접하게 관련된다고 본다. 따라서 넓은 관점에서 볼 때, 다문화 교육과정은 전체적인 학교 환경과 밀접하게 관련되어 있다. Bennett이 주장하는 다문화 학교의 요지는 학교 구성원의 문화적 배경, 즉 다문화 학생의 유무에 주목하지 않는다. 모든 학교 구성원들의 다양성을 존중하는 가치관과 이를 고양해 줄 수 있는 학교 환경을 더욱 중시한다. 나아가 Bennett(2003)은 이러한 다문화 학교의 조건을 다음과 같이 네 가지로 제시했다.

① 다문화 학교는 재분리가 아닌 완전 통합교육이 이루어져야 하는 곳이다. 이는 통합적 다원주의가 실현되는 완전한 통합이 이루어지는 것을 의미한다. 통합은 기존에 분리되어 있던 모든 집단을 인정하고 수용한다. 또한 통합은 문화 다원주의적 상황을 창출해 낸다.

② 다문화 학교 교사들은 학생들에 대해 긍정적 기대를 가지고 있어야 한다. 많은 교사들은 학생들의 인종이나 민족 집단뿐만 아니라 그들 부모의 사회경제적 지위에 따라 상이한 방식으로 학생들과 상호작용을 한다. 교사가 특정 민족 및 인종에 대해 기대감이 낮을 경우 그 집단에 대한 부정적 편견이 작동하게 된다. 교사는 자신이 맡은 학생들에 대한 긍정적인 기대감을 갖고 교실에서 나타나는 문화 차이를 파악

하고, 문화적 다양성을 반드시 이해해야 한다.

③ 다문화 학교는 다양한 인종, 민족 간의 긍정적인 접촉이 가능한 학습 환경을 갖추어야 한다. 대부분 학교는 역사적 배경이 다른 학생들을 단순하게 하나의 집단에 속하게 하고 최선의 결과를 기대하지만 실제 결과는 그렇지 않다. 상이한 민족 집단들 간의 준비되지 않은 접촉은 오히려 부정적인 고정관념을 강화시키거나 새로운 고정관념을 만들어 낼 수 있다. 이런 이유로 무조건적인 통합보다는 인종 간의 긍정적 접촉을 지지하는 학습 환경을 통제해 줄 필요가 있다.[6]

④ 다문화 학교는 다문화교육을 위한 교육과정, 즉 다문화 교육과정을 설계하고 이를 수행해야 한다. 여기서 말하는 다문화 교육과정은 다문화 핵심가치를 구심점으로 해서 교육목적을 설정한다. 이 핵심가치로는 세계 공동체에 대한 책임의식, 지구와 전 지구 공동체에 대한 존중, 문화적 다양성의 인정 및 존중, 인간 존엄성과 보편적 인권으로 구성된다. 이러한 핵심가치를 중심으로 다문화 교육과정의 주요 내용은 다음과 같다. 역사에 대한 다양한 관점, 간문화적 역량 강화, 문화적 의식 강화, 인종차별, 성차별 등 기타 모든 차별이나 편견에 대한 투쟁, 사회적 행동기술 형성, 지구의 현 상태뿐만 아니라 세계적 역동성에 대한 이해 증진 등으로 구성된다.

---

6) Bennett(2003)에서 긍정적인 사회적 접촉의 네 가지 조건은 다문화 학교를 구축해 나가는 데 중요한 요인들이라고 밝히고 있다. 이 조건들은 다음과 같다. ① 접촉은 집단 간 이해와 호혜적인 지식을 생성할 수 있을 만큼 충분히 친밀한 것이어야 한다. ② 다양한 집단의 구성원들은 동등한 지위를 공유하여야 한다. ③ 접촉 상황은 사람들 간의 협력을 유도하여야 한다. 즉, 접촉상황에서 공동의 목표를 달성하기 위한 그룹들 간의 협력이 요구되어야 한다. ④ 제도적 지원이 제공되어야 한다.

또한 Banks(2014)의 다문화 학교 방향을 살펴보면, 우선 교육 기관들은 모든 학생이 민주적인 가치, 신념, 행위를 고양시키고, 문화 간 소통을 위해 필요한 지식, 기능, 태도를 함양할 수 있도록 도와야 한다고 주장한다. 다문화교육의 모든 차원을 이행하기 위해 학교의 어떤 부분이 변해야 하는가라는 질문에 Banks(2014)는 다문화교육의 전형을 보여주는 학교에 대해 다음의 여덟 가지 특징을 제안한다(Banks, 모경환 외 역, 2016: 74-78).

① 교직원의 태도, 인식, 신념, 행동: 다문화 학교의 교사와 교직원은 모든 학생이 학업성취를 높일 수 있다고 기대하며, 모든 학생이 평등하게 배울 수 있다는 믿음을 지니고 있다.

② 공식적 교육과정과 교과목: 다문화교육은 학생들이 다양한 인종, 언어, 민족, 성, 사회계층 집단의 관점에서 개념, 사건, 문제, 쟁점을 바라볼 수 있도록 교육과정을 개혁한다. 그리고 개혁된 다문화 교육과정에서는 LGBT 구성원의 관점뿐만 아니라 남성과 여성 모두의 관점이 중요하다.

③ 선호하는 학습, 수업, 문화적 특징: 학교에서 경쟁적인 수업이 아닌 협동학습 기법을 사용했을 때 학습 효과가 높게 나타난다. 또한 그들 중 대부분은 학교 교칙과 학업성취 결과가 명확하게 제시되고 자신과 학교에 대한 기대치가 분명할 때 높은 학습 효과를 보인다.

④ 학생들의 언어와 방언: 개혁적 다문화 학교에서는 교사와 직원들이 학생들이 사용하는 언어와 방언을 존중하고, 학생들의 고유 언어를 통해 그들이 표준 영어를 배울 수 있도록 돕는 통로로 사용한다.

⑤ 수업 교재: 다문화 학교에서는 다양한 민족적, 문화적 관점

에서 사건을 기술하는 수업 교재를 개선해야 한다. 그리고 교사와 학생 역시 모든 수업 교재의 문화적 편견을 확인하고 그것에 이의를 제기하도록 배운다.

⑥ 평가와 시험 절차: 다문화 학교에서는 다양한 문화, 민족, 언어 집단 출신 학생들이 문화적으로 공정한 평가를 받을 수 있는 평가 기법이 사용되어야 한다. 개혁적인 다문화 학교에서는 영재반에 유색 인종 학생들과 소수 언어권 학생들이 구성 인구 비례하여 배정된다. 이런 사실은 학교에서 이루어지는 평가와 시험 절차에서 민족적 다양성이 차별과 배제로 이루어지면 안 된다는 것을 의미한다.

⑦ 학교 문화와 잠재적 교육과정: 학교는 민족적, 문화적 다양성에 대해 학교 게시판에 붙은 그림의 종류, 다양한 인종, 민족, 문화, 언어 집단에서 온 학생들이 상벌을 받을 때의 공정함, 교직원의 인종 구성 등과 같은 학교의 문화 현상을 자세하게 반영해야 한다. 다문화교육은 잠재적 교육과정이 문화적, 민족적 다양성의 가치를 소중히 여기고, 이 다양성을 친숙하게 한다.

⑧ 진로 및 상담 프로그램: 다문화 학교에서 상담자는 다양한 문화, 인종, 민족, 언어 집단 출신 학생들이 자신의 적성에 맞는 진로를 선택하는 데 기여해야 한다. 또한 상담자들은 학생들이 자신에게 맞는 직업을 선택할 수 있도록 필요한 수업을 확인하고 반영한다. 또한 상담자들은 문화적 다양성에 민감해야 하며, 학생들이 자신의 한계를 초월하고, 장래를 설계하고 그것을 실현할 수 있도록 도와야 한다.

Banks(2014)는 이 여덟 가지 요인을 중심으로 학교가 개혁되고 다문화 교육과정이 제대로 실행된다면, 다양한 집단에서 온 학생들의 학업성취가 높아질 것이라고 가정한다. Bennett(2001)과 Banks(2014)의 다문화 학교의 공통적인 특징은 학교와 학교 구성원들의 마인드를 다문화적으로 변화시키고, 다문화 교육과정을 운영하는 것이며, 다양한 민족 배경의 학생들이 공평하게 배움을 행할 수 있는 여건을 마련해 주는 것으로 요약할 수 있다. 이를 통해 다문화 학교는 학생들이 속한 집단 상호 간에 관한 태도, 신념, 행동이 보다 민주적으로 변하고, 미래 민주주의 발전에 기여하는 시민으로 성장하게 될 것이다.

이런 다문화교육론자들의 입장에서 보자면 한국의 다문화 정책학교는 진정한 의미의 다문화 학교가 아니다. 필자가 주장하는 다문화 학교란 다문화 가정 출신 학생의 유무와 관계없이 다문화교육의 가치를 실천하는 학교이어야 한다. 그렇다면 다문화교육의 정신은 '다양성의 존중', '다원주의의 실천' 등과 같은 민주주의 가치와 맥을 함께 한다. 다시 말해 다양성 존중을 실천하기 위해 교육과정을 계발하고 학교를 혁신하는 것이 다문화교육의 방향이고 다문화 학교의 가치 실현일 것이다. 다문화 학교에서 주장한 다양한 집단이 민족 집단일까? 아니면 계층 집단일까? 아니면 이 둘을 포함한 것일까? 의외로 이 답을 쉽게 찾을 수 있다. 다문화교육의 이론적 범위에서 다양한 집단은 성, 계층, 민족, 인종, 언어, 종교 등의 다양성을 포함한 집단이기 때문이다. 따라서 다문화 학교는 이 다문화교육을 실천하는 학교라고 정의할 수 있다. 이렇듯 다문화 학교가 문화 간 다양성을 이해하고 존중하는 측면의 실천 과제를 해결하기 위한 목표를 지녔다면, 필자는 각 개인 간의 상호문화성에 기반을 둔 상호문화교육을 다문화 학교의 세부적인 행동 지침으로 제안하고자 한다.

필자의 기본 방향은 다문화교육의 대안으로 상호문화교육을 선택해야 하는 것이 아니라, 즉 다문화교육의 개념을 지양하거나 버리는 것이 아닌 다문화 학교를 그대로 두고 다문화 학교 목표 달성의 실천 전략으로서 다문화교육과 상호문화교육을 상호보완적 관계로 설정하고자 한다. 그 이유는 이미 다문화교육 정책으로 제도화된 한국 다문화교육의 세부 내용들을 상호문화교육으로 포맷을 바꾸고자 하지 않고 다문화교육과 상호문화교육의 접점을 찾고, 교집합과 합집합을 찾아 문화집단 간 소통과 개인 상호 간 소통의 다채널을 선택할 것이다.

3. 다문화성과 상호문화성의 대립

최근 들어 다문화주의에 대한 대안으로 상호문화주의 선택을 논의하는 견해를 접할 수 있다. 이번 학술대회의 가장 큰 이슈가 바로 '상호문화교육으로의 패러다임 전환'이라고 본다. 필자는 패러다임 전환에 동의하지 않고, 다문화교육의 구멍을 상호문화교육이 메워주는 말 그대로 보완적 입장을 취할 것이다. 마치 다문화주의와 상호문화주의가 선택적 입장으로 부각되어 있는데 실제로 개념상의 차이는 있지만 실천의 차원에서 여전히 유사한 맥락을 가지고 있다. 우선적으로 다문화주의와 상호문화주의의 대립적인 측면을 이해해야 왜 상호보완적이어야 하는가를 파악할 수 있다. 이를 위해서 우리는 우선 '다문화성'과 '상호문화성' 개념을 검토할 필요가 있다.

일찍이 Kymlicka(2002)는 어떤 한 사회 내 소수민족, 같은 지역에 거주하는 이주민 그룹과 토착민 그룹 등 다른 문화를 가지고 있는 그룹들이 존재함으로써 여러 문화가 병존하는 현상을 설명하는 데 '다문화성'을 사용했다. 이 다문화성 개념을 바탕으로 하는 다문화주의는 소수 그룹들의 권리를 인정하고, 이를 바탕으로 사회통합을 이루고자 하는 것을 근본 내용으로 한다. 다문화주의 맥락하에서는 같은 사회에 살고 있는 상이한 문화집단에 속한 구성원들에 대한 관용이 중요한 역할을 한다. Okin 외(1999)에 의하면, 다문화주의에서는 소수 그룹들에게 그들이 사용하는 고유 언어, 독립 매체의 운영, 정치 참여에 필요한 재정 지원, 과거사에 대한 보상, 현재의 특정 상황에 대한 보상 등의 다양한 권리를 갖고 있음을 보장한다. 이러한 다문화성에 근거하고 있는 '다문화주의'는 소수집단들의 다양성과 차이를 인정하고, 그들의 권리를 충분히 수용함으로써 사회통합을 도모하고자 하는 특성을 지닌다.

Appiah(1994)는 '다문화주의'가 기초하고 있는 문화에 대한 모델의 핵심가치인 '다문화성'은 동질적인 단일 문화적 모델의 문제점을 본질적으로 해결하지 못한다고 주장하며, 다문화주의를 다음과 같이 비판한다. "다문화성 모델은 한 사회 안에 존재하는 여러 문화들을 인정하고 있기 때문에 한 사회 내에 존재하는 문화들을 각기 다른 하나의 문화적 단위로 취급해버린다. 이는 문화를 정의하는 데 있어서 컨테이너적 발상을 축소한 것에 불과하다."

Antor(2006)와 최현덕(2009)의 논의에서는 현상적 기술로서의 '다문화성'과 문화들 간의 상호관계성을 내포하는 '상호문화'가 나타난다. 여기서 '다문화성'은 문화상대주의를 지향하는데 다문화적 존재에 대한 관용적 인정에 중점을 두기 때문이다. 반면에 '상호문화성'은 이들 간의 상호작용에 주안점을 두고 있기에 대화 등을 통한 규제 역할을 발전시킬 여지가 있는 것이다. '다문화성'은 여러 문화들이 단지 병존하고 있는 상태의 기술에 머묾으로써 문화 간의 연결고리 없다. 그렇지만 '상호문화성'은 서로를 변화시키는 소통이 있고 그 속에는 문화 간 존재하는 경계 또는 장애물을 극복하려는 의지를 담고 있다.

정기섭(2011)에서는 다문화성을 사회적 구조를 서술하는 기초요소로, 상호문화성을 살아가는 과정의 역동성에 의해 생성된 것으로 본다. 또한 최재식(2006)과 김태원(2012)의 경우 상호문화성에서 주목해야 할 이유로 개별 문화 간의 수평적 관계 형성을 말한다. 또한 상호문화성을 단순히 접촉이나 교류의 차원으로 보지 않고, 개별 문화 속에 내포된 보편적 특성과 간문화적으로 존재하는 내적 연관성을 드러내는 개념으로 보았다.

Abdallah-Pretceille(1999)는 상호문화주의의 핵심 개념을 상호작용으로 보았다. 그에 따르면 다문화주의가 타문화 간의 다양성을 인정하는 것을 중점에 둔다면, 상호문화주의는 문화 간의 상호작용에 그 중점을 두고 있다. 또한 집단성이 아닌 개별성을 기반으로 두고 있으며 서로 다른 문화보다는 그 안에 있는 각 개인이라는 입장을 취하고 있다. 이때 각 개인은 문화 생산자 혹은 문화 소통자로 이들이 문화를 이해한다고 하는 것은 상호 간의 이해와 존중 그리고 그러한 절차를 실행하는 것이다.[7)]

---

7) Abdallah-Pretceille(2004)는 백인 위주의 다문화주의에 대해 다음의 다섯 가지로 그 한계를 지적한다. 첫째, 다문화주의는 거부와 배제 행동을 부각시킬 수 있으며 구성원이 속한 집단의 문화를 몇 가지 특성으로 묶어 범주화하려는 경향이 있다. 이러한 시도는 특정 집단 간에 경계선이 형성되어 상호 간 소통하기보다는 서로 거부하고 배척하는 문제를 내포한다. 그 결과 구성원들이 집단 안에서 단지 공존하는 단계에 머물고 만다. 둘째, 다문화주의에서는 개인을 집단에 예속시킴으로써, 사회적 유동성을 제한한다. 집단의 정체성이 개인의 정체성보다 우선시되기 때문에, 구성원 개개인의 역동성이 자신이 속한 집단의 특성에 갇히게 될 위험을 내포하고 있다. 셋째, 집단의 문화가 점점 더 세분화되고 다양화된다는 사실을 은폐한다. 집단의 개별 구성원은 여러 가지 다른 집단에 속할 수 있고 다양한 하위문화를 동시에 향유할 수 있다. 하지만 개인이 특정 집단에 속해 있다는 사실만 강조한다면 그의 행동과 특성을 제대로 이해할 수 없다. 넷째, 다문화주의는 문화적 변인만을 과대하게 주목함으로써 상대적으로 다른 변인을 경시하게 된다. 우리가 살아가는 사회현실은 문화적 측면 외에도 사회적 · 심리적 · 역사적 · 경제적 측면 등 다양한 변인들이 복합적으로 작용한다. 하지만 여러 변인 중 문화적 측면만 지나치게 강조한다면 현실세계의 다원성과 복잡성을 무시하고 문화주의적 파행을 야기하게

다문화성과 상호문화성을 넘어 다문화주의와 상호문화주의로 좀 더 논의를 확대하여 보면, 다문화주의는 다양한 인종 민족 문화 등으로 구성된 국가들에서 동화 정책이 사회통합 방법으로 사용되기 어려워지자 새로운 사회통합의 이데올로기로 제시된 것이라고 볼 수 있다. 그러나 구성원들을 모든 영역에서 다문화주의를 실현시키기에는 한계가 있을 수밖에 없다. 따라서 다문화주의는 각각의 국가들이 자신들이 처한 다문화 사회의 특성과 상황에 맞게 정책적 융통성을 지닐 필요가 있다.

지금까지 다문화성과 상호문화성에 관한 논의들에서 마치 대립적인 개념 쌍으로 이해할 수 있지만, 이 두 개념의 정의에 있어서 공통적인 맥락은 집단의 크기와 상관없이 사회에 존재하는 모든 문화는 평등한 관계로서 그 권리를 동등하게 존중받아야 한다는 것이다. 다시 말해 다문화성과 상호문화성 모두 다른 문화를 지배하거나 특정한 문화를 흡수하여 획일화시키려는 것이 아니라, 다원적 세계관과 관용적 태도를 바탕으로 상호 간에 문화적으로 인정하는 것이다.

Holzbrecher(2004)에 따르면, 상호문화성은 문화 안에 존재하는 각 개인들의 '만남'과 '관계'가 역동적으로 이루어지게 하는 동인이다. 이러한 역동성은 '나의 것'과 '낯선 것'을 동시에 표현하며, '낯선 것'과의 접촉은 언제나 나 자신에 대한 지각모델에 따라 성찰이 이루어진다는 것을 보여준다(Holzbrecher, 2004). 교육학의 관점에서 성찰한다는 것은 자기 자신을 이해하는 기회이자 타인과 낯선 것을 이해하고

된다. 다섯째, 다문화주의는 개인의 자율성을 부정한다. 개인의 다채로운 특징을 무시하고 특정 집단에 소속된 개인으로만 판단하게 되면, 개별성들이 모두 용해되고 만다. 개인이 반드시 그 집단의 속성을 대표한다고 볼 수도 없고, 특정 집단의 속성이 모두 개개인에게 나타나는 것도 아니기 때문이다.

자 하는 시도가 될 수 있다.

이러한 상호문화성의 역동성에 대해 최승은(2015)은 "다문화 사회를 살아가는 우리에게 상호문화적 관점으로 타자를 바라보는 것이 필요하며, 자아와 타자 사이의 개인의 문제를 넘어서는 문화와 문화 간에서 역동적으로 이루어져야 하는 성찰의 과정이 되어야 한다"고 주장한다. 따라서 '상호문화성'은 문화 간 경계를 허물고, 다문화성을 보완하거나 극복할 수 있는 문화적 상호작용을 허용하는 다문화 사회의 기본적인 행동 철학으로 볼 수 있다.

앞서 논의한 연구자들에 따르면, 상호문화주의가 다양한 문화에 대한 존중과 차이의 인정에 대한 논리에 중점을 두기 때문에 문화 간 경계의 구분 짓기를 하고 있는 다문화주의에 대한 비판으로 보일 수 있다. 다문화성과 다문화주의에 관한 비판을 통해 여기서 마치 한국 사회가 상호문화주의를 채택하게 된다는 논리적 오류에 빠지게 된다. 어쩌면 우리 사회가 다문화성, 다문화주의를 표방했을 때, 실제 도입하여 추진하고 다문화교육의 실천 방향은 상호문화주의를 이미 채택한 것으로 간주할 수도 있다고 본다.

필자는 다문화주의나 상호문화주의 모두 서로 다른 문화 간 경계를 허물고 다양성을 인정한다는 동일한 개념 축을 갖는다고 본다. 필자가 주장하는 보완적 논리를 다음의 논의에서 찾아볼 수 있다. Carlo (1998)의 상호문화주의에 관한 논의를 살펴보면 개인 차원뿐만 아니라 사회 차원 즉 문화적 집단을 언급한다. 그에 따르면, 상호문화주의는 사람들이 개인 차원과 사회 차원 모두 타인과 맺는 관계 속에서, 그리고 세계라는 개념에서 상징적 표상, 생활방식, 가치 등을 내포하고 있다. 뿐만 아니라 Mall(1999)에서는 상호문화적 사유를 언급했다. 그에 따르면 상호문화적 사유는 유럽중심주의, 중화주의 등과 같은 '모든 종류의 중심주의로부터의 해방 과정'을 뜻한다(Mall, 1999). 상호문화 가치와 정신은 차이나 다양성, 다원주의를 가치로서 인정하는 것이지, 통일성의 결핍으로 보지 않는다. 따라서 다양성의 인정이란 상호문화 가치와 정신으로 자연스럽게 귀결되는 것이다. 이미 Mall의 논리는 상호문화적 사유에 문화 다양성의 인정이라는 다문화주의의 가치를 포괄하고 있다고 본다.

상호문화주의 옹호론자들의 논의는 다문화주의에 비해 상호문화주의의 '상호문화성'이 구성원 간의 '대화'를 중심으로 한 상호작용에 주안점을 두고 있다는 것이다. 이 때문에 구성원들은 소통과 대화를 통하여 서로 간에 규제적 역할을 발전시켜 갈 수 있는 여지를 갖는 것이다. 다른 한편 '다문화성'이 이론적으로나, 실제적으로 단지 병존하고 있는 상태의 기술적 차원에서 머무르며 여러 문화들 간의 연결고리가 없다고 비판한다. 그렇다면 다문화성, 다문화주의를 폐기하는 것보다는 상호문화성, 상호문화주의로 보완하는 것이 더욱 상생적인 전략이라고 판단된다. 또한 상호문화주의는 상호 간의 넘나듦을 허용하여 상호작용을 강조하고 타자와의 만남을 중요시하는 개념으로 부각된다. 이런 논리로 보자면 상호문화주의는 다문화주의를 대체 혹은 선택적 개념의 이념이 아닌 것이다. 보완적 개념으로 충분히 양해될 수 있는 개념이다. 다시 말해 필자는 이미 판이 깔려 있는 다문화교육의 입지를 뒤집는 것이 아니라 서로 상생할 수 있고, 다문화 학교가 완성될 수 있는 실천적 지표로 상호문화교육을 설정할 수 있는 가능성을 기대한다.

4. 상호문화교육과 상호문화역량

대부분의 상호문화교육론자들이 바라보는 상호문화교육은 일종의 열린 행위이론으로서 개인이 사회의 변화를 지각하고 혁신적인 과정을 시작함으로써 평화교육과 갈등 해결에 기여하는 것이다. Roth(2002)에 따르면, 상호문화교육의 참여자는 회의 '모든' 구성원으로 특정한 인종집단 혹은 결함이 있는 개인만이 아니다. 상호문화교육의 목적은 소위 문화 다원주의적 의미에서 관계없이 사회 구성원들이 병렬적으로 존재하는 것이 아니라, 만남과 대화를 통하여 각각의 문화적 습관을 위한 공간들이 유지되는 통합이다. 무엇보다 교육 참여자가 교육적 행위의 주체성을 유지하며 상호작용과 대화가 이루어지는 통합으로부터 출발한다. 상호문화교육은 결코 기관 혹은 학교의 교과교육에만 적용되는 것이 아니라, 다양한 차원에서 작동하는 '교육 활동 전반에 대한 탐색의 지형선'이다(Roth, 2002). 다시 말해, 교육과정 구성, 학교조직. 수업 형성, 학생들과의 개인적인 만남에서 작동해야 하는 원리다. 또한 상호문화교육은 전 지구적 사회가 도래하면서 긴밀한 교류가 증가하는 세계사회를 이해하는 데 기여할 것이다.

Dauber(1998)에 따르면, 상호문화교육에서는 주체와 객체 사이의 '틈새'와 같은 '낯섦'을 학습 대상으로 한다. 이때 다른 주체, 즉 낯선 문화 매체, 이를테면 텍스트, 영화, 음악 또는 무의식적으로 만들어진 문화가 중요하다. 여기에는 게슈탈트 심리학에 등장하는 '접촉'의 개념이 중요한 역할을 한다. 접촉은 항상 고유한 것과 낯선 것 사이의 경계에서 생겨난다. 접촉은 낯선 것들에 대한 감정이입과 고유한 것에 대한 이해가 항상 유동적인 상황에 처해 있는 영역에서 이루어지는 자아확신과 경계 짓기의 과정이다(Dauber, 1998).

Abdallah-Pretceille(1999)에 의하면, 상호문화교육은 공통의 공공문화를 전수하고자 하는 의지와 관련된 시민성교육과 관련된다. 공통의 공공문화는 어느 특정 문화를 명확하게 보여주는 내용이 아니다. 이를 테면, 역사상 현대 민주주의와 서양문명을 만들어 낸 것은 해당 국민이 모두 협력해서 만든 결과이다. 또한 공통의 공공문화는 여러 민족 집단 구성원들의 관계를 정의와 평등에 기초하여 해결하고자 하는 원칙, 규범, 규칙을 제시한다는 의미에서 특정 문화를 초월한다. 상호문화교육은 이처럼 서서히 민족공동체의 문제로부터 덜 불평등한 사회적 및 교육적 활동 개념으로 옮겨지면서 사회적 계약 차원의 균형 잡힌 관계를 강조한다.

Kiesel(1996)은 상호문화교육과 관련해서 '상호작용적 성향'을 옹호한다. 상호작용적 성향과 함께 정체성 확립은 다양한 상호작용 파트너들과 모순되는 행위요구를 하는 상호작용의 과정이라고 묘사된다. 상호문화과정에서는 공동으로 지향하는 틀을 발전시켜야 한다. 이것은 공동의 상호문화적 일상지식을 부여하기 위해 새로운 의미를 서로 이해하는 데 목표를 두고, 계속해서 다양한 일상이론의 조정을 요구한다.

Auernheimer(2003)와 Portera(2005)는 상호문화교육이 사회의 필요에 의해 수립된 사회·문화 정책적 조처나 특별한 목적을 지닌 교육 프로그램을 넘어 인간 누구에게나 필요한 일반교육으로 이해되어야 한다고 본다. Allemann-Ghionda(1999)는 상호문화주의의 교육학적 관점이 소수민족의 관점을 벗어나 이제는 좀 더 보편적인 방향으로 각국의 세계화 정책과 함께 추구해야 한다고 주장한다. 이 주장에 따르면 사회문화적 다양성과 언어의 상이함을 바탕으로 삶과 세계관의 차이를 이해하는 것이 상호문화교육의 주안점이라는 것이다(Allemann-

Ghionda, 1999). 그래서 상호문화교육이 소수민족을 위한 교육을 넘어 지구공동체 모두를 위한 교육 내용으로 전환되어야 한다고 주장한다.

정창호(2011)에 의하면, 상호문화교육은 다문화 사회에서 어려움을 겪는 외국인과 내국인들을 교육적으로 지원해준다는 명분 아래, 사람들의 관심을 정작 필요한 주류사회의 정치적 변화로부터 돌려놓는 경향이 있다고 비판한다. 이러한 비판적 태도는 상호문화교육이 낯선 타자들을 단지 문화적, 인종적 차이의 차원에서만 고찰하는 태도를 반성하게 한다. 그럼으로써, 사회적 불평등의 문제를 포괄하는 이론적 토대를 찾아 나서게 만들었다는 점에서 의의를 가진다. 그럼에도 상호문화교육은 타자 문제에서 문화적 차이를 고려해야 한다는 점에 대해서는 의심하지 않는다. 따라서 상호문화적 차이를 고려하면서 동시에 사회적 정의의 문제를 통합할 수 있는 포괄적인 상호문화교육의 프레임을 준비하는 것은 여전히 과제로 남는다.

다문화교육의 대안으로 등장한 상호문화교육은 주체와 타자 간과 같은 개인적 차원의 문제들을 다룬다는 점에서 공통적인 문화를 간과할 수 있다. 그렇기 때문에 필자의 '다문화교육과 상호문화교육의 상호보완적인 관계' 설정은 한국의 다문화 사회가 선택해야 할 전략이라고 본다. 중요한 것은 다문화 학교에서 행동 지향적 실천 전략으로 선택해야 하는 상호문화교육의 지향을 위해 낯선 타자와의 공존을 어떻게 이룰 것인가 하는 방법의 탐구라고 볼 수 있다.

필자는 이 글에서 이를 상호문화교육의 실천적 목표로 명명하고, 그것을 상호문화역량(intercultural competency)이라 할 수 있다. 상호문화역량에는 문화 간 공통점과 차이점을 식별하는 능력, 다른 문화의 관점에서 자신의 사고와 행위를 성찰하는 능력, 문화 다양성을 반영하여 의사소통하는 능력, 타문화를 비판적으로 이해하고 인정하는 능력, 다른 문화 출신의 구성원과 협력하여 사회공동체를 이루는 능력 등이 있다(이종하, 2006).

Essinger와 Graf(1984)는 상호문화교육이 추구하는 바를 상호문화 역량으로 이해했다. 그들은 공감, 관용, 갈등 해결 능력, 협력, 연대성 등을 강조했다. 공감능력을 위한 교육은 개별적 인간이 스스로의 마음을 열도록 장려하고, 자신과 다른 타자들이 직면한 문제와 그들의 '다름'에 관계할 수 있도록 이끌어 준다(허영식, 정창화, 2009). 다른 체험을 지닌 행위자들은 그들의 존엄성이 존중받을 때 긍정적인 상호작용과 공동협상이 가능한 상호문화적 역학관계를 형성할 수 있다. 그들은 그 자체로 목적 및 주체로 인정받아야 하며, 낯선 목적을 위한 수단으로 취급되어서도 안 된다. 나와 타자와의 주체적이고 상호 우호적인 관계가 중요하다.

상호문화역량에서는 상호작용, 즉 두 화자로 하여금 서로에게 영향을 미치고 얽히게 하는 교환과정과 아울러, 상호주관성(intersubjectivité)을 강조한다. 타자에 대해 '발포하는(chosifiant)' 시선의 상호성을 수용하면서, 타자가 지위를 가진 사람으로 인정하는 것이 중요하다. Chen과 Starosta(1999)는 상호문화 역량을 특수한 물리적이나 상징적인 환경을 지닌 사람들 간의 적절하고 원만한 상호작용을 가능하게 하는 것이라고 주장한다. Byram(1997)에서 상호문화역량은 문화적 배경이 다른 사람들과 상호작용하는 능력으로 정의하며, 상호문화소통에 대한 지식, 낯선 것에 관심 및 공감을 가진 태도, 이에 대한 해석, 관련 그리고 발견 기술 등을 포함하며 문화적 차이를 극복하고 문화 간의 접촉을 행할 수 있는 능력으로 보았다.

Paige 외(1999)는 상호문화역량을 상호문화적 현상에 관한 지식(문화적응 단계, 문화 충격, 상호문화 개발, 문화학습, 문화적 정체성, 문화적 소외

등), 상호문화 행동 기술(문화학습 전략, 스트레스 관리 전략, 상호문화소통 역량, 상호문화적 관점 취하기, 문화적응 가능성 그리고 초문화적 능력 등), 문화보편적 차원의 태도(상이한 문화에 대한 긍정적인 태도, 문화학습에 대한 긍정적인 태도, 문화 차이에 대한 민족상대주의적 태도 등)에 대한 이해와 적용 능력으로 간주한다(갈라노바 딜노자, 2019).

Fantini(2006)는 상호문화역량의 언어적인 의미를 강조한다. 그에 따르면 상호문화 역량은 언어적, 문화적으로 서로 다른 사람들 간에 적절한 상호작용을 하기위해 필요한 역량이다. Deardorff(2006)에 있어서 상호문화역량은 자신의 상호문화적 지식 그리고 기술과 태도를 바탕으로 상호문화적인 상황에서 원활한 의사소통을 할 수 있는 역량이다. 또한, Thomas(2003)는 상호문화역량에서의 상호작용 과정을 오해를 피하거나 문맥화하는 방식으로 설명한다. 따라서 모든 참여자들이 상호문화적 소통상황에서 받아들일 수 있고 협동적으로 문제 해결을 위한 기회를 창출하는 능력으로 상호문화역량을 정의한다.

구체적으로 Byram(1997)이 주장한 네 가지 상호문화역량을 살펴보도록 하자. 그는 상호문화역량을 언어능력, 사회언어능력, 담화능력, 상호문화능력으로 구분했다. 그는 특히 '상호문화능력'의 중요성을 강조하여, 지식, 해석 및 연관 기술, 발견 및 상호작용 기술, 태도 그리고 비판적 문화 인식 등으로 세분화했다. 다섯 가지 상호문화역량 요소들은 다음과 같다.

① 지식: 자신과 타인의 언어나 문화에 대한 지식을 포함한다. 특히 상대방의 특성인 문화적 배경에 대한 지식은 열린 마음을 갖게 하여 상대방에 대한 편견이나 차별을 방지한다.

② 해석 및 연관 기술: 자문화와 타문화에 대한 해석을 가능하

게 해주는 역량이다.

③ 발견 및 상호작용 기술: 이는 자국과 타문화에 대해 이미 배웠던 지식, 습득한 기술 및 태도를 실생활에서 실제로 활용할 수 있는 역량을 말한다.

④ 태도: 타인의 언어와 문화에 대한 지식으로 상대방에게 공감과 호기심을 가지고 실제적인 행동이나 태도를 통해서 보여주는 것을 말한다. 상대방의 언어 및 문화를 머릿속에 아무리 잘 습득하고 존중해도 그것을 자기의 태도나 행동으로 보여주지 않으면 아무 소용이 없다. 다른 사람의 입장이 되어 생각할 수 있는 역량을 뜻한다.

⑤ 비판적 문화 인식: 타인에 대해서 배웠던 지식이나 태도를 통한 새로운 문화적 정체성을 말한다. 아울러 이 정체성을 통해서 형성되는, 고유문화와 타문화에 대해 비판적으로 사고할 수 있는 역량도 여기에 포함된다.

Fantini(2000; 2006)는 상호문화역량의 구성요소를 다차원적으로 구분하여 제시하고 있다. 그는 개인적 특성으로서 상호문화역량을 선천적과 후천적 특성으로 분리하고 있으며, 공감, 호기심, 유머, 흥미, 유연함, 참을성, 개방성, 관용, 판단 등이 이에 속한다. 또한 상호문화역량의 세 가지 능력 영역을 구분한다. ① 관계를 맺고 계속적으로 유지하는 능력, ② 최소한의 오류로 소통하는 능력, ③ 상호 간의 흥미 또는 요청을 충족시키기 위해 협력하는 능력이 여기에 포함된다. 또한 상호문화역량을 지식, 태도, 기술, 인식 등 네 가지 차원으로 구성되어 있다고 보았다. Fantini는 자기 인식과 반성에 관한 인식은 "자신의 발달로 인해 더욱 강화된 것처럼 더 깊은 인식, 기술 및 태도를 이끌어낸다"고 언급한다. 또한 그는 긍정적인 환경에서 다른 언어 및 문화권 사람들과의 접촉 및 경험이 상호문화 역량 개발을 위한 좋은 조건이라고 강조한다.

지식, 태도, 기술, 인식을 포함하는 Fantini(2000)의 상호문화역량 모델은 Byram(1997)이 제시한 모델과 유사점이 있다. 다만 Byram은 상호문화소통 역량 중 '태도'와 '지식'을 중요하다고 본 반면에 Fantini는 '인식'을 가장 중요시하고 있다. 즉, 상호문화소통 역량은 자국문화뿐만 아니라 타문화에 대해서도 배우는 것을 포함한다. 또한 타문화 구성원들의 적극적인 상호작용 속에서 느낀 차이점을 존중하고 상황에 맞게 적절한 태도를 줌으로써 자기의 문화와 타인의 문화 간에 나타나는 차이를 다양성으로 파악하고 인식하는 것을 의미한다.

Deardorff(2004)는 상호문화역량의 피라미드 모델을 개발했으며 이 모델이 포함하는 내용은 다음과 같다.

① 원하는 외적 결과: 상호문화 지식, 기술, 태도에 근거하여 자신의 목적을 어느 정도 달성하기 위해 효과적이고 적절하게 행동 및 소통하는 것을 의미한다.

② 원하는 내적 결과: 준거 틀은 적응능력(다른 의사소통 방식, 행동, 새로운 문화 환경), 융통성(적절한 의사소통 방식과 행동 선택, 인지적 유연성), 민족상대주의적 관점, 공감 등의 요소를 포함한다.

③ 지식과 이해: 문화적 자기 인식, 문화에 대한 깊은 이해와 지식(문화의 맥락, 역할과 영향 그리고 다른 사람들의 세계관 포함), 문화특수성에 관한 정보, 사회언어학적 지각을 포함한다.

④ 기술: 듣고, 관찰하고, 해석하기(민족중심주의를 확인하고 최소화하기 위한 인내를 사용하여 문화적 단서와 의미를

찾는다), 분석하고, 평가하고, 관련짓기(분석의 비교 기술을 사용하여 연계, 인과 관계 찾기) 등으로 구성되어 있다.

⑤ 필수 태도: 이는 존중(다른 문화와 문화적 다양성에 대한 가치 인정), 개방성(상호문화에 대한 배움과 다른 문화권에서 온 사람에 대한 판단 보류), 호기심과 발견(모호함과 불확실성에 대한 용인) 등을 포함한다.

Deardorff(2004)에 의하면 태도란 배웠던 지식이나 기술을 활용할 때 나타나는 것으로 존중이나 개방성, 또는 호기심 등으로 드러난다. 태도는 지식 그리고 기술을 융통성 있고, 적용 가능하며, 공감을 얻는 법을 배움으로써 관련성을 획득하게 되는 개별 학습자의 내적 결과(internal outcomes)로 이루어진다. 태도가 갖는 이러한 특성은 외적 결과(external outcomes)에 반영되는데 개인적 차원에서 볼 때, 관찰 가능한 행동 및 의사소통 스타일 등으로 드러난다. 그것은 개인이 상호문화적으로 유창하고 수용적인지 능력 또는 배우고 있다는 가시적인 증거이다. 다시 말하자면, 개인이 습득 혹은 학습한 지식이나 기술 그리고 태도는 실천적 행동을 통해서만 발현되는 것이다. 따라서 행위실천적으로 드러나지 않고 인지적 상태로만 머무는 지식, 기술 및 태도는 존재할 수가 없다고 본다. 이는 상호문화역량 형성을 위해서는 내부와 외부에서의 결과가 동시에 요구된다는 것을 나타낸다. 이러한 이유로 상호문화역량은 우리가 사는 다문화 사회에서 필수적으로 요청되고 있다. 상호문화역량은 유전적으로 얻는 것이 아니라 후천적인 교육을 통해서 배워가는 것이다.

Deardorff(2006, 2009)는 상호문화역량 발달을 위해 피라미드 모델을 토대로 하여 과정 모델을 개발했다. 이 모델의 구성요소는 기존의 피라미드 모델과 동일하지만 요소들 간에 발생하는 이동과 과정 방향을 보다 자세히 설명하고 있다. 이 과정 모델은 개인 수준에서 대인 수준(상호문화적인 상호작용)으로의 이동을 나타낸다. 피라미드 모델에서와 마찬가지로 태도와 기술, 지식을 외적 결과에 직접적으로 적용할 수도 있다. 그러나 결과의 적합성과 효율성의 정도는 전체 사이클이 완료될 때보다 높지 않아도 다시 시작할 수 있다는 차이가 있다. 내적, 외적 결과의 고유한 요소는 그대로 이 과정 모델에서도 유지된 채 개인은 내부적인 성과를 완전히 달성하지 않고도 다양한 상황에서 적절하고 효과적으로 행동하고 의사소통을 한다는 외적 결과를 얻을 수 있다. 단지 내적 성과가 달성된 경우보다 적절성과 효과성은 더 제한적으로 달성될 수 있다.

Deardorff(2006; 2009)가 제시한 상호문화역량의 과정 모델은 다음과 같은 결과를 가져올 수 있다. ① 자문화와 다른 문화권 사람들의 다양함을 이해하고 존중하게 한다. ② 다른 문화적 배경을 지닌 사람들과 상호작용할 때 효과적이고 원활한 의사소통을 제공하게 한다. ③ 다양한 문화권 사람들과 긍정적인 대인관계를 구성하게 한다. ④ 상대방의 다양함을 파악하고 차이점을 인종하며 존중하게 한다.

또한 상호문화역량은 거시구조적 관점과 관련된 것으로 조망할 수 있는 세계 즉, 학습자의 일상생활에서 구체적인 상호작용이 이루어지는 행위공간과 관련되어야 한다. 또한 상호문화역량에서는 심리사회적 주체발달의 차원이 고려되어야 한다(Holzbrecher, 정기섭 외 역, 2014: 133-137). 즉, 상호문화 안에 존재하는 인간과 인간에 초점을 맞춘 나머지 인간을 둘러싸고 있는 사회적 구조를 간과하면 안 된다는 것이다. 이때 역시 타자와의 관계는 상호주관성을 가지고 역동적인 만남으로 이루어져야 한다.

Abdallah-Pretceille(2004)는 타인에 대한 단편적인 지식이 아니라 타인과 원만한 관계를 형성할 수 있는 능력이 다양한 문화를 가진 개인 간의 만남이 늘어나는 오늘날 보다 중요해지고 있다고 말한다. 이제는 타자에 대해서 '말하는' 것이 아니라 타자와 함께 '행동할' 줄 알아야 한다. 타자와의 원만한 관계 형성에서 무엇보다 중요한 것은 '나'를 중심으로 하는 사고에서 벗어나야 한다. 자기중심주의, 자문화중심주의, 자민족중심주의에서 탈피해야 한다. 이러한 이유로 빠르게 다문화 사회로 변화하는 한국사회에서 '다름'에 대한 상호문화적 접근이 요청되는 것이다. 상호문화적 접근 방식은 역동적인 과정으로 타인과 원만한 관계를 맺기 위한 것이다. 이 접근 방식의 핵심은 자문화와 타문화의 구별이 아닌 관계의 출발점을 자기 자신에서 찾는 것이다.

필자는 '공유된 미래'를 위해 노력하는 유럽의 학자들을 기억한다. 2004년에 오스트리아, 체코, 독일, 영국 학자들이 한자리에 모여 상호문화교육의 방향성을 줄 수 있는 '상호문화능력평가(INCA: Intercultural Competence Assesment)라는 평가지침서를 공동으로 개발했는데, 주요한 평가 기준은 다음과 같다(김영순, 최승은, 2016).

① 공감: 타인의 생각이 무엇인지, 그들이 어떻게 느끼는지 직관적으로 이해하는 능력이다. 공감능력이 있는 사람은 타인의 감정과 사고를 다룰 줄 알며, 타인의 눈으로 상황을 보고 느끼는 능력이다.

② 다름에 대한 존중: 자문화중심주의에서 벗어나 타문화에 대한 불신을 자제하고 개방성이 있는 태도를 취하는 것이다. 이 존중 능력이 있는 사람은 타인의 가치, 관습, 관행 등을 존중할 수 있다.

③ 지식의 발견: 새로운 문화에 대한 지식을 습득하고, 실제 의사소통과 상호작용에서 지식, 태도, 기술을 적절히 사용하는 능력이다. 타문화권의 사람들과 상호작용할 때, 새로운 지식을 활용하여 해석하는 것이 중요하다.

④ 의사소통에 대한 인식: 상호문화적 의사소통에서 언어 표현과 문화적 상황과의 관계를 적절히 설정하고 식별하는 능력으로, 다양한 의사소통방식을 이해하는 것이 필요하다.

⑤ 모호함에 대한 관용: 낯선 것을 이해하고 받아들임으로써 갈등을 해결하는 시작점이다.

⑥ 행동의 유연성: 자신의 행동을 서로 다른 요구와 다른 상황에 맞추는 능력으로 절차와 기대의 불필요한 충돌을 피하기 위해 상대방에 따라 자신의 행동 목록을 확장하고 적응하는 것이다.

이번 이야기는 상호문화교육이 한 개인에게 관계적 '인간다움'을 준비하는 상호문화역량 함양에 지향되어야 함을 강조했다. 제도권에서 이미 다문화 학교가 다문화 정책학교라는 이름을 가지고 실행하고 있다. 적어도 상호문화교육이 학교의 영역에서만큼은 '상호문화학교'가 될 수 없기 때문에 상호문화역량 개발 프로그램으로 접근해야 할 것이다. 다시 말해 다문화 학교를 위해 문화집단의 구성원이 아닌 주체로서의 개인이 타자 이해를 하는 측면에서의 상호문화역량을 확보하는 전략을 구체화해야 할 것이다.

5. 마무리

앞선 상호문화교육론자들의 상호문화역량은 다문화교육에서 강조하는 개인적 차원의 감수성, 대인적 차원의 상호의존성, 초국적 차원의 연대와 책임의식 등을 모두 표방한다. 이런 맥락에서 다문화 학교에서의 상호문화역량의 확보는 앞서 논의한 다문화 학교의 특성과 부합하게 된다. 이를 테면 상호문화역량에는 문화 사이의 공통점과 차이점을 찾아내는 능력, 다른 문화의 관점에서 자신의 사고와 행위를 성찰하는 능력, 문화 사이에서 의사소통하는 능력, 타문화를 비판적으로 이해하고 인정하는 능력, 타문화 출신과 협력하여 사회공동체를 이루는 능력 등이 있다(이종하, 2006).

상호문화교육이 추구하는 바는 넓은 의미에서 사회적 학습으로서 공감, 관용, 갈등 해결 능력, 협력, 연대성 등이 해당한다. 특히 공감 능력을 위한 교육은 개별적 인간이 스스로의 마음을 열도록 장려하고, 자신과 다른 타자들이 직면한 문제와 그들의 '다름'에 관계할 수 있도록 이끌어준다(Essinger & Graf, 1984). 서로를 다르게 체험하는 행위자들은 자신들의 존엄성이 존중받는다고 느낄 때 긍정적인 상호작용과 공동협상이 가능한 상호문화적 역학관계에 들어갈 수 있다(허영식, 정창화, 2009). 그들은 그 자체로 목적 및 주체로 인정받아야 하며, 낯선 목적을 위한 수단으로 취급되어서도 안 된다. 나와 타자의 주체적이고 상호적인 관계가 중요하다.

또한 상호문화역량은 거시구조적 관점과 관련된다. 상호문화역량은 조망할 수 있는 세계, 학습자와 일상생활에서 구체적인 상호작용 및 행위공간과 관련되어야 한다. 또한 심리사회적 주체발달 차원이 고려되어야 한다(Holzbrecher, 정기섭 외 역, 2014: 133-137). 즉, 상호문화 안에 존재하는 인간과 인간에 함몰되어 인간을 둘러싸고 있는 사회적 구조를 간과하면 안 된다는 것이다. 그뿐만 아니라 타자와의 관계가 상호주관성을 가지고 역동적인 만남으로 이루어져야 한다.

다양한 문화를 가진 개인 간의 만남이 늘어나면서 타인에 대한 단편적인 지식보다는 타인과 원만한 관계를 형성할 수 있는 능력이 점점 중요해지고 있다. 이제는 타자에 대해 '말하는' 것이 아니라 타자와 함께 '행동할' 줄 알아야 한다. 타자와의 원만한 관계 형성에서 가장 중요한 것은 자기중심주의, 자문화중심주의, 그리고 자민족중심주의에서 탈피해야 한다(Abdallah-Pretceille, 2004). 그러므로 빠르게 다문화사회로 변화하는 한국사회에서 '다름'에 대해 상호문화적으로 접근해야 할 것이다. 상호문화적 접근방식은 타인과 원만한 관계를 맺기 위한 역동적인 과정이다. 이러한 접근 방식의 핵심은 원만한 관계의 출발점을 타인이 아니라 자기 자신에서 찾는 것이다.

2004년 오스트리아, 체코, 독일, 영국의 학자들은 '상호문화능력평가(Intercultural Competence Assesment, INCA)'라는 평가지침서를 공동으로 개발했다. 상호문화능력의 중요한 평가 기준은 다음과 같다(김영순 외, 2016).

첫째, 공감 역량이다. 공감은 타인의 생각이 무엇인지, 그들이 어떻게 느끼는지 직관적으로 이해하는 능력이다. 공감능력이 있는 사람은 타인의 감정과 사고를 다룰 줄 알며, 타인의 눈으로 상황을 보고 느낀다.

둘째, 다름에 대한 존중이다. 자문화중심주의에서 벗어나 타문화에 대한 불신을 자제하고 개방성 있는 태도를 취하는 것이다. 이러한 존중 능력을 가진 사람은 타인의 가치, 관습, 관행 등을 존중할 수 있다.

셋째, 지식의 발견이다. 지식의 발견 역량은 새로운 문화에 대한 지식을 습득하고, 실제 의사소통과 상호작용에서 지식, 태도, 기술을 적절히 사용하는 능력이다. 타문화권의 사람들과 상호작용할 때, 새로운 지식을 활용하여 해석하는 것이 중요하다.

넷째, 의사소통에 대한 인식이다. 이 역량은 상호문화적 의사소통에서 언어 표현과 문화적 상황과의 관계를 적절히 설정하고 식별하는 능력으로, 다양한 의사소통 방식을 이해하는 것이 필요하다.

다섯째, 모호함에 대한 관용이다. 이 역량은 낯선 것을 이해하고 받아들임으로써 갈등을 해결하는 시작점이다.

여섯째, 행동의 유연성이다. 이 역량은 자신의 행동을 서로 다른 요구와 다른 상황에 맞추는 능력으로, 절차와 기대의 불필요한 충돌을 피하기 위해 상대방에 따라 자신의 행동 목록을 확장하고 적응한다.

이제 우리는 어떻게 할 것인가? 이미 판을 깔은 같은 편을 부정하고 '마이 웨이'할 것인가? 아니면 그들과 보완적, 상생적 관계에서 협력하며 갈 것인가? 우리가 진정 상호문화교육론자들이라면 상호문화역량을 글로, 문서로 배우는 것이 아니라 실천해야 한다면 우리의 결정은 자명하다. 그들과 함께 가는 것이다. 멀리 가려면 함께 가라. 오늘 이 말이 좀 더 친숙하게 들린다. 이제 지속가능한 다문화 사회를 위해 상호문화역량을 어떻게 높일 것인가 하는 문제는 우리의 열린 과제로 남는다.

제3장 다문화주의와 '통합적' 다문화교육의 실제

-독일의 다문화교육을 중심으로-

1. 통합적 다문화교육의 필요성

독일의 다문화 사회 건설 노력과 함께 2010년 다문화주의가 "완전히 실패했다"고 선언한 메르켈 독일 총리의 발언이 있었다. 그 후 지금까지 유럽 내 반(反)이민자 정책과 맞물려 국제사회에 충격을 준 바 있다.

메르켈 총리의 발언은 유럽 내의 집시 추방과 부르카 착용 금지 등 최근 유럽 내 반이주민과 반 난민정책과 맞물려 논란이 가열되고 있다. 실제로 독일은 다른 유럽 국가들과 마찬가지로 증가하는 이주민과 난민문제가 사회적 이슈로 부각되고 있는 상황이다. 비주류를 형성하는 500만여 명의 무슬림 이주민들에 대한 경제적 부담은 독일 국민들에게 더 민감하게 받아들일 수밖에 없는 실정이다. 많은 무슬림 이주민들은 독일어를 구사하지 못하고, 자국 언어를 사용하는 저소득층이거나 정부의 지원으로 생활하는 경우가 많다. 더욱이 전 세계가 골칫거리로 삼고 있는 테러 주범으로 간주되면서 무슬림 이주민들에 대한 독일 내의 편견은 더욱 더 증가하고 있기 때문에 유럽은 이슬람 종교를 믿는 무슬림들 간의 사회 문화적 갈등으로 몸살을 앓고 있는 중이다. 이러한 갈등 이면에는 항상 경제문제가 자리하고 있다. 유럽의 경제악화로 유럽의 여러 나라들은 재정을 긴축하고 복지를 축소했으며, 고용 및 복지서비스 문제로 인해 내국인과 외국인의 갈등 및 실업문제와 같은 사회적 갈등이 초래됐다. 다시 말하면, 사회통합에 필요한 고용과 사회안전망의 기반이 흔들리면서 내국인과 외국인을 구별하는 혹은 차별하는 갈등이 표면화된 것이다.

2000년대 접어들어 한국사회는 다문화주의 혹은 다문화 사회에 대한 관심이 많이 증가했다. 이것은 결혼이민자, 외국인 노동자, 다문화 가정 자녀, 북한이탈주민 등이 늘어나면서 한국사회의 문화적, 인종적 다양성이 많아지고 있는 현상을 반영하고 있다. 하지만 여전히 외국인 노동자에 대한 차별과 인권침해가 지속되고 있고, 결혼 이민자들이 경험하는 사회문화적 적응의 어려움이 지속되면서 외국인 보호와 사회통합의 필요성이 요구되는 것은 다문화주의에 관한 사회적 관심도가 그만큼 증가하고 있다는 것을 나타내고 있다.

법무부의 추산에 따르면, 2019년 7월 현재 국내 거주 외국인의 수가 242만 명을 넘어서고, 그 자녀 수도 약 20만 명을 넘어서고 있어, 해마다 그 증가 폭은 기하급수적으로 늘어날 전망이다. 이런 추세로 외국인의 수가 증가한다면, 2030년에는 6%, 2040년에는 8%로 증가할 것으로 예상하고 있다.

이번 장에서는 다문화주의에 대한 다양한 시각을 논의한 후, 독일의 다문화 가정과 그 자녀들을 위한 학교와 사회교육프로그램을 살펴본 후, 한국의 교육현장에 어떤 시사점을 제시하고 있는지를 밝혀보고자 한다. 왜냐하면 가정과 학교 및 지역사회 영역 등 다층적인 교육의 현장화가 이루어짐으로써 이러한 영역들이 통합되어 다문화교육의 효과를 극대화할 수 있는 '통합적' 다문화교육'이 필요하기 때문이다. 따라서 독일의 공교육과 사회 영역에서 실시되고 있는 다문화교육의 사례를 바탕으로 한국의 다문화교육이 지향해야 할 방향성을 조명해 보고자 한다.

2. 다문화주의의 개념과 정의

다문화주의가 서구의 사회이념과 정책으로 부상한 것은 제2차 세계대전 이후 서구의 급속한 경제성장과 인구학적 변화 때문이다. 유럽, 북미, 오세아니아의 선진 자본주의 국가들은 경제성장과 더불어 저출산·고령화로 인한 노동력 부족을 해결하기 위하여 개발도상국들로부터 노동자들을 받아들였다. 밀려들어오는 비서구권 이민자들의 유입은 거주국의 정치, 경제적 변화뿐만 아니라, 사회, 문화 등 다양한 방면에까지 지대한 영향을 미쳤다. 이로 인해 서구 국가들은 다문화주의라는 이념을 통해 이민자들을 기존의 사회구조에 통합시키고자 했다(윤인진, 2013)

다문화교육 용어사전(2014)에 따르면, 다문화주의란 "세계화에 발맞춰 단일 민족국가들이 갖고 있는 기존 문화에 이주, 난민 등으로 유입된 다른 민족들의 다양한 문화를 인정하고 교류, 포용하는 것"을 의미한다. 이와 같이 다문화주의는 사회의 다양성과 문화적인 다양화를 설명하기 위해 사용된다.

또한 다문화주의는 "이주로 인한 다인종·다문화 주체들이 갖고 있는 삶의 권리에 대한 제도적 보장의 근거로서 주류 사회와 비주류 사회 간의 상호 이해 촉진, 소수민족 집단 간의 교류, 사회평등 보장,

구조적 불평등과 차별"을 극복할 수 있는 사회통합의 길이다. 다문화주의 이론가 Taylor는 다문화주의를 "문화적 다수집단이 소수집단을 동등한 가치를 가지 집단으로 인정하는 인정의 정치"라고 정의했다. 이때 인정의 정치는 단지 소수집단이 다른 집단의 권리를 침해하지 않는 범위에서 자유롭게 사는 것을 인정하는 수준에 그치는 것이 아니라, 다수집단이 소수집단의 문화가 존속하도록 적극적인 조치를 취하는 것까지 포함한다(남부현, 오영훈 외, 2016).

그러나 이 같은 이상주의적인 의미와는 다르게 수많은 다문화국가들은 다양한 문화의 사회적 통합을 하지 못하고 갈등과 반목 등으로 어려움을 겪고 있는 실정이다. 다양한 문화적 권리를 옹호하는 다문화주의는 민주주의적인 이상을 지향하지만, 다양한 문화가 제공하는 사회적 연대나 사회통합을 저해할 수 있는 부정적인 측면도 포함되어 있다.

다문화주의는 다음과 같이 세 모형으로 구분된다.

> 첫째, 차별·배제 모형이다. 이것은 경제특구와 같은 특정지역이나 특정한 직업에 해당하는 일부 영역 외에 이민자의 유입을 철저히 배제하는 배타적인 이민정책으로 일본과 독일이 이에 해당한다. 이 나라들은 단순노동인력의 수급과 통제제도를 실시하는 대표적인 나라들이다. 한국사회도 이 나라들과 유사한 제도(고용허가제도)를 실시하는 나라에 속한다.
>
> 둘째, 동화 모형이다. 이것은 이민자들이 언어·문화 등의 모든 측면에서 주류사회와 동일해야 한다는 모델로 미국의 '용광로 정책'이 대표적이다. 이 모델은 국민 내 소수집단 또는 이민자들이 다수집단의 사회 속으로 융해되어야 하며, 문화 적응이라는 일방향적 과정으로 흡수되어 다수집단과 서로 일치되는 것으로 간

주된다. 이 모델은 한국사회의 다문화주의 형태와 유사하다고 볼 수 있다. 이주민에게 한국의 언어와 문화를 강요하여 한국인처럼 생활하게 하는 것이 여전히 지배적이기 때문이다.

셋째, 다문화 모형이다. 이것은 이주민을 화합하고 포용하는 특성을 지닌다. 이것은 미국과 같이 주류사회 중심의 소수민족 정책이나 이민자 정책을 대변하는 문화 다원주의(Cultural Pluralism)와 이민자들을 존중하면서 주류사회와 이민자 간의 평등관계, 사회와의 소통과 교류에 중점을 두는 다문화주의(Multuiculturalism)로 구분된다.

아직 이민의 역사가 짧고 이민자의 규모와 영향력이 강하지 않으면서 인종적·문화적으로 동질성이 강한 한국사회가 먼저 다문화 사회를 경험한 서구 국가들과 같은 수준의 다문화주의를 실천하는 것은 쉬운 일은 아닐 것이다. 그렇다고 해서 다문화주의가 역사와 문화 배경이 다른 한국사회에 적합하지 않거나 필요하지 않다는 말은 아니다. 한국사회가 처한 현실을 반영하면서 다문화주의의 가치를 실현할 수 있는 방안을 모색할 필요가 있다.

3. 독일의 다문화 정책과 상호문화교육의 흐름

독일은 전통적으로 동화주의 정책을 실시하다가, 2000년 이후부터 속인주의와 속지주의를 혼합하는 이민자정책으로 유턴하여 이주민과 내국인의 사회문화적 통합을 시도하고 있다.

독일은 1970년대 초 이주민들이 사회문제로 등장한 이래 이민자 자녀에 대한 교육 정책의 하나로 "외국인교육학(Ausländerpädagogik)"을 실시했다. '외국인교육' 프로그램은 외국인 자녀 또는 다른 문화권의 자녀들을 위한 특수교육이라고도 한다. 이 프로그램은 다른 문화적 배경의 청소년들이 학교와 사회에 동화시키는 것을 목표로 두고 있다. 이 프로그램의 목적은 독일어 사용에 미숙한 외국인 자녀들에게 독일어를 학습시키는 데 있다.

그러나 소수자인 외국인 자녀들에게 동화를 강요했던 '외국인교육' 프로그램에 대한 부정적인 견해로 인해 여러 민족들의 문화적 다양성을 인정하는 움직임이 대두됐다. 다시 말하면, 동화주의 교육프로그램에 대한 비판적 대안으로 타문화의 고유성과 상이성을 인정하는 상호문화교육 프로그램이 등장했다. 이 상호문화교육 프로그램은 한 사회를 구성하는 사회집단들의 고유한 문화적 특성이 다양하게 존재하고 있으며, 주류집단의 문화와 비주류집단의 문화가 동등하게 존중되어야 한다는 인식에서 출발한다(오영훈, 2009).

1980년대 중반 독일에서 상호문화교육에 대한 논의는 '다문화 사회에서의 상호문화교육'이라는 새로운 관점에서 다양하고 넓게 이루어진다. 이러한 논의는 외국인 자녀의 교육에 대한 질적인 전환을 촉구하는 입장에서 문화인류학과 사회학 등 여러 학문에 기초한 문화교육을 강조하고 있다. 이러한 상호문화교육[8]은 독일사회에서의 외국인통합정책을 지지하면서 무엇보다도 언어능력 함양을 통한 사회통합의 중요성을 강조했다. 하버마스는 자문화중심주의를 넘어서기 위해, 상호 문화적으로 매개된 공동체 구성에 관심을 가졌다. 그는 특

---

8) 상호문화이해교육의 기저에는 상호문화주의가 자리 잡고 있다. 상호문화주의는 다문화주의와 마찬가지로 궁극적으로 문화적 다양성과 차이를 인정하고 존중하자는 기본적 정신을 표방한다. 상호문화주의에서 문화는 타문에게 상호작용을 일으키는 전제에서 출발한다. 문화들은 서로 혼합되고 소통하며, 영감을 주고받기 때문에 각 개인은 역동적이고 유동적인 정체성을 형성해 나간다. 결국 상호문화주의는 타자를 고정된 의미망 속에서 파악하거나 개인이 갖는 문화적 특성에 중점을 두기보다는 주체로서의 개인을 더욱 중요시한다.(남부현, 오영훈 외, 2016: 55)

히, 언어가 갖는 상호문화성을 강조하면서 언어를 매개로 한 상호문화공동체 구성을 강조했다. 언어를 통한 의사소통행위는 다수자와 소수자이 연대와 화해를 정당화시켜 주는 보편적인 기반이다. "언어는 의식이나 주체의 단순한 표현수단이 아니라, 언어가 주체의 생활세계를 결정하는 보편적 기반"이다. 하버마스는 언어의 공동체적 구조인 의사소통 행위를 상호문화주의의 보편적 기반으로 설정했다(김영필, 2013).

Schulte(2001)는 상호문화교육 프로그램은 "사회구성원들이 타문화와 타인에 대한 편견과 고정관념을 사라지게 하고, 서로 다른 문화집단의 사람들이 한 공동체에서 상호 공존"할 수 있게 하는 것이라고 주장했다.

Pommerin-Goetze(2001)는 상호문화교육은 소수민족들이 변화하는 것뿐만 아니라, 독일인들 역시 타문화를 이해하는 교육도 받아야 한다고 강조했다. 특히 모든 문화가 동등한 가치를 지니기 때문에 배움의 현장에서는 다양한 학습의 기회를 제공받을 뿐만 아니라, 지식을 확장하기 위해서도 필요하다는 것이다.

이러한 맥락에서 정영근, 한영란(2006)은 상호문화교육의 목표를 다음과 같이 제시하고 있다. 첫째, 상호문화교육이 추구하는 바는 넓은 의미의 사회학습으로 감정이입능력, 관용, 갈등해결능력, 협동심, 연대성 등을 형성하는 데 있다.

둘째, 상호문화교육이나 상호문화학습은 문화적 상이성을 전제로 하고 있기 때문에 문화적 다름의 이해와 극복을 지향한다.

셋째, 상호문화교육은 역사 및 사회적 현실을 다양한 관점에서 파악하고 인식하려는 목표를 추구한다.

넷째, 상호문화교육의 목표에는 인종과 문화적 차별을 극복하기 위한 정치교육이 포함된다. 한 사회 내의 타문화 간에 갈등조정과 균형유지 및 공존하는 과정은 정치적으로 수행될 수밖에 없기 때문이다.

독일정부는 독일과 상호협력의 국가인 스페인, 터키, 포르투갈, 전유고슬라비아 어린이들을 위해 그들의 언어를 인정하고, 먼저 그 언어로 교육을 받으며, 계속해서 그 언어로 학습할 수 있는 통로를 마련해 주었다. 결국 1991년 새로운 법을 제정하여 이민자들의 언어와 문화를 인정하게 됐다. 유럽통합을 선도하는 독일은 이민자 자녀들이 독일학교에 무료로 다닐 수 있고, 그들의 모국어도 제1 또는 제2외국어로 선택할 수 있다. 따라서 독일의 상호문화교육 형태는 소수민의 문화뿐만 아니라, 언어까지도 인정하고 이해하는 데 그 목표를 두고 있다.

2005년에는 처음으로 이민법을 개정했다. 이민법의 도입은 독일 스스로 이민 국가이자 다문화 국가임을 인정했다는 점에서 의미가 있다. 개정된 이민법의 큰 특징은 이민자들의 통합정책에 대한 연방정부의 책임을 제시한 점과, 이에 대한 정책 수립 및 예산 지원을 명시했다는 점에 있다. 특히 연방정부의 권한과 역할 및 의무의 가이드라인을 명확히 제시했다는 점과 이주민을 위한 통합코스 개설이 처음으로 이민자들에게 적용되는 단일한 과정으로 구성됐다는 것에 의의가 있다.

독일정부는 인구의 약 1/5을 차지하는 외국인의 통합을 강화하기 위한 방안으로 2006년 7월 처음으로 이민자들의 사회적 통합을 촉진하기 위해 '이민자통합정상회의'를 개최했다. 참석자는 독일 총리와 100여 명의 외국 이민자단체 대표 및 당국자들이며, 이민자 관련 지원 및 규제 방안 등 이민자 통합 촉진을 위한 의견을 교환할 수 있었다. 이처럼 독일정부가 외국인 통합에 적극 나서고 있는 것은 이 문제가 독일 사회의 안정과 경제 발전에 중요한 역할을 하고 있다는 것을 반영하고 있다(금혜성, 임지혜, 2010).

4. 독일 일반 학교의 다문화교육 프로그램

1) 다문화 가정 자녀와 일반학생의 통합교실 운영 프로그램

(1) 일반교과(국어, 수학) 프로그램

일반 교육 프로그램에서는 상호문화교육을 위해 자신뿐만 아니라 타인을 존중하고 다름 문화, 인종, 언어, 종교, 사고방식, 삶의 태도 등을 가진 사람들을 편견이나 선입견 없이 수용하고 이해하도록 교육하고 있다. 상호문화교육을 위한 프로그램은 유아 및 초등교육에 집중되어 있다. 상호문화학습의 목표인 관심, 감정이입, 관용, 연대감 등은 어릴 때부터 교육을 받아야 하기 때문이다.

상호문화학습은 원칙적으로 모든 교과목에서 다루고 있다. 초등학교에서 다루는 과목들 중 특히 독일어, 수학, 미술, 음악, 공작, 종교, 철학 및 외국어에서는 다른 인종, 언어, 종교, 문화적 배경을 지닌 사람들을 인정하고 이해하기 위한 내용이 포함되어 있다.

(2) 범교과(특별활동, 재량활동, 학교행사) 프로그램

타인종과 타문화에 대해 편견과 선입견을 가지고 바라보지 않고, 관용과 수용의 자세를 가지며, 타문화를 앎으로써 상호문화적 의사소통 능력을 키우고 타문화를 직접 경험할 수 있게 한다. 이를 위해 다문화 가정학부모를 일일 교사로 초빙하여 그들의 문화를 소개할 기회를 제공하고 있다. 또한 독일 학부모와 다문화 가정 학부모가 함께 음식 만들기, 그림그리기, 운동하기 등의 활동에 적극적으로 참여하기도 한다.

2) 다문화 가정 자녀대상 프로그램

(1) 학교교육프로그램

10세 미만의 이주 어린이들은 학교에 즉시 입학이 가능하다. 학교에 따라 방과 후 교실 프로그램이 마련되어 있다. 독일어가 제1언어가 아닌 학생들을 위한 특별학급이 각 시마다 학교에 설치되어 있어, 외국에서 살다 독일에 온 독일인 자녀 및 이주민 자녀들은 이 특별학급에 편성된다. 특히 이주 청소년들이 학업을 중간에 포기하지 않도록 학교 공부를 무상으로 도와주는 단체들도 있다. 이중언어 프로그램을 통해 학생들이 학교에 빨리 적응할 수 있도록 도와준다.

(2) 사회적응 프로그램

1학년부터 6학년까지 세계의 여러 종교를 배울 기회를 제공하고 배울 수 있는 자료를 교사들은 수집한다. 가톨릭과 개신교 및 노동자복지협회의 이주청소년담당센터들이 서로 연계하여 정책들을 교환함으로써 이주 청소년을 돕고 있다. 각 기관의 주요 업무는 어학과정을 개설하여 언어지식 습득에 도움을 주고 방과 후 프로그램을 통해 학교생활에 적응할 수 있도록 도와준다.

이주청소년담당(Jugendmigrationsdienst) 기관은 연방정부부처의 재정지원으로 운영되고 있으며, 이주청소년들이 사회에 통합되고, 빨리 편입될 수 있도록 하고 있다. 예를 들어 청소년기의 이주에 따른 문제점들을 해결하기 위해서 먼저 독일사회에 적응한 이주청소년들의 자발적인 협조와 도움으로 이주청소년들이 빨리 효과적으로 독일에 적응 먼저 개별 상담과 후원을 하고 있다. 이주 청소년 후원 민간단체들은 이주 청소년들의 학교교육과 더불어 직업교육을 병행할 수 있도록 도와주는 것을 기본 방향으로 삼고 있다.

3) 사회 영역 다문화교육 프로그램

독일 정부는 이주자에게 독일의 삶, 권리, 의무에 대한 정보를 제공하고 이주민이 새로운 환경에 더 잘 적응하도록 도와준다. 이와 더불어 국민들에게 이주민들의 생활을 알리면서 이주민들이 겪은 경험과 삶의 여정을 소개함으로써 이주민과 이주 배경 청소년들의 문화를 이해하고 이들에 대한 편견을 없애도록 홍보하고 있다.

(1) 청소년을 위한 프로그램

청소년센터(Jugendzentrum)에서는 방과 후 프로그램으로 미술, 노래와 악기, 춤 등을 배우는 시간, 요리시간 등의 프로그램이 있다. 각 시별로 다문화 가정에 대한 행정부서를 따로 마련하여 이주 배경 청소년들의 적응을 돕고 있다. 각 주와 시에 따라 다르겠지만 이 부서에서는 다음과 같은 이주청소년 적응프로그램을 실시하고 있다.

① 모국어로 진행하는 적응 프로그램: 터키계, 아랍계, 러시아계 이주민을 위해 각 나라의 모국어로 진행하는 오리엔테이션 과정이 있으며, 일주일에 4시간, 6개월간 진행된다.

② 언어 프로그램: 나이 및 수준에 따라 독일어를 배울 수 있는 프로그램으로, 취학아동과 초등학생, 중고등학생, 동반자 없는 난민 청소년을 위한 독일어 시간, 직업을 구하고자 하는 청소년을 위한 직장 준비 세미나, 러시아 청소년을 위한 독일어과정 등의 프로그램들이 실시된다.

③ 독일을 배울 수 있는 문화 프로그램: 이주 청소년 및 가정

들이 독일여행을 통해 독일과 독일문화를 배울 수 있도록 일주일에 2시간씩 독일의 관광명소를 소개하는 시간이다.

④ 이주청소년담당기관과 노동자복지협회 이주청소년 담당부서 및 각 종교단체 이주청소년 담당기관 프로그램: 다른 나라의 문화를 소개하는 것과 함께 이주 청소년들의 어려움을 소개하는 내용으로 프로그램이 구성된다. 이것은 이주 청소년 담당기관들이 타문화를 이해함으로써 상대방에 대한 배려를 배울 수 있도록 권장하고 있다.

⑤ '미래를 만들어가는 작업장(Zukunftswerkstatt)'의 방학 캠프: 8~14세 어린이들을 대상으로 하는 일주일간의 캠프 프로그램이다. 이 기간 동안 그림그리기, 만들기, 대화하기, 공동작품 조립 등의 활동을 통해 서로 친숙해질 수 있는 기회를 가진다.

⑥ '아프리카를 만난다(Begegnung mit Afrika)': 대학교의 아프리카학과 학생들과 함께 공동으로 행사들을 주관하고, 유럽의 아프리카인들과 작업을 함께 진행한다.

(2) 이주민의 다문화교육 프로그램

이주민의 사회적응을 위한 프로그램은 630시간으로 독일어로 진행된다. 이 프로그램은 사회적응 오리엔테이션 과정과 기초 및 재교육 언어 과정으로 구성되어 있다. 언어과정은 모두 600시간으로 참석자 수준별로 초, 중, 고급 단계로 나누어 언어 수업이 진행되며. 언어과정이 끝나면 이어서 사회적응 오리엔테이션 과정(30시간)이 있다. 연방 해당 부서는 교육학적 측면을 고려하여 제2언어로서의 독일어를 가르치도록 언어과정 및 사회적응 오리엔테이션 과정의 교육 내용과 목표를 정하고 있다. 사회 · 경제 · 문화적으로 독일사회에 적응할 수 있도록 도와주는 이 프로그램은 충분한 언어지식을 획득하는 데 주목적을 둔다. 이 프로그램은 언어지식뿐 아니라 현행 법규에 대한 지식과 문화 및 독일 역사에 대한 소양을 전달하고 있다. 특히 이주민들은 독일 국가의 가치들, 법치국가의 원칙들, 평등, 관용, 종교의 자유 등을 배운다. 적응프로그램에서 말하는 언어지식은 프로그램 참석자가 일상 언어생활에 특별한 어려움이 없으며, 나이와 교육 상태에 맞게 대화할 수 있고, 글로도 표현할 수 있을 정도의 언어 습득을 목표로 한다.

5. 베를린 국립 유럽학교

베를린에 있는 유럽학교(Staatliche Europa Schule Berlin)의 목적은 다른 언어를 사용하는 두 학생 그룹이 전체의 교육과정에서 이중 언어로 수업을 진행하는 통합교육을 지향하는 데 있다. 베를린 시는 학생들의 언어능력뿐만 아니라, 학교에서 각기 다른 문화적 배경을 가진 학생들의 상호문화교육 환경을 조성하는 것을 교육 목적 중 하나로 삼고 있다.

사회적 경험과 문화적 활동성은 상대방 언어의 습득과 밀접한 관련이 있다. 이 학교에 다니는 학생들은 각각의 상대방 언어권 문화의 개관을 살펴볼 수 있고, 자신들의 모국어로 문화적 정체성과 민족적 정체성도 유지할 수 있다. 특히 이 학교는 외국어에 재능이 있는 엘리트교육을 지향하거나 부모가 외교관인 학생들을 위한 곳도 아니다. 이 학교에 입학하려는 학생들이 많을 경우에도 부모의 영향력이나 재정 상태가 중요한 것이 아니라, 추첨을 통해 누구나 입학 자격이 주어지고 비용도 전혀 들지 않을 정도로 학생들에게 균등한 기회를 제공한다.

유럽학교는 1992년에 6개 초등학교에서 3가지의 이중 언어(독일어-영어, 독일어-프랑스어, 독일어-러시아어)를 사용하는 160명의 학생으로 시작했으며, 현재는 17개 초등학교(Grundschule)와 13개 중등교육학교(Intergrierte Sekundarschule 혹은 Gymnasium)에 6,000명이 넘는 학생이 있으며, 9가지의 이중 언어(영어, 프랑스어, 이탈리아어, 그리스어, 폴란드어, 포르투갈어, 러시아어, 스페인어, 터키어) 수업이 실시되고 있다. 학생들은 이러한 교육을 통해 미래의 일자리를 위한 비전을 경험하고 준비할 수 있으며, 특히 서유럽과 동유럽 간의 교두보 역할을 담당할 수 있다. 학교가 학생들의 미래를 위해 부여할 수 있는 가장 중요한 능력 중 하나는 학생들에게 다언어 구사능력을 함양시켜주는 것이다. 국립 유럽학교의 일반적인 교과과정은 〈표 3-1〉과 같다.

〈표 3-1〉에 나타난 것과 같이, 초등학교 독일어 교과과정에서는 모국어 독일어 수업과 상대방 언어 수업 및 수학과목을, 상대방 언어 교과과정에서는 생활수업, 역사학, 정치교육, 지리 등을 배운다. 또한 두 가지 문화교육을 동시에 실시하는 국립 유럽학교는 외국인 혐오에 대한 모든 행위에도 결정적으로 중요한 역할을 수행한다. 모든 학급에서 다양한 민족과 언어를 사용하는 학생들이 같이 생활하면서 학생들은 국적과 인종을 초월하여 동등하게 학습한다. 여기에는 어떠한 선입관이나 편견이 존재하지 않는다. 국립 유럽학교에서는 일반적으로 교육과목들이 독일어를 사용하는 교과과정과 상대 언어를 사용하는 교과과정, 그리고 두 가지 언어를 동일하게 사용하는 교과과정으로 구분되어 있다.

이와 같이 이주가정의 학생이 자신의 언어와 문화적 정체성을 유지한 상태에서 독일사회에 통합할 수 있도록 다문화교육을 받게 하는

〈표 3-1〉 국립 유럽학교의 일반적인 교과과정

교과과정	초등학교	중등학교
독일어 교과과정	모국어 독일어 수업	모국어 독일어 수업
	상대방 언어 수업	상대방 언어 수업
	수학	수학, 물리학, 화학
상대방 언어 교과과정	생활수업	역사
	역사학	사회
	정치교육	지리
	지리	생물
		정치
동일한 비중을 둔 독일어 또는 상대방 언어 교과과정	자연과학	윤리학
	음악	음악
	예술	예술
	체육	체육

출처: 오영훈, 방현희, 2016.

것이 국립 유럽학교의 설립 이유이다.

6. 마무리

지난 몇 년간 다문화 가정과 자녀들의 사회통합을 위한 정부의 다문화교육 관련 정책들을 살펴보면 주로 결혼이민 1세대에게는 한국음식강좌, 전통예절교육 및 전통문화체험, 지역문화탐방 등과 같은 문화프로그램에, 그들 취학자녀들의 경우에는 학습결손방지와 학교적응지원에 초점이 맞춰져 있다.

이러한 프로그램이 그들에게 한국사회 및 문화에 적응하는 데 도움을 줄 수는 있지만, 그들을 민족주의적이며 가부장적인 방식으로 '한국화'하는 데 무게중심이 놓여 있는 것만은 분명하다. 그러한 점에서 현재까지 정부가 시행한 이주민의 사회통합을 위한 프로그램은 다문화주의에 입각한 진정한 의미에서의 사회통합 프로그램이라고 할 수 없을 것이다. 특히 정부의 관주도형 다문화주의 정책이 이주민들의 사회통합을 목표로 하는 것 자체가 문제되지는 않지만, 일방적인 동화의 성격이나, 성적 불평등 내지는 가부장적 성격에서 벗어나지 못하는 한, 그것은 우리 사회의 다원화를 증진시키는 기제가 되기에는 한계가 있다. 오히려 본래의 의도와는 달리 그러한 노력들이 다른 문화들과 민족 집단들을 재서열화하는 우를 범할 수 있다.

따라서 앞으로는 좀 더 장기적인 안목에서 사회통합을 위한 다문화교육의 방향을 모색하기 위해서는 현재 실시되고 있는 다양한 정책과 교육실제에 대한 종합적이고 체계적인 진단과 분석이 선행되어야 한다.

먼저 학교 영역에서는 다문화 가정의 학습결손을 방지하고 학교 적응을 돕기 위해 한국어 및 부족한 교과를 지도할 수 있는 방과 후 학교 프로그램을 적극 개설 운영해야 하고, 다문화 가정 학부모와 함께하는 문화체험 확대 운영과 지도 상담 전담교사를 지정, 선배 또는 또래 친구와 1대 1 결연을 활성화하는 등 다문화 가정 자녀들의 학교 적응을 도와주는 역할을 해야 한다.

가정 영역에서는 다양한 언어로 제작된 학교생활안내 리플릿을 자녀와 함께 살펴봄으로써 자녀와 다양한 주제의 대화를 할 수 있는 환경을 조성하는 것이 중요하다. 또한 다문화 가정 학부모는 결연을 맺은 한국인 학부모로부터 일상생활의 다양한 정보를 앎으로써 자녀의 사회생활에 적응할 수 있도록 도와주는 역할을 할 수 있다.

사회 영역에서는 시민단체가 서로 연계하여 다문화 가정의 학부모와 함께하는 문화적 체험을 경험함으로써 다문화 가정 자녀뿐만 아니

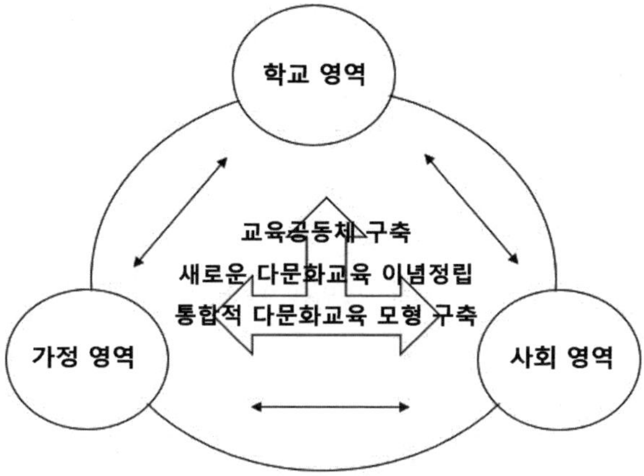

〈그림 3-1〉 통합적 다문화교육 체계

라, 내국인과 그 자녀가 서로의 문화를 이해하는 법을 배울 수 있을 것이다. 이것을 통해 다문화교육은 소수자의 '사회적응단계'뿐만 아니라, 다수자의 '의식변화단계'로 확대 발전시키는 교육의 장으로 활용될 수 있을 것이다. 이를 도식화하면 〈그림 3-1〉과 같다.

〈그림 3-1〉에서 나타난 바와 같이 학교, 가정, 사회 영역이라는 세 가지 교육영역을 연계하는 통합된 새로운 다문화교육이 필요하다. '통합적 다문화교육'의 목표는 학교, 가정, 사회가 함께하는 교육공동체를 형성하여, 세계화 시대에 걸맞은 인식과 태도를 함양한 세계 시민을 양성하는 데 있다.

학교의 다문화교육 담당교사와 사회교육영역에서의 인프라 활용 및 네트워크를 구축하여 다문화 가정 자녀의 학교생활 및 가정생활 적응에 필요한 세 영역의 통합된 교육프로그램 개발은 사회통합을 실현하는 길이기도 하다. 따라서 가정·학교·사회가 연계된 다문화 가정 교육지원체제 구축은 다문화 가정 자녀에게 글로벌 사회에 부합하는 세계시민으로서의 자질을 고취시키는 데 기여할 수 있을 것이다.

독일의 경우, 다문화교육과 관련하여 취학 전 단계에서의 언어교육을 강조하고 있다. 그래서 취학 전 단계와 초등학교 언어교육의 보다 밀접한 연계성을 찾아서 보완책을 마련하여 이를 제도화하는 주도 등장하고 있다. 언어가 학습을 하는 데 있어서 최우선적으로 고려해야 할 사항이라는 관점에서 보면, 독일의 다문화교육이 한국 교육에 시사하는 바가 크다고 할 수 있다.

이제 한국사회도 다양한 인종과 문화가 공존하는 '다민족, 다문화 사회'로 빠르게 변화하고 있다는 것을 아무도 부인할 수 없다. 그래서 서로 협력하고 공존할 줄 아는 공동체적인 삶의 태도와 포용할 수 있는 시민정신을 키워야 할 때이다.

다문화교육은 사회적 통합을 위하여 단기적으로 해결점을 찾는 프로젝트를 넘어 체계적인 내용 체계를 가지고 지속적으로 추구해야 할 장기적 프로젝트로서 수행되어야 할 것이다. 현재의 다문화교육이 거의 단기적인 교육적 효과나 문화체험이나 축제 등 이벤트성 교육 프로그램이 주를 이루고 있다는 것은 매우 문제시된다. 또한 우리 사회에서 초국적 이주배경을 자녀를 포함한 다문화 가정 자녀에 대한 교육은 아직도 한국어 중심의 언어능력을 근거로 동화주의적 성향과 차별 배제 모형에 입각하여 이루어지고 있는 실정이다. 그렇기 때문에 다문화 가정 자녀에 대한 효과적인 교육이 이루어지기 위해서는 우리의 인식의 전환과 함께 상호문화교육이 절실히 요구된다. 이럴 경우, 다문화 가정 자녀들은 한국문화와 이(異)문화를 제대로 배움으로써 대외적으로 한국문화를 전 세계에 체계적으로 신속하게 전파하는 자랑스러운 한국인이 될 것이다. 우리와 함께 다문화 가정 자녀들이 부모나라의 문화를 자랑스럽게 여기고 우리 사회의 당당한 일원으로 키운다면 아시아 공동체, 더 나아가 세계를 상대로 훌륭한 역할을 할 수 있는 글로벌 인재를 양성할 수 있을 것이다. 이들을 글로벌 인재로 키우느냐 아니면 사회 부적응자로 만드느냐는 우리의 통합적 다문화 교육에 달려있다고 해도 과언이 아니다(김영순, 오영훈 외, 2016).

현실사회에서 완전히 실현할 수는 없겠지만, 인도네시아의 국시인 '다양성 속의 조화'(Diversity of social culture' but life in UNITY)라는 문구를 통해 우리 사회의 다문화주의와 다문화교육이 지향해야 할 방향성을 제시해 본다. 그래서 다수자들로 하여금 소수자들의 문화도 배우게 하자는 성찰도 일어나고, 존재의 다름과 같음을 이해하면서 함께 잘 어울려 살 수 있기를 희망해 본다.

제 4 장 다민족 · 다문화 사회에서의 종교교육

-독일의 '모두 함께하는 종교수업'을 중심으로-

1. 다문화 사회의 종교교육

2019년 5월 나치 정권하에서 유대인 대량학살을 겪은 독일과 다문화 사회의 모범국가로 알려진 캐나다에서 종교적 차별 논란이 대두됐다. 독일에서는 정부 관료가 "키파(유대교 전통 모자) 착용을 자제하라"는 발언을 하자, 이스라엘 대통령이 반발하고 나섰다. 캐나다에서는 "공무원의 이슬람 히잡 · 터번, 키파 착용을 금지한다"는 퀘벡주 법안이 6월에 최종 채택을 앞두고 있자, 유엔이 '심각한 문제'라며 경고까지 했다.

2019년 5월 26일 독일에서는 '차별 금지'와 '종교의 자유'를 두고 갈등이 불거졌다. 정부 산하 반유대주의위원회 소속 펠릭스 클라인 위원은 현지 언론 풍케와 인터뷰하면서 "옛날과 생각이 달라졌다. 독일 내 유대교인에게 언제 · 어느 장소에서나 키파를 착용해도 된다고 권하지 못하겠다."고 우회적으로 키파 착용 자제에 대해 언급했다. 이런 발언을 한 이유는 독일 내 유대인 혐오 범죄가 2018년에 비해

(62건) 대비 연간 20% 증가했기 때문이다. 이에 대한 반대의 여론이 심상치 않게 돌아가자, 카타리나 발리 독일 법무부 장관이 진화에 나섰다. 그는 한 신문사와의 인터뷰에서 "유대인의 종교 생활을 보호해야 한다."면서 "우파가 우리 민주주의를 공격한다."고 말했다.

캐나다에서는 퀘벡주가 공공 영역에서 종교적 색채를 배제한다는 세속주의 내용을 담은 이른바 '빌21(Bill 21)'을 내놓으면서 종교 차별 논란이 일어났다.

빌21 법안은 이슬람 이주민 사회를 겨냥한 차별이라는 논란이 대두됐다. 유엔 인권위원회는 "빌21은 종교의 자유라는 근본적 가치를 해칠 수 있는 위험이 있고 아주 부적절한 조치"라는 경고 서한을 퀘벡주 정부에 보냈다고 캐나다 CBC방송이 5월 22일 보도했다.[1)]

Gollnick & Chinn에 따르면, 다문화 사회에서 각 사회구성원들의 문화적 정체성을 형성하는 데 영향을 미치는 요소들은 〈그림 4-1〉과

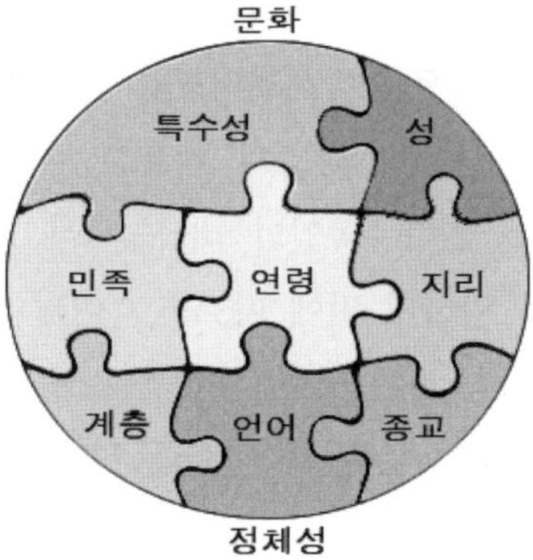

〈그림 4-1〉 문화적 정체성 관련 변인

1) 매일경제(2019년 5월 27일자).

같다(Gollnick & Chinn, 2009).

〈그림 4-1〉의 변인 가운데 사회구성원들의 문화적 정체성에 가장 강력하고 광범위한 영향을 미치는 영역이 바로 종교이다. 앞에서 언급한 독일과 캐나다의 사례에서 살펴보았듯이, 종교 문제는 다문화 사회에서 사회통합을 위해 반드시 극복해야 할 매우 중요한 사안이다. 즉, 다문화 사회를 지향하는 우리 사회가 앞으로 예견되는 종교 문화의 차이에서 기인하는 문제들을 어떤 방식으로 접근하고 처리하느냐에 따라 사회통합의 성패가 달려있다고 해도 과언이 아니다. 이를 위해서는 공동체 내에서 다른 종교 간의 차이는 서로 인정하지만, 차별을 배제하는 분위기를 형성함과 동시에 전반적인 의식 전환이 선행되어야 할 것이다. 특히 우리나라도 앞으로 이주민의 출신 국가가 아랍・이슬람권으로 확대되고 있기 때문에 우리가 가장 먼저 이해해야 할 종교문화는 이슬람일 것이다. 따라서 앞으로 전개될 다문화 사회의 현실에 대한 우리의 인식 전환과 함께 우리와 다른 종교문화에 대한 올바른 이해와 교육이 절실히 요구된다는 점을 일깨워준다. 특히 교육적인 측면에서, 독일은 사회적으로 외국인 혐오나 인종차별이 생기지 않도록 어릴 때부터 다문화, 다종교, 반인종차별교육을 주제로 교육을 실시하고 있다. 독일의 디아코니아 뷔템베르크의 Birgit Susanne Dinzinger 박사의 말에 따르면, “여러 다양한 언어와 민족의 사람들과 함께 사는 것이 정상적이라는 것을 알게 하는 힘은 교육에 있다. 이러한 교육활동은 우리 사회를 위한 책임과 관련이 있다.” 라고 주장하고 있다.[2)]

따라서 이 장에서는 유럽에서 논의되고 있는 이슬람교에 대한 시

2) 노컷뉴스(2019년 5월 10일자).

각을 살펴보고, 이를 바탕으로 독일의 종교교육을 둘러싼 논쟁과 사회통합을 위해 함부르크에서 실시되고 있는 종교수업 사례에 대해 다루어보고자 한다.

2. 유럽의 이슬람 논쟁

2001년 잉글랜드 북서부에서 발생한 인종 폭동 이후, 영국은 국민 간의 사회통합 분위기를 향상시키고 새로 이주한 사람들이 먼저 대우받지 않을까 우려하는 장기 거주자들의 근심을 완화시키기 위한 조치를 시행했다. 영국 정부는 미국의 기념식과 유사한 이주민의 시민권 수여식을 축하하는 행사를 가졌다.

2009년에는 현 주민에게 국가에서 제공하는 집을 먼저 부여할 수 있는 재량권을 의회에 주었다. 그러나 다문화주의를 용인했던 영국의 런던 지방의회가 버려진 공업 단지 내 이슬람사원을 축출하고자 시도한 현상은 그동안 가졌던 영국인의 인식이 변화되고 있다는 사실을 보여준다. 또한 영국 총리는 다문화주의가 거부되어야만 한다고 계속 주장해왔다.

유럽 정치인들은 지난 몇 년간 지속적으로 다문화주의에 대해 반대론을 주장해왔다. 다문화주의를 비판해 왔던 유럽의 비평가들은 이주민에 대한 사회통합 실패가 결국은 유럽에서 언어가 능숙하지 못해 의사소통이 잘 되지 못하며 기술도 부족하고, 복지 시스템에 방해가 되는 세대를 낳는 결과가 초래됐다고 말한다. 스페인과 이탈리아 및 프랑스 등 유럽 국가 내 사회적 갈등을 유발하는 실업률 증가가 이러한 논쟁에 기름을 부었다.

독일 수상인 메르켈은 2010년 10월 독일의 다문화주의가 "완전히 실패"했다고 선언했다. 스위스 유권자들은 2009년 11월 이슬람 사원에 새로운 첨탑 건설 조항을 금지시키는 것을 승인했다. 프랑스에서는 이슬람 여성의 전통복장인 부르카와 온몸을 가리는 의복 착용을 금지시켰다.

수십 년간 다문화주의의 '본고장'이라 불렸던 스웨덴에서도 반이주 정책을 내건 민주당이 총선에서 의회수를 얻기도 했다. 프랑스는 이민자와 프랑스에 머물기를 원하는 사람들에게 필수적인 언어교육 과정을 제공해왔다. 이 과정은 여성의 권리와 프랑스의 역사 등 "프랑스 역사관과 가치관"에 포커스를 두고 있다. 참여자들은 프랑스의 역사관과 가치관을 충분히 이해했으며, 이것을 따르겠다고 서명했다.

1987년 EU에 가입·신청했었으며, 세속적인 이슬람국가로 EU가입을 지지하는 터키에서는 유럽의 정치인들이 터키의 EU가입에 반대하며 발표한 성명서가 이슈로 떠올랐다. 유럽 내 반이슬람 정서는 정치·경제·사회·문화적인 요인들이 서로 복합적으로 맞물리면서 지금까지 지속적으로 확대되어 왔다. 왜냐하면 유럽인들은 여성 할례나 명예살인 등 여전히 이슬람권 지역에서 잔존하고 있는 관습을 인권적인 측면에서 이해하기 어려웠기 때문이다. 또한 많은 유럽인들은 무슬림 이민자가 증가하고 있는 상황에서 극단적인 이슬람의 문화가 사회 내에 침투되지 않을까 두려워했다.

경제적인 관점에서 보면, 무슬림 이민자의 수가 증가하면서 일자리를 빼앗기고 있다는 인식이 유럽인 사이에서 이슬람에 반대하는 정서를 키웠다. 유럽연합(EU) 국가들이 경제적인 통합 이후 해외 이주자가 급증하고 유럽으로의 이동이 자유로워지면서 이슬람을 믿는 사람들의 이민이 크게 증가했다. 무슬림을 포함한 비(非)유럽 출신 이민자는 급속도로 증가했다. 특히 프랑스나 영국 및 독일 등 서유럽 국가들의 경우 이주한 이민자 비율은 10% 정도로 상당히 높은 편이다.

정치적인 관점에서 살펴보면, 유럽 정치인들은 선거에서 전통적 지지층인 우파를 결집하기 위해 무슬림과 거리를 두는 정책들을 시행함으로써 유럽과 이슬람권 간 간격을 좁히지 못했다. 이슬람에 대한 반감과 정당들의 전략적 이해관계가 서로 맞물리면서 무슬림 공동체와 유럽인들과 서로 공존하는 사회를 구현할 수 있는 가능성은 점점 더 멀어져간다는 느낌이 든다.

최근에는 난민 수용문제로 유럽의 여러 나라가 갈등이 빚어지고 있는 상황이다. 유럽 난민 사태의 시발점이 됐던 시리아 내전도 아직도 진행형이며, 아프리카・중동 난민들의 관문을 담당하는 지중해 인접 국가들의 난민 문제는 국가 간의 이해문제로 아직도 앞이 안 보이고 있다.

3. 독일의 종교교육

독일에 거주하는 8,300만 명 중 25.5%인 2,080만 명이 '이주민 배경'을 가지고 있다고 독일 통계청이 발표했다. 2018년 말 기준 통계로서 1년 전에 비해 2.5%p 늘어나 지금까지 가장 높은 비중을 기록했다고 AP 통신이 전했다. 통계청은 그 자신이나 부모 중 최소한 한 명이 출생 당시 독일 것이 아닌 여권을 가지고 있으면 '이주민 배경' 거주민으로 분류한다. 이런 거주민 중 52%는 독일 시민권을 획득했지만, 48%가 아직 독일 여권을 가지고 있지 않은 것으로 나타났다.[3)]

독일은 기독교를 국교로 삼고 있지만, 1,000개 이상의 모스크가

3) 뉴시스(2019년 8월 21일자).

존재하고, 380만 명의 이슬람 신자들이 거주하고 있다. 이렇게 이슬람 신자가 많은 이유는 1960~70년대에 중동지역, 특히 터키에서 일하러 온 외국인 노동자들이 많이 거주하기 때문이다. 한국도 독일에 광부 인력과 간호사를 파견했던 시기에 독일에 일하러 온 무슬림들은 독일인들이 하지 않는 업종의 일을 하며 독일의 경제부흥에 이바지했다. 이들이 독일사회의 발전에 기여했기 때문에 독일은 유럽 국가 중 타문화에 대해 관대했다. 그러나 이러한 타문화에 대한 다문화 정책, 특히 이슬람 종교에 대한 관용이 극단적인 무슬림들의 테러로 인해 흔들리고 있는 상황이다.

한국보다 앞서 다문화 사회로 진입한 독일은 '이슬람 종교수업'을 둘러싸고 논쟁이 진행 중이다. 독일은 1945년 이후 기본법 제7조(학제) 3항에 따라 무종파 학교를 제외한 거의 모든 주의 공립학교에서 종교수업을 정규 과목으로 운영하고 있으며, 그 내용은 주로 복음을 전달하고 신앙을 일깨우는 데 있다. 그렇지만 이러한 종교수업이 다문화 사회에 걸맞지 않는다는 지적이 1980년대 이후 독일 내부에서 강력히 제기됐다(오영훈, 2011).

이러한 사회적인 변화는 종교수업의 목표를 재고할 것을 강력히 요구했다. 당시 독일에서 종교수업을 둘러싼 논란은 두 가지로 요약된다.

첫째, 종교수업이 학생들의 가치교육에 제대로 역할을 하고 있는지, 둘째로 기독교를 배경으로 한 종교수업이 타종교를 믿는 사회구성원들의 이익을 침해하지는 않는지이다. 그런데 종교수업을 둘러싼 논쟁 이면에 더 복잡한 것이 바로 '이슬람 종교수업'의 문제이다. 전후 독일에 정주한 무슬림들은 자신들이 믿는 종교적 정체성을 공공연하게 인정해줄 것을 요구했다. 이 종교 문제는 독일 사회가 사회문화적 통합을 이루기 위해 우선순위 중 하나가 됐다. 그러나 종교적 정체성을 공식적으로 인정한다는 것은 그리 간단한 문제가 아니다. 독일 내부에서도 이 종교 문제는 각 이해집단의 정치적 · 이념적 대립 양상으로 확대됐다. 보수진영은 전통적인 기독교 가치에 바탕을 둔 다양한 문화 수용이 사회통합에 필요하다고 주장하는 반면, 진보진영에서는 전통적인 기독교윤리가 사회의 다양한 구성원을 포함하며 사회통합에 필요한 민주주의적 가치를 제시하지 못하기 때문에 다음 세대가 다양한 가치와 타문화에 대한 이해 및 수용 능력을 가질 수 있도록 교육하는 것이 다문화 사회의 미래에 중요한 영향을 미칠 것이라는 견해를 지지했다(권미연, 2003).

오랫동안의 논쟁 후에 형성된 사회적 합의를 바탕으로 독일에서는 1990년대 말부터 여러 주(州)에서는 기독교 종교수업과 병행하여 '이슬람 종교수업'이 운영되고 있다. 그렇지만 이러한 사회적 합의는 단순한 교육의 문제 이상으로 다문화주의에 입각한 사회적 · 문화적 통찰이 그 이면에 놓여 있다. 또한 이러한 시도는 독일사회 내에서 이슬람 종교문화권의 통합문제를 어느 정도 가늠할 수 있다(오영훈, 2011).

2001년 독일은 종교교육문제로 논란을 빚은 적이 있다. 옛 동독에 속했던 5개 주 가운데 튀링엔, 작센-안할트 등 4개 주는 전통적인 방식의 종교교육을 수용했으나, 브란덴부르크주 만이 종교교육 대신 "LER(Lebensgestaltug-Ethik-Religionskunde)" 즉 생활태도, 윤리, 종교라는 새로운 교과과정을 도입하면서 발생했다. 브란덴부르크주는 2001년 9월부터 "LER"을 정규과목으로 의무화하여 7학년을 대상으로 가르치기 시작했다. 브란덴부르크의 교육장관을 지낸 바 있는 마리안 버틀러는 "LER"이 다문화 사회를 살고 있는 학생들에게 다른 종교에 대한 이해를 길러주는 데 도움을 줄 것이라고 단언했다. 그러나 이에 대한 반대 입장에서는 지금까지 시행해 오던 종교교육을 폐지하고 종교일반에 대해 가르치는 새 교육과정은 구동독 지역의 비기독교화를 가져올 것이라고 우려했다. 교회의 반대는 더욱 거셌다.

종교교육 개혁의 당위성을 주장하는 현직 종교교사이며 목사인 볼프강 크뢰거 박사는 "기독교가 현대 독일사회의 다양함과 복잡성을 인정하고 타종교와 문화에 대한 상호이해를 통해 독선을 탈피"할 것을 권고했다. 크뢰거 박사는 자신의 경험을 통해 "종교교육의 추상성을 극복하면서 학생들과 목사의 간격을 좁힐" 수 있었다고 설명한다. 다시 말하면, 과목의 경계를 뛰어넘어 음악이나 문학 등과 함께하는 실험성, 같은 반 아프가니스탄 난민학생의 경험 청취를 통해 이웃에 대한 구체적인 이해 넓히기 등 다문화 사회를 형성하고 유지해나가기 위해서는 서로 다른 종교문화에 대한 이해와 교육이 중요하다는 것이다(오영훈, 2011).

독일 열차 폭탄테러기도 적발 이후, 독일 내 이슬람 사회가 동요하고 있는 가운데 열린 대화에서는 380만 이슬람계 주민의 독일사회에서 차지하는 중요성을 인정하고 이들이 독일사회에 적응하는 방안이 검토됐다. 이에 대한 일환으로 독일 노르트라인-베스트팔렌주는 이슬람교를 종교수업 선택과목에 포함하기로 결정하는 등 다양한 정책들이 채택되고 있다. 또한 현재 주 정부는 빠른 시일 내에 이슬람종교교육을 법제화할 것이라고 강조하고 있다.

4. 모두 함께하는 종교수업의 관점

"종교수업을 할 때, 학생들을 구분하여 실시하는 것보다 함께 수업하는 것이 더 좋다"라는 말은 함부르크 시에 위치한 독일 중학생들의 종교수업에 대한 경험을 가장 잘 드러내고 있다. 함부르크 대학에서는 2008년 시민들을 대상으로 "지식의 밤"이라는 슬로건 아래 "세계 종교와의 대화"라는 소주제의 강연과 토론이 개최됐다. 이때 많은 학생들은 '함께하는 종교수업'에 관한 토론자들의 열띤 주장들을 경청했다. 여기에 참여한 학생들은 이슬람 종교수업을 도입하는 데 따른 다양한 의견들이 있다는 사실을 이 토론회에 참가하기 전에 알고 있었다. 학교에서 실시될 예정인 '함께하는 종교수업'을 위한 투표와 공청회가 학생들에게는 주된 관심사였다. 이들은 함께하는 종교수업을 위한 역할극과 토론에도 적극적으로 참여할 준비되어 있었다. '지식의 밤'에 참여한 모든 학생들은 토론의 성과가 '기대한 것 이상'이었다고 말했다.

이 토론회는 함부르크 시 전체 학교 분위기를 나타낸 것이 아니라, 설문과 종교수업에 참여한 학생들의 분위기를 반영한 것이다. 설문에 참여한 함부르크 학생들은 왜 학교에서 실시하는 함께하는 종교수업에 찬성하는가? 학생들은 종교적 다양성이라는 측면에서 '함께하는 종교수업'이 학교에서 실시될 가능성에 대하여 어떻게 생각하는가? 학생들은 종교 간 대화의 가능성과 한계를 어떻게 바라보고 있는가? (Knauth, Thorsten, 2008)

이 문제를 해결하기 위해 "학생들의 종교적 관점"에서 타종교를 가진 학생들의 인터뷰를 실시했다. 학생들에게 종교가 어떤 의미가 있고, 다른 종교에 대하여 학생들은 어떻게 생각하는지, 타종교와의 공존에 대해 어떻게 생각하는지를 질문했다.

Knauth(2008)가 조사한 질적 설문지의 수는 인문계와 실업계 학생이 참여한 156개였지만, 그중 143개가 평가됐다. 질문에 걸맞지 않게 대답한 몇몇의 설문지는 제외됐다.

설문에 참여한 학생들 중 기독교적 배경을 지닌 학생이 44.7%, 이슬람 배경을 가진 학생이 30.75%, 무종교의 학생은 23%로 구성되어 있다. 이 비율은 일반적으로 함부르크에 있는 학교의 종교수업을 참관한 학생들의 종교 성향과 거의 유사하다. 부모의 출생지와 가정에서 사용하는 언어를 통해 설문에 참여한 학생 중 50% 정도가 이주 배경을 가진 부모를 둔 학생들이었다.

1) 종교에 대한 의미

기독교적 배경을 가진 한 여학생은 '종교적 의미'를 다음과 같이 설명했다.

> "신은 나의 삶과 함께 항상 존재한다. 신은 우리를 창조했고, 우리는 그것에 감사해야만 한다. 누구나 종교를 가지고 있고, 누구나 종교를 긍정적인 의미에서 대변하고 있다. 신은 소위 나의 아버지이고, 나는 규칙적으로 신에게 기도한다. 내가 성취한 많은 것들은 신이 존재하지 않았다면 불가능했을 것이다."

이슬람 배경을 지닌 한 여학생은 '삶의 가치'에 대한 종교적 의미를 다음과 같이 표현했다.

> "종교는 나의 삶에서 가장 중요하다. 종교는 내 삶을 규정하고 동시에 삶 그 자체이기 때문이다. 신은 나에게 올바른 길, 예를 들어 나에게 먹고 살 수 있는 방법을 가르쳐 준 스승이다. 나에게 종교 없는 삶이란 무의미할 것이다. 많은 사람들은 신이 세상을 창조하지 않았다고 말하지만, 나는 신처럼 그렇게 전지전능한 존

재를 본 적이 없기 때문에 그것은 불가능하다고 생각한다."

기독교적 배경이 있는 학생은 종교의 중요성을 다음과 같이 상대적으로 주장했다.

> "종교와 신은 나에게 중요하지만, 나의 삶을 규정할 만큼 중요하지는 않다고 생각한다. 또한 나는 신을 믿지만, 그렇다고 해서 정기적으로 교회를 다녀야한다고 생각하지는 않는다."

무종교의 학생은 신의 존재와 의미를 강력하게 거부했다.

> "나에게 신이 중요하지 않은 것처럼 종교도 아무런 의미가 없다. 나는 나에게 적합한 종교나 신을 필요로 하지 않는다. 나의 종교는 친구와 가족뿐이다."

이러한 인터뷰를 통해 학생들이 종교와 신에 대해 어떻게 생각하는지를 명확히 보여주고 있다. 학생들에게 종교적 의미는 삶과 밀접하게 관련 있는 '의미'와 종교를 철저히 거부하는 '무의미'라는 이분법적 상황이었다. 하지만 이러한 이분법적 상황에서 학생들에게 종교는 삶을 규정하는 것도 아니고, 철저히 거부되는 것도 아니었다. 학생들은 종교와 신의 의미를 단지 '필요성'에 의해 평가하고 있었다. 종교에 대한 가치문제는 학생들에게 "종교와 신은 나에게 어떤 것을 주고, 타인에게는 무엇을 줄 수 있을까?"라는 것이었다. 종교의 기능에 따른 질문은 어떻게 대답하느냐에 따라 긍정적인 또는 부정적인 결과가 나타났다. 하지만 종교와 신에 대한 '효용가치'가 그 이면에는 항상 자리 잡고 있었다.

질문에 답한 학생들을 세 그룹으로 구분하면, 첫째, 종교를 하나의 인도자로 생각하는 그룹이다. 이 그룹은 기독교적 배경과 이슬람 배경을 가진 학생들이다. 특히 이슬람의 배경을 가진 학생들은 이슬람이 훨씬 더 올바른 길로 인도한다고 생각했다.

둘째, 종교를 효용가치에 따라 선택적으로 생각하는 그룹이다. 이 그룹은 대부분 기독교적 성향이 있는 학생들이다.

셋째, 종교를 비판적으로 생각하거나 중요하지 않다고 바라보는 그룹이다. 이 그룹은 무종교의 학생들이다.

이와 유사한 결과는 종교사회학적으로 청소년 사례를 조사한 다른 학자들의 연구결과에서도 찾아볼 수 있다(Sandt, 1996; Jungendwerk der Deutschen Shell, 2006).

다른 학자들의 연구결과에 따르면, 독일 청소년은 종교의 의미를 그 기능성에서 찾고 있었다. 다시 말하면, 종교가 학생들에게 현실에서 어떤 가치가 있느냐에 따라 종교와 신의 의미를 구한다. 그렇지만 종교와 신에 대해 개인적으로 관심이 없거나 무종교의 학생들도 학교에서 실시하는 종교라는 주제에 대해서 관심을 가지고 있었다.

2) 종교에 대한 인식과 학교에서의 종교수업

학교는 타종교를 이해하고 학습할 수 있는 최적의 장소이다. 학생들은 학교에서 종교의 다양성을 경험할 수 있다. 그러나 앞에서 언급한 것처럼 종교는 학생들의 일상생활에서 중요한 요소가 아니다. 그러나 학생들은 학교에서 종교의 다양성에 대해 서로 대화할 수 있기 때문에 학교 내의 종교수업을 중요시하고 있다. 대부분의 학생들은 종교수업에서 타종교를 이해할 수 있고, 종교적 다원주의를 경험할 수 있다고 생각한다. 학생들은 이러한 점들이 직업과 사회에서 반드시 필요한 요소라고 간주한다(오영훈, 2011). 함께하는 종교수업을 찬성하는 학생들의 주장은 다음 두 가지로 요약된다.

> 첫째, 함께하는 종교교육은 타종교에 관한 이해를 확장시킨다.
> 둘째, 함께하는 종교교육은 공동체 교육에 기여한다. 종교교육으로 분리가 아닌 함께하는 공동체를 지향한다고까지 생각하는 학생들도 있다.

세 명의 인터뷰를 통해 이 연구의 취지가 잘 드러나고 있다.

이슬람교를 믿는 한 여학생은 학교에서의 종교수업이 평화에 기여한다고 이해하고 있다.

> "나는 학생들이 각각 분리되어 교육을 받아서는 안 된다고 생각한다. 다양한 의견과 민족 그리고 종교가 서로 만나 대화를 하는 것이 훨씬 더 좋기 때문이다. 이렇게 함으로써 학생들은 다른 민족과 타종교의 전통을 알게 되어 서로를 잘 이해할 수 있다. 학생들이 각각 분리되어 교육을 받는다면, 학생들은 다른 종교에 대해서 한 가지만을 생각할 것이고, 자신이 알고 있는 종교에 대해서만 앵무새처럼 반복할 것이다. 나는 타종교에 대해서 서로 이해해야만 하고, 우리는 적어도 다른 의견을 가진 사람을 이해할 수 있는 학교에서만큼은 평화롭게 지내야 한다고 생각한다."

기독교를 믿는 한 여학생은 종교수업과 삶의 관계를 이야기하고 있다.

"나는 서로 다른 종교를 가진 학생들이 함께 교육을 받아야한다고 생각한다. 함께 종교교육을 받는다면, 서로 다른 종교를 믿는 학생들은 타종교에 대한 차이점을 더 많이 경험할 수 있기 때문이다. 타인의 종교에 대한 생각을 배척하지 않는다면, 함께하는 교육은 성공적으로 진행될 수 있을 것이다. 학교 밖의 실제 삶에서도 서로 다른 종교들은 함께 어울릴 수 있을 것이다. 그런데 왜 학교에서, 즉 수업에서는 서로 다른 종교들이 각각 분리되어 교육을 받아야만 한다는 말인가?"

이슬람교를 믿는 한 여학생은 종교 간의 대화를 강조하고 있다.

"내 개인적인 관점에서는 다양한 종교를 믿는 학생들이 함께 어울려 수업을 받는 것이 좋다고 생각한다. 이렇게 함으로써 우리는 단순히 책에서 읽었던 타종교를 믿는 사람들의 생각을 훨씬 더 많이 경험할 수 있을 것이다. 다른 종교를 믿는 사람들이 자신의 종교에 대해서 터놓고 이야기한다면 훨씬 더 좋을 것이다. 예를 들어 종교수업시간에 이슬람교를 믿는 학생들만 존재한다면, 생각과 가치관이 동일하여 학생들은 서로 토론할 수가 없거나 새로운 것을 배울 수가 없을 것이다. 또한 사람들은 이슬람교라는 종교에 대해서 이슬람 사원을 통해서만 배울 것이다. 이슬람교를 배우기 위해서는 이슬람사원에 가서 배우면 그만이다. 내가 배운 이슬람교를 학교에서 반복하는 것은 나에게 전혀 흥미롭지 않을 것이다. 그것은 매우 지루한 일일 것이다."(Knauth, Thorsten, 2008)

앞에서 제시한 조사를 분석한 결과는 다음과 같이 요약할 수 있다. 종교는 학생들에게 중요하지는 않지만, 어느 정도는 그 역할을 담당하고 있다. 특히 이슬람교를 믿는 학생들에게 종교는 중요한 역할을 한다.

학생들은 타종교에 대한 경험이나 지식이 거의 없는 반면, 타종교에 대한 선입견은 많다.

학생들은 학교를 종교 간의 학습을 위한 최적의 장소로 간주하고 있다. 학생들은 학교에서 자신이 믿고 있는 종교와 관계없이 타종교에 대한 정보교환이나 소통가능성이 있기 때문에 "함께하는 종교교육"을 좋아한다.

5. 학생 관점에서의 조화와 갈등

함부르크 시의 작은 마을 빌헬름스부르크에 거주하는 학생들은 교실에서 타종교에 대해 어떤 방식으로 이야기를 할 것인가? 이 학교 학생의 절반은 이슬람교를 믿는 여학생이고, 나머지 절반은 기독교를 믿는 학생이다. 그중에는 종교에 관해 무관심한 학생들도 있다. 이 학교 수업이 함부르크 시를 대변할 수 있는 종교수업은 아니지만, 수업에 참여하는 대부분의 학생들은 종교수업에 관심이 있고, 이슬람교와 기독교를 믿고 있는 학생들이 대부분이기 때문에 좀 더 설득력 있는 사례라고 볼 수 있다.

종교수업에서 학생들은 타종교를 이야기 할 때 '조화'를 강조하는 공통점이 있다. 학생들은 수업에서 갈등 상황을 만들지 않으려고 노력한다. 이러한 현상은 학생들의 대화 속에 드러난다. 특히 이러한 대화 구조는 이슬람교를 믿는 학생들 그룹에서 뚜렷하게 나타난다.

종교는 이슬람교를 믿는 학생들에게 삶을 규정한다. 이 학생들은 어렸을 때부터 가정에서 엄격한 종교교육을 받고 양육된다. 또한 이들의 성장과정에서 종교교육의 영역은 이슬람사원 또는 이슬람유치원(이슬람 교육기관)에서 더욱 더 확장된다. 그들의 사회적 관계, 즉 종교의 경험, 가정 또는 이슬람사원에서 동일한 생각을 가진 그룹 또는 또래 그룹 간에 구성된 공동체는 그들의 삶에서 매우 중요한 역할을 한다. 종교에 대한 경험은 타인에 대한 신뢰와 매우 밀접한 관계가 있는데, 그 안에는 사회적인 요소가 내포되어 있다. 이슬람교를 믿는 사람들은 동일한 종교와 동일한 생각을 가진 그룹에서만 종교에 관해 대화한다. 따라서 종교에 관한 대화는 자신이 신뢰하는 집단 내에서만 이루어진다. 조화와 평등은 종교에 대한 정보를 교환하는 기준이 된다. 이슬람교를 믿는 사람들은 다른 사람들이 동일한 종교를 가질 경우, 어떠한 갈등도 생기지 않는다고 생각한다.(Knauth, Thorsten, 2005)

다음 두 학생의 인터뷰는 이러한 사고를 분명히 드러내고 있다.

> "감쩨: 동일한 종교를 믿는 사람들은 소위 동일한 사고를 한다."
> "네제: 이슬람교를 믿는 사람들 간에 갈등이 일어났다고 해서 반드시 (신앙에 대해) 걱정하지 않는다."

이처럼 가족 내 종교교육의 동질성을 근거로 갈등을 회피하는 '조화로운 대화 모델'이 학교의 영역으로 반영된다는 점은 매우 흥미롭다. 이슬람교를 믿는 학생들은 학교에서 종교 상호 간의 소통을 친구 간 대화의 전제조건이라고 말한다. 학교에서 대화의 조건은 상대방에 대한 이해와 갈등이 없는 상황이다. 다음은 이슬람교를 믿는 한 여학생의 말이다.

> "타종교를 믿는 친구들 간에도 어떠한 갈등은 발생하지 않는다."

학생의 관점에서 갈등 상황은 대화의 가능성을 제한한다. 상호 간 갈등과 차이점이 나타날 경우, 학생들은 침묵으로 대신한다. 학생들은 침묵으로 자신의 의견을 포기한다. 이러한 상황은 종교수업에서도 나타난다. 반면 비판이 사라지고, 서로에 대한 이해와 조화를 지향할 경우, 학생들은 종교수업을 종교 상호 간 소통하는 학습 장소로서 생각한다.

6. 마무리

함께하는 종교수업은 많은 상황적 요소들을 고려해야 한다. 함부르크시의 사례에서 보여준 것처럼 '함께하는 종교수업'은 강화되어야 하지만, 먼저 대도시가 아닌 소도시에서 실시되어야 한다. 또한 소도시의 사회와 문화적 관계, 학교에서 종교수업의 가치 그리고 학생들의 사회적, 종교적 문화적 배경은 중요한 상황적 요소가 된다. 종교적 학습의 성공과 실패는 이러한 상황적 요소에 달려있다고 하여도 과언이 아니다.

'함께하는 종교수업'을 통해 다음 네 가지 사항을 결론적으로 도출할 수 있다. 첫째, 종교수업은 타종교 간의 소통을 이행하는 장소이다. 실험에 참가한 9학년(우리나라 중학교 3년에 해당) 학생들은 종교 상호 간 학습에서의 긴장관계를 '갈등회피'로 해결하고 있다. 종교수업은 이러한 긴장관계를 다른 해결방법을 통해 극복할 수 있다. 이슬람교에 대한 선입관이 갈등에 대한 두려움 없이 이야기될 수만 있다면, 종교 상호 간의 학습은 공통점과 다름을 발견하는 과정으로서 이행될 수 있다. 선입관은 항상 고착화된 것이 아니다. 대화식 종교교육이 다름을 인식하지 않고, 갈등을 존중하는 대화로 실시되지 않을 경우,

갈등은 반복될 수밖에 없다.

둘째, 종교수업은 종교 상호 간 만남을 주선하는 유일한 장소이다.

학생들의 조화지향성은 이 연구에서 나타나듯이 종교 상호 간의 대화가 충분치 못했다는 것을 반증하고 있다. 학생들은 학교 이외의 어떤 장소에서도 종교 상호 간의 대화를 가질 수 없었다. 학생들은 지식을 확장하고 선입견을 수정할 수 있도록 기대하고 수업에 참여한다. 종교가 서로 다른 학생들은 일반적으로 서로 잘 만나지 않으려는 경향이 있다. 학생들은 학교와 작은 도시가 다문화적이고 다종교적인 상황임에도 불구하고 종교 상호 간의 대화에 있어서는 초보자들이다. 그렇기 때문에 교사들은 종교 상호 간의 대화를 위해 그룹을 보호하고, 인내심을 가지고 끈기 있게, 지속적으로 대화와 갈등 조정에 필요한 능력을 갖추고 노력해야 한다. '함께하는 종교수업'의 대화는 종교적으로 이질적인 집단을 합쳐서 구성한 결과물이 아니다. 또한 대화는 한 시간의 교수법에 의해 형성되는 것도 아니다. 그것은 시간이 필요하다. 그것은 훈련을 하기 위한 섬세한 느낌, 교육학적인 전략 그리고 종교교육학적인 능력이 필요하다. 이 연구는 교사교육에 있어서 대화적 요소를 강화하기 위한 강력한 논거를 제공해 주고 있다.

셋째, '함께하는 종교수업'은 정치통합적인 의미가 있다.

이 연구는 종교수업 이상의 다양한 종교를 믿는 학생이 전체 주민의 25%를 차지하는 사회적 공간에서 발생할 수 있는 여러 가지 문제들을 제시해 주고 있다. 학생들이 방과 후에 활동하는 사회적 공간은 인종적, 문화적, 사회적 한계선에 의해 제한됐다. 또한 학교 밖에서 이슬람교를 믿는 학생과 기독교를 믿는 학생들은 서로 종교에 대하여 의견을 교환하지 않는다. 학생들은 타종교에 대하여 의식적으로 이야기하지 않거나, 폄하할 수도 있다. 하지만 이러한 선입관은 고착되어 있는 것은 아니다. 이 연구에서 설명한 함부르크시의 종교수업은 함부르크시에 있는 다른 학교에도 적용될 수 있는 하나의 지표로서 제시될 수 있다. 그 외에 종교 상호 간의 대화형태가 학교에서 환영받고 중요하다고 인정될 경우, '함께하는 종교수업'은 정치통합적인 의미를 띠고 있다. 만약 '함께하는 종교수업'이 이슬람교를 믿는 학생이든, 기독교를 믿는 학생이든, 무종교의 학생이든 '게토화된 종교수업'으로 진행된다면, 교육학적으로나 종교교육학적으로 학생들에게 전혀 도움이 되지 않을 것이다.

넷째, '함께하는 종교수업'은 종교 전문가, 특히 이슬람학자에 의해 실시될 경우 의미가 있다.

학생들은 종교수업에서 이슬람학자의 강연에 많은 관심이 있다. 특히 이슬람학자가 종교수업을 담당할 때, 이슬람교를 믿는 학생들은 이슬람교가 사회로부터 인정받았다는 느낌을 가지고 있다. '함께하는 종교수업'은 이슬람교를 믿는 학생들의 사회적 인정에 기여할 수 있는 실제적인 행위이다. 미래에 이슬람학자에 의해 이슬람교를 학습하는 종교수업에서 함께 배울 것인지, 아니면 각각 분리되어 배울 것인지에 대한 학생들의 대답은 단호히 "아니오!"(모두 함께 배우고 싶다)라고 말한다. 학생들은 이슬람학자가 실시하는 '함께하는 종교수업'이 타종교를 이해하기 위한 근본적인 해결책은 아니지만, 의미가 있다고 생각한다. 학생들은 타종교를 믿는 학생들과의 소통 가능성을 '함께하는 종교수업'에서 찾고 있다.

종교는 다문화 사회에서 사회불안을 야기할 수 있는 큰 잠재적 요인이자, 동시에 진정한 의미에서의 사회문화적 통합을 이룩하는 데 가장 중요한 영역이다. 이 연구 목적은 다문화 사회에서 서로 다른 종교문화에 대한 이해가 어떤 의미를 지니는지를 분석함으로써 앞으로 우리 사회에 예견되는 종교・문화적 갈등들을 심층적으로 이해하고, 이를 극복할 수 있는 해결방안을 모색하는 데 있다. 특히 다문화 사회로 이행하고 있는 우리 사회에서 종교문화에 대한 이해는 다음과 같은 점에서 중요성을 지닌다.

첫째, 서로 다른 종교를 믿는 사람들은 행동, 생각, 세계관에서 차이가 있다. 그러나 문제는 이러한 차이를 인정하지 않으려고 하는 데에서 비롯된다. 특히 1세대 이주민의 경우 이주의 주체로서 어떻게든 주류 문화에 적응하고자 하는 반면, 자녀들은 오히려 상대적 소외감과 박탈감이 부모들 세대보다 훨씬 크다는 것을 한국보다 오랜 이민의 역사를 가지고 있는 서유럽의 사례에서 찾을 수 있다. 그렇기 때문에 이들의 문화나 종교 정체성을 어떤 방법으로 수용하고 인정할 것인가 하는 문제야말로 사회통합의 핵심 문제가 된다. 이와 관련하여 영국 찰스 클라크 전 교육부 장관은 최근 학교 내 '믿음과 가치' 교육을 확대해야 한다고 주장했다. 그는 "다른 종교에 대한 이해가 더 관용적인 사회를 만들 것"이라고 주장하기도 했다.[4] 결국 다문화 사회는 서로 다른 사람들이 동질화되는 사회가 아니라 자신의 색깔을 유지한 채 어울려 사는 사회, 이러한 인식에서 출발하는 종교문화에 대한 다문화주의적 이해 확산이 시급하게 요구되어야 할 것이다.

둘째, 다문화 사회는 다수자에 의해서 일방적으로 결정되는 사회가 아니라, 소수자를 포용하고 배려하는 진정한 의미에서 민주사회로 거듭날 수 있는 시험대이다. 특히 종교문화는 다른 어떤 영역에 비해

4) BBC 코리아(2019년 7월 19일자).

훨씬 더 배타적이고, 언제든지 다양한 문제와 갈등을 불러일으킬 가능성이 많다. 따라서 타종교문화에 대한 이해는 '우리'와 '그들'의 차이점을 확인하고 부각시키기 위한 것이 아니라 타종교문화를 편견 없이 이해하고 받아들일 수 있는 능력과 지식을 함양하는 데 있다. 진정한 의미에서의 다문화 사회는 자신의 종교적 믿음을 일방적으로 타인에게 강요하지 않고, 다름이 차별이 되지 않도록 만드는 사회구성원들의 의식과 태도를 전제한다. 결국 다양한 종교문화에 대한 이해의 폭을 넓히는 일이야말로 다문화 사회의 각 구성원들에게 중요할 것이다.

셋째, 타종교문화에 대한 올바른 이해는 세계시민으로서의 자질과 역량을 갖추기 위한 선결 조건이 된다. 오늘날 세계화가 빠르게 진행되면서 문화의 다원화, 가치의 다원화 현상이 나타나고, 나아가 보편적 가치와 규범의 필요성이 증대되고 있다. 즉, 생활 터전이 한 지역이나 국가의 범위에서 벗어나 세계적 범위로 확대되면서 생활 및 양식과 의식, 그리고 세계관까지 변화될 수밖에 없다. 그러나 다른 한편으로 오늘날에도 여전히 종교문화의 차이에서 비롯된 세계적 문제와 갈등들이 존재한다. 결국 다문화 사회에서 우리가 공존과 화합을 배우는 일이야말로 인류의 공동목표를 달성하는 데 기여하는 일종의 평화교육이자, 세계시민으로서 우리에게 요구되는 자질과 지도력을 갖추기 위한 교육과정이다.

이러한 의미에서 본다면 개신교 및 가톨릭 종교수업을 거의 모든 주(州)의 공립학교에서 정규 과목으로 운영하고 있는 독일에서 '이슬람 종교수업'의 도입은 다문화주의에 입각한 종교 간 문화이해에 대한 새로운 지평을 열어준 좋은 사례라고 할 수 있다. 물론 이러한 시도가 독일사회 전체 구성원을 동시에 만족시키고 사회·통합적 측면에서 유용한 결과를 낳기 위해서는 아직 시간이 더 필요하다는 것은 분명하다. 그렇지만 이념논쟁으로까지 확대됐던 이 문제를 독일사회가 해결해 가는 과정은 분명 다문화 사회를 지향하는 우리 사회에 많은 시사점을 제공할 수 있을 것이다.

제2부

다문화 사회의 교육과 복지

제5장 지속가능한 다문화 도시와 다문화가족지원 정책

1. 초국적 이주와 '지속가능한' 다문화 도시

우리 모두는 이주민이다. 어머니로부터 이 세상의 빛을 본 순간 우리는 본연의 고향인 모체의 '자궁'으로부터 이탈된 태초의 이주민인 셈이다. 뿐만 아니라 특정 종교적 배경으로 보았을 때 역시 선악과를 따먹고 에덴 낙원으로부터 쫓겨난 이주민이다. 가까이 우리 민족을 보자. 우리가 언제부터 이 한반도에서 기거했는가? 굳이 고대사를 들지 않더라고 한반도는 지정학적으로 대륙과 해양 세력이 교류했던 곳이 아니던가? 그래서 우리는 모두 다 이주민인 셈이다. 단지 누가 먼저 들어왔고, 먼저 터를 잡았느냐의 문제이지 우리 모두 이주민임을 인정해야 한다.

필자가 앞에 기술한 글이 비과학적, 비역사적이라고 굳이 꼬집어 이야기할 수도 있겠다. 필자가 이야기하는 요지는 지구상에 존재하는 모든 인류는 생애기간 동안 지구에 이주하고 있음을 깊이 인정하여 타자에 대한 시선을 차별과 편견에서 존중과 환대로 바꾸어야 한다는 이야기이다. 그래서 필자는 지속가능한 사회 개념을 다문화 도시와 연계하려 한다. 지속가능한 다문화 도시가 되기 위해 시민들의 타자 이해의 연습, 존중과 한없는 배려, 다양성의 존중을 위한 제도를 제안하고자 한다.

'지속가능한 다문화 도시'란 세계화에 따른 초국적 이주가 빈번해지는 가운데 이주자와 정주자 간의 다양성을 이해하고, 점차 풍부해지는 문화다양성을 기반으로 해당 도시 구성원들의 삶의 질을 증진시키는 도시를 말한다. 또한 지속가능한 다문화 도시는 '지속가능발전'(Sustainable Development)의 개념을 실천하는 문화다양성을 존중하는 도시로도 이해할 수 있을 것이다. '지속가능발전'이라는 용어는 세계환경개발위원회(WCED)가 1987년에 발표한 우리 공동의 미래(Our Common Future)에서 "미래 세대의 욕구를 충족시킬 수 있는 능력을 저해하지 않으면서 현재 세대의 욕구를 충족시키는 발전"이라고 정의하면서 본격적으로 사용하기 시작했다.

지속가능발전의 개념은 다양한 학문에서 해당 학문분과적 의미로 혹은 초학제적 의미로 정의하고 있는 담론이다. 그래서 이 개념은 시대적 흐름과 상황에 따라 활용 방법과 개념이 바뀌고 있다. 1990년대 이전 경제, 사회, 환경을 서로 상호작용하는 별개의 영역으로 보고 경제성장과 환경보존을 대립관계로 보았다. 그러나 이러한 학문분과적 틀을 깬 개념이 바로 지속가능발전으로 경제성장, 사회통합, 환경보전을 각각의 영역에서 동시다발적으로 혹은 융합・연계하여 일어날 수 있는 현상으로 재조명받고 있다. 이후 지속가능발전에 관한 학문적, 현장실천적 논의가 국제적으로 지속되어 왔으며, 이제 인간사회는 환경과 밀접하게 관계하고, 경제는 사회활동의 부분이라는 점에서 지속가능한 경제성장이라는 측면이 부각되기 시작했다. 이를 위해서는 사회적, 환경적 측면에서 지속가능한 근간이 마련되어야 한다

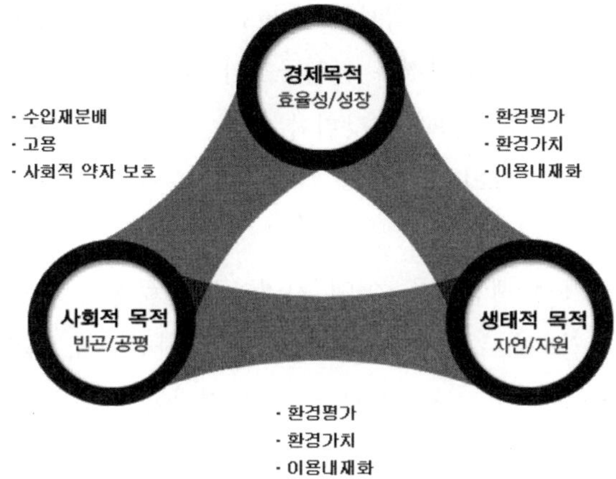

〈그림 5-1〉 지속가능발전의 개념 체계

는 의견이 거론되고 있다. 최근의 지속가능발전 개념을 경제적 영역, 사회적 영역, 생태적 영역에서 상호작용하는 체계를 나타낸 것은 〈그림 5-1〉과 같다.

지속가능발전의 원칙은 첫째, 세대 간 형평성이다. 이는 지속가능발전의 핵심 가치인 현 세대의 풍요를 위해 다음 세대에게 부담을 주지 않아야 한다는 정신을 포함하고 있다. 이를 위해 천연자원과 쾌적한 환경, 의료보험 등을 포함한 각종 사회보장제도, 인적 자원과 안정적 재정구조의 지속적인 확보가 필요하다.

둘째, 사회구성원을 위한 삶의 질 향상이다. 삶이 더욱 쾌적하고 안정될 수 있기 위해서는 무엇보다 건강한 환경을 유지해야 한다. 환경뿐만 아니라 개개인의 잠재력 개발과 직업에 대한 만족, 쾌적한 주거환경, 친환경적이고 안전한 농수산물 확보, 사회적 인정, 건강 유지 등이 필요하다.

셋째, 사회적 통합이다. 사회구성원들의 사회적 부를 균등하게 분배하고 정치참여의 기회를 확보하는 제도적 장치를 마련하여야 한다. 이를 통해 급격한 사회 환경과 산업구조의 변화 속에서 사회구성원들이 공동체적 의식과 가치관을 갖춰야 한다. 이 글에서 다루려고 하는 국제이주자 집단, 그리고 그들을 대하는 다수자 집단인 정주민들도 해당된다.

넷째, 초국가적 책임이다. 어떤 지역의 환경문제는 별개가 아니라 전 지구적 환경문제로 대두될 수 있다. 이런 환경문제, 자원고갈문제, 전쟁과 테러 등이 전 지구적으로 서로 연결되어 있음을 인식하고 대응해야 한다. 나아가 국가 간 경계를 넘어 환경보전, 빈곤퇴치 등 전 지구적 차원에서 협력해 나가야 한다.

인천은 이제 대한민국의 관문 도시로 물류 및 인류의 도시로 전 세계인들이 방문하고 싶은 초국적 도시이다. 이미 60여 개의 국가에서 온 사람들이 거주하고 있는 공간이다. 그러므로 인천은 한국적임을 넘어 다양성이 존중되는 다문화 도시의 전형을 보여주어야 한다. 지속가능한 다문화 도시는 앞서 제시한 지속가능발전의 4대 원칙과 더불어 다문화주의를 포괄하여 실천하는 도시이어야 하며, 이러한 주의에 근거한 다문화 정책을 구안하고 실현해야 한다.

다문화주의는 원래 다원주의에 기반을 두고 있다. 다원주의란 세계를 구성하는 요소가 하나가 아니라 여러 가지인데, 이 요소들은 서로 독립적이어서 다른 것으로 환원될 수 없다는 다원론에서 기인한 개념이다. 이를테면, 오행설은 다원론이며, 음양설은 이원론과 같은 것이다. 이 다원론은 민주주의의 성립과 유지에 가장 기초적인 이념인 '다양성의 존중'에 핵심적인 개념을 제공하고 있다. 좀 더 구체적으로 보자면, 다원주의는 사회를 구성하는 개인이나 집단의 독자적인 가치관, 이념, 목표 등을 인정하고 각각의 독립성과 자율성을 보장하는 것, 또는 그것을 전제로 하여 사회 · 문화 현상을 파악하고 설명하는 입장을 뜻한다. 다원주의는 권력 엘리트에 의하여 지배되는 획일주의에 저항하고 각 분야의 자율성을 인정한다.

이 다원주의는 인류학 혹은 다민족학 연구에서 문화다원주의와 결합하여 '문화상대주의'라는 가치를 제공하고 있다. 문화상대주의의 기본적인 입장은 인류 문화는 일원적으로 진화하는 것이 아니라 제각기 독자적인 방향으로 발전하기 때문에 그 우열을 가릴 수 없다고 보는 견해나 관점을 반영한다. 최근 들어 다문화주의는 정책적 측면에서 거론되는 용어로 특정되어 사용된다. 다문화주의는 문화적 다양성을 장려하는 생각이나 정책을 말한다. 다문화주의의 이념은 1970년대에 서구 민주주의 사회에서 전면적으로 등장했다. 우리나라도 다문화 사회로 변화됨에 따라 소수 집단 현상이 등장하면서 다문화주의 이념이 논의되기 시작했다. 급속히 통합되는 현대 세계사회에서 여러 국가, 다양한 민족과 집단의 문화를 자유롭게 접하며 문화의 다양성을 이해하고 수용할 필요가 커지고 있다. 다문화주의는 서로 다른 문화에 대한 존중과 문화적 차이에 대한 관용을 중시한다. 앞으로 인천이 지속가능한 다문화 사회가 되기 위해서는 문화다양성을 이해하고, 이 문화다양성을 유지하고 확대시킬 수 있는 정책이 필요하다.

2. 다문화 정책을 위한 타자 철학

세계는 바야흐로 이주의 시대라고 불릴 만큼 다양성은 피할 수 없으며 보편적이고 확대되는 특성을 갖는다. 우리는 다양한 개인들과 학교, 직장, 그리고 사회에서 상호 교류하는 것을 피할 수 없다. 한편 다양성은 잠재적인 위험성을 가지고 있다. 그것은 긍정적인 결과를 초래할 수도 부정적인 결과를 초래할 수도 있다. 다양성은 생산성, 창의적인 문제 해결, 긍정적인 관계, 그리고 다양한 문화와 인종적 배경에서 온 개인들과 함께 일하고 교류하는 데서 오는 보편적인 복잡화를 증가시킬 수 있다. 또한 생산성을 낮출 수 있고, 새로운 정보와 자기중심의 거부로 마음의 문을 닫아버리는 것을 증가시킬 수도 있고, 적대행위, 고정관념, 편견과 같은 부정적인 관계를 형성할 수도 있다. 다원적 공존의 위험이나 약속은 상황의 구조나 개인이 가지고 있는 능력에 따라 실현될 수 있을 것이다(Johnson & Johnson, 2002: 42).

우리는 레비-스트로스의 저서 『슬픈 열대(Tristes tropiques)』에 나타난 다문화주의적 사상을 생각해 볼 필요가 있다. 그의 저서에서는 원주민 사회를 파괴하는 서구 문명의 침략성에 대해 분노를 나타내고 있으며, 자신이 이제는 사실상 사라져버린 것을 탐구할 수밖에 없는 현실을 비통해 한다. 서양 문명에 의해 황폐화된 열대를 조사하는 인류학자의 비애가 글로 남겨지고 책으로 엮어 '슬픈 열대'라는 제목을 낳은 셈이다. 그가 비애감을 느낀 것은 서양의 선교사, 농장주, 식민주의자, 관리들이 나름의 균형과 조화를 유지하고 있던 열대 원주민 사회에 침투해서 그들의 정신세계를 상업주의로 만들었기 때문이다. 나아가 그는 서양인들이 문명인임을 자처하며 자신들과 다른 삶의 방식을 지녀온 이들을 멋대로 '야만'이라거나 비합리적이라고 낙인찍는 오만에 대해서도 비애감을 느낀다. 나무뿌리나 거미 또는 유충들을 먹기도 하고, 벌거벗은 채로 생활하는 부족이라 할지라도 오히려 현대 서구 사회보다 훨씬 합리적으로, 그리고 만족스럽게 사회의 복잡한 문제들을 해결하기도 한다.

레비-스트로스는 문화적 다양성을 인정하지 않으려는 편협성, 서구인들이 행동하는 것처럼 행동하지 않으려는 사회를 야만적이라고 경멸하는 태도는 모두 서구 사회 자체가 부족적인 편견 또는 민족적인 우월감에 사로잡혀 있음을 보여준다고 지적한다. 이런 이야기는 우리 사회가 지금 우리와 다른 타자에 대해 어떻게 대하고 있는지를 시사하고 있다. 레비-스트로스의 문명적 서양인이 지금의 우리의 모습은 아닌지 성찰해 볼 만하다.

또한 우리는 "모든 것이 윤리적 문제이다."라고 설파한 레비나스의 타자 철학을 주목해 볼만하다. 레비나스는 실제로 한 곳에 정착해서가 아니라 여러 곳을 이주하면서 살았던 디아스포라 유대인으로 세계 도처에서 차이와 차별을 경험했다. 이런 본인의 경험을 바탕으로 구체적인 삶에서 존재와 윤리의 하나됨을 주장하면서 윤리의 제1의 철학으로 무한 윤리론을 펼쳤다. 그를 이해하는 것 역시 오늘날 결혼이주여성, 이주노동자, 북한이탈주민들, 난민들과 더불어 새로운 공동체를 만들어 가는 오늘날 한국의 사회 현실 앞에서 우리에게 주어진 과제라고 본다. 레비나스는 참으로 존재하는 것은 막연하게 있는 존재가 아니라 실제로 무엇으로 있는 개별적 존재라고 한다. 그동안 철학은 실제로 존재하는 존재자가 아닌 실제로 존재하지도 않는 존재를 사유했다. 그럼으로써 실제로 존재하는 다양한 존재자들이 오히려 소외되고 배제되고 있는 어리석음을 범하고 말았다고 비판한다. 레비나스의 논리는 기존 철학의 존재에 관한 논의들에 대해 확실한 비판을 제기하는 모양새를 띤다. 구체적인 현실을 제대로 인지하지 못하고 단순한 관념 놀이에 빠진 철학은 자신이 자신이게 하는 행위에 아무런 책임을 지지 않는 사람만을 양산해 낸다. 그래서 레비나스는 사회가 무자비한 폭력을 양산하고 이를 허용하기에 이르렀으며, 이것의 전형적인 예가 바로 1, 2차 세계대전과 같은 전쟁이라고 한다.

이런 배경으로 레비나스는 제한된 시간과 공간 안에서 살아가는 유한한 존재자는 혼자가 아니라 다른 존재자들과 더불어 살아가기 마련이라고 말한다. 존재자는 그때만이 새로워질 수 있기에 존재자는 다른 존재자들과의 관계 속에 살아가기 마련이다. 우리가 다른 사람과 어떻게 관계하는가 하는 문제는 곧 내가 어떻게 살아가는가 하는 문제로서, 존재자의 존재성은 다른 존재자와의 관계로 드러난다. 레비나스는 관계 속에서 자유와 책임을 묻는다. 자유는 나만이 가지는 것이 아니라 모든 존재 역시 자유를 추구한다고 한다. 나의 자유는 다른 존재자에 대한 책무를 수반할 때 비로소 작동된다. 다시 말해 다른 존재자의 자유를 지켜줄 수 있어야 나의 자유를 지킬 수 있다. 이런 의미에서 그는 나의 자유는 다른 사람의 자유를 지켜줄 때만 가능하다고 하며 이를 윤리적 문제로 귀결시킨다. 레비나스는 나와 다른 사람에 대해 자유를 지키고 책임을 다하는 삶을 윤리적 삶이라 하며 윤리야말로 사람을 사람답게 만드는 것이며, 윤리 부재는 사람의 부재 곧 죽음을 의미하는 것이다.

우리는 다문화 사회에서 구성원으로서 살아갈 수밖에 없는 세상에 대해 거부할 수 없는 숙명을 받아들여야 한다. 언제까지 우리는 우리로만 살 수는 없다. 다양한 문화적 배경을 가진 타자를 우리 공동체로 여기며 그들을 존중하는 삶을 살아가야 할 것이다. 그러려면 레비-스트로스가 지적한 식민주의적 갑질이나 문명적 자부심과 같은 버려야 할 것들을 과감히 내려놓아야 한다. 이는 레비나스가 강조한 타자에 대한 윤리적 실천과 일맥상통한다. 타자를 주체와 동일시하는 한 다문화 사회는 지속가능할 수 있을 것이다. 이를 위해 도시는 다문화공간으로 전환되어야 하며, 시민들은 상호문화이해를 실천해야 한다. 모든 제도는 이주민을 포함한 모든 사회구성원들에게 공평해야 하며, 학교는 타자 이해를 위한 교수학습 방법으로서 협동학습을 적극 권장하고 이를 수업 현장에 적용해야 한다.

3. 인천시 이주민의 다양성

한국사회는 2000년대부터 외국인 100만 시대에 접어들은 이후 꾸준히 이주민의 수가 증가하고 있다. 이런 인구변화는 한국사회로 이주한 이주노동자와 결혼이민자, 외국인 유학생 등 다양한 형태의 이민자들의 유입으로 시작됐다. 외국인들이 급격히 증가한 것은 2007년 3월 외국국적동포에 대한 방문취업제를 시행하면서부터라고 할 수 있다. 현재 2019년 6월 242만 명을 기록했다.[5] 체류외국인 증감 추세는 다음 〈그림 5-2〉와 같다.

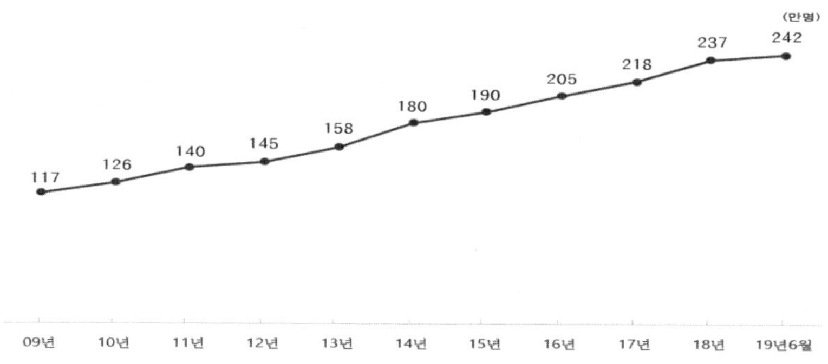

출처: 법무부 출입국·외국인정책본부 통계월보, 2019. 06.

〈그림 5-2〉 체류외국인 증감추세

---

5) 체류외국인이란 출입국관리법 제31조의 규정과 재외동포의 출입국과 법적지위에 관한 법률 제6조의 규정에 따라 입국한 날부터 90일을 초과하여 체류할 목적으로 출입국외국인관할부서의 장에게 외국인등록이나 국내거소신고를 한 자 및 90일 미만 체류할 목적의 단기체류자를 포함한 국내 체류외국인 의미한다.

〈표 5-1〉 등록외국인 국적별 현황 (단위: 명)

국적별	계	중국	베트남	우즈베키스탄	필리핀	캄보디아	네팔	기타
인 원	1,257,366	552,376	178,738	53,628	44,414	44,163	39,308	344,739
비 율	100%	43.9%	14.2%	4.3%	3.5%	3.5%	3.1%	27.4%

출처: 법무부 출입국·외국인정책본부 통계월보, 2019. 06.

〈표 5-2〉 등록외국인 거주지역별 현황 (단위: 명)

<table>
<tr><th>계</th><th>경기</th><th>서울</th><th>경남</th><th>인천</th><th>충남</th><th>경북</th><th>부산</th><th>충북</th></tr>
<tr><td rowspan="4">1,257,366</td><td>411,798</td><td>284,430</td><td>74,230</td><td>70,244</td><td>74,200</td><td>57,363</td><td>45,280</td><td>39,671</td></tr>
<tr><td>전남</td><td>울산</td><td>대구</td><td>전북</td><td>광주</td><td>제주</td><td>대전</td><td>강원</td></tr>
<tr><td>33,519</td><td>20,058</td><td>28,305</td><td>32,353</td><td>23,420</td><td>25,374</td><td>18,413</td><td>18,708</td></tr>
</table>

출처: 법무부 출입국·외국인정책본부 통계월보, 2019. 06.

체류외국인을 국적별로 살펴보면 〈표 5-1〉과 같다.

〈표 5-1〉에서 보는 바와 같이, 2019년 6월 현재, 체류외국인 중 외국인등록자는 125만여 명으로, 국적별로 살펴보면 중국이 55만 여 명으로 전체의 43.9%로 1위를 차지했다. 그리고 베트남이 17만 여 명으로 14.2%로 2위이며 그 다음은 우즈베키스탄, 필리핀, 캄보디아 순이다. 여기에서 중국은 재중동포를 포함하고 있다.

등록외국인을 권역별로 살펴보면, 〈표 5-2〉에서 보듯이 경기, 서울, 인천 등 수도권에 밀집하여 거주하고 있으며, 경남과 충남 등의 지역에서도 각기 7만 명 정도의 이주민 수를 보이고 있다.

〈표 5-2〉와 같이 한국에 등록된 외국인은 경기도에 가장 많이 살고 있지만, 지역에 따른 인구밀도를 살펴보면 서울이 가장 높다. 서울을 비롯하여 경기, 인천 등 수도권에 등록된 외국인은 약 74만 명으로 전체 등록 외국인의 65% 정도를 차지하고 있다. 또한 인천시의 구역별 등록외국인 분포 현황을 살펴보면 〈그림 5-3〉과 같다.

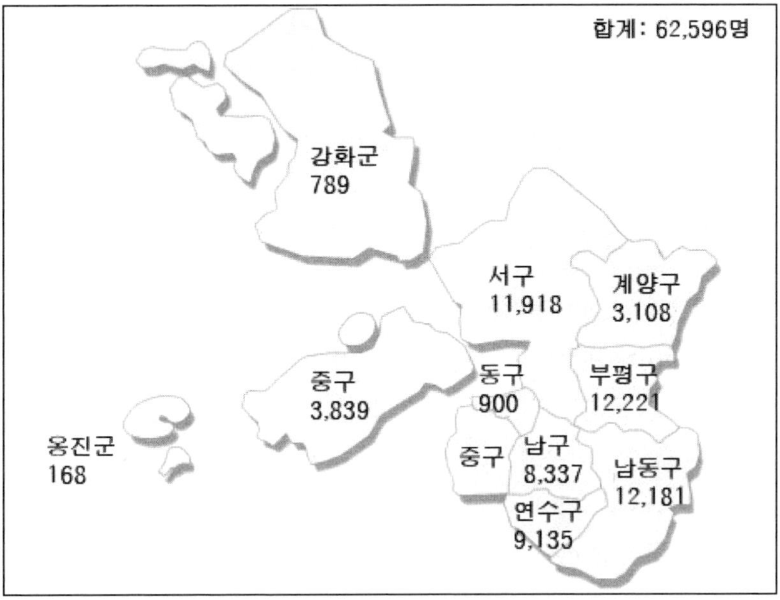

출처: 인천 통계정보, 2017.

〈그림 5-3〉 인천시 구역별 등록외국인 분포 현황

〈그림 5-3〉은 등록외국인의 인천시 구역별 분포 현황이다. 이를 살펴보면 산업단지가 위치한 부평구, 남동구, 서구 등이 각기 12,000명 내외이다. 연수구의 경우는 국제업무단지인 송도경제자유구역청이 위치함으로써 등록외국인의 수가 많은 것으로 추정한다. 최근 들어 외국인들을 사회문제의 온상으로 바라보는 견해 혹은 시민들이 외국인을 혐오하는 제노포비아 현상이 예견되고 있으며 실제로 나타날 가능성이 높다.[6] 이러한 문제들을 미연에 방지하기 위해서는 사회통합정

6) 제노포비아(Xenophobia)란 낯선 것 혹은 이방인이라는 의미의 '제노(Xeno)'와 싫어한다는 뜻의 '포비아(Phobia)'가 합성된 말이다. 이는 곧 '이방인에 대한 혐오현상'을 나타낸다. 제노포비아는 악의가 없는 상대방을 자기와 다르다는 이유만으로

책에 지자체의 환경과 사회안전망이 구축되어야 한다.

4. 사회통합정책의 현실과 개선방안

1) 사회통합정책으로서 다문화가족지원 정책

앞의 3장에서 살펴본 바와 같이 인천시의 다문화 인구는 2019년 6월 현재 70,244명이며, 이 수치는 경기도, 서울, 경남도에 이어 4위를 기록한다. 그러나 인천이 경제 및 문화의 허브 역할을 하는 관문 도시라는 점에서 인근의 서울, 경기 등의 다문화 인구의 생활 권역에 포함된다, 인천은 이미 인구적·문화적으로 다양성이 극대화되어 있는 공간이 됐다고 말할 수 있다. 고려인 마을, 아랍 공동체, 차이나타운, 사할린 영주귀국자 집거지, 북한이탈주민 집거지 등과 각 공단 지역의 외국인 근로자 기술 시설 등이 자리 잡고 있다. 거리에서도 외국어를 사용하는 사람들을 쉽게 볼 수 있으며 주말과 휴일 대형 마트에서 외국인 근로자들을 접할 수 있다.

인천은 이제 국제 도시, 경계를 넘는 초국적 도시로 자리매김했다. 그렇다면 인천이 어떻게 문화다양성을 지키는 지속가능한 다문화 도시가 될 수 있을까. 이 질문에 대한 답은 어렵지 않다. 우선 한국 정부가 지향하는 사회통합정책으로서 외국인 정책을 눈여겨볼 만하다.

외국인 정책은 2007년 5월에 제정된 「재한외국인처우기본법」에 따라 법무부장관이 5년 단위의 '외국인정책 기본계획'을 수립하고, 외국인정책위원회의 심의를 거쳐 확정된다. 제1차 외국인정책 기본계획

무조건 경계하는 심리 상태의 하나로, 이는 자기과보호(과보호) 의식 때문에 일어나기도 하고 지나친 열등의식에서 기인하기도 한다.

(2008-2012년)은 '외국인과 함께하는 세계 일류국가'를 비전으로 우수 인재 유치, 이민자 사회적응 지원 등 새로운 정책 분야가 도입되어 기반을 조성했다. 제2차 기본계획(2013-2017년)은 '세계인과 더불어 성장하는 활기찬 대한민국'을 비전으로 제1차 기본계획 가치의 지속적인 추진과 함께 질서와 안전, 이민자의 책임과 기여를 강조하는 국민 인식을 반영하는 것으로 추진됐다(이선영, 2017; 박범종, 2017).

정부의 사회통합정책은 외국인 정책이지만, 심층적으로 살펴보면 외국인과 이민자에 대한 한국의 사회문화 적응을 넘어서 이들을 포용한 한국사회의 구성원들이 문화다양성을 존중하고 나아가 세계시민으로서 살아갈 수 있는 글로벌 시민성을 요구하는 것으로 이해할 수 있다.

초국적 이주가 빈번해진 현대에서 개별국가들은 민족과 국가라는 근대적 획일성에서 벗어나 다문화주의라는 인식의 틀에서 사회통합을 이루려는 노력을 해야 한다. 다문화 사회는 초국적 이주에서 시작된 다양한 사회변화의 모습이며, 그 과정에서 이주민과 정주민의 새로운 관계가 설정되고 사회 경제적, 정치적 요인이 작용해 갈등이 유발되기도 한다. 그렇지만 정책 도입 및 시행과 아울러 시민들에게 상호문화성을 인식할 수 있는 기회를 제공함으로써 새로운 통합의 길을 모색하기도 한다(김영순 외, 2016). 또한 다문화가족 현상으로 인한 다문화 사회는 '차이'로 인해 갈등을 유발하기도 하지만 다양한 문화수용이라는 긍정적인 면도 있다. 이주민 중에서 특히 결혼이주여성의 경우 가능한 한국 국적을 취득하고 한국에서 뿌리내리고 살아가기를 희망한다. 이들을 위해 정부에서는 이미 다문화가족정책을 실천하고 있다.

다문화가족정책은 다문화가족지원법 제3조 4의 규정에 따라 설치한 '다문화가족 정책위원회'에서 총괄・조정하고 관계 중앙부처 및 지방자치단체를 통해 전달되고 지자체의 규모나 상황에 따라 대부분 다문화가족지원센터에서 수행된다. 다문화가족 정책위원회는 다문화가족지원을 위한 기본 계획은 물론 시행 계획을 주기별로 수립·시행하고, 추진실적을 점검하고 평가하게 된다. 그리고 각종 다문화가족 지원사업을 조정하고 관련 부처 간 협력 등에 관한 사항을 심의·조정하는 컨트롤 타워 기능을 한다.

다문화가족정책의 주관부처로서 여성가족부는 법부무 및 교육부 등 관계 중앙행정기관 및 시·도지사 등과 협의하여 기본계획과 부처별 시행계획을 수립하고 시행한다. 또한 매해 추진 실적을 제출받아 그 결과를 평가하는 등 다문화가족정책을 실무적으로 총괄하고 있다. 전국의 다문화가족지원센터는 각 지방자치단체로부터 업무를 위탁받아 거점센터를 중심으로 결혼이주여성들의 적응 및 지립을 위한 한국어교육, 가족사업, 성평등·인권사업, 사회통합, 상담, 홍보 및 자원연계 등 필요한 사업을 수행하고 있다. 이와 같이 다문화가족정책은 예산과 행정력 확보가 쉬운 복지 성격의 서비스 사업 위주로 구성되어 있다.

다문화가족정책은 2006년을 기점으로 매우 적극적으로 전환됐다(조지영, 서정민, 2013). 2006년 4월 대통령 자문기구인 빈부격차·차별시정위원회와 여성가족부 등 12개 부처·2개 위원회 공동으로 '여성결혼이민자 가족 및 혼혈인·이주자 사회통합 지원대책'과 '혼혈인 및 이주자의 사회통합 기본방향'을 발표했다. 이 대책은 범정부적 차원에서 국가 차원의 정책계획으로 추진하고 법적·제도적 기반을 마련하기 위한 것이다. 이런 노력의 결과로 여성결혼이민자 지원정책이 수립되고, 이 정책이 여성과 가족을 중심으로 한다는 관점에서 정책수행은 여성가족부에서 주관하기로 했다(빈부격차·차별시정위원회, 2006).

여성가족부는 다문화가족지원센터의 전신인 결혼이민자가족지원센터 21개소를 시·군·구별로 지정 시범 운영했다. 2007년 12월 결혼이민자에 대한 가정폭력 등이 사회적 문제로 대두되자 건전한 결혼문화의 형성에 기여하려는 목적으로 '결혼중개업의 관리에 관한 법률'이 제정됐다. 그리고 2008년 3월 정보제공, 사회적응교육 등 다문화가족 정책을 체계화한 '다문화가족지원법'이 제정되고 시행됐다. 그럼으로써 다문화가족서비스 전달체계인 결혼이민자가족지원센터는 그 명칭이 「다문화가족지원센터」로 변경됐다. 한국의 다문화가족정책은 지자체 영역에서는 다문화가족지원센터를 중심으로 추진되고 있다(강복정, 2012).

2008년 10월 보건복지가족부는 다문화가족의 사회통합을 지원하기 위한 '다문화가족 생애주기별 맞춤형 지원강화대책'을 발표했다(보건복지가족부, 2008). 이것은 다문화가족지원 관련 보건복지가족정책 전체를 포괄하는 정책들로 구성되어 있었다. 그동안 결혼이민자 당사자의 한국 문화적응과 인권 및 권리 구제에 초점이 맞추어져 있었던 것은 사실이다. 그런데 이 정책 발효로 결혼이민자 당사자뿐만 아니라 자녀와 가족 구성원들을 포함한 다양한 차원의 복지정책이 도입됐다. 당시 정부는 '글로벌 코리아를 향한 열린 다문화 사회'라는 정책 비전 아래 4대 정책목표와 3대 정책추진 방향을 제시했다. 그리고 다문화가족 생애주기에 맞춰 7대 정책과제 21개 세부추진과제, 66개 세부사업으로 구성하여 추진했다. 이것은 제1차 다문화가족정책 기본계획(2010~2012)에서 그대로 나타났다.

2010년 3월 정부는 다문화가족 지원 관련 정책을 총괄하고 조정 기능을 강화하기 위하여 다문화가족정책 주관부처를 여성가족부로 이관하여 다문화가족정책 추진체계를 정비했다. 이렇게 결정된 배경은 여성가족부가 다문화가족 정책위원회 운영의 주도적인 역할을 담당하게 됐으며, 유사 중복 업무를 방지하고 정책의 효율적 운영을 위하여 관계부처 간 역할 분담을 강화하는 데 있었다(장명선, 장은애, 2010). 그리고 같은 해 5월 제2차 다문화가족정책 위원회에서는 기존 결혼이민자 중심 사업에서 가족 중심의 관점으로 접근한 '제1차 다문화가족지원 정책 기본계획(2010-2012)'을 국무총리 및 관계부처들이 합동으로 확정했다. 주요 내용은 다문화가족에 대한 지원을 점진적으로 강화하고 결혼 및 입국 과정을 엄격히 관리하는 것을 포함한다. 이는 결혼이주여성의 생애주기별 사회적응 지원 및 복지 서비스 제공을 체계적으로 수행하겠다는 중장기적 시각을 포함하고 있다. 이 정책의 내면에는 '가족생애주기(family life cycle)' 개념을 응용한 '다문화가족 생애주기'를 설정한 내용을 포함한다(설동훈, 2010).

2010년 7월 다문화가족 정책위원회 규정을 개정(국무총리 훈령 552호)하여 실무위원장을 국무총리실장에서 여성가족부장관으로 변경했다. 따라서 여성가족부가 시행계획의 수립, 사업의 조성 · 협력 등 다문화가족 정책위원회의 운영을 주도했고, 국무총리실은 부처 간 이견조정과 지원기능을 담당했다. 여성가족부에서는 결혼이민자 등이 한국 생활에 안정적으로 정착 · 생활할 수 있도록 다문화가족지원을 통한 정책 추진체계를 구축하고 관계부처 합동 기본계획을 수립하고 추진했다. 그리고 다문화 가족을 위한 가족 교육 · 상담 · 문화 프로그램 등 생애주기별 맞춤형 서비스 제공을 통해 결혼이민자의 한국사회 조기적응 및 다문화가족의 안정적인 가족생활을 지원하고 있다. 여성가족부의 다문화가족의 생애주기별 정책과제는 〈표 5-3〉과 같다.

2011년 4월 정부는 다문화가족지원법을 개정하여 다문화가족의 범위를 확대시키고, 다문화가족 지원을 위한 기본계획을 수립하며 연도별 시행계획의 수립 근거를 마련했다. 무엇보다 다문화가족의 범위

〈표 5-3〉 다문화가족의 생애주기별 정책과제

단계	과제	세부 내용
결혼 준비기	국제결혼중개업 건전화 및 사전 정보 제공 활성화	• 국제결혼중개업의 사회적 책임 강화 및 체계적 관리 • 결혼이민예정자 현지 오리엔테이션 내실화 • 한국 예비 배우자 결혼 준비 교육 실시
가족 형성기	결혼이민자의 조기 적응 및 안정적 생활 지원	• 센터 지정 · 확대 (2009년 100개소 → 2010년 159개소) • 다국어 판 생활 · 정책정보 매거진 (Rainbow + 연 4회), 한국생활 가이드 북, 소비자 정보안내 책자 발간 · 배포
	다양한 매체를 통한 한국어교육	• 집합교육: 언어별 · 수준별로 세분화된 교육프로그램 실시
	위기개입 및 가족통합교육 실시	• 가정폭력 피해 상담 · 보호를 위해 이주여성 긴급전화 및 전용 쉼터, 법률 구조기관 등 관련기관 간 연계강화 • 다문화가족지원 센터 및 방문교육지도사의 남편교육· 상담 기능 강화 • 결혼이민자· 배우자 · 시부모 · 부부관계 · 부모자녀 등 가족관계 증진을 위한 가족통합교육 추진
자녀 양육기 및 정착기	다문화 가족 자녀의 양육 · 교육 지원	• 부모의 자녀 양육 능력 향상을 위해 아동양육 기정방문지도실시 • 다문화가족 자녀 언어발달 지원 -언어발달진단, 교육프로그램 제공(언어발달지도사 100여 명) -센터 내 다문화 언어 교실개설 및 보육시설에서 파견서비스 제공보육시설에서 사회정서증진 프로그램 등 나 다문화 프로그램 실시 • 다문화가족 자녀 이중 언어 역량 개발 • 어릴 때부터 이중 언어 사용을 통해 글로벌 인재 육성
역량 강화기	결혼이민자의 경제 · 사회적 자립지원	• 결혼이민자의 직업교육 · 훈련실시(정보학교육 등) • 통번역 요원 및 다문화강사 등 결혼이민자 적합 직종 개발 -다문화강사를 양성해 지역 내 보육시설 및 초등학교 등에서의 활동과 연계지원-원어민 외국어강사를 양성해 지역 교육청과 연계하여 보조강사로 활동할 수 있도록 지원 -통 · 번역사 등 이민자 적합 직종을 개발 • 국가별 결혼이민자 자조모임 지원

출처: 여성가족부 업무현황보고(2010.04.14.) 재구성.

확대로 국제결혼을 통해 형성된 다문화가족에 한정된 서비스 대상이 귀화 및 인지에 의한 국적취득자와 결혼이민자 등으로 이루어진 가족으로 확대됐다. 다문화가족정책은 처음부터 국제결혼에 대한 관심에서 논의가 시작됐기 때문에 기본적으로 결혼이민자 가정을 중심으로 진행되는 차별적 배제모형에 가까운 특징이 있었다. 그리고 정부의 역할은 다소 추상적인 개념인 '문화'를 대상으로 하고 있어 사회서비스 정책의 측면이 강조되는 결과를 보였다. 다수의 프로그램과 정책이 국내 체류 등록 결혼이주여성과 그 가족을 대상으로 한국사회문화 적응을 돕는 동화주의적인 사회통합 목적으로 진행됐다.

여러 부처가 관련 사업을 추진하고 있지만 주관부처인 여성가족부의 조정 역할이 미흡함으로 각 부처 간의 협력을 통한 포괄적인 지원이나 정책은 제대로 시행되지 못하고 있다. 따라서 효율적인 정책 추진을 위해서는 상호역할 분담 및 협력 체계가 강화되고 지역 특성에 적합한 정책 그리고 다문화가족의 변화 추이에 따른 중장기 과제가 개발·추진될 필요가 있다. 다문화가족정책은 정책의 추진 주체자인 중앙정부, 지방자치단체(광역, 기초), 민간단체 등을 비롯하여 정책 참여자인 정책의 이해관계자, 정책의 수혜자들이 함께 해결해 나갈 과제이다.

2011년 6월 여성가족부는 다문화가족정책 실무위원회 제1차 회의를 열고 다문화가족지원을 위해 5대 영역 327개의 사업에 총 682억원의 예산을 투입하는 '16개 시·도 다문화가족지원 종합계획'을 수립하여 발표했다. 이 계획에서는 다문화가족 자녀 성장지원을 위한 사업의 규모가 가장 큰 것으로 나타났다. 그리고 다문화가족지원법 제3조 '다문화가족 지원을 위한 기본계획 수립'이 신설되면서 다문화가족정책 기본계획의 시행 기간을 5년으로 규정했다.

2012년 12월에 개최한 제6차 다문화가족 정책위원회에서 '제2차 다문화가족정책 기본계획(2013~2017년)'을 심의하여 확정했다. 이 계획에 따르면, 앞으로 2차 기본계획은 다문화가족정책이 단순히 결혼이민자를 위한 정책이 아니라 다양한 문화를 배경으로 한 가족들에 대한 정책으로서 우리 사회에 꼭 필요한 것이라는 인식이 정립될 수 있도록 했다. 그리고 2013년 2월 다문화가족지원법 제4조에 따라 '2012년 전국다문화가족실태조사' 결과를 발표했는데 단순노무직·

일용직 등 저소득층 일자리에 집중되는 현상, 이들에 대한 사회적 차별의 심각성, 사회적 네트워크 약화 등 새로운 정책 과제의 대두와 자녀 세대의 성장과 정책 대응의 필요성이 제기됐다.

2014년 1월 정부는 제8차 다문화가족 정책위원회를 개최하여 '다문화가족정책 개선방안'을 논의하고 확정했다. 다문화가족정책 개선방안은 2013년 4월에 개최된 제7차 다문화가족 정책위원회에서 부처 간 유사·중복사업을 조정하고, 효율적인 다문화가족정책 추진 방안을 마련하기 위해 7개 부처 합동으로 마련됐다. 개선 방안은 첫째, 부처 간 협업을 통한 유사·중복 조정 및 협업시스템 구축, 둘째, 수혜자를 중심으로 한 전달체계 효율화(2014~2017년), 셋째, 정착 단계별 맞춤형 지원강화, 넷째, 이주관리정책과 다문화가족 육성정책 역할의 정립을 통한 지원체계 확립이다. 그런데 네 가지 개선 방안 중 '수혜자 중심 전달체계 효율화'에서 통합적 가족정책 전달체계로 전환되어 다문화가족지원센터(211개소)를 건강가정지원센터(151개소)와 통합하여 '가족통합지원센터'로 개편 추진하겠다는 내용을 포함한다.

2016년 4월에 전국의 다문화가족 27,120가구를 대상으로 조사한 '2015년 전국다문화가족실태조사' 결과를 발표했다(여성가족부, 2016). 이 결과를 바탕으로 여성가족부는 다문화가족의 사회적 관계 개선을 위한 정책을 제안하고 자녀의 성장 배경 및 성장주기별 맞춤형 정책을 강화하기로 했다. 그리고 같은 해 5월 다문화가족정책의 실효성을 높이기 위해 결혼이민자가 정책수립 및 추진 과정에 주체적으로 참여하도록 하는 2016년 제1차 다문화가족 참여회의를 정부서울청사에서 개최했다. 이 회의에서 여성가족부 장관은 다문화가족 참여회의는 정책 서비스 공급자 중심에서 벗어나, 정책 수혜자 입장에서 다문화정책의 실효성을 높일 수 있는 중요한 계기가 될 것이라고 강조했다.

2017년 4월 '2017년도 다문화가족정책 시행계획'을 확정했는데 정부는 다문화가족정책은 해당 다문화 가족이 한국사회의 초기 정착 단계를 넘어 사회구성원으로서의 역량을 발휘할 수 있도록 지원하는 데 주안점을 둔다고 했다. 이와 더불어 다양한 가족 지원 대상 확대 및 효과성 제고를 위해 다문화가족정책 추진 체계를 정비하여 건강가정을 구성할 수 있도록 기여하도록 했다. 그리고 정부 3.0 협업을 통해 한국 생활에 필요한 정부의 각종 서비스를 한곳에서 받을 수 있도록 '다문화이주민 플러스센터'를 12개소를 설치했다. 또한 출입국관리사무소 5개소에 다문화상담 전문 인력을 배치하여 다문화 가족, 외국인 근로자, 유학생 · 재외동포 등이 한국생활에 필요한 각종 서비스를 한곳에서 받을 수 있도록 하고, 초기 입국자들이 정보공유를 원활히 할 수 있도록 한 것이다. 이것은 수혜자 중심의 정책으로 관련 부처가 협업하여 정책 서비스를 연계하여 운영하는 것이다. 따라서 다문화이주민플러스센터는 외국인정책과 다문화가족정책이 함께 접점을 찾는 정책으로 건강가정 · 다문화가족지원센터 통합서비스 운영기관 확대와는 성격이 다르다.

2018년 2월에 제 21차 외국인 정책위원회 및 제15차 다문화가족정책위원회의 연석회의를 통해 제3차 다문화가족정책 기본계획(2018~2022년)을 확정했다. 주요 내용은 폭력 피해 이주여성의 문제를 원스톱으로 지원하는 전문상담소 설치를 추진했고 가정폭력 피해 이주여성 보호시설의 확대, 가정폭력 피해 이주여성에 대한 임대주택 지원을 확대했다. 또한 시설 퇴소 이후 자립지원금 신설을 추진했고, 베트남에 국제 결혼이민관을 파견했으며, 다누리콜센터 · 소비자원 · 법률구조공단 등과 협업하여 국제결혼 피해 구제를 지원했다. 또한 다문화 한부모에 근로 · 자녀 장려금을 지원했고, 자립지원 패키지 프로그램의 확산, 이중언어 인재 양성, 글로벌 브릿지 사업의 지속적인 추진 등이다(국무조정실 · 국무총리비서실 보도자료, 2018.2.12.). 이와 같이 한국사회 전반에 걸쳐 다문화 사회의 확산에 대한 범시민적 관심이 유발됐고, 다문화가족정책은 다문화가족의 인권보호와 생활 적응, 가족관계와 자녀 성장에 관한 정책 개발 등이 비교적 짧은 기간 동안 성장해 왔음을 알 수 있다(김이선 외, 2014). 그리고 다문화가족정책 추진체계는 단순이 결혼이주여성의 한국사회 적응의 지원을 넘어 이주로 인한 신분 및 국적, 한국어교육 등의 문제까지 포함하여 관련 부서가 광범위하다.

2) 다문화가족정책 서비스 기관 사업

(1) 한국건강가정진흥원

한국건강가정진흥원은 여성가족부 산하 특수법인으로서 서비스 전달기관인 전국의 거점센터와 시 · 군 · 구 다문화가족자원센터를 총괄하고 있다. 전국의 다문화가족지원센터는 지역 거점센터를 중심으로 다문화가족 구성원에게 직접적인 상호관계 속에 계획된 서비스를 전달하고 있다. 전국의 다문화가족지원센터는 해당 기초자치단체의 상황에 따라 직접운영 또는 민간에 위탁의 유형으로 운영되고 있다. 한국건강가정진흥원은 전달체계인 거점센터, 시 · 군 · 구 다문화가족지원센터에서 시행하는 사업에 대한 프로그램 및 업무 매뉴얼을 개발하고 보급하는 것은 물론 직원 및 사업별 전문인력 양성, 특성화 사업 관리, 실적 관리, 정보제공, 홍보, 현장 및 평가지원 등 전국 센터의 관리 및 총괄 등의 기능을 하고 있다. 주요사업은 다음 〈표 5-4〉와 같다.

〈표 5-4〉 한국건강가정진흥원 주요사업(계속)

다문화가족지원 센터중앙관리사업	프로그램 및 업무매뉴얼 개발・보급	직원・사업별 전문인력 양성 실적관리 및 홍보 현장 및 평가지원
이중언어 가족환경 조성사업	・이중언어 인재풀 운영 ・이중언어 환경조성사업 만족도 및 성과도 관리 ・상업홍보 및 상업현황 관리 ・이중언어 환경조성사업 표준교육교재 제작 및 배포 ・이중언어 파트너즈 운영 ・이중언어 환경조성사업 실적관리, 결과보고서 발간 ・이중언어코치 양성교육, 담당자 직무보수교육, 온라인교육 콘텐츠 관리운영	
언어발달 지원사업	・언어발달지원사업 아동평가분석 ・다문화 언어발달지도사 평가 ・언어발달지원사업 만족도 및 성과도 관리 ・사업홍보 및 사업현황 관리 ・다문화 언어발달지도사 슈퍼비전, 전문가 전문위원단 운영 ・언어발달지원사업 실적 및 시스템 관리, 결과보고서 발간 ・다문화 언어발달지도사 양성교육, 역량강화교육, 온라인 교육 콘텐츠 관리운영	
방문교육사업	・사업홍보 및 사업현황 관리 ・방문교육사업 만족도 및 성과도 관리 ・방문교육지도사 평가 ・방문교육사업 실적관리, 결과보고서 발간 ・방문교육지도사 온라인교육 콘텐츠 수정・보완 ・방문교교육지도사 양성교육, 온라인교육 콘텐츠 관리운영	
통번역 서비스사업	・사업홍보 및 사업현황 관리 ・통번역서비스사업 만족도 및 성과도 관리 ・통번역 전담인력 평가 ・사업 실적 및 시스템 관리, 결과보고서 제작 ・통번역전담인력 양성교육, 역량강화교육, 온라인교육 콘텐츠 관리운영 ・통번역전담인력 슈퍼비전, 멘토링시스템 운영, 전문가 자문위원단 운영	
지자체 한국어사업	・한국어교유교재 제작 및 배포 ・사업홍보 및 사업현황 관리	・지자체 한국어교육 담당자 역량강화교육 ・지자체 한국어사업 만족도 및 성과도 관리 ・지자체 한국어사업 실적관리
다문화가족 사례관리사업	・다문화가족 사례관리사업 실적관리 ・다문화가족사례관리사 슈퍼비전	・다문화가족 사례관리사 직무교육 ・사례관리사업 결과보고서 발간 ・사업홍보 및 사업현황 관리
결혼이민자 멘토링사업	・결혼이민자 멘토링 실적관리 ・사업홍보 및 사업현황 관리	・결혼이민자멘토링 프로그램 워크북 인쇄 및 배포 ・결혼이민자 멘토링 사업 간담회
전국 다문화가족 네트워크대회	・다문화가족 사회통합 유공자 포상 ・토크콘서트, 축하공연, 오프닝공연 ・우수 사업 및 사례 시상, 발표 ・자조모임 리더 워크숍, 종사자 워크숍 ・다문화인식개선 홍보대사 위촉식 및 캠페인 진행	

다문화가족 자녀성장 지원사업	· 사업 안내 및 직무교육 · 그룹컨설팅 · 다문화가족 자녀 성장지원사업 실적관리	
다누리콜센터 (1577-1366)	· 폭력피해 긴급지원 및 사후관리 · 변호사 상담 · 가족상담 및 부부상담	· 종합생활정보 제공 · 생활통역 1및 3자 통화 서비스

출처: 여성가족부, 2017년 다문화가족지원 사업결과보고서1. 재구성 2018.

〈표 5-5〉 다문화가족지원거점센터 주요사업

특성화사업	시 · 도별 특성에 맞는 다문화가족지원프로그램 개발 및 보급
다문화가족지원센터 사업지원 관리	· 직원 교육 실시 · 방문교육지도사 직무지식평가 실시 · 센터 운영 지원 및 현장지원 · 슈퍼비전 지원 및 실시 · 만족도 조사 지원
네트워크구축 및 운영	중앙관리기관과 권역 내 센터·관련기관 간 네트워크 구축·운영

출처: 여성가족부, 2018: 2017년 다문화가족지원 사업결과보고서1. 재구성.

(2) 다문화가족지원거점센터

다문화가족지원거점센터는 2018년 현재 전국으로 16개의 광역 거점센터가 운영되고 있다. 센터 설치 지역을 광역 단위로 구분하여 시·도별 특성에 맞는 다문화가족프로그램 개발, 권역 내 다문화가족지원센터의 다양한 사업 관리, 이를 테면 직원교육, 방문교육지도사 직무지식평가실시, 센터 운영지원 및 현장지원, 슈퍼비전 지원 및 실시, 만족도 조사 지원 등 권역 내 센터와 관련기관 간 네트워크 구축 및 운영, 한국건강가정진흥원과 권역 내 센터와 연계 역할을 수행하기 위해 지정·관리하고 있다. 이 거점센터의 주요사업은 〈표 5-5〉와 같다.

(3) 다문화가족지원센터

다문화가족지원센터의 출발은 2006년 결혼이민자가족의 사회문화적 적응지원체계 구축을 위하여 결혼이민자가족지원센터를 기초 지자체인 시·군·구별로 21개소를 지정하여 운영한 것이다. 2007년에는 결혼이민자 아동 양육지원 방문교육 시범사업이 29개소에서 추진됐고, 2008년에는 한국어교육 및 아동양육 방문교육 사업을 통합하여 전국 서비스 전달체계 구축했다. 2008년 다문화가족지원법이 제정되면서 결혼이민자지원센터는 다문화가족지원센터로 이름이 바뀌었다. 2009년 다문화가족 자녀의 언어발달지원사업, 결혼이민자 통번역서비스 실시됐고, 사회복지사업법의 개정으로 다문화가족지원센터는 사회복지시설로 전환됐다.

2011년 1월 부모 나라 언어 습득 지원을 위한 언어영재 교실 사업이 추진됐고, 같은 해 4월 다문화가족지원법 개정으로 다문화가족의 범위가 확대됐다. 2012년에는 다문화가족 자녀 생활서비스가 추진됐고, 그해 2월 다문화가족지원법 개정으로 다문화가족지원센터 설치 및 시설 위탁운영의 법적, 제도적 근거가 마련됐다. 그리고 2013년 8월에 다문화가족지원법 개정으로 이혼 등의 사유로 해체된 다문화가족 자녀에 대한 지원 특례규정을 마련했다. 2014년부터 다문화가족지원센터와 건강가정지원센터를 통합하여 통합서비스를 제공하기 시작했다. 같은 해 3월에 한국어교육 운영 지원체계 개편했으며, 7월에는 다문화가족 이중언어환경조성사업 실행 방안을 마련하고 시범사업을 실시했다. 10월에는 다문화 가족 방문교육서비스 개선 방안을 마련하고 자녀생활 서비스 소득수준별 자기부담금 적용제도를 도입했으며 시범사업을 실시했다. 이후 다문화 가족지원사업 사업 영역 개편(가족, 성평등, 인권, 사회통합, 상담, 홍보 및 자원 연계)으로 다문화가족에 대한 성평등, 인권교육을 강화했으며, 다문화가족 이중언어환경조성사업을 전국으로 확대했다. 2015년 12월 다문화가족지원법 일부 개정으로 방문교육 비용 차등 지원 근거를 마련했다. 2019년 현재 전국 218개소 가운데 44개소가 일반형 센터로 운영 중이다.

다문화가족지원센터는 다문화가족지원법에 근거하여 다문화가족구성원의 삶의 질 향상과 사회통합을 이루기 위해 설치·운영되고 있는 다문화 가족서비스 핵심전달체계이다. 다문화가적지원센터 일반형은 다문화가족지원법 제12조에 따라 다문화 가족지원사업을 수행하는 기관이고, 다문화가족지원센터 확대형은 다문화가족지원법 제12조에 따라 다문화가족지원사업 및 기타 법령에 의한 가족지원사업을 수행하는 건강가정지원 및 다문화가족지원 통합서비스 기관이다.

국가와 지방자치단체는 다문화가족지원센터를 설치하고 운영할 수 있다. 다문화가족지원센터 일반형을 기준으로 보면, 지방자치단체가 직접 운영하는 직영센터와 국가 또는 지방자치단체가 센터를 설치하고 운영을 법인·단체 등 전문기관센터에 위탁하는 위탁형 센터로 구분된다. 위탁운영 기관의 자격 기준은 다문화가족지원법 시행령 제12조의2이다. 위탁 기간은 최대 3년이다. 위탁 기간의 갱신은 계약 기간이 종료된 경우 원칙적으로 재공모를 거치고, 위탁자가 필요하다고 인정하는 경우에 한해서 선정위원회의 심의를 거쳐 갱신하도록 한다.

다문화가족지원센터의 사업 목적은 '다문화가족의 안정적인 정착과 가족생활을 지원하기 위해 가족 및 자녀 교육·상담, 통·번역 및 정보제공, 역량강화지원 등 종합적인 서비스를 제공하며 다문화가족의 한국사회 조기적응 및 사회 경제적 자립지원 도모'이다(여성가족부, 2019). 먼저 기본사업으로 가족 간의 소통을 통한 믿음과 사랑 증진 올바른 부모 역할에 대한 이해증진, 가족 내 이중언어 사용 활성화로 소통증진 및 다문화 정체성 함양을 내용으로 하는 가족사업, 부부간의 성평등 인식 고취. 가족 간의 성평등 인식 고취, 가족 간의 이해와 믿음 쌓기, 인권의식 함양, 인권침해문제 발생 시 보호 및 구제

방법 숙지를 강조한다. 이를 기반으로 성평등 인권사업, 사회통합을 위한 사회 구성원으로서의 권리와 의무. 책임에 대한 지식과 소양 함양을 내용으로 하고 있는 사회 통합사업, 다문화가족 부부・부모・자녀 관계개선 및 가족갈등 등 관련 상담을 통해 다문화가족의 내부 스트레스 완화 및 가족의 건강성 증진, 상담을 통해 가정해체 예방, 갈등 해소를 통해 이해강조, 사례 관리하기를 내용으로 하고 있는 상담, 지역 사회 홍보와 지역사회 네트워크, 홈페이지 운영 등을 내용으로 하고 홍보 및 자원 연계사업이 있다.

특히 가족 프로그램 운영 시 일회성 또는 행사성 사업을 지양하고 학생 관련 프로그램은 교육청 사업과 중복하여 실시되지 않도록 주의하도록 하고 있다. 그리고 제시된 사업 외에 지역사회 특성 및 수요를 감안하여 센터 고유 사업 실시를 권장하고 있으며, 사업 종료 후 매번 프로그램마다 만족도 조사 및 자체 분석을 통하여 추후 프로그램 운영에 반영하고 있다. 또한 특성화 사업으로는 다문화가족 방문교육 사업, 언어발달지원 사업, 통번역 서비스 사업, 다문화가족 사례관리 사업, 결혼이민자 멘토링 사업. 다문화가족 자녀성장 지원 사업, 지자체 한국어교육 사업, 취업소양 교육 등을 통해 다문화가족의 한국 생활 정착 및 사회참여의 확대를 지원하고 있다. 이를 정리하면 다음 〈표 5-6〉와 같다.

다문화 사업 추진체계는 정부 산하 주관부처인 여성가족부, 한국건강가정진흥원, 거점센터, 다문화가족지원센터, 광역자치단체, 기초자치단체가 연계된 구조이다. 다문화가족지원법 제6조와 12조, 건강가정기본법 제21조와 35조에 기반한 다문화가족지원사업 및 기타 법령(한부모가족지원법)에 의한 가족지원사업을 수행하는 정책 일선에는 건강가정・다문화가족지원 통합서비스 운영기관이 존재한다(여성가족부,

〈표 5-6〉 다문화가족지원센터 기본사업

구분	공통 필수	선택(예시)		비고
가족	· 다문화가족 이중어 환경조성프로그램 (연간 10시간) · 다문화가족 학령기 자녀 입학 및 입시 정보 제공(부모 대상, 연간 2시간)	· 가족의사소통 프로그램 · 가족관계향상 프로그램 · 자녀교육프로그램 · 자녀성장지원 사업 등 · 부모역할교육, 자녀건강지도	· 부모-자녀관계 · 자긍심향상프로그램 · 결혼과가족의이해 · 가족의의미와역할 · 아버지교육 · 자녀생활지도	· 연간 필수 14시간, 선택 26시간 이상 (이중언어코치 배치 센터는 공통필수 중 이중언어환경조성 프로그램 160시간 이상)
성평등 인권	· 가족 내 성평등 교육 · 다문화이해교육 · 인권감수성 향상교육	· 이주여성 대상 프로그램 · 이중여성과 한국인 배우자 대상 프로그램 등 · 다문화가족 관련법과 제도 · 이주민과 인권		20시간 이상 실시
사회 통합	· 취업기초소양교육 · 구직자 발굴 시 e새일시스템과연계된워크넷 등록 및 새일센터로 적극 연계 · 새일센터의 결혼이민자 대상 직업교육훈련 개설 시 적극 협조(교육과정설계 · 모집 등)	—		e새일시스템과 연계된 워크넷 등록 및 새일세너 연계 (10건 이상)
	· 다문화가족 나눔봉사단 소양 교육(4시간 이상) · 다문화가족 나눔봉사단 활동	· 한국사회적응교육 · 학업지원반 운영 및 연계 · 다문화가족 자조모임 · 결혼이민자 멘토링프로그램 · 결혼이민자 정착단계별 지원 페키지 프로그램(=결혼이민자 자립지원 패키지 프로그램)등 · (미래 찾기, 길 찾기 등 미래설계 프로그램 중 선택) *건가 · 다가 통합서비스 운영기관은 공통 필수 사업으로 실시		15시간 이상 실시 (봉사자 소양교육 필수 4시간 포함)
상담	가족상담	· 개인상담 · 사례관리 · 외부상담기관 연계 등	· 집단상담 · 위기가족 긴급지원	연간 80회기 이상

출처: 여성가족부, 2019년 가족사업안내1. 재구성 2019.

2019). 이 기관은 다문화가족 지원사업 중심으로 통합되어 있는 가족센터이다. 하지만 가족센터에 대한 근거법은 아직 마련되지 못한 상태이다. 이처럼 건강가정지원센터와 다문화가족지원센터의 통합은 물리적으로 이루어지고 있어서, 가족 다양성을 반영한 통합서비스 지원 등의 사업이 발굴되고 있다고 보기는 어렵다(이선형, 김보람, 2018).

건강가정지원센터와 다문화가족지원센터의 통합은 다문화 사업 현장에서는 한 지붕 두 가족 형태로 일컫는다. 이 통합기관의 사업 목적은 건강가정서비스의 특성과 다문화가족서비스의 특성으로 분리되어 있다. 첫째, 가족 유형별로 이원화되어 있는 가족지원서비스를 가족의 유형에 상관없이 한곳에서 다양한 가족에 대한 보편적이고 포괄적 서비스를 제공하는 것이다. 수혜자 중심의 서비스 확대 및 접근성 제고, 지역 여건 및 정책 수혜자 특성에 맞는 맞춤형 서비스 강화, 모든 가족에 대한 기족의 안정성 강화 및 가족관계 증진에 기여 등이다. 둘째, 다문화가족의 안정적인 정착과 가족생활을 지원하기 위해 가족 및 자녀 교육·상담, 통·번역 및 정보제공, 역량강화 지원 등 종합적인 서비스를 제공하여 다문화가족의 한국사회 조기적응 및 사회·경제적 자립지원 도모이다. 다문화가족의 정착단계 및 생애주기에 따른 맞춤형 서비스 제공, 다문화가족 대상 통합교육 및 부모교육, 사회참여 지원 확대, 다문화가족 자녀의 건강한 성장지원 및 글로벌 인재육성, 결혼이민자 맞춤형 일자리 참여 화대 등 사회경제적 자립지원 등이다(여성가족부, 2019).

이 센터의 사업 방향은 가족 유형과 상관없이 다양한 가족에 대한 보편적이고 포괄적 서비스 제공과 다문화가족을 위한 종합적 서비스를 제공하여 다문화가족 한국사회 조기적응 및 사회·경제적 자립지원 등이다(여성가족부, 2019). 일반·다문화가족 중심에서 일반, 다문화, 한 부모·조손 가족, 맞벌이 가정, 1인 가구, 북한이탈가족 등으로 지원 대상을 확대하고, 주간·주중 야간·주말까지 지원시간을 확대한다. 그리고 지역 여건 및 정책 수혜자 특성에 맞는 맞춤형 서비스 제공한다. 먼저 기본사업으로 가족관계, 가족 돌봄, 가족생활, 가족과 함께하는 지역공동체, 이렇게 4개 영역으로 구성되어 있다. 이를 구체적으로 살펴보면 〈표 5-7〉과 같다.

〈표 5-7〉 건강가정 · 다문화가족지원(가족센터) 기본사업

사업영역	기본사업	비고
가족관계	보모역할 지원(임신출산(부모)자원, 영유아기 부모지원, 학부모지원, 혼례가치교육, 아버지 역할 지원), 부부역할지원(부부갈등예방·해결지원, 다문화가족이중언어환경 조성, 다문화가족자녀성장지원, 가족상담	교육, 상담(정보제공 및 초기상담), 문화프로그램 등
가족돌봄	가족역량강화지원, 다문화가족 방문서비스	교육, 상담(정보제공+초기상담→전문상담) 돌보미 파견, 사례관리 등
가족생활	맞벌이가정 일가정양립지원, 다문화가족 초기정착지원, 결혼이민자 통번역 지원, 결혼이민자 취업지원	교육, 상담, 정보제공, 문화프로그램 등
가족과 함께하는 지역공동체	가족봉사단(다문화가족나눔봉사단), 공동육아나눔터(가족품앗이), 다문화가족 교류·소통공간 운영, 가족사랑의 날, 결혼이민자 정착단 단계별 지원 패키지, 인식개선 및 공동체의식, 가족친화문화프로그램	모임, 활동, 문화프로그램 등

※ ____: 3개 사업은 다문화가족지원 프로그램 중 우선적으로 시행
※ 사업영역별 기본사업 외의 건가 또는 다가사업, 지역특성화 사업 등 운영 가능
☞(서비스방법) 영역에 맞는 가본사업은 지역적 여건, 특성, 수요에 따라 운영
교육·상담·정보제공·사례관리·문화프로그램 등을 연계하여 센터에서 자율적으로 선택 가능 (단, 단기성 또는 행사성 사업, 직접적인 현금·현물지원 사업 지양)
가족의 유형에 상관없이 모든 가족에게 수요 맞는 서비스 지원하되, 가족의 특성별로 특화된 별도 프로그램 운영가능
지역 내 유관기관(어린이집, 학교, 기업, 청소년상담센터, 가정폭력상담소 등)과 네트워크 구축·언계 운영 강화
☞(서비스시간) 서비스 이용 제고를 위해 서비스제공시간을 주중, 야간 주말 등 다양화하여 운영

출처: 여성가족부, 2019년 가족사업안내1. 재구성 2019.

또한 별도 예산에 의한 센터 추진사업은 아이돌봄 지원사업, 취약·위기가족돌봄 지원(가족역량강화지원)사업, 권역별 미혼모·부자 지원기관 운영지원 사업, 공동육아나눔터 사업, 다문화가족 자녀언어발달 지원사업, 다문화가족 사례관리 사업, 결혼이민자 멘토링 사업, 한국어교육 사업 등이 있다. 또한 '2018년 전문다문화가족실태조사'에 의하면, 결혼이민자·귀화자는 60.9%가 다문화가족 관련 서비스 이용 경험이 있으며, 이들의 서비스 요구는 일자리 교육·일자리 소개에 대한 요구 3.51점(5점 만점) > 한국어 및 한국사회 적응교육(3.22점) > 가정방문을 통한 각종교육(3.17) > 각종 상담(3.14점)순이다. 그리고 이용기관은 주민센터 77.0%, 다문화가족지원센터 47.6%이다.

5. 마무리

이제 세계화로 인한 초국적 이주는 전 지구적 세계화와 더불어 하나의 신드롬을 나타낼 뿐만 아니라 보편적인 현상으로 다가섰다. 우리나라는 이미 인구 5%에 육박하는 외국인들이 들어와 있으며, 초기 다문화 사회를 경험하고 있다. 우리가 선택해야 할 문제는 그들을 어떻게 포용하고, 이주민들을 어떻게 동화시킬 것인가가 아니라 다수의 우리가 어떻게 다양한 문화를 포용하고 사회통합을 이루며 지속가능한 사회를 이루어 나갈까 하는 점이다.

이런 맥락에서 본 장은 지속가능한 다문화 도시의 개념을 살펴보고, 한국사회의 인구다양성 현황을 기술했다. 나아가 정부 및 지자체의 다문화 정책 변화 흐름과 주요 내용을 검토했다. 이와 같은 다문화 정책의 흐름과 정책 내용의 변천 및 개선을 염두에 두고 인천이 지속가능한 다문화 도시로서 해야 할 역할이 무엇일까? 이에 대한 답으로 필자는 바로 상호문화성이 내재된 사회통합을 이루는 것이라고 단정지어 이야기할 수 있다.

상호문화성이 내재된 사회통합이란 사회의 동질성을 강조하기보다는 구성원들이 지닌 다양성이 존중된 상태를 의미한 것이며, 다양한 인종으로 이루어진 사회구성원이 서로의 차이를 인정하고 상호 존중하는 문화가 형성되는 상태이며, 제도적으로는 상호문화성을 기초로 한 법과 제도가 마련된 상태라고 할 수 있다(김영순, 2010d). 이러한 상호문화성 기반 사회통합 체제를 마련하기 위해 〈그림 5-4〉와 같은 (가칭) 인천시 이민청을 설치하고 산하에 인천시 이민자통합지원센터(외국인지원센터 통합)를 구축하는 것을 제안하고자 한다.

인천시 이민청은 여느 단위 구청과 같이 행정적 조직을 갖되 지역

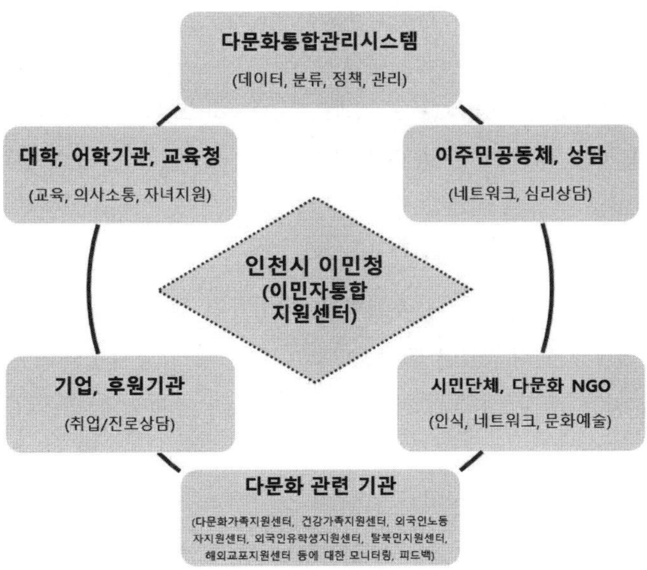

〈그림 5-4〉 인천시 이민청의 패러다임

적 범위를 갖는 것이 아니라 정서적, 정책적 영역을 갖게 된다. 이민청 산하에 인천시 이민자통합지원센터는 다음과 같은 유기적인 업무를 수행하게 될 것이다.

첫째, 다문화통합관리시스템을 구축하여 인천시 이주민 현황을 작성하고 정책을 개발하여 이주민들에게 적합한 서비스를 제공하게 될 것이다. 특히 이주민들의 '삶의 주기별 패턴'에 적합한 지원체제를 구안하고, 생활세계에 입각한 문제점들을 해결할 수 있는 서비스 지원체계를 마련할 것이다.

둘째, 이주민공동체와 네트워크를 구축하고, 이들에게 찾아가는 서비스로서 생활 상담, 진로 및 취업 컨설팅, 이주민 축제 등을 협동적으로 수행할 수 있도록 한다. 특히 이주민정책 수립 시 민족성(ethnicity)에 기인한 자료들과 그들의 요구를 존중할 수 있는 거버넌스 체계를 유지할 것이다.

셋째, 시민단체, 다문화 NGO 등과 연계하여 이주민과 선주민이 어우러질 수 있는 조화로운 프로젝트를 개발하고 이들 양자 간에 동아리 지원, 멘토링 체제 구축 등을 통해 협력관계를 지향하고 선주민들이 이주민들 문화를 이해할 수 있는 계기와 공간을 만들어야 할 것이다.

넷째, 기존의 다문화 관련 다양한 기관(다문화 가정지원센터, 건강가정지원센터, 이주노동자지원센터, 탈북민지원센터)과의 연계를 모색하고 적절한 협조 체제를 강구해야 할 것이다. 나아가 유학생지원센터 등을 설치하여 인천 소재 대학의 외국인학생처 혹은 국제교류처와의 연계도 모색할 것이다.

다섯째, 기업 및 후원기관과의 연계를 강화하여 기업 연계 맞춤형 진로 서비스가 가능하도록 이주민 구직자들과 기업의 인사 관련 담당자들과의 간담회를 비롯하여 맞춤형 잡 페어, 등을 통해 이주민들의 적정한 경제생활이 유지될 수 있도록 해야 하며, 차상위 계층의 이주민들을 위한 후원기관과의 결연 서비스가 지원되어야 할 것이다.

여섯째, 대학, 교육기관, 교육청과의 연계를 통해 인천시 이주민들의 언어, 문화적응을 위한 한국어, 한국문화적응 프로그램을 무상으로 제공할 수 있어야 하며, 이들의 평생교육 요구가 실현될 수 있는 교육의 장이 마련되어야 한다. 아울러 지역 교육청과의 협조를 통한 이주민 자녀들에 대한 학업, 진로 등의 프로그램이 선별적으로 제공되어야 할 것이다.

그렇다면 인천시 이민청(이민자통합지원센터)은 어떤 방식으로 운영되어야 하는가 하는 것이 관건이다. 조례를 제정하고 새로운 기관을 구성해야 하는지, 기존의 동일 및 유사 기능을 지닌 기관이 존재할 경우 기구를 확대 개편하고 지자체 사업비를 투여하고 전문가를 채용하는 시스템을 선택할 것인가를 결정해야 한다.

이 문제를 제기하는 이유는 최근 들어 외국인 관련 복지, 상담 등의 케어 시설의 부재로 다문화가족지원센터로 다양한 민원이 들어오고 있고, 외국인 민원인들에게 유관기관 안내를 다문화가족지원센터로 하고 있어서 외국인의 방문이 급증하고 있다. 그러나 앞에서 밝힌 바와 같이 다문화가족지원법에 외국인은 범주에 포함되어 있지 않음으로 사업 진행에 있어서 대상에 포함되지 않고, 한국어교육 학습반에 청강생으로 허용하는 경우로 진행된다. 그렇다면 다문화가족지원센터가 향후 외국인들을 다 포함한 사업영역과 대상을 확대해 나가야 하는지, 외국인들을 포함한 대상자들을 다문화가족지원센터가 감당해 나갈 수 있을 것인지? 아니면 외국인들을 주로 지원하는 복지기관 및 시설들이 운영되어야 하는지? 이런 일련의 숙제들이 남는다.

필자는 이미 서두에서 지속가능한 다문화 도시를 꿈꾸고 인천이 나아가야 할 방향에 대해 이민청 제안을 했다. 그런데 기관의 난립, 사업 운영의 합리적 운영 등을 근거로 다문화가족지원거점센터가 바로 인천이민청의 역할(서울 시민청의 예)을 맡는 것이다. 이미 다문화가족지원거점센터의 주요 사업 중 특성화사업 추진 내용이 있기 문제 소지가 없다고 본다. 또한 국적 취득 혹은 취득 예정이 아닌 외국인, 그것도 1년 이상 체류 외국인들, 나아가 모든 외국인들에게 한국어교육, 한국문화교육, 사회적응 이해 교육 등을 수행하는 것은 다문화가족지원거점센터의 사업으로 적합하다. 정부 사업비 이외에 지자체 즉 인천시의 지원으로 부수적이며 추가적인 외국인지원 업무를 다문화가족지원거점센터가 수행하는 것이다.

이러한 인천시 이민청의 다문화 거버넌스 체계는 대한민국의 관문도시 인천의 지속가능한 다문화 사회를 보장해 줄 것이라고 예견한다. 지속가능한 발전은 인천시가 짊어지고 가야 할 미래 과제임이 틀림없다. 바람직한 사회통합을 실현하기 위해 인천시는 이민자 문제를 정확하게 진단하고, 그에 맞는 정책적 처방을 내려야 할 것이다. 이민자 집단에게 민족성에 기초한 문화적응 교육을 제공함으로써 상호문화적 형평성을 구현하며, '삶의 주기별 패턴'에 적합한 지원체제와 문화특수적 서비스를 제공함으로써 사회구성원을 위한 삶의 질 향상을 도모해야 할 것이다. 또한 이주민 공동체를 구성하고, 프로젝트 개발 및 협력관계 구축을 통한 이주민과 선주민의 조화를 추구하며, 기업 연계 맞춤형 진로 서비스를 구축함으로써 사회적 통합을 지향하며 궁극적으로는 글로벌 다문화 도시 인천이 초국적 책임을 다할 수 있을 것이다. 이처럼 인천시는 지속가능한 다문화 도시를 위해 이주민 거버넌스에 입각한 사회통합 정책을 마련하고 다문화 도시로서의 위상을 굳건히 해야 할 것이다.

제6장 이주여성을 위한 한국어교육 방향

1. 들어가는 말

2017년 행정안전부의 외국인주민현황조사에 의하면 현재 우리나라에는 295,426명의 이주여성이 살고 있으며 이는 결혼이주자(160,653명)와 국적취득자(134,773명)를 포함한다. 1990년대 후반부터 시작된 이주여성의 양적 증가는 우리 사회의 변화를 예고하면서 이들에 대한 사회적 관심을 증가시켰다. 이와 함께 이주여성들을 우리 사회 구성원으로 받아들이고자 하는 노력들이 다각도로 이루어지고 있다. 특히 언어 소통을 위한 한국어교육의 중요성이 사회적 공감을 얻고 이주여성을 대상으로 하는 다양한 유형과 내용의 교재도 개발됐다. 또한 여러 기관에서 한국어교육이 실시되고 있으며 이주여성 관련 연구도 활발하게 이루어지고 있는 추세이다.

최근의 연구들을 보면 이주여성들의 한국어 학습에 대한 요구는 단순히 생존에 필요한 수준을 넘어서는 것으로 나타나고 있다(박재규, 2013; 김우찬, 2015; 김한성, 이유신, 2013). 이는 이주여성의 한국어 능력이 결과적으로 남편과의 관계나 자녀 양육뿐만 아니라 이주여성 자신의 '삶의 만족도'에도 큰 영향을 주기 때문이다.

현재 한국어교육은 외현적으로는 괄목할 만한 성장을 보이지만 학계 내부에서는 자성의 목소리가 지속되고 있다. 이는 이주여성을 대상으로 하는 기존 연구들이 대부분 교육과정이나 교육방법에 치중함으로써 언어사용능력에 대한 기본적인 특성을 표면적으로만 다루거나 심층적으로 다루지 않았다는 데서 기인한다(김정숙, 2011; 박은하, 2013; 정명숙, 2010; 황민철, 2016). 교육을 실시할 때는 학습자의 현재 상태를 고려해 교육과정 및 교육방법을 설계해야 한다. 이러한 측면에서 현재의 한국어교육은 처방 수준에 머문다는 비판을 모면하기 어렵다.

이 장에서는 선행연구를 바탕으로 이주여성의 실제 언어 사용 양상을 사례를 통해 확인하고 한국어교육의 방향을 제시할 것이다. 특히 여기에서 제시하는 예시문들은 이주여성의 구어 자유 발화를 녹음한 것으로 이주여성의 언어사용 모습이 보다 구체적으로 드러날 것으로 기대한다. 이를 통해 시사점을 도출하고 이주여성에 대한 한국어교육의 방향을 제시하고자 한다.

2. 이주여성과 한국어교육

이주여성이 한국어를 배우는 주요 목적은 자연스럽고 유창하게 다양한 상황과 맥락 속에서 의사소통을 하는 것이다. Chiswick & Miller (2001)는 초국적 이주가 빈번한 오늘날 이주국가에서의 언어능력은 경제활동에 큰 영향을 미친다고 했다. 또한 Martinovic, van Tubergen & Maas(2009)는 이주민의 의사소통 능력이 부족하면 원주민과의 관계 형성이 어려울 수 있으며 이주국가 태생의 사람들과의 사회적 관계 형성에 있어서도 어려움이 발생한다고 했다. 이러한 입장에서 이주여성의 한국어교육에 대한 중요성을 강조한 연구에는 박재규(2013), 김한성, 이유신(2013), 심혜령, 조옥이(2017), 원순옥, 이화숙(2015) 등이 있다.

다음은 이주여성의 한국어교육에 대한 필요성과 관련된 연구이다. 심혜령, 조옥이(2017)는 이주여성들이 기초생활 정착뿐 아니라 친교, 구직 등과 같이 사회적 욕구를 가지고 구현하고자 노력하는 존재임을 확인했다. 박재규(2013)는 결혼이주여성의 취업 영향 요인에는 도시와 농촌 모두에서 한국어 능력이 취업에 유의미하게 영향을 준다고 했다. 또한 원순옥, 이화숙(2015)은 연구참여자인 이주여성 4명이 한국어를 앎으로써 가정을 넘어 더 많은 사회활동에 참여하게 된 과정을 보여주고 있다. 김한성, 이유신(2013)은 이주여성이 자신의 삶을 만족스럽게 느끼는 정도에는 그들의 연령, 거주 기간, 교육 수준과 같은 사회인구학적 특성과 남편과의 관계, 한국어 능력이 중요하게 작용하고 있다고 말한다.

기존의 한국어교육이 이주여성의 현실을 반영하지 못하고 있다는 공통된 관점을 제시한 연구로는 백미옥(2007), 민정호, 전한성(2014)이 있다. 백미옥(2007)은 한국어 문화 교육이 학습자인 이주여성이 요구하는 생활문화를 선정하고 교재에서 한국어와 생활문화를 통합적으로 다루어야 함을 말했다. 또한 민정호, 전한성(2014)은 현재의 한국어교육이 이주노동자, 결혼이주여성, 북한이탈주민 등 대상에 따라 교육 기관은 다름에도 불구하고 모두 국립국어원에서 나오는 같은 교재와 프로그램으로 학습하고 있기 때문에 교육효과와 만족도를 충족할 수 없다고 비판했다. 박재규(2013), 김우찬(2015) 등의 연구에서는 이주여성의 거주 지역에 따라 한국어 능력도 다르다는 결과를 보여준다. 이러한 연구 결과를 통해 한국어교육이 이주여성의 생활과 언어 능력을 동시에 고려해야 함을 알 수 있다. 특히 언어능력에 영향을 주는 언어 내용이나 언어 기술 그리고 교육과정, 교재, 교수방법이 모두 선형적 관계라는 점을 고려할 때(민현식, 2015) 내용학 측면에서 보다 심도 있는 연구가 요구된다(정명숙, 2010).

또한 보다 발전적으로 이주여성의 언어 사용에 주목한 연구들도 있다(강현자, 2010; 김선정, 2006; 2007; 2012, 김선정, 김신희, 2013, 왕한석, 2007; 이미향, 권영선, 2017; 이정은, 2016; 주월랑, 2018a; 2018b). 이들의 연구에서 나타난 이주여성의 언어 사용 특징은 다음과 같다. 이주여성들은 생활과정에서 습득한 어휘를 상당수 알고 있지만 한국어 학습용 초급 어휘조차도 모르는 경우가 많으며 발음이 부정확한 경우도 많다(김선정, 2006; 2007; 이미향, 권영선, 2017). 또한 이주여성들의 문장에서 어순의 오류나 단어 나열식 문장이 관찰되며 복문을 거의 찾아볼 수 없다(왕한석, 2007). 이주여성의 한국어 표현 특징에는 빈번한 감탄사와 불필요한 반복이 있다고 말했는데 이에 대한 원인이 어휘 부족에 있다고 보았다(강현자, 2010; 김선정, 2006; 2007). 부족한 한국어로는 복잡한 자신의 심정을 제대로 전달할 수 없기에 감탄사와 반복을 통해 표현한다는 것이다. 또한 한국어 능력이 중급 수준인 이주여성들의 경우에도 한국 사람들이 알아듣지 못할까 봐 한국어로 말하기를 포기하고 침묵하는 경우도 많다(이정은, 2016). 이 연구들은 이주여성의 언어 사용 양상에 주목하여 그 실태를 확인한 것으로 교육이 이루어지기 이전에 학습자의 학습준비도를 파악했다는 데 의의가 있다. 그러나 이들의 연구는 쓰기 자료를 기반으로 한다는 한계가 있다. 문자언어는 대체로 언어사용을 위해 준비하고 계획할 시간이 주어진다. 이와 달리 음성언어의 경우 대화의 상대방이 있기에 즉시 생성하여 의사소통을 이어가야 한다. 따라서 이주여성의 언어사용 수준을 바로 파악하기 어렵다는 한계가 있다.

이주여성의 삶의 질을 높이기 위한 언어교육을 실시하기 위해서는 언어사용 양상을 먼저 알고 그에 대한 분석이 선행되어야 할 것이다. 언어사용 양상은 이주여성의 한국어 사용 능력을 향상시키기 위해서 무엇에 대해 교육적 개입이 이루어져야 할지를 나타내는 지표로 활용 가능하다. 더욱이 제2언어 학습에서 어휘는 언어 능력을 향상시키는 데 중요하지만 가장 연구가 덜 된 분야에 속한다(김선정, 2011; 2012; 김선정, 김신희, 2013, 이미향, 권영선, 2017; 주월랑, 2018a; 2018b).

한국어교육은 2000년 이후 현재까지 괄목할 만한 성장을 이루었다. 시대적 변화와 함께 이주여성의 한국어교육에 대한 욕구는 기초적인 생활 유지라는 목적뿐만 아니라 삶의 질 향상을 위한 것으로 발전돼 왔다. 한국어교육의 목표는 '다양한 상황・맥락 속에서 자연스럽고 유창하게 의사소통을 하는 것'이므로 이주여성의 한국어교육에서는 이들의 요구가 반영되어야 한다. 그러나 기존 연구들은 언어학적・언어사용적 특성을 심층적으로 다루지 않은 채 교재 개발이나 교육 방안을 제시해 왔다는 한계가 있다.

3. 이주여성의 어휘사용 특성

어휘의 사용은 학습자의 언어 유창성과 관련된다(김선정, 2012; 2013, 이미향, 권영선, 2017; 주월랑, 2018a; 2018b, Hoff, 2005, Levelt, 1989:181, Tyler, 1990). 어휘는 일정한 범위 안에서 사용되는 단어의 집합으로, 어떤 어휘를 사용하느냐에 따라서 어휘 사용자의 특성을 나타내기도 한다(김광해, 1993:39), 또한 어휘는 크게 의미를 갖는 내용어와 내용어를 연결하는 기능어로 나눌 수 있다(임지룡, 2003). 어휘력은 어휘를 '얼마나 많이' 이해하고 구사할 수 있는지와 어휘가 갖는 의미와 용법을 이해하고 구사하는지를 통해 알 수 있다. 또한 어휘력은 읽기, 쓰기, 듣기, 말하기의 바탕이 된다(조현용, 2011). 흔히 교육 현장에서는 학습자의 언어능력 향상을 위해 학습자의 생성언어에서 오류를 찾는다. 그러나 오류만으로 학습자의 수준을 파악할 수는 없다. 상대적으로 단순한 문장구조에서 오류를 덜 생산한 것을 고급의 복잡한 문장 구조에서 많은 오류를 생산한 것과 비교할 수 없기 때문이다(김정은, 2003).

따라서 누적 어휘 중에서 각기 다른 유형의 어휘가 사용된 비율이 얼마나 되는지를 어휘 다양도를 통해 확인하는 것이 필요하다. 이러한 과정은 자료의 수집에 오랜 시간이 필요하고 연구과정도 복잡하지만 학습자의 언어 능력을 진단할 수 있는 가장 좋은 방법이다. 평균발화길이와 어휘 다양도를 활용한 김선정(2012)의 연구에서 나타난

연구의 개요

1. 목적: MLU를 이용한 여성결혼이민자의 한국어 발화 중 평균발화길이와 TTR을 활용한 어휘 다양도 분석으로 발화 특징을 확인
 ‣ 평균발화길이 측정: 한국어 발화 분석 2.0프로그램 활용
 ‣ 평균 낱말 길이(MLUw): 총 낱말 수/총 발화 수
 ‣ 평균 형태소 길이(MLum): 총 형태소 수/총 발화 수
 ‣ 어휘 다양도(TTR): 어휘 유형수/누적 어휘 수
2. 자료의 수집과 정리: 총 6개월간 5인의 연구대상자가 자유 녹음한 음성파일에서 각각 100개의 발화를 추출
3. 자료의 분석: 김영태(1997)의 분류기준을 따르되 분석자료 특성에 따라 수정, 보완.
 ‣ 연구대상자: *한국인 1인(K), 필리핀 출신 1인(P), 베트남 출신 2인(V), 중국 출신 2인(C)으로 기본 정보는 아래와 같다. *는 비교대상으로 한국인 주부

출신국	나이	한국 거주 기간	가족상황	거주지
필리핀(P)	35	12년	남편, 자녀2	안동
중국(C1)	31	3년	시부모, 남편, 자녀1	성주
중국(C2)	35	11년(조선족 출신)	남편, 자녀2	안동
베트남(V1)	22	3년	남편, 자녀1	고령
베트남(V2)	28	5년	시부모, 남편, 자녀2	고령

출처: 김선정, 2012에서 재구성.

〈표 6-1〉 한국인과 이주여성의 평균 발화길이(MLU) 비교

	K	P	C1	C2	V1	V2
① MLUw	4.94	2.67	3.23	4.35	3.38	2.57
② MLUm	7.55	3.9	4.44	6.1	4.81	3.86
②-①	2.61	1.23	1.21	1.75	1.43	1.29

① 평균 단어길이(MLUw) ② 평균 형태소 길이(MLUM) ③ 평균 단어 길이와 평균 형태소 길이의 차이.
출처: 김선정, 2012에서 재구성.

이주여성의 어휘 사용의 실례이다. 김선정(2012)은 이 연구에서 수집한 자료를 통해 논문을 발표한 후 추가로 담화분석을 진행했다. 기발표한 연구의 개요는 다음과 같다.

이 개요에서 김영태(1997)는 어절을 낱말로 보았지만 김선정(2012)에서는 이를 구분했다. 일반적으로 MLU를 사용하여 자료를 분석할 경우, 조사의 포함 여부가 논란의 여지가 될 수 있다(김명광, 2016; 박은정, 김선정, 2010). 김선정(2012)에서는 이를 보완하고자 TTR을 함께 시행했다.

〈표 6-1〉을 살펴보면 한국인인 K와 이주여성 간의 평균단어 길이, 평균형태소 길이 등을 비교하였을 때 이주여성의 수치가 더 낮게 나타난 것을 확인할 수 있다. 또한 이주여성들은 문법형태소를 단어에 비해 더 제한적으로 사용하고 있다. 그러나 조선족 출신인 C2의 경우 다른 이주여성과는 달리 K와 비슷한 결과를 보인다.

①의 평균단어 길이의 경우 C2를 제외한 다른 이주여성들은 한국인인 K에 비해 현저하게 낮다. 거주 기간을 보면 P가 더 길지만 조선족 출신인 C2의 평균 단어 길이가 높다. ②에서는 이주여성들의 문법형태소 결합 양상을 양적으로 비교할 수 있다. ③은 ②와 ①을 비교한 것으로 이주여성들이 한국어로 발화할 때 용언에 형태소를 덜

〈표 6-2〉 이주여성들의 누적 어휘 수와 어휘 유형 수

	P	C1	C2	V1	V2
① 누적어휘 수	251	283	371	301	231
② 어휘 유형수	116	121	169	120	106
③ 어휘 다양도(TTR)	0.46	0.43	0.46	0.4	0.45

출처: 김선정, 2012에서 재구성.

결합시킨다는 것을 나타낸다. ③에서 나타난 한국인 K의 평균 단어 길이와 평균 형태소 길이의 차이가 가장 크다는 것은 K가 이주여성들보다 좀 더 많은 수의 낱말과 형태소를 결합하여 발화했다는 것이다. 즉, 이주여성이 발화에서 사용하는 낱말과 형태소 수의 차이는 크지 않다. 〈표 6-2〉는 실제 이주여성들의 발화 속에서 측정한 누적 어휘 수와 어휘 유형의 수다.

위의 〈표 6-2〉의 ③에서는 C1과 C2, V1의 어휘 사용이 누적어휘 수나 어휘 유형수가 높았던 것과 달리 제한적 수치를 나타낸다. 이것은 C1과 C2, V1이 어휘를 활발하게 사용하고 있지만, 특정 어휘를 반복 사용하는 것으로 해석할 수 있다. 다른 이주여성보다 어휘 유형수가 적고 낮은 평균단어길이 값을 보인 P와 V2의 어휘 다양도가 C1이나 C2, V1보다 높게 나오는 것을 확인할 수 있다. 특히 제한된 어휘량을 가진 P와 V2의 어휘 다양도가 C2와 유사하다는 것은 특이할 만한 것이다. 이는 다음 〈표 6-3〉과 같이 P이나 V2의 발화에서 명사나 '명사+이다' 형태를 반복적으로 발화하거나(강현자, 2010) 동사, 형용사를 다른 문장성분과 결합시키지 않은 채 발화했기 때문으로 보인다(왕한석, 2007).

어휘 사용 양상의 경우 이주여성들의 발화는 체언과 용언의 사용 비율이 높고 조사 또한 필요 이상으로 생략한다는 특징이 있다. 품사

〈표 6-3〉 C2, P, V2의 발화 예

C2	P	V2
니가 자꾸 눌러서 그래요.	몇 개?	언니 있어.
그거 방금 광고 나왔는 거 뭐예요?	너 나빠!	이거 줄게요.
금방 너무 신나게 놀아서 그래.	없어, 과자.	이거 하지 마.
엄마 니들하고 문방구 가면 겁나.	달라 옷?	천천히 가.

출처: 김선정, 2012에서 재구성.

〈표 6-4〉 이주여성들의 품사 사용비율 예시

구분		체언	용언	수식언	관계언	독립언	합계
P	어휘 수	59	43	14	11	5	132
	빈도 수	111	102	31	22	7	273
	비율(%)	40.66	37.36	11.36	8.06	2.56	100
	사용률(%)	28.46	26.15	7.95	5.64	1.79	70
C1	어휘 수	54	47	22	8	4	135
	빈도 수	112	118	39	20	4	303
	비율(%)	40.26	38.94	12.87	6.60	1.32	100
	사용률(%)	27.48	26.58	8.78	4.50	0.90	68.24
이하 생략							

출처: 김선정, 2012에서 재구성.

는 학자에 따라 여러 가지 방법으로 분류하지만 김선정(2012)에서는 체언, 수식언, 용언, 관계언, 독립언으로 분류하여 비율을 분석했다. 〈표 6-4〉는 이주여성들의 발화에 나타난 품사 비율이다.

〈표 6-4〉의 예시에서도 드러나듯이 이주여성들의 사용 어휘 중 체언과 용언의 사용 비율이 높다. 구어에서 용언은 체언과 달리 생략이 어렵기 때문이다. 조사 또한 필요 이상으로 생략해서 관계언의 비율도 낮다. 출현한 조사 중에서도 보조사의 비율은 낮고 호격조사 '야'가 대다수를 차지했다.

이러한 분석을 통한 연구결과는 이주여성의 교육에 즉시 반영할 수 있다는 장점이 있다. 예를 들어 전체적인 어휘력을 향상시키기 위해서는 한국어의 용언이 활용형이라는 특징을 감안하여 학습 방법을 구안할 수 있을 것이다. 그러나 학습자의 어휘력만으로 의사소통 능력을 단정짓기는 어렵다. 의사소통이 이루어지는 과정에서 어떠한 방식으로 나타나는지를 함께 확인할 때 보다 실질적인 도움을 줄 수 있을 것이다.

4. 의사소통과 의사소통 전략

의사소통은 당사자 간에 생각과 느낌을 교환하는 총체적 행위이다. 따라서 선행 발화와 후행 발화의 주고받기는 의사소통의 최소 단위이자 자연스러운 의사소통을 하기 위한 필수요건이다. 하지만 선행 발화가 항상 청자에게 수용되는 것은 아니다. 선행 발화에서 기대하는 어떠한 응답이나 제안 혹은 명령은 이어지는 후행 발화에 의해 수용되거나 거부당할 수도 있고 때로는 대화의 단절로 이어지기도 한다.

외국어를 배우는 학습자들은 대부분 자신감 부족과 목표어에 대한 지식이 충분하지 않다. 따라서 목표어를 '더 잘' 구사하고자 목표어 전략과 의사소통 전략을 이용하려 한다. 학습 전략은 수용적 영역에 관한 것으로 주로 흡수(intake), 기억, 저장, 회상을 담당한다. 의사소통 전략은 의사소통을 위한 언어적 또는 비언어적 수단의 사용을 뜻하는 것으로 정보의 생산적 영역이라는 차이가 있다(Brown, 2007).

Selinker(1972)는 의사소통 전략이라는 개념을 가장 먼저 사용했는데 외국어 학습자의 의사소통 전략이 원어민의 그것과 상당히 다르다고 한다. 그는 외국어 학습자의 의사소통 전략을 "특정 언어의 모국어 화자와 의사소통을 하기 위해 학습자가 시도하는, 식별할 수 있는 접근 방식"으로 정의한다. Dörnyei(1995)는 의사소통 전략을 크게 회피전략과 보상전략으로 제시했다. 회피전략은 의사소통에 있어서 난관을 만들지 않거나 피해 가려는 전략을 말한다. 또한 보상 전략은 난관을 극복하려는 적극적인 전략으로 다음 〈표 6-5〉와 같이 다양한 형태로 나타난다.

실제 외국어를 활용한 의사소통 상황에서는 위의 전략 외에도 같은 말을 반복한다던가 몸짓이나 손짓을 사용하기도 하고, 누군가를 흉내내며 표현하는 모습도 볼 수 있다. 이러한 모습들 역시 적극적으로 의사소통을 이어가는 하나의 전략으로 보아야 할 것이다. 또한 반말체나 비격식적 호칭 역시 "특정 언어의 모국어 화자와 의사소통을 하기 위해 학습자가 시도하는, 식별할 수 있는 접근 방식"으로 해석하기도 한다. 한국어의 두드러진 특징 중 하나인 공손표현은 위계를 나타내는데 잘못 사용할 경우 상대방의 기분을 상하게 하거나 대화를 종료하게 만든다(이은희, 2018, 최홍렬, 2017). 하지만 방영심(2015)은 이주여성에게서 나타나는 비격식적 호칭이나 반말체의 사용이 언어와 문화 차이에 의한 갈등을 최소화하려는 의사소통 전략으로 파악하기도 했다. 이처럼 다양한 어휘의 적절한 구사나 상대방과의 대화를 자

〈표 6-5〉 회피전략과 보상전략

회피전략	메시지 포기, 화제 회피	
보상전략	· 우회적 화법(circumlocution) · 근접 대체어 사용(approximation) · 다목적어 사용(all-purpose word) · 신조어 만들기(word coining) · 조립식 문형(prefabricated pattern)	· 비언어적 신호(nonlinguistic signals) · 직역(literal translation) · 외국어화(foreignizing) · 언어 전환(code-switching) · 도움 요청(appeal for help) · 시간 끌기

출처: Dörnyei(1995)에서 재구성.

연스럽게 이어가기 위한 의사소통 전략은 한국어의 유창성을 가늠할 수 있는 지표이기도 하다. 이주여성의 구어 자유 담화에서는 생활공간에서의 특성이 드러나며 아래와 같이 문장구성, 의문문 구성, 문장성분, 전략적 특성과 관련한 문제들이 빈번하게 나타난다.

1) 문장구성

이주여성들은 종결어미 중 '해요체'와 '해체'를 가장 많이 사용하고 '해라체'를 사용하기도 한다. 한국어의 문장이 종결어미에 의해 존대법의 등급과 서법이 결정된다는 점을 고려할 때 이주여성들의 발화는 예의에 어긋난다는 말을 듣기 쉽다. 이 두 등급에서 사용된 종결어미의 종류는 〈표 6-6〉과 같다.

〈표 6-6〉과 같이 이주여성들은 다양한 종결어미를 사용하지만 실

〈표 6-6〉 이주여성의 담화에 나타난 종결어미의 종류

	평서문	의문문	명령문	청유문
'해요체'	-아/어요, -잖아요 -거든요, -(으)ㄴ/는데요	-아/어요 -(으)ㄹ까 -나요	-아/어(세)요	-아/어요
'해체'	-아/어, -잖아 -거든, -고	-아/어 -(으)ㄹ까 -나	-아/어	-자

출처: 김선정, 2012.

a. 시어머니: 아이들 먹던 건 없어?
V2: 안 봤어요. 여기 한 개만=
시어머니: 있어?
V2: 네.

-예시 1-

제 한국어 발화에서는 문장이 부자연스러운 경우가 많다.

예시 1에서는 불완전한 문장 구성의 특징으로 '말 끊어짐'의 연장선으로 볼 수 있는 서술어 전체의 누락이 나타난다. 또한 보조 용언, 서술어, 서술어구가 누락된 형태가 많은데 발화 내용의 정확성이 떨어져서 의사소통의 진행을 방해할 수도 있다. 예시 1에서 나타나는 서술어 누락은 청자인 시어머니에게 발화되지 않은 정보에 대해 추가 질문을 해야 한다는 부담으로 작용한다.

2) 구문 도치

이주여성 담화에서 나타나는 어순의 도치는 '강조'의 수사적 의미에서보다는 한국어의 문법에 맞는 문장 구성에 익숙하지 않은 데에서 비롯된 경우가 많다. 주로 목적어나 주어와 같은 문장의 필수 성분이 서술어 다음에 나타나는 문장 형태가 많다. 더 흥미로운 점은 문장 구조와 관련 없는 부사어를 추가한다거나 앞 문장이 구조상 이상이 없음에도 불구하고 문장 뒤에 앞 문장의 내용과 관련된 부가 정보를 추가하여 정보를 보충한다는 점이다. 따라서 이주여성 담화에서 나타나는 어순 도치는 단순히 한국어의 문장 구성 능력이 부족한 데에서 비롯된 담화 주체가 의도하지 않은 결과이기도 하지만 완전한 의사 전달을 목표로 한 이주여성들의 전략일 수 있다. 다음 예시 2는 이주여성들의 발화에서 흔히 나타나는 어순 도치 구문이다.

예시 2에서 예문 a는 단위 명사의 수정(몇 명이나 돼?)과 추가 정보(사람이)를 곁들인 형태이다. 예문 b는 주격조사와 목적격 조사가 누락된 문장을 발화한 후 '집에'를 추가 정보로 덧붙인 경우다. 또한 이 예시를 통해서는 이주여성의 생활 범주에는 종교도 포함된다는 것과

a. P: 몇 개? 몇 명이나 돼, 사람?
b. P: 니 목사님 보냈잖아 집에. 말씀 안 외워가주고(외워서) 집에 가라잖아.
c. P: 음.. 어느.. 누구 자동차야? 데려갈 거?
d. 아이1: /?/ 다 한 거 같애. 근데 국기 아, 나라에서 입은 옷이 달라. 달라서=
P: 달라 옷?

-예시 2-

이주여성의 자녀가 생성한 발화가 이주여성과 매우 흡사함을 알 수 있다(박은정, 2010).

3) 의문문의 구성

한국어의 의문문은 크게 장형 의문문과 단형 의문문으로 나눠지는데, 장형 의문문은 의문사를 사용해서 구성하고 단형 의문문은 의문형 종결어미를 사용해서 만든다. 의문사를 사용해야 하는 장형 질문에서 이주여성들의 오류가 많이 발견된다. 한국어의 의문사는 의문사가 문장에서 차지하는 위치나 형태론적 특질에 따라 몇 가지로 나눠는데 서정수(2006)는 이를 의문 체언과 의문 관형어, 의문 부사어, 의문 용언 등으로 분류한다. 한국어의 의문사는 각기 지시하는 대상에 따라 사용 범위가 정해져 있어서 한국어 학습자들이 익히기가 쉽지

a. V1: 지금은 엄마 나이는 어떻게?
b. V1: ×× 아빠! ×× 아빠, ××이 무슨 닦고 있어요?
c. C1: 당신이 이거 이불 정리해라.
남편: 당신이 이거 옷 정리해라. 야 참. 지(저)는 안 하면서 저것도 내가 하고. 집에 옷 봐라.
C1: 누가? 누가? 누가 깔아? 니가 얼마, 몇 개?
d. V1: 오빠, 저기 어디 나라야?
e. C2: 엄마 니들 하고 문방구 가면 겁이 난다. 왜 알아?
f. C1: 우리 중국말 배워요. 해 봐. 언니, ×× 언니.. 언니. 중국말 뭐해?

-예시 3-

않다. 예시 3은 이주여성들의 담화에 나타나는 의문문 구성에서의 오류이다.

예문 a의 문장에서는 '엄마 나이는 몇 살이야?' 혹은 '엄마 나이는 몇 살이야?'가 적절한 표현이다. 예문 b는 의문 관형사 '무슨'을 체언처럼 사용한 데서 비롯되는 오류이며 '무슨'이 아니라 '뭐'를 사용해야 하는 경우이다. 예문 c는 남편과의 갈등 장면에서 적절한 의문사가 재빨리 떠오르지 않아서 '얼마'와 '몇 개' 사이를 오가며 오류를 범하고 있고, 예문 d의 경우는 '어디'를 관형사처럼 사용하고 있는 데서 문제점이 발견된다. 예문 e와 예문 f는 연결 표지가 누락되어 있다. 문장 연결의 미숙함은 의문문 구성에서만 나타나는 것은 아니며 연결어미의 오류에서도 유사한 현상이 관찰된다. 또한 f에서는 모국어 사용에 대한 자랑스러움이 묻어나기도 한다.

4) 문장 성분의 결핍

이주여성들의 발화 자료를 살펴보면 발화가 극단적으로 짧다는 특징이 있다. 이 같은 현상은, 일부는 연결어미와 수식어 사용의 미숙에서 비롯된다고 볼 수 있다. 또한 어휘 단위로 발화하면서 담화를 이어가는 경우와 문장의 필수 성분 누락으로 나타나는 문제들도 있다. 예시 4에서 몇 가지 예를 살펴보도록 하겠다.

앞의 예시와 같이 이주여성의 발화에서는 감탄사로 담화를 이어가기도 하고(a), 아무런 언어적 맥락이 없는 상태에서 단지 '아버지?'라는 발화로 시어머니에게 시아버지 몫도 포함되어야 하는지를 묻고 있다(b). 이런 유형의 발화는 담화의 흐름이 자주 끊긴다는 문제가 있다. 그 원인은 여러 가지로 파악할 수 있는데, 청자가 이주여성의 말

a. P: 어제 자동차 문 닫았나? 남편: 어? P:자동차 문 닫아. 키 어디 있어요? 남편: 차 안에. P: 어? 남편: 안에. P: 아이. 남편: 안 잠갔어.	b. C1: 아버지? 시어머니: 어? 아부지(아버지)? C1: 고구마 몇 분 삶아야= 시어머니: 고구마? C1: 아버지는 밥을 먹어: -예시 4-

을 이해하지 못했거나 이주여성 역시 청자의 발화 의도를 제대로 파악하지 못했거나 또는 자신의 발화 순서 내에서 의도하는 바를 제대로 표현하지 못했기 때문인 것으로 보인다.

5) 전략적 특성

(1) 반복 전략

이주여성의 담화 자료에서 가장 두드러진 의사소통 전략 중 하나는 반복이다. 담화에서의 반복은 일종의 의사소통 전략으로 보는데 대개의 연구자들이 의견을 같이 한다(송경숙, 2002; 황은하, 2000; Song, 1993; Tannen, 1989). 반복은 담화를 결속시키고 반복의 과정을 통해 학습자는 새로운 한국어 지식을 내재화할 수 있다는 순기능도 있다.

C1: 어, 그 집에 지금 장사 잘 됐어. 손님 많아요. 그 집 잘 됐어. 남편: 양을 많이 조야(줘야) 되는데. C1: 담에 사람이 많이 없어. 또 값이 좀 내려서 양도 좀 많이 줘요. 다음에는 똑같아요. 두 개 세 개 좋아. (강조) b. C1: ×× 좋제(좋지)?..×× 오늘 과자 많이 먹었어. 많이 먹었어. 어제 우리 예방접종 했어요. 독감 예방접종 했어. 일찍 일어났어. (보완) c. P: 손 씻고. 손 씻고. 손 씻겄어(씻었어)? 손 씻거야지(씻어야지). 빨리. (습관) d. P: 언니 거도 만들어. 집 만들어. (의미의 구체화) -예시 5-

이주여성의 담화에서 나타나는 반복은 자기 반복과 타인 반복으로 유형을 나눌 수 있다. 각각의 유형을 살펴보면 다음과 같다.

① 자기 반복

자기 반복은 이주여성 별로 빈도 차이가 매우 크다. 필리핀 출신 화자 P와 베트남 출신 화자 V1의 발화에서 높은 빈도로 나타나는데 두 사람 모두 한국어 숙달도가 낮다.

이주여성들의 자기 반복은 강조 기능과 불충분한 정보의 보완 목적으로 이용되며, 단순한 언어 습관으로 보아야 하는 경우도 있다. 강조를 위한 반복은 이주여성들에게서만 나타나는 특수한 전략이라고 볼 수는 없다. 또한 습관적 반복은 부족한 한국어로 의사소통을 계속 하는 과정에서 생겨난 언어 습관으로 볼 수 있는 것으로 교육적 개입이 요구된다. 이는 문제 극복을 위한 의식적 행위에서 비롯되는 것으로 판단되기 때문이다.

② 타인 반복

타인 반복 전략은 이주여성의 의사소통 전략 중 가장 빈번하게 나타나는 의사소통 전략 중 하나이다. 이주여성의 담화에 나타나는 타인 반복은 상대방의 발화 내용에 대한 '확인'의 의미가 많다. 예시 6은 그 예이다.

예시에서 제시한 대로 타인 반복은 '확인'의 의도에서 이용된 것으로 볼 수 있다. 성공적인 의사소통의 진행을 위해 상대방의 발화 의도를 정확히 아는 것은 반드시 필요한 요소이다. 모어 화자에게는 타인 반복이 전혀 필요하지 않은 간단한 의사소통 상황에서도 나타나는 이 현상은 성공적 의사소통을 위한 이주여성들의 노력의 일환으로 보

a. 아이: 영어는 내일 해요.
P: 영어 내일 해요? (확인)
아이: 네!
b. 아이: 엄마, 내일 시내 가요? 아침에?
P: 오후 병원 가지.
아이: 아침에!
P: 아침에? (확인)
c. 남편: 김 언제 먹을라고? 김 빨리 먹어. 다 녹아 버린다.
V1: 뭐?
남편: 김.
V1: 김? (확인)

-예시 6-

아야 할 것이다. 이와 함께 위의 예시 a에서는 자녀의 교육에 관심을 드러내고 있다.

(2) 몸짓과 손짓

비언어적 표현으로 분류되는 몸짓과 손짓은 의사소통의 부족함을 메우고 정보를 더욱 정확하게 해석할 수 있도록 도와주는 기능을 한다. 대화 중 과장된 몸짓과 손짓으로 전달하는 내용의 이해를 도우려는 전략은 이주여성들의 담화 상황에서 나타나는 중요한 특징이다. 이주여성들의 담화 상황에서 손짓 사용은 예시 7과 같이 '가다', '오다'와 같은 이동동사와 수 표현, 방향 표현에서 찾아볼 수 있다.

예시 7 a에서 이주여성은 '오빠'의 체류자격에 대해 관심을 가지고 말하고 있다. 또한 담화에서는 '가다' 동사에서 팔을 바깥쪽으로 휘두르며 이동 경로를 표현했다. 수 표현에서도 손짓을 사용하여 청자의 이해를 돕는다. 예시 b에서는 C2가 상대방의 질문에 손가락을 네 개 펴 보이며 정확한 수를 전달하고자 했다. 또한 예시 c에서는 방향 지시어에서 손짓을 사용했다. 자신을 중심으로 양쪽 방향을 오가며 '이'와 '저'를 표현하는 것이다. d에서는 아이들이 둥그렇게 방에 모여 있

a C2: 오빠 집에 갔다 왔어요. 오빠가 혼자 있으니까.
연구자: 오빠 혼자 오셨어요?
C2: 예. 왔다 갔다 해요. 오빠가 왔다가 몇 달 있다가 가고, 새언니도 왔다가 몇 달 있다가 가고.[팔을 바깥쪽으로 휘두르며]. 안 그러면 불법체류자 되니까. 몇 달씩 일하고, 비행기 표는 물어야 되니까.

b C2: 언니, 요새 초청해면(초청하면) 한 4년 돼요.
[손가락을 네 개 펴 보이며]
친구: 어?
C2: 한 four year. 언니가 혼자 초청해도 되고, 친정 오빠잖아. 나이도 있잖아. 나이 40이 넘으마(넘으면) 초청 돼요. 젊은 사람 안 돼요.

c C2: 야들이(얘들이) 떨어지지 않을라고 (않으려고) 악을 쓰는 거예요.
연구자: 혼자 있는 애들이 외로워서 그래요.
C2: 그러면 요번 주에 이 집에 하고 [팔을 오른쪽으로 휘두르며]
저지번(다음 주) 주에 저 집에 하고[팔을 왼쪽으로 휘두르며] 한집에 키우...

d C2: 같이 들어와서 있잖아. 애기 한두 명 나왔잖아. 쭈욱. 바닥에 깔아 놓잖아. 한 10명 쭉[팔을 왼쪽에서 오른쪽으로 크게 휘두르며]. 애기가 한 열 명 방에[웃음]. 아이고, 정신없어.

-예시 7-

는 모습을 팔을 휘두르며 표현했다.

(3) 흉내내기

이주여성들은 인용문에서 다른 사람의 목소리를 흉내내며 그것이 다른 사람의 말이라는 것을 표현한다. 이를 통해 이주여성들이 인용문 구성에 어려움을 겪고 있다는 것을 알 수 있다. 관점에 따라서 흉내내기는 비언어적 전략의 일부로도 볼 수 있다. 흉내내기의 예는 예시 8과 같다.

예시 8에 나타난 3명의 이주여성은 모두 원 발화자의 말투나 목소리를 흉내내는 전략을 사용했다. 흉내내기는 다른 사람의 말을 인용하는 것임을 명시적으로 보여주는 전략으로 인용 표지나 인용문 구성에 대한 자신감 부족에서 그 원인을 찾아볼 수 있을 것이다.

a. V1: 근데 나한테, "많이 먹어요."
[아주머니의 말소리를 흉내내며]

b. V1: 근데 선생님이 "나중에 남편하고 또 와요. 비빔밥도 먹어요." [선생님의 말소리를 흉내 내며]

c. C2: 아이구, 니들 데리고 가면 좋은데, 한 개 고르면 괜찮은데.. "이거도 이뻐(예뻐), 저거도 이뻐. 엄마, 엄마 이거도 만들자, 저거도 만들자."[자녀의 목소리를 흉내내며] 빌거 빌 거(별 것 별 것) 다 있다, 진짜.

d. V2: 어젯밤에 저저 할아버지 저거 ××이 아빠가 전화 와서 참 반가웠다 하잖아. /?/ 저 초등학교에 의사가 /?/ 안 되잖아. "할아버지 어디 가노(가)? 집에 가마이(가만히) 있어야지, 어디 가노?"[남자 목소리를 흉내 내며] 이래 말하고, 하이구. [웃음]

e. V2: 일어나자마자 "엄마, 밥 도(줘)." [아기 목소리를 흉내내며]
시어머니: 그카더나(그랬다니)?

-예시 8-

V1: 아, 여기서 오빠 자동차 예쁘다. [베트남어] 도토리묵도 먹고 도토리 잡았어요.
남편: 도토리묵도 먹고 도토리도 주웠어요.
V1: 도토리묵도 먹고.
남편: 거거 열매거든, 도토리가. 열매래가지고(열매라서) 주웠어요.
V1: 좋겠어요.
남편: 주웠어요.
V1: 좋겠어요.
남편: 주웠어요.
V1: 주웠어요, 뭔데?
남편: 땅에 떨어져 있는 거..봐.. 이거 떨어졌잖아. 그거 주웠어요.
V1: 아, 주웠어요. [베트남어]

-예시 9-

(4) 도움 요청

이주여성들은 대화 중 상대방에게 도움을 요청하는 적극적인 전략을 사용하는데, 대체로는 직접적인 방법으로 모르는 사항에 대해 묻는다.

앞의 예문에서 연구 대상자는 남편이 가르쳐 준 '주웠어요'가 무슨 의미인지를 직접적으로 묻는 방식으로 도움을 요청한다. 이와 같이 이주여성들의 의사소통 전략에서 가장 두드러진 현상은 '반복'에 의한 것이다. 이는 단순히 타인의 발화를 반복하는 것뿐 아니라 자신의 발화가 동일한 발화 단위 내에서 반복된다는 점에서 한국어 모어 화자들에게서는 쉽게 찾아볼 수 없는 특성이다.

이주여성들의 구어 담화에서 나타난 특징은 다음과 같다. 이주여성들은 주로 제한된 종결어미를 활용하여 문장구성을 한다. 특히 '해요체'와 '해체'를 주로 사용한다. 이주여성의 담화에서 흔히 나타나는 어순 도치는 의사전달을 보다 완전하게 하려는 의도로 해석된다. 의문문에서의 오류는 특히 의문사를 사용하는 장형 질문에서 많이 발생한다. 주로 문장성분이 결핍된 발화를 많이 하여 발화가 극단적으로 짧다는 것이 특징적이다. 의사소통을 위한 전략적 특성으로는 반복 전략, 몸짓과 손짓, 흉내내기, 도움 요청이 나타났다. 또한 반복 전략 중에서 습관적 반복은 부족한 한국어의 지속적 사용에 의한 것으로 반드시 교육적 개입이 필요한 부분이다.

이와 함께 이주여성의 구어 담화자료에서는 이주여성 생활의 다양한 모습을 확인할 수 있었다. 예를 들면 예시 2에서는 이주여성의 종교 활동이 나타났고, 자녀가 생성하는 발화의 양상이 이주여성의 발화 양상과 매우 비슷함을 알 수 있다. 예시 6에서는 학부모로서의 관심도 나타나고 있다. 예시 8에서는 지역어가 특히 많이 발견되고 있다.

5. 마무리

이 장에서는 구어 담화자료를 살펴봄으로써 이주여성의 의사소통 능력 향상을 위해서는 어떤 부분에서 어떠한 교육적 개입이 필요한지를 살펴보았다. 또한 단편적으로나마 이주여성을 둘러싼 일상생활을 엿볼 수 있었다. 이주여성을 위한 한국어교육은 그들의 일상생활뿐만 아니라 삶의 질도 고려해야 한다. 따라서 이주여성을 위한 한국어교육의 방향을 다음과 같이 제시하고자 한다.

첫째, 이주여성의 관심을 고려한 프로그램이 개발되어야 한다. 이주여성의 구어 자유 담화에서는 예시 2에서 나타난 '목사님'이나 예시 7에서 나타난 '야들이(얘들이)'라는 표현이 확인됐다. 이는 그들의 생활이 각각 종교, 지방어와 관련된다는 것을 알 수 있다. 특히 예시 7에서 나타나는 법적 지위 혹은 체류 자격과 관련된 담화는 일반적으로 다소 전문적인 분야라고 생각할 수 있지만 이주여성의 입장에서는 절실한 부분일 수도 있다. 이러한 주제들 역시 이주여성의 한국생활에서 필요한 부분이고 이들의 교육적 요구에 대한 내용을 선제적으로 구상할 수 있을 것이다.

둘째, 이주여성의 의사소통 능력 함양을 위해서는 먼저 이주여성의 한국어 사용 능력에 대한 정확한 진단이 필요하다. 앞의 예시에서는 어휘 수준에서 그리고 담화 수준에서 구어 자유 담화 자료를 통하여 이주여성의 한국어 사용 능력을 관찰하고 분석했다. 이 과정을 통하여 이주여성의 언어 사용 특성을 확인했고 어떠한 부분에서 이주여성이 어려움을 겪고 있는지 밝히고 해결 방안을 고민할 수 있었다. 이러한 어려움을 해결하기 위해서 우선적으로는 이주여성의 발화를 진단할 수 있는 평가 시스템이 개발되어야 한다. 또한 평가 자료를 축적하여 누구나 교육적 목적으로 손쉽게 확인할 수 있도록 만들어야 할 것이다.

셋째, 한국어 담화공동체의 일반적인 문법 교육이 이루어져야 한다. 예시 자료에서 나타난 이주여성의 담화에서는 복문보다는 단문이, 완전한 문장이 아닌 필수 구성 요소가 결핍된 문장 형태가 많이 나타났다. 따라서 일반적인 문법 측면에서의 교육이 요구된다.

넷째, 예시자료에서 나타난 담화의 상대인 가족에 대한 한국어교육 프로그램 또한 생각해 볼 과제다. 예시 9에서 나타나듯이 가족과 남편은 일상생활에서 한국어를 가르쳐 주는 교사의 역할을 한다. 이주여성의 언어가 예시 2에서와 같이 그들의 자녀에게 영향을 주듯이 가족과 남편의 언어사용 양상 또한 이주여성에게 영향을 줄 것이다. 따라서 이주여성의 삶의 질을 높이기 위해서는 이주여성 가족의 언어사용 양상 역시 함께 확인하고 이주여성 가족을 위한 교육 프로그램을 지원해야 한다.

다섯째, 이주여성의 수준과 유형을 고려한 담화 차원의 교육이 필요하다. 예시의 자료들에서 조선족 출신인 C2의 경우 다른 학습자들과 언어사용능력 수준이 다르게 나타났음을 알 수 있었다. 같은 어휘량을 산출해 내더라도 반복이 덜했으며 담화의 양상 역시 다르게 나타났다. 따라서 빈도 수와 사용 범위, 학습 단계에 적합한 어휘 등을 고려하여 담화 차원으로 교육해야 할 것이다.

여섯째, 언어예절과 같은 사회언어학적 요소에 대한 교육이 이루어져야 한다. 사회언어학적 능력의 결핍은 원만한 의사소통을 방해하는 요소로 작용하며 자칫 인간관계에까지 나쁜 영향을 끼칠 위험이 있다. 따라서 한국어의 사회언어학적 언어 규범에 대한 교육과 실제 한국어 모어 화자의 사용 양상을 토대로 한 교육이 이루어져야 할 것이다.

일곱째, 화행 중심의 말하기 교육과 의사소통 전략을 개발하는 교육이 이루어져야 한다. 특히 화행 중심의 말하기 교육에서는 지역에 따른 방언을 함께 넣어 이주여성들의 지역어에 대한 이해를 높일 수 있는 의사소통 중심의 교재 편찬과 교수 학습 활동이 반드시 필요하다.

제7장 이주여성의 자녀 대상 모국어 교육 경험[1)]

1. 이주여성의 자녀를 위한 모국어 교육

법무부가 발표한 '2018년 말 체류외국인 현황'에 따르면, 우리나라에 거주하고 있는 체류외국인수는 2,367,607명으로, 이는 전년대비 8.6%로 증가한 수치이다. 앞으로 10년 이내 한국도 유럽과 같은 다민족 사회로 진입할 것이며, 2050년에는 현재 영국과 같은 수준의 다문화 사회를 이룰 것이라고 전망했다(박현숙, 2012). 한국은 1990년대 이후부터 국제결혼이 꾸준히 증가하여 다문화 가정이 늘어나고 있다. 이에 따라 다문화 가정 자녀의 수도 비례하여 증가하고 있다. 다문화 가정 수의 증가와 함께 이주여성과 그들 자녀의 언어 사용에 대한 관심이 높아지고 있다. 이들 중 약 20~30%가 생활연령보다 1년 이상 언어지체를 보이거나 또래에 비해 언어발달 수준이 낮은 편이다(남혜경, 이미정, 2014). 그리고 연령이 증가해도 또래와의 언어발달 격차가 좁혀지지 않는다는 부정적인 견해가 있다(주현숙, 2013).

---

1) 본 연구는 남혜경, 이미정(2014). 자녀에게 모국어를 가르치는 결혼이주여성의 경험, 지역과 문화, 1(2), 53-74을 수정·보완했다.

문화와 언어가 다른 부모에게서 초래되는 심리적·언어적·사회적 이질감이 아동에게 정체성의 혼란과 갈등을 경험하게 할 수 있다. 특히 양육의 주된 책임을 가지는 어머니가 한국어 능력이 제한될 경우, 아동과의 의사소통 제한으로 초기 애착관계 형성에 어려움을 겪을 수 있고 언어발달의 지연이나 학업성취도 및 또래관계 등 학령기 주요 발달에도 부정적인 영향을 미칠 수 있다(이채원, 2012; 우원묵, 2013에서 재인용). 자녀가 초등학교에 입학하기 전에 자녀에게 한국어를 가르쳐준 사람이 누구인가라는 질문에 44%의 결혼이주여성들은 본인이라고 대답했다(김선정, 2010). 이들의 언어발달 수준이 낮은 가장 큰 이유 중 하나는 언어교육을 담당하는 엄마가 외국인이기 때문이다. 한국어가 익숙하지 않고 결혼이주여성 자신도 한국 생활에 적응하는 것이 어려운 상황에서 자녀에게 한국어로 말하고 교육을 담당해야 하는 역할의 44%를 결혼이주여성들이 담당하고 있음을 알 수 있다. 결혼이주여성들은 아주 힘든 상황에서 엄마로서의 역할과 함께 언어 교육자로서의 역할도 같이 수행하고 있다.

또한 결혼이주여성들은 가정에서도 그들의 모국어를 사용하는 것에 제약을 받거나 의사소통이 원활하지 않아 심리적 소외감과 가정 안에서 가족 간 또는 부부간 소통의 어려움이나 갈등을 겪는 것으로도 나타났다(성상환, 한광훈, 2011). 또한 다문화 가정의 어머니들은 자녀의 성장속도와 한국어 실력을 따라가지 못해 언어적·문화적 부담의 증가를 경험하고 있으며, 자녀와 대화를 충분히 하는 경우는 29% 밖에 되지 않는다는 연구가 있다(조승석, 김희순, 2013). 결혼이주여성이 주로 자신의 모국어로 의사소통하는 경우에 적극적인 모습을 보인 반면, 한국어를 부분적으로 사용하는 경우에는 사회적 상호작용에서 위축된 양상을 보이는 것으로 나타났다. 그러나 그들이 이중언어로 균형 있게 의사소통을 하는 경우, 유아의 언어 양상은 단일언어를 사용하는 또래와 동일한 발달단계를 보이는 것으로 나타났으며 적절한 언어발달 유아는 사회적 관계에서 자신감을 나타냈다(이은경, 오성숙, 2012).

다문화 가정에서 일반적으로 언급되고 있는 언어생활 문제에서는 자녀의 모국어상실로 인한 어머니와 자녀의 소통 문제가 생기는 것이며, 그로 인해 갈등이 발생한다. 이러한 문제를 해결하기 위해 이중언어 교육의 실시가 요구된다. 다문화 가정 자녀에게 엄마의 모국어를 사용하게 함으로써 부모와의 의사소통 문제와 가정 내의 갈등을 해소하고 부모와의 관계를 회복하는 역할을 할 수 있기 때문이다(우원묵, 2013). 또한 자녀와의 모국어 의사소통은 어머니와 자녀 사이의 공감을 형성하고, 단절됐던 정서적 교류가 모국어 대화로 소통되고 자녀와의 친밀도도 높아진다(조승석, 김희순, 2013). 그러나 이중언어 환경의 어려운 점은 가정에서 외국계 부모 나라의 말을 배울 정서적인 환경이 되지 않으며 학교교육에서 이중언어 교육을 지원하는 곳은 정책 연구학교나 시범학교를 제외하고는 없는 실정이라는 데 있다(황진영, 2012). 그리고 많은 결혼이주여성들이 한국말을 익히는 데 방해가 될까봐(40%), 공부에 지장이 있을까봐(15%), 다른 가족의 반대(10%) 등의 이유로 자녀들에게 자신의 모국어를 가르치지 않고 있다(박기옥, 2009). 그럼에도 불구하고 결혼이주여성들은 자녀들에게 그들 자신의 모국어와 한국어를 모두 교육하겠다는 의지를 가지고 있었다(강선자, 손수민, 2011). 따라서 본 글에서는 자녀에게 모국어 교육을 실행하고 있는 과정에서 결혼이주여성들이 어떠한 경험을 하는지 살펴보고자 한다. 즉, 결혼이주여성들이 가정 안에서 자신이 자녀들에게 모국어를 가르칠 때 어떠한 방법들을 사용하는가?, 그들이 자녀에게 모국어를 가르치는 과정에서 겪는 어려움이 무엇인지 살펴볼 것이다.

2. 모국어에 대한 이해

모국어 개념은 태생(origin) 측면에서 처음 배운 언어, 능력(competence) 면에서 가장 잘 아는 언어, 기능(function) 면에서 가장 흔히 사용하는 언어, 그리고 인지(identification) 면에서 타인에 의해 원어민(native speaker)으로 인정되는 언어 혹은 자신이 원어민으로 인정하는 언어를 말한다(김이선, 정해숙, 2010). 모국어는 반드시 하나의 언어로 규정될 수 없다. 태생(origin) 측면의 모국어를 제외하고는 일생의 과정 동안 다른 모국어(mother tongue)가 바뀔 수 있기 때문이다.

계층에 따라 자녀의 이중언어 능력에 대한 태도는 달라질 수 있다. Lamber와 Talyor(1996)는 중산층 어머니는 소수언어 유지에 더 많은 가치를 둔 반면, 노동자 계층은 언어 동화에 더 많은 가치를 부여하고 있음을 보여주었다(남혜경, 이미정, 2014). "중산층 어머니는 자녀가 자신의 문화와 언어를 보호하는 데 적극적일 때 안심하지만, 노동자 계층 어머니들은 자녀가 미국인이 되어 가는 과정에서 안심하는 것처럼 보인다"는 것이다(김이선, 정해숙, 2010). 강희숙(2005)은 캐나다에서는 국제화 시대의 사회적 요구로 영어와 한국어 모두를 능숙하게 구사하는 이중언어 사용자가 사회적으로 적극 요구되고 있다고 한다. 또한 이민 세대 간의 원활한 의사소통을 위해서도 일정한 수준의 한국어 구사 능력이 필요하다고 보았다. 또한 의사나 변호사 또는 회계사 등 전문직업을 가진 2세들 가운데는 캐나다 주류사회의 일원으로 활동하며 한국 이민사회를 돕고 싶어 하지만 한국어를 구사하지 못하여 그런 기회를 갖지 못하는 이들이 종종 있다고 한다. 부모들은 아이의 모국어가 현지어라고 생각하면서도 소통언어에 있어서는 갈등을 느끼는 것으로 나타났다(고은, 2006). 부모가 자신의 모국어가 아닌 현지어를 함께 사용할 경우 나타나는 가장 큰 문제점은 부모-자녀와의 의사소통의 한계이다. 부모와 소통언어가 다름으로 인해서 발생하는 문제점은 아이가 성장할수록 더욱 심각해진다(고은, 2006). 아이를 훈육할 때 결혼이주여성이 자신의 모국어를 사용하지 않으면 자신의 감정이 구체적으로 아이에게 전달되지 않는다는 연구결과도 있다(박성원, 신동일, 2013).

이중언어의 장점으로는 다른 학문 분야의 학업에서나 인지적 발달과 창의성 발달에도 기여한다는 실험 결과가 있다. 국제결혼을 통한 가정의 자녀에게 부모의 출신국 언어를 배우도록 하는 것은 이들에게 또 다른 기회를 만들어 줄 수 있을 것으로 보인다. 이민자 부모는 자녀에게 출신국의 언어를 교육함으로써 자녀 교육에 대한 자신감이 생기고, 자녀들은 가정에서 부 또는 모에 대한 친밀도가 강화될 뿐만 아니라 학교에서의 교우관계 개선과 학업에 대한 열의도 갖게 된다. 이주부모 출신국 언어를 자녀가 습득하는 것은 개인적으로나 국가적으로 유용한 자산이 될 수 있다(이재분, 김숙이, 2011). 자녀와 일상생활에서 공감대를 형성하는 데 도움을 주는 것이 모국어이다. 아울러 모국어는 자녀의 인지 능력의 발달과 학업 능력의 발달에 긍정적인 영향을 주고 있다. 가정에서 충분한 대화가 이루어진다면 언어는 꼭 현지어가 아니어도 상관이 없다. 이중언어는 중요한 자원으로 사회에 공헌할 수 있다(권순희, 2009b).

다문화 가정 자녀의 이중언어 학습에 대한 한 연구 결과는 이중언어를 배우면 어머니와 더 친밀한 관계를 가질 수 있다는 대답이 60%, 통역 등 다양한 직장을 가질 수 있다는 응답이 25%, 어머니 또는 어머니 나라에 대한 이해 40%, 자신감과 자부심이 생긴다는 응답이 각 10%로 나타났다(박기옥, 2009). 또한 아동의 모의 나라 언어 실력이 높은 집단이 낮은 집단에 비해 이중정체성이 높은 것으로도 나타났다(박종옥, 2011).

소수민족집단 구성원의 이중언어 능력은 개인의 생활기회의 확대뿐만 아니라 다문화 사회의 사회통합에 기여하는 것으로 인식된다(권순희, 2009). 다문화 가정 자녀가 이중언어를 성공적으로 구사하기 위해서는 더 많은 학습시간이 투입되어야 한다. 또한 다중언어 환경이 전방위적으로 조성되고 다중언어 구사의 긍정적 가치를 부모가 인내심을 갖고 반복적으로 확신할 때 비로소 이중언어 습득은 가능할 것이다.

3. 국외 이중언어 교육정책

1) 미국의 이중언어 정책

미국의 〈이중언어 교육법(BEA, Bilingual Education)〉은 1968년에 〈초·중등 교육법〉 제7편(Title Ⅶ)이 통과됐다(남혜경, 이미정, 2014). 이 법은 "모국어 개발을 통해 이들이 교육 과정에 의미 있고 공정하게 접근"하도록 하는 것을 목표로 한다(모경환, 황혜원, 2013). 1974년 재개정된 이중언어 교육법에서 밝히고 있는 이중언어 교육의 가장 큰 목적은 학생들의 교육적 기회를 효과적인 보장하고 학습의 성장을 돕기 위해 영어를 가르치는 것이다. 대부분의 모국어 교육은 이처럼 영어교육에 대한 기회보장이라는 측면에서만 고려됐다. 1978년 개정된 내용은 이중언어 수업에 영어를 모국어로 하는 학생도 참여 가능했으며 그 비율을 40%로 제한했다. 또한 그들이 수업에 참여하는 이유는 영어 구사 능력이 부족한 학생의 영어 실력 향상에 도움이 되도록 하는 데 있었다. 1988년 개정에서는 영어 능력이 미숙한 학생들에게 적절하지 않은 평가 절차를 적용하고 전문적으로 교육받고 자질이 뛰어난 교사와 교육계 인사가 부족한 점을 문제로 지적했다(모경환, 황혜원, 2013). 1994년 개정된 내용은 영어 능력이 미숙한 학생의 정의가 확대되어 이주한 사람들과 모국어가 영어가 아닌 사람들, 그리고 영어 이외의 언어가 주류인 환경에서 출생한 사람들을 포함하게 됐다. 하지만 2002년 1월 낙오학생방지법(NCLB)이 미 의회에 통과되면서, 이중언어 교육법은 폐기됐다(남혜경, 이미정, 2014). NCLB법이 시행됨으로 인해 다문화 학생의 모국어 지원 프로그램이 축소되고, 또한 학교에서는 빠른 영어 습득을 위한 언어 교육 프로그램만 사용할 가능성이 높아졌다(모경환, 황혜원, 2013).

2) 독일의 이중언어 정책

독일에서는 1980년대 이주노동자들이 사회의 주요 구성원으로 자리하게 됨에 따라 학교에서의 이중언어 교육이 구상되기 시작했다. 미국과 캐나다의 영향을 받아 1983년 베를린에서 터키계 노동이주민의 자녀들을 대상으로 초등학교 이중언어 수업 모형실험을 시도했다(정영근, 2009). 그리고 1992~1993년도에 실시한 베를린 국립 학교 모형(SESB)은 독일어 50%와 영어, 러시아어, 이태리어, 프랑스어, 폴란드어, 스페인어, 터키어, 현대그리스어, 포르투갈어 등 9개 나라의 언어 50%를 사용한다. 이 학교는 모국어 또는 가장 능숙하게 사용할 수 있는 언어로 수업을 진행한다. 같은 해에 이중언어 수업 트랙 모형(BSbZ)이 시행됐는데 이것은 일반 공립중등학교에서 희망하는 학생들에 한하여 일부 과목을 외국어로 배울 수 있도록 해주는 것이다.

이 모형의 목적은 상호 간의 문화 소통 능력과 외국어 구사능력을 강화하여 유럽적 사고와 글로벌 인식을 함양하는 데 있다. 이러한 수업모델 도입 여부는 학교가 결정할 수 있다. 학교마다 그 규모가 상이하며 학급배치도 학년 당 1~4학급으로 유동성이 있다. 이중언어 수업트랙 모형(BSbZ)과 베를린 국립 학교모형(SESB)의 영향은 그동안 상징적으로 제시됐던 언어적, 문화적 소수자들의 사회적 통합과 상호문화교육이 약화되는 결과를 초래했다. 반면 글로벌화에 따라 독일학생들에게 필요한 외국어 구사 능력은 강조되고 있다. 이러한 언어 능력은 실용적이고 경제적인 측면을 강조하게 된다. 소수자 관점에서 볼 때 공립학교의 비 독일어권 학생들의 현실이나 실질적 요구와는 동떨어진 상황을 보여주는 것이다. 그렇지만 외국어 학습을 통한 독일 학생들의 상호문화성 계발과 형성이란 측면에서의 성과는 긍정적으로 인정해야 할 것이다(정영근, 2009).

3) 캐나다의 이중언어 정책

1960년대 퀘벡에서는 사회적 · 문화적 · 정치적 격변의 시간을 의미하는 '조용한 혁명'이 발생하게 된다. 당시 캐나다의 자유당 연방정부는 프랑스계 퀘벡인의 분리 움직임에 대한 프랑스계의 포용정책으로 1963년에 '이중언어 및 이중문화에 관한 왕립위원회'를 설립하고, 불어와 영어를 모두 캐나다 연방의 공식언어로 지정했다(한민주, 2004). 또한 이민자 및 원주민 중심의 소수민족에게는 모국어와 1개의 공식언어(영어 또는 불어)를 선택하게 하는 이중언어 정책을 채택했다(강휘원, 2009).

1970년 캐나다 연방정부는 공식 언어 교육프로그램을 교육 부문을 통해 운영하기 시작했다. 캐나다의 이중언어 교육은 두 가지 유형으로 구분할 수 있다. 먼저, 언어몰입교육(Language Immersion Program)으로 영어와 불어에 대해 이중언어 교육을 시행하는 것이다. 예를 들면, 불어몰입 교육의 경우에는 영어를 모국어로 사용하는 자녀들에게 집중적으로 불어 교육을 받게 함으로써 영어와 함께 불어를 유창하게 구사하도록 하는 프로그램이다. 둘째, 다문화 언어정책의 우선적인 목적은 이민자들이 자신의 모국어와 하나의 공식언어(영어 또는 불어 택일) 모두를 유창하게 구사할 수 있도록 하는 것이다(Koenig, 1999). 제2언어 및 불어몰입교육 프로그램에의 참여가 1970~80년대에는 상당히 증가했지만, 1990년대 이후에는 현저히 감소했다. 그 이유는 부적절한 강의교재, 자격을 갖춘 교사의 부족, 학생들의 높은 탈락률뿐만 아니라 캐나다 이중언어교육의 다양한 구조적 문제도 상한 부분 기인한 것으로 보인다(정영근, 2009).

앞에서 살펴본 것처럼, 미국, 독일, 캐나다 등의 나라에서 이중언어 교육을 위해 상당한 노력을 기울이고 있는 것을 확인할 수 있다. 그러나 시간이 지날수록 언어·문화적 소수자들의 사회적 통합의 측면의 의미는 약화되는 반면 자국 학생들의 글로벌화를 위해 요구되는 외국어 구사 능력을 준비하는 경제적·실용적 측면은 두드러지고 있다. 특히 미국은 2002년 낙오학생방지법(NCLB)의 시행 이후로 다문화 가정 자녀를 위한 모국어 지원 프로그램이 상당 부분 축소되고, 영어 습득을 위한 언어 교육 프로그램이 다수를 차지하게 됐다. 이러한 현상은 독일도 마찬가지이다. 독일 역시 학생들에게 상호문화 의사소통 능력과 외국어 구사 능력 역량을 강화하려고 했지만, 이중언어 수업트랙 모형(BSbZ)을 실행함으로써 언어구사 능력을 강조하게 되어 학생들의 실용적인 측면이 두드러지게 된다. 이런 현상은 단지 특정한 나라의 모습이 아니라 세계적으로 나타나는 언어정책의 구조적인 문제라고 할 수 있다. 이러한 점을 고려할 때, 현 시대는 다수와 소수의 관계에서 언어적, 문화적으로 나눔과 양보 그리고 조화가 필요한 시점이라 하겠다.

4. 결혼이주여성의 자녀 모국어 교육 경험

결혼이주여성들이 그들의 모국어를 자녀에게 가르치는 경험을 살펴보기 위해 결혼이주여성 4명을 대상으로 심층인터뷰를 진행했다. 심층인터뷰를 통해 이들의 경험의 의미를 심도있게 파악하고자 노력했다. 먼저 인터뷰 연구참여자는 자녀의 연령이나 국적과는 상관없이 자녀에게 자신의 모국어를 현재 가르치고 있는 여성을 대상으로 선정했고, 이들에 대한 일반적인 특성은 다음 〈표 7-1〉과 같다.

〈표 7-1〉과 같이 인터뷰 연구참여자들의 나이, 성별, 국적 등은 모두 다양하다. 자녀와 소통 언어 형태는 다음과 같다. 연구참여자 1은 한국어만을 사용하고 있고, 연구참여자 2와 연구참여자 3의 경우는 한국어와 모국어를 함께 사용한다. 연구참여자 4의 경우는 모국어만을 사용하고 있었다.

〈표 7-1〉 연구참여자의 일반적 특성

연번	성별	나이	출신국	학력	자녀	자녀와의 소통 언어
연구참여자1	여	24	베트남	중졸	1명	한국어
연구참여자2	여	28	중국	대졸	1명	한국어와 중국어 병행
연구참여자3	남	32	중국	대졸	2명	한국어와 중국어 병행
연구참여자4	여	57	일본	대졸	2명	일본어

자료 수집은 2014년 8월 20일~10월 10일 동안 예비 인터뷰를 포함해 총 1-2회의 인터뷰를 통해 수집했다. 인터뷰 장소는 연구참여자가 거주하는 집과 인근 공원, 식당 등에서 진행됐다. 인터뷰 전에는 연구의 목적과 연구에 대한 개괄적인 소개와 연구참여 동의서를 안내함으로써 연구윤리를 소개했다. 연구자가 준비한 반구조화된 질문지를 활용한 인터뷰는 연구참여자당 40분~1시간 10분 정도 소요됐다.

1) 결혼이주여성의 모국어 교육 방법

결혼이주여성이 가정 내에서 모국어를 가르칠 때 어떠한 방법을 사용하고 장애요인은 무엇일까? 결혼이주여성의 모국어 교육에 대한 경험은 향후 모국어를 자녀에게 가르치고자 하는 다른 결혼이주여성들에게 이론적 토대로 활용할 수 있을 것이다. 이를 위하여 결혼이주여성 4명을 대상으로 한 인터뷰 내용을 정리하면 다음과 같다.

(1) 일상 언어 등을 통해 자연스럽게 익히기

연구참여자들은 무엇보다 편안하고 자연스럽게 하는 것을 자신의 모국어를 가르치는 중요한 방법으로 생각했다. 특히 자녀가 자신의 모국어 배우기를 어렵게 생각하고 거부할 것을 염려하여 부담을 주지 않고 조금씩 접근하는 모습을 보이고 있다.

> "조금씩 만약에 인사만 하고 치우라고 하라고 밥먹으라고… 그것도 가르쳐줘야죠… (중략) 말하는 게 먼저 배우고 그 다음에 쓰는 법 배우고 싶으면 엄마한테 가르쳐 주면 내가 가르쳐 줄 거예요."
>
> (연구참여자 1)

"자연스럽게 애기 나중에 할 수 있어요. 이렇게 생각해요. 애기는 언어 빠르게 배울 수 있어요. 사실은 저랑 저의 남편 똑같은 생각 있어요. 언어는 배우는 거 아니에요. 그냥 교육할 수 있으면 돼요."

(연구참여자 2)

"어렸을 때는 그냥 자연스럽게 그냥 배우고.. 그게 제일 좋은 것 같아요. 중국어는 조금 배우면 힘들어요. 쓰기는 되게 어려워요. 쓰기. 아··· 이거(쓰기)는 다른 방법이 없어요. 연습해요. (쓰는 모양을 보여준다) 중국 사람도··· 하나 배우면 백가지(백번) 써요. 뭐 그냥 매일 매일 조금만 배우고 어렸을 때는 그렇게 힘들지 않아요. 더 크면 더 어려워요."

(연구참여자 3)

결혼이주여성들은 그들의 경험을 통해서 어떤 방법이 자녀들에게 자신의 모국어에 더 쉽게 접근할 수 있는지를 알고 있었다. 이들은 자녀들에게 어려운 쓰기나 문법을 먼저 가르치려고 하지 않았다. 이러한 모습은 자신의 모국어에 대해 그들의 자녀가 흥미를 잃게 하지 않으려는 의지를 반영한 것이다.

(2) 다양한 미디어 활용하기

결혼이주여성의 자녀에 대한 모국어 교육에서 주로 사용하는 방법은 미디어를 활용하는 것이다. 연구참여자들이 주로 쉽게 사용하는 방법은 책을 이용하는 것이고, 최근에는 인터넷으로 필요한 자료를 찾아 활용하는 방법을 사용하기도 한다. 또한 결혼이주여성은 자녀에 대한 모국어 교육을 위해 교구 등을 스스로 만들어 사용하기도 한다.

자녀가 한국어 수준이 낮은 경우에는 한국어 동화책이더라도 자신의 모국어로 읽어주기도 한다.

> "잘 때는 동요도 있어요. 한국 동요도 들려줬어요. 가끔씩 한국어, 가끔씩 중국어… 한국말 그냥 그림책 안에 있는 간단한 (한국어) 읽어요. 설명할 때는 중국어로."
>
> (연구참여자 2)

> "모국어(엄마언어)로 말하고, 중국 노래도 가르쳐주고…. 아이가 중국만화 유명한 만화영화 좋아해요. 가끔씩 켜줘요. 가져온 책도 있구요. 제가 책을 읽(어주는 것)는 게 제일 좋은 것 같아요. 그리고 자주 중국 가야 돼요. 환경이 되게 중요해요. 중국가서 처음에 다 한국말로 하지만 한 일주일 지나면 그냥 중국말로 해요."
>
> (연구참여자 3)

> "저는 특별히 한 거는 없고 일본에서 애기 키우는 거처럼(것처럼) 자기 아이한테 자기말로 얘기한테 계속 … 잘 때는 일본 동화책을 읽었고, 카드 만들고 히라가나 카드 만들고…."
>
> (연구참여자 4)

연구참여자 2는 한국 동화책을 엄마의 모국어로 설명해 주면서 엄마의 모국어에 대한 청취 환경을 만들어주고 있다. 또한 인터넷을 통해서 한국동요나 중국동요도 모두 들려주고 있다. 연구참여자 3은 주로 본국 방문 때 가져온 모국의 애니메이션을 보여주는 방법을 사용한다. 그는 자녀의 모국어 교육에는 모국어 동화책을 읽어주는 것이 가장 좋은 방법이라고 말한다. 연구참여자 4는 매우 적극적으로 모국어를 가르치기 위해 모국어 단어카드를 직접 만들어 사용하기도 한다. 그는 동화책 읽어주기와 같이 일본에서 아기를 키울 때 일반적으로 하는 방법을 사용한다고 대답하고 있다. 자녀의 모국어 교육을 위한 책이나 자료는 본국 방문 때 또는 한국의 대형 서점을 이용한다고 말했다.

(3) 언어와 문화를 함께 익히기

결혼이주여성들은 자녀에게 언어 습득이 자연스럽게 이루어질 수 있도록 친정 방문을 자주한다. 그러나 자녀가 학령기가 되면 친정 방문 기회가 줄어들 수밖에 없다.

> "일본 가서 집에서도 여러 가지 문화 있잖아요. 집안에 그런 거 모르면 그때 설명해요. 현장 가서. 신사 같은 거도 가고… 기본적으로 1년에 한두 번. 유치원 때, 그런 때는 갈 수 있었는데 중학교 고등학교 때는 학원 때문에 학원에서 가지 말라고 그래요. 그 학원 계획 있는데 2주나 가면 너무 늦으니까 너무 못 따라 가면 안 되니까. 더 빨리 오라고. 그때부터 못 간 거 같아요."
>
> (연구참여자 4)

> "저 자주 다녀요. 1년에 두세 번.. 가면 한 달 동안 있어요. 제가 한국오기 전에 남편은 친정어머니하고 약속 있었어요. 1년에 두 번 친정 오라구요. 그때 약속했어요. 다연이는 중국가서 중국말을 많이 배워요. 한국 오면 중국말 안 쓰거든요. 근데 중국가면 일주일 있다가 중국말 써요."
>
> (연구참여자 3)

연구참여자 4는 자녀의 학령기 전, 1년에 한두 번 정기적으로 친정 방문을 함으로써 자녀들이 엄마 나라의 문화를 배울 수 있는 기회를 마련했다. 그러나 자녀가 성장하여 학교와 학원을 가게 되면서 친정 방문 횟수가 점차 줄어들었다. 또한 연구참여자 3은 연구참여자 4와 유사하게 자녀를 위해 오랜 기간 모국에 체류하기도 했다. 자녀가 중국에 가면 처음 일주일 정도는 중국어를 사용하지 않지만 곧 중국어로 말하는 것에 익숙해 한다고 말한다.

이와 같이 결혼이주여성들은 자녀가 그들의 모국어를 배울 수 있도록 다양한 방법을 활용하고 있다는 것을 알 수 있다. 그들은 자녀들이 어머니의 모국어를 모르고 지내게 되는 것을 '거의 생각하고 싶지 않은' 일로 말한다.

2) 결혼이주여성의 모국어 교육 장애요인

(1) 남편과 모국어 교육에 대한 의견 차이

연구참여자 1은 자녀의 한국어 습득을 위해서는 결혼이주여성의 모국어를 사용하지 않는 것이 좋다는 요구를 남편으로부터 받았다. 하지만 그는 자녀가 8세가 되면 자신의 모국어를 가르치겠다고 말한다. 연구참여자 2의 남편은 자신의 경험을 통해 한국어가 완벽히 습득되지 않은 상태에서 다른 언어를 배우는 것은 언어능력의 발달이 제한된다며 자신의 자녀는 한국어를 완벽하게 습득하고 이후 다른 언어(중국어)를 배워야 한다고 주장한다. 그러나 연구참여자 2의 생각은 남편과 달랐다.

"반대할 것 같아. 왜냐하면 저 언니들이랑 만나잖아요. 남편이랑 같이 있으면 한국어 하라고 이렇게 베트남어 하지 말라고 그런 거 말하는데, 애기한테 그렇게 얘기하면 뭐가 배우냐고 한국어 얘기해야지 애들이 배우는 거 그런 거 말만 하는 거예요 남편이. 저는 지금 아무리 생각해도 애기가 먼저 한국어 배워야 해서 (엄마의 언어를) 안 가르쳐 주는 거예요."

(연구참여자 1)

"남편은 한국에서 사니까 꼭 먼저 한국어 배워야 돼요. 한국어 몇 살 까지 중국어 가르치지 마세요. 이렇게 이야기 했어요. 먼저 한 언어를 배워요. 이거 잘 얘기하고 잘 쓰고 그 다음에 중국어를 가르쳐요. 이렇게 얘기 했어요. 옛날에. 그런데 저는 반대해요. 우리 아기는 남편과 달라요. 남편은 중학교 할 때(중학교 때 중국에 갔음), 우리 아기는 태어날 때(태어날 때부터 이중언어 상황임) 이중언어 같이 보면(한국어 중국어를 처음부터 같이 배우면) 같이 잘 할 수 있어요. 이렇게 생각해요. 그래서 남편도 인터넷에서 이렇게 다문화 가정 물어봤어요. 이렇게 애기 이중언어 같이 배우면 좋아요? 또는 따로 따로 배우면 좋아요? 질문했어요."

(연구참여자 2)

(2) 교육 역량 부족

연구참여자들은 가정에서 늘 자신의 모국 뉴스나 다른 어린이 프로그램들을 보고 따라 하게 했다. 그리고 정기적으로 고국을 방문했으며, 책을 읽어주고 자신의 모국 문화를 알려주었다. 뿐만 아니라, 자녀들이 자신의 전통 문화를 접할 수 있도록 노력했다. 남편과 가정에서 사용하는 언어는 항상 이중언어 환경을 만들어 남편은 한국어로 아이들과 대화하고 자신은 모국의 언어로 아이들과 대화했다. 그럼에도 불구하고 쓰기와 읽기에서 만족할 만한 성과를 거두지 못하고 있었다.

"말하기보다 읽기 하고 쓰기. 말하기는 더 쉬운데 쓰는 것은… 히라가나 때는 괜찮은데 한자 같은 거 나올 때는 그거는 일본사람한테도 어려운 거예요. 한자 하나랑 한국말로 하면 한자 하나에 읽는 방법은 하나밖에 없는데 일본말은 많이 있으면 11개나 13개 읽는 방법이 있어가지고 이렇게 읽었다가 이런 경우엔 다르게 읽고 … 바꿔요. 작아도 뭐 3개나 있어요. 한자 하나에. 그때마다 그것 때문에 애들이 거절해요. 싫다. 헷갈린다. 일본 사람은 할 수 없이 하는데 그거는…"

(연구참여자 4)

결혼이주여성이 의지를 가지고 자녀가 어릴 때부터 자신의 모국어를 가르치지만, 어쩔 수 없는 어려움과 직면하게 된다. 특히 쓰기와 읽기 부분에 대해 어려움을 호소한다.

(3) 문화 정체성 차이

결혼이주여성들은 자녀들과 의사소통은 하지만, 자신과 자녀와의 다른 정서적인 이질감을 느끼게 된다. 이와 같은 정서적으로 깊이 있는 공감대나 교류가 이루어지지 않을 때 여성들은 외로움을 느끼게 된다.

"아~~…. (깊은 한숨) 이해는 아직은 못하는 것 같아요. 언어 문제보다 어떤 사람이라도 상대 입장을 완벽하게 안 들어가면 이해 진짜 못하잖아요. 왜냐하면 자기나라 계속 있고 일본 가기는 가는데 여행으로… 길어도 한 달이나… 그 정도잖아요. 계속 사는 거 하고 틀리니까."

(연구참여자 4)

연구참여자 4의 경우 자녀가 한국에서 태어나 한국에서 자랐기 때문에 일본어를 말할 수 있고, 일본을 다수 방문했다고 하더라도 본질적인 정서 차이로 깊이 있는 소통의 어려움을 겪고 있었다. 이로 인해 결혼이주여성들은 근본적으로 자녀와 이질감을 가지고 있었다.

5. 마무리

결혼이주여성들이 자신의 모국어를 자녀에게 가르치고 싶은 의지를 가지고 있었고 실제로 그것을 위해 많은 노력을 기울이고 있음을 연구를 통해 알게 됐다. 자신의 모국어를 가르치는 방법으로는 첫째, 일상으로부터 자연스럽게 익히도록 돕는 것이다. 둘째, 동요와 책, 그리고 교육도구나 미디어와 같은 필요한 도구를 활용하는 것이다. 셋째, 언어와 문화를 함께 익히는 방법으로 친정을 방문하여 친족과 유대관계를 통하여 직접 언어를 사용해볼 기회를 갖게 하는 것이다. 그리고 결혼이주여성들이 그 자녀들에게 모국어 교육을 하는 데 있어서 어려움을 느끼는 점으로는 다음과 같은 사항이 있다.

첫째, 가정에서 결혼이주여성들은 이중언어 교사가 되어야 한다는 것이다. 연구참여자들은 자신들의 모국어를 자녀에게 가르치고 싶지만 자녀의 한국 적응을 위해 한국어를 먼저 가르치거나 결코 등한시할 수 없는 현실에 있다. 그래서 자신들이 먼저 한국어를 부지런히 배워야 하겠다는 의지를 보이기도 했다. 한편 아이들의 언어 능력은 유치원과 학령기에 접어들면서 이미 결혼이주여성들의 능력을 넘어서고 있다. 그리하여 엄마들이 자녀에게 한국어에 대해 언어적 영향력을 미치는 데에는 한계가 있을 수밖에 없다. 한국의 아버지들의 경우 자녀교육에 있어서 엄마에게 일임하는 모습을 보이는데 다문화 가정의 경우 아버지들의 자녀교육에 대한 관심과 의식 전환이 필요한 시점이다.

둘째, 결혼이중여성들은 남편과 자녀교육 방법에 대한 의견의 불일치를 경험하기도 한다. 아직 어린 자녀를 두고 있는 한국인 아버지와 결혼이주여성들은 자녀의 언어교육 방법을 위해 가정에서 어떻게 하는 것이 좋은지에 대해 적절한 피드백이나 조언을 찾는 것에 대해 어려움을 나타내기도 했다.

셋째, 쓰기와 문법을 익히는 데 따르는 어려움이 있었다. 자녀가 초등학교 학령기 전에는 어머니와 어머니 나라에 방문을 하는 등 이중언어 환경을 마련하는 것이 조금 더 수월하다. 그러나 자녀가 학교생활에 적응하기 위해 집중하게 되는 초·중·고 시기에는 한국어 공부에 전념하는 것도 수월하지 않은 상황에서 읽기, 쓰기, 문법 등 다른 언어를 한국어와 동등하거나 비슷한 수준으로 익히는 것은 상당한 경제적 뒷받침과 개인의 선호와 노력, 그리고 사회 구조적 지원이 따라야 한다. 결혼이주여성이 자녀의 이중언어 능력을 위해 모든 노력을 기울였을 때 자녀는 발음과 말하기와 듣기 등에서 거의 원어민 같은 수준을 가질 수 있다. 그러나 문해 능력을 갖추려면 정규적이고 지속적인 그리고 전문적인 언어교육이 뒷받침되어야 한다.

넷째, 결혼이주여성과 자녀의 정체성 차이에서 오는 어려움이 있었다. 어머니가 가진 정체성과 한국에서 자란 자녀의 정체성의 근본적인 이질감은 결혼이주여성들이 갖는 깊이 있는 외로움의 근본이 될 수도 있을 것이다. 이러한 것은 일반적인 것이 분명 아닐 것이다. 그러나 자녀에게 자신의 모국어를 가르치고 자녀가 잘 따라오는 경우에도 문화적 차이로 어머니와 자녀가 정체성의 차이를 인식할 수밖에 없는 경우도 있었다. 이것은 결혼이주여성이 자국이 아닌 이주한 나라에서 자녀에게 모국어를 전할 때 가지게 되는 커다란 과제와도 같아 보였다.

연구에 참여한 다문화 가정 중에서는 부모가 모두 한국어만을 사용하는 가정, 한국어와 결혼이주여성의 모국어를 함께 혼용하는 가정, 그리고 철저하게 한국어와 어머니의 모국어를 구분하여 사용한 가정이 있었다. 한국어만을 사용한 가정의 자녀의 경우엔 어머니 나라의 언어를 거의 사용하지 않고 알아듣는 것에도 불편함을 가지고 있었고, 혼용하는 경우엔 주어진 언어 환경에 빠르게 적응하는 모습을 보이고 있었다. 예를 들어 한국에 오면 한국어에 적응하고 어머니의 모국에 가면 그 나라 언어에 적응하는 모습을 보이는 것이다.

먼저, 철저하게 언어를 구분한 가정에서는 듣고 말하는 것에는 이중언어 능력이 갖추어졌음을 보여주었다. 그러나 어머니 나라의 언어를 자주 사용하거나 더 높은 수준의 또는 전문적인 용어를 사용할 기회가 적었다. 읽기 쓰기와 같은 좀 더 높은 수준의 언어능력을 위해서는 어머니와 자녀 개인의 노력과 더불어 전문적인 가르침을 받을 수 있도록 한국의 언어교육에 있어서 사회 구조적인 변화가 필요하다는 것이 나타났다. 또한 개인적인 차이는 있겠지만 자녀에게 최선을 다하여 결혼이주여성 자신의 모국어와 문화를 교육하고 경험했으나 결혼이주여성 자신이 가진 정체성과 한국에서 태어나고 자란 자녀의 정체성이 생활과 문화의 차이로 인한 근본적인 이질감이 있을 수 있다는 사실을 고려할 때, 우리 사회가 결혼이주여성을 대할 때 얼마나 더 따뜻한 시선을 가져야 하는지를 생각하는 계기가 됐다.

제8장 중도입국자녀를 둔 이주여성의 복지서비스 이용 경험[1)]

1. 중도입국자녀의 문제

통신과 교통의 발달로 인해 세계화 현상이 가속화됨에 따라 전 세계적으로 이주 현상이 빈번하게 발생하고 있다. 이러한 국제이주의 물결은 한국사회의 인적 구성에도 급격한 변화를 초래했다. 특히, 국제결혼으로 인한 이주여성의 유입은 다문화가족의 증가를 불러왔으며, 이에 따라 정부는 2008년도 다문화가족지원법을 제정하고 사회복지서비스 시스템을 구축했다. 최근 다문화 가정 자녀들의 적응 및 정체성 문제를 해결하기 위한 지원 정책과 교육 프로그램이 다수 실시되고 있다. 그러나 다문화 가정 내에서도 핵심 지원과 관심에서 벗어나 소외를 받고 있는 중도입국자녀들이 있다. 지원의 사각지대에 놓인 중도입국자녀를 위해 정부나 관련 기관에서 더 큰 관심을 가져야 할 것이다. '중도입국자녀'란 한국에서 태어나지 않고 중간에 부모

1) 어경준, 이미정(2018), 중도입국자녀를 위한 복지서비스의 실제와 방향성에 관한 연구, 인문사회 21, 9(2), 229-242를 수정·보완하였다.

를 따라 입국하거나 한국에 사는 부모의 부름으로 입국한 자녀를 말한다(김성식, 2013).

대다수의 중도입국자녀는 모국에서 언어와 사회화과정을 학습하고, 일정한 시간이 지나서 한국에 오게 된다. 이들은 한국이라는 낯선 환경과 새로운 가정에 적응하기 위해서 많은 어려움을 겪게 된다(어경준, 이미정, 2018). 그리고 이들 가족은 '같은 집에 동거함'이라는 낯선 상황에서 '어떻게 해야 할지 모름'이라는 상황에 직면할 수 있다(송민경, 김진원, 2017). 특히 중도입국자녀와 부모 간에 오랜 시간 떨어져 지내다 다시 만나기 때문에 가족의 재결합 과정에 많은 노력이 필요하다. 중도입국자녀가 갖는 어려움을 살펴보면 첫째, 정책 및 체류 측면에서 한국에서 태어난 다문화 가정 자녀의 경우 재한외국인처우기본법, 다문화가족지원법 등 관련법의 지원 대상이 되나 중도입국자녀의 경우는 한국인으로 입양 또는 귀화하지 않는 한 법적지원 대상이 아니다(최대희, 2014). 중도입국자녀들은 법적으로 다문화 가정으로서 지원 대상이 아니기 때문에, 이를 보완하기 위한 적절한 정책이 마련되어야 한다. 둘째, 심리 · 정서적 측면으로는 일반적으로 아동기 또는 청소년기에 가족의 해체를 겪게 되고 부모와 떨어져 거주한 경험이 있어 부모와의 관계가 친밀하지 못하거나 반감을 가지는 등의 심리 · 정서적 문제를 가지게 된다(윤향희, 김경제, 2016).

2000년대 초반부터 지금까지 학계와 관련 연구기관에서 중도입국자녀를 대상으로 한 논의와 연구가 활발히 진행되고 있다. 대부분이 그들의 사회적응, 한국어교육, 다문화 관련 수용 등에 관한 것이였고, 최근에는 사회로 나가기 위한 준비로서 직업과 관련한 교육 논의가 이루지고 있다(신상록, 2016). 이를 정리하면 다음과 같다. 첫째, 정체성에 관한 연구이다. 2000년대 후반부터 이주배경을 지닌 청소년들이 한국사회 적응 과정에서 겪는 다양한 어려움과 스트레스를 다룬 연구들이 이루어져 왔다. 특히 정체성의 혼란, 문화적 갈등, 사회적 편견과 차별, 부적응 등의 문제가 중점적으로 다루어졌다(이지영, 2012; 전경숙, 이의정, 2012; 양계민, 조혜영, 2011; 김수희, 전성희, 2011; 이병철, 송다영, 2011; 장덕희, 신효선, 2011; 김순규 2011; 박순희 외, 2008; 금명자 외, 2006). 중도입국청소년의 경우 서로 다른 인종과 국적을 가진 부모 사이에서 입양과 귀화 과정을 거치면서 자아정체성과 국가정체성에 혼란을 느끼게 된다. 이들은 한국 국적을 취득한 경우에도 스스로를 한국인으로 인식하기보다 외국인으로 혹은 한국인도 되고 외국인도 되는 경우로 인식하는 경향이 높아 정체성의 혼란을 겪게 되며(금명자 외, 2006; 정하성, 우룡, 2007), 한국 국적 취득을 거부하거나 미루면서 사회에 정착하지 못하고 탐색만 하는 '주변인'으로 자리잡게 된다. 따라서 정체성의 혼란으로 인한 청소년기의 발달적 위기와 사회부적응의 예방 차원에서 보다 정교하고 전문화된 개입이 필요함을 강조하고 있다(전경숙, 이의정, 2011). 또한 두 개의 언어와 문화, 생활 습관, 행동과 가치관의 차이로 문화적 갈등을 겪게 되며, 사회적 편견과 차별을 경험한다(박순희 외, 2008). 가족 내에 존재하는 이중 언어와 새로운 가족과 의사소통의 어려움으로 상시적인 긴장과 스트레스를 경험하며, 외모나 말투의 차이는 주변으로부터 차가운 시선과 차별을 유발하여 대인관계 형성에 어려움을 초래하기도 한다.

둘째, 문화적응에 관한 연구이다. 최근에 이루어지고 있는 많은 연구는 주로 중도입국자녀의 사회 적응과 심리적 특성 분석에 초점을 맞춘 문화적응에 관심을 가지고 있다(양계민, 조혜영, 2012). 이들 대부분은 한국에 대한 사전 정보나 지식 없이 입국하여 제도권 교육에 진입하는 데 어려움을 겪고 있으며, 한국어 습득에 어려움, 정체성 형성에 대한 고민도 중도입국청소년이 한국사회 적응 과정에서 직면하는 중요한 문제이다.

셋째, 교육 및 진로에 관한 연구이다. 중도입국청소년이 장기적으로 한국사회의 구성원으로 성장하기 위해서는 학업이나 진로 지원이 적절히 이루어져야 하는데, 이에 대한 지원정책이 아직까지 미흡한 실정이라는 지적이다(양계민, 조혜영 2012; 류방란, 오성배, 2012). 실제로 중도입국청소년은 자신들의 진로에 대한 욕구는 높은 반면, 이들의 욕구 실현은 현실에서 많은 어려움에 직면하고 있음을 알 수 있다. 체류 신분의 문제, 학교 진입에 필요한 서류와 절차상의 문제, 낮은 한국어 능력 등은 공교육 진입의 장애가 되고 있으며, 적절한 진로 교육이나 취업 지원이 잘 이뤄지지 않고, 당장의 경제적 형편, 용돈벌이, 친구의 영향 등으로 단기 근로나 단순 아르바이트를 하는 경우가 상당수인 것으로 보고됐다(전경숙, 이의정, 2012; 양계민, 조혜영, 2011). 이처럼 제도권 교육 기회에서 배제되고 있는 중도입국청소년의 교육권 보장을 위해서는 교육 복지 차원의 정책 방안 모색이 필요하다.

또한 청소년기 진로 지원의 중요성을 인식하여 중등 상급학교 진학 지원, 대학 입학제도 개선, 진로 개발을 위한 다양한 프로그램 운영과 장기적 관점에서 청소년들이 진로를 설계할 수 있도록 돕는 진정한 의미의 진로 교육이 제공될 필요가 있음이 제기됐다(류방란, 오성배, 2012). 청소년기는 자신의 진로 결정을 현실화시키기 위하여 노력하는 시기로 진로 전반을 인지하는 진로 의식과 진로 결정을 실행하기 위한 진로 준비 행동을 구체적으로 실행해 나가야 하는 과업을 부여받고 있다. 그러나 중도입국청소년의 경우 생애 과정에서 '이주'라는 커다란 변화 상황을 겪으면서 자신의 장래 희망이나 진로에 대해 구체적인 계획이나 실행 방안을 찾는다는 것이 현실적으로 매우 어려운 실정이다. 따라서 중도입국청소년의 진로 준비 지원을 위해서는 각별한 정책적 고려가 필요하다는 점이 여러 연구를 통해 논의됐다 (전경숙, 이의정, 2012; 양계민, 조혜영, 2011). 오성배, 서덕희(2012)는 중도입국청소년의 진로 의식, 진로 준비행동과 이를 위한 사회적 지원에 관한 탐색적 연구에서 사회적 지원이 체계적으로 이루어질 경우, 이들의 진로 의식과 진로 준비 행동이 긍정적으로 변화할 가능성이 있음을 확인했다. 따라서 명확한 진로 의식과 구체적인 진로 준비 행동이 체계적인 사회적 지원과 유기적으로 연계되어 중도입국청소년들이 자신의 역량을 키워나갈 수 있도록 진로교육 프로그램 개발과 법령 및 제도 개선 방안이 마련되어야 할 것이다. 향후 이들이 한국에서 사회적 취약 계층으로 전락하지 않고, 성인기로 이행하는 과정에서 자신의 진로를 개척하고 사회 구성원으로서의 역할을 찾을 수 있도록 개개인에게 적합한 맞춤형 진로 교육이 보다 구체적인 방식으로 이루어져야 한다.

앞에서 살펴본 것처럼, 중도입국자녀는 한국에서 태어난 다문화 가정 자녀와는 또 다른 어려움이 있음을 알 수 있다. 중도입국자녀를 둔 결혼이주여성들은 누구보다도 자신의 자녀들이 낯선 한국 문화에 적응을 해야 하고, 익숙한 가족을 떠나서 새로운 가족을 형성해야 하는 상황에 놓여 있다는 것을 잘 알고 있다. 그래서 결혼이주여성들은 자녀들이 한국사회에 잘 적응하고 당면한 여러 상황들을 잘 극복해 나가기 위하여 다양한 복지서비스를 받기를 기대하고 있다. 아울러, 자신과 자녀들에 대한 정책적인 관심도 지속적으로 이어지기를 바라고 있다. 이에 본 글에서는 결혼이주여성의 시각에서 바라본 중도입국자녀의 복지서비스이용 경험을 살펴보고, 앞으로 복지서비스 정책 차원에서 더 개선해야 할 점이 무엇인지 살펴보고자 한다.

2. 중도입국자녀의 현황

중도입국자녀란 2000년 이후 급증하기 시작한 국제결혼 가정의 증가에 따라 나타난 집단으로, 다문화 사회의 구성원들 중 중도입국 청소년은 정부 차원에서 보다 각별한 관심을 쏟아야 할 대상이다.[2] 중도입국청소년을 지칭하는 범주는 다양하다. 첫째, 한국인 배우자와 재혼한 결혼 이민자의 자녀로 모국에 살다 한국에 들어와 거주하는 청소년, 둘째, 국제결혼가정의 자녀 중 외국인 부모의 본국에서 성장하다 입국한 청소년, 셋째, 근로 및 학업을 목적으로 청소년기에 입국한 외국인 무연고 청소년, 그리고 넷째, 북한이탈주민 외국인(중국인 등)과 제3국에서 출생하여 부모를 따라 한국에 온 청소년으로 크게 분류할 수 있다(양계민, 조혜영, 2011). 이 이외에 국내로 이주하는 다양한 이주 배경을 가진 청소년들이 있지만 크게 이와 같이 4가지로 분류할 수 있다.

이 중 외국인 부모와 함께 동반 입국한 청소년의 경우 외국인노동자 자녀로 구분되고 이들의 입국 자체가 불법이기에, 기본적인 교육권에 대해서는 주장할 수 있으나 정부의 적극적 지원정책 대상으로 분류하기는 어려운 측면이 있다. 또한 학업 목적으로 청소년기에 입국한 외국인 무연고 청소년의 경우는 유학생으로 분류될 수 있으며, 북한이탈주민이 외국인과 제3국에서 출생한 자녀를 데리고 입국한 경우는 북한이탈주민 대상 지원정책과의 연장선상에서 다루는 것이 일반적인 입장이다. 따라서 통상 앞에서 언급한 두 가지 경우를 중도입국청소년으로 보고 있다(무지개청소년센터, 2014). 그러나 다수는 외

---

2) 이주배경청소년지원재단 무지개청소년센터: http://www.rainbowyouth.or.kr/

〈표 8-1〉 중도입국학생 현황

구 분	중도입국학생				
	초등학교	중학교	고등학교	각종 학교	계
2013	3,006	1,143	565	208	4,922
2014	3,262	1,386	750	204	5,602
2015	3,965	1,389	723	184	6,261
2016	4,577	1,624	1,075	142	7,418
2017	4,843	1,722	1063	164	7,792

출처: 교육부, 2017a: 2017년도 간추린교육통계.

국인 여성이 한국인 남성과 재혼하면서 자신의 본국에 있는 자녀를 한국으로 데려오는 경우에 해당한다.

2018년 교육부의 '교육기본통계' 자료를 보면 국내 다문화학생 수는 122,212명으로, 이는 전국에 재학 중인 초·중·고학생의 2.2%를 차지한다. 교육부의 '교육기본통계'에서는 다문화학생을 '국내출생', '중도입국', 그리고 '외국인가정' 학생으로 분류하고 있다. 이중에서 '중도입국'을 한 학생은 국제결혼을 한 가정의 자녀 중에서 외국에서 태어나 부모와 함께 중도에 한국으로 입국한 경우를 말한다. 2017년 교육부가 발표한 통계자료에 따르면 2010년 이후에 중도입국자녀의 수가 급격히 증가했다. 2017년 중도입국학생 수를 보면 7,792명이며, 이 중 초등학교 4,843명(62.2%), 중학교 1,722명(22.1%), 그리고 고등학교 1,063명(13.6%)으로 구성되어 있다. 최근 5년간 중도입국자녀 현황을 정리하면 〈표 8-1〉과 같다.

〈표 8-1〉을 보면 2013년 4,922명이던 중도입국학생수가 2017년에는 7,792명으로 5년 사이에 58%가 증가했다. 그리고 초등학교에 비해 중·고등학교의 비율이 점차 증가하는 것을 알 수 있다.

3. 중도입국자녀의 특성과 복지서비스

1) 중도입국자녀의 특성

세계화에 따른 이동과 이주의 자유는 한국사회의 다문화현상을 가속화시키며, 결혼이주, 노동이주, 교육이주 등과 같은 다양한 형태의 다문화 가정의 출현을 야기했다(김성희, 2016). 특히, 중도입국자녀는 국제결혼을 통한 부모의 국내 이주로 인해 점차적으로 그 수가 증가하고 있다.

중도입국자녀의 특성으로는 먼저, 자신이 태어난 나라의 언어와 문화가 익숙하지만 본인의 의사와 무관하게 중간에 한국으로 입국하게 된다. 이들에게는 한국어가 제2언어가 되고, 한국어가 모어인 학생들과는 언어 인식능력의 인지적 · 신경학적 측면에서 상대적으로 차이가 나게 된다. 또한 이들의 정서 상태는 한국 국적 취득이 어려워짐에 따른 불안과 학업에 대한 낮은 동기로 인해 심리적 위축을 경험하게 된다. 이와 같이 중도입국자녀는 언어 · 심리정서 · 학습 측면에서 한국에서 출생한 다문화 가정 자녀와는 다른 어려움을 갖게 된다. 따라서 중도입국자녀는 언어와 문화 부적응, 낯선 가족의 형성, 자아정체성 혼란, 학교적응의 어려움을 들고 있다(김성식, 2013). 중도입국자녀는 이미 본국에서 사회화 과정을 거치고 그 나라 국민으로 성장하는 과정에서 한국으로 이주해왔기 때문에 한국어는 물론 한국사회의 문화, 정서 등에서 많은 이질감을 느낄 수 있다(오성배, 서덕희, 2012). 중도입국자녀들의 가장 큰 어려움은 한국어로 이들의 한국어 습득 및 학습 욕구는 매우 높은 편이지만 개별화 수준별 학습방법이 전무하여 한국어 습득 기회의 배제에 따른 학교생활 적응에 어려움을 겪는 편이다(왕금미, 2017).

중도입국자녀는 대부분 한국사회에 대해 잘 알지 못한 채 입국하게 되고, 한국어도 전혀 모르는 상태인 경우가 대부분이다. 일반적으로 F-1(가족, 동거, 친척방문, 피부양 등) 비자로 들어와 체류 신분이 불안정하며, 정규학교교육을 받을 수 있는 기회가 제한된다. 이 비자로는 한국에서의 체류만 허용되고 사회적 권리가 보장되지 않기 때문에 한국에서 태어나고 자란 국제결혼가정 자녀들보다 주어진 환경이 더 열악하다(장명선, 송연숙, 2012). 특히 중도입국청소년 중 일부는 정규학교에 다니고 있지 않거나, 학교에 입학한 후에도 한국어 실력의 부족으로 학업 진도를 따라가기 힘들고, 학급 친구들보다 많은 나이로 인해 친구사귀기는 것을 힘들어 한다. 그래서 이들은 일반 학교를 중간에 포기하거나, 다문화 대안학교로 가기도 한다. 또한 외국 출신 어머니의 한국교육 문화에 대한 정보 부족, 가사 부담으로 인한 자녀방임, 의사소통의 어려움으로 가정으로부터 교육적 지원을 기대하기 어려운 경우가 많다(류방란, 오성배, 2012).

또한 그들은 체류신분이 불안정하여 불안감을 갖는 경우가 많고, 가정불화나 경제적 빈곤을 경험하기 쉽다. 또 10대 이후 청소년기 후기에 입국하는 경우가 많아서 청소년기의 자아정체성 확립이라는 발달적 과제와 함께 새로운 문화에 적응해야 하는 부가적인 과제를 수행해야 하는 이중의 어려움을 겪게 된다(양계민, 조혜영, 2011). 대부분의 중도입국자녀는 아동기 또는 청소년기에 가족 해체로 부모와 분리되어 생활하는 경험이 많다. 이러한 경험은 부모에 대한 부정적인 감정으로 이어지는 경우도 많다. 또한 가족이 재구성됐으나, 가족 간의 관계와 경제적인 부분이 안정적이지 못한 사례가 많다. 이주 과정에서 청소년이 겪는 심리 정서적 불안과 위기경험 등의 문제가 해결되지 않거나 이를 극복하지 못해 정체성의 혼란까지 겪게 된다(장명선, 장은애, 2011). 이와 같이 중도입국자녀들이 다양한 어려움을 보이며, 한국사회에 적응하는 데 적절한 대처가 필요하다(좌동훈, 2014). 즉, 자신의 주체성을 재정립하고 가치관에 관해 재정립해야 하는 것이다. 자신의 출신국에서의 생활방식을 포기 및 유지하거나, 새로운 문화를 습득하거나 배척하는 등 선택을 요구받으며, 새로운 관계 형성과 다양한 도전에 직면하면서 위험과 두려움을 극복하는 것을 요구받게 된다.

따라서 이 글에서는 중도입국자녀들이 국제이주라는 특수한 경험 속에서 새롭게 자신의 정체성을 재구성해 나가는 과정을 탐색하기 위한 요인을 탐색하고자 한다. 이를 통해 이들이 가족이나 학교, 나아가 사회라는 공간 안에서 자신에게 주어진 자원이나 조건을 고려하여 상호작용하는 전략적 행위 과정을 살펴볼 수 있을 것이다.

2) 중도입국자녀의 복지서비스

복지의 정의를 Romanyshin은 “사회문제에 대한 조치와 예방, 인적자원의 개발, 생활의 질적 향상 등에 직접적으로 관심을 갖는 서비스나 과정이며”, Friedlander는 “법령, 프로그램, 급여 및 서비스의 제도이고, 이것은 인간의 복지와 사회질서의 기능을 위하여 기본적인 것으로 인정된 사회적 욕구를 해결하고 강화시키거나 보증하는 것”이라 했다. 그리고 복지서비스의 개념 정의는 두 가지로 대별될 수 있다. 첫째, 변화하는 상황 속에서도 복지와 연관되는 보편적이고 공통적인 요소를 가려내어 그것을 개념화하려는 입장과 둘째, 각 개별적으로 국가나 사회의 다양성과 이질성을 인정하고 개별의 사회복지개념을 사용하려는 입장이 있다(신섭중, 1991). 즉, 사회복지란 한 사회

안에 사는 모든 사회구성원들이 일생 동안 행복하고 안정된 삶을 누릴 수 있도록 하는 사회적 노력이다(이종수, 2009).

국내 관련법을 기준으로 보면, 다문화가족은 국적법 제2조에 의하면, 출생부터 대한민국 국적을 취득한 국민과 결혼이민자 또는 귀화자로 이루어진 가족(이하 결혼이민자 등이라 함)을 말한다. 만약 중도입국자녀가 다문화가족이라는 법률적 의미를 부여받지 못한 상황이라면 법률이 정한 제도권 내에서의 복지서비스를 지원 받기가 어렵다는 문제가 있다. 한국여성정책연구원(2015)에 따르면, 외국에서 주로 성장하여 한국 국적이 없는 중도입국자녀 중 향후에 62.5%가 한국 국적을 취득할 의향이 있다고 조사됐다. 그리고 22.2%는 영주권만 취득할 의향이 있는 것으로 나타났으며, 1.9%는 한국 국적이나 영주권을 취득할 계획이 없는 것으로 조사됐다. 중도입국자녀의 상당수는 한국 국적 취득을 희망하는 것을 알 수 있다. 따라서 한국에서 출생한 다문화 가정 자녀와는 또 다른 환경에 처해 있는 이들을 위해 복지서비스의 현황을 파악하고, 이를 개선할 수 있는 지원 정책을 제안하는 것이 무엇보다 중요할 것이다.

4. 중도입국자녀를 둔 이주여성의 복지경험

이 글에서는 중도입국자녀를 둔 부모를 대상으로 현재 자녀들이 겪는 어려움이 무엇이며, 향후 이들에게 필요한 정책적 지원이 무엇인지 파악하고자 했다. 이를 탐색하기 위해 중도입국자녀 부모를 대상으로 심층인터뷰 등 질적 연구방법을 활용했다. 질적 연구는 인간의 체험을 탐구하며 우리의 의식에 나타나는 그대로의 현상을 해명하는 연구 방법이다.

〈표 8-2〉 연구참여자의 일반적 사항

연구참여자	나이	성별	체류 기간	출신국	학력	자녀
A	36세	여	10년	우즈베키스탄 (Tashkent)	대졸	여/ 8세
B	34세	여	6년	우즈베키스탄 (Fergana)	대졸	여/11세 남/7세

중도입국자녀를 둔 결혼이주여성이 한국에서 느끼고 경험한 의미의 본질과 그 구조를 연구하고자 했다. 즉, 이들이 겪고 있는 현상을 그대로 기술하고 해석을 통하여 자신이 느끼는 복지의 의미와 향후 기대하는 복지서비스의 방향성이 무엇인지를 도출했다. 인터뷰 참여자의 일반적인 특성은 〈표 8-2〉와 같다.

〈표 8-2〉에서와 같이, 연구참여자들은 우즈베키스탄 출신 결혼이주여성 2명으로 모두 한국인 남자와 중매를 통해 재혼을 했다. 참여자 A는 자녀 1명을, 참여자 B는 2명의 자녀를 두고 있다. 참여자 A의 자녀는 새아버지와의 소통의 어려움을 겪고 있으며, 참여자 B의 자녀는 8살에 처음으로 한국으로 들어왔기에, 한국어와 한국문화 적응에 어려움을 겪고 있다. 뿐만 아니라, 이들은 학교에서 러시아권 친구들과 주로 교류를 하기 때문에 한국어가 더 늘지 않는 양상을 보이고 있다.

자료수집은 2017년 12월부터 2018년 1월까지 중도입국자녀를 둔 부모를 대상으로 진행했다. 결혼이주여성 2명을 대상으로 질적 연구에서 많이 사용되는 심층면담인 설문면담과 전화 인터뷰를 실시했다. 언어는 모국어인 러시아어와 우즈벡어로 사용하여 진행했고, 인터뷰 시간은 1명당 40분, 횟수는 2회로 했다. 설문면담 내용과 전화인터뷰에 대한 부분을 사전에 연구참여자 동의하에 녹취하여 한국어로 번역하는 과정을 가졌다. 설문 내용으로는 가정과 학교에서 자녀와

〈표 8-3〉 중도입국자녀 복지서비스 범주화

주제	구분	핵심 주제	개념
서비스 이용 시 어려운 점	가정	언어로 인한 의사소통의 어려움	의사소통의 어색한 관계
		심리적 불안정	부모 및 가족과의 관계개선
	학교	한국문화 집중교육	분산된 문화교육의 집중교육
		특별수업	교육차이의 해소
		한국사회 정보 공유 교육	한국문화 현상 공유
복지서비스 정책 방향	정책	집중적 수업을 위한 교육활동	동등한 출발과 경쟁
		심리적 안정을 위한 상담활동	모국어 상담사를 통한 치유
		정서적 지원을 위한 여가활동	여행, 캠프, 동아리, 문화활동

부모가 가장 우선으로 해결해야 할 문제점을 정책과 제도를 통해 안정적인 복지서비스를 받을 수 있도록 하는 내용이 주를 이루었다. 인터뷰한 내용을 분석하기 위해서 설문면담과 전화 인터뷰를 통해서 수집한 자료를 모두 누락된 부분이 없이 한국어로 번역하면서 전사 작업을 거친 후, 그 전사된 자료를 바탕으로 분석을 진행했다.

1) 복지서비스 이용 경험

이 글에서는 중도입국자녀가 경험하게 되는 어려움이 무엇이며, 이러한 어려움을 해결하기 위한 복지서비스의 정책 방향성에 대해 살펴보고자 한다. 연구결과 개요는 〈표 8-3〉과 같다.

(1) 가정

① 언어로 인한 의사소통의 어려움

중도입국자녀가 모국에서 할머니나 가족으로부터 그 문화와 정서에 맞는 생활을 유지해 오다가 한국에 와서 새로운 한국인 아버지와 새로운 가족과의 관계에 큰 어려움을 겪고 있다. 한국으로 오기 전 부모와 헤어져 있는 기간이 한국에서 형성된 가족 환경에 대한 인식이 중도입국자녀의 삶의 만족도에 영향을 미치고 있다(고은혜, 배상률, 2017).

> "재혼한 남편에게 자녀가 언어 때문에 말을 안 하고 엄마인 저하고만 말을 하려고 해요. 자녀는 모국의 가족문화에 익숙해 있기 때문에 한국가족 문화 적응에 어려움을 겪고 있어요. 자녀를 빨리 데려오고 싶었으나 한국에서 일을 하고 있어서 그러하지 못했어요."
>
> (연구참여자 A)

> "자녀가 8살에 한국에 왔고 11살이기 때문에 주변의 모든 것을 이해해요. 그러나 외국인으로서의 여러 어려움이 있어요. 먼저 언어 때문에 새로운 아빠와 한국에서 태어난 남동생이랑 언어소통에 어려움이 있고 새아빠와 남동생과는 한국어로 의사소통을 해요."
>
> (연구참여자 B)

② 심리적 불안정

중도입국자녀의 한국에서 언어소통 및 타국 출신의 자녀와의 교우관계가 좋지 않다. 아직 어리고 부모의 손길이 항상 옆에 있으면서 어려움을 함께 해주어야 하나 부모 모두가 일을 하러 나가고 학교에서 돌아오면 쓸쓸하게 혼자 지내야 하는 것에 스스로 힘들어 하고 있다. 중도입국자녀에게 실질적으로 어려움이 무엇인지를 빨리 파악할 수 있는 관심과 이러한 심리적 불안감을 안정을 시킬 수 있는 기관과 이용을 할 수 있는 적극적으로 홍보와 계몽이 필요하다. 이러한 기관과 제도가 있다하더라도 몰라서 그냥 지나칠 수 있는 경우가 발생할 수 있다. 자녀의 심리적 안정을 취할 수 있는 기관과 제도를 마련하여 상시적이고 정기적으로 다닐 수 있도록 해야 한다. 따라서 중도입국자녀의 건강하고 안정된 정서적 상태가 유지될 수 있도록 정기적인 심리 상담을 통하여 치유를 할 수 있는 교육시스템을 운영해야 한다.

> "자녀에게 심리적 치료가 필요해요. 환경 주변에 대해 아이의 반응이 좋지 않아요. 왜냐하면 모국의 친구들과 헤어져서 왔기 때문에 심리적으로 불안해해요. 한국의 학교에 가면 친구도 없고 혼자 놀고 상대가 없어서요. 그래서 한국에서 우즈벡으로 가고 싶다고 해요. 항상 낮에는 부모 모두가 일을 나가서 혼자 있어서 그런 것 같아서 심리치료가 필요해요."
>
> (연구참여자 A)

> "자녀와 아빠가 집이 아닌 여행지에서의 시간이 필요해요. 예를 들어 캠프 프로그램을 통해서 자녀와 아빠가 같이 지내면서 문화도 배우고 서로 낯선 관계를 이해하고 친해질 수 있는 동기가 필요해요. 자녀가 11살이고 컸기 때문에 모든 걸 이해할 수 있어요."
>
> (연구참여자 B)

(2) 학교

① 한국문화 집중교육

자녀가 대체적으로 학교에서 활동이 대부분으로 한국어와 한국의 다양한 문화를 배울 수 있는 최적의 환경과 조건을 갖추고 있는 곳이다. 그러나 이를 충분히 교육받고 해야 하지만 실제 여건상 한국어 부족과 흥미 좌절로 같은 언어권 아이들과 이야기하고 노는 역할에만 충실하게 되는 것은 학교 운영에도 문제가 있다. 또한 다른 문화권 또래 친구들의 놀림으로 인해서 마음의 상처를 받는 것도 교육적 측면에서 재고해야 할 부분이다. 학교 측 선생님의 역할이 다양하지만 중도입국자녀에 대한 깊은 배려가 기대되는 현상이 일어나고 있다. 그리고 한국에 대한 집중적이고 활용성 있는 교육이 필요하다.

> "학교에서 러시아권 아이들하고만 이야기를 해서 거의 한국어를 사용하지 않기 때문에 자녀가 한국어가 늘지 않아요. 같은 또래 친구들이 자주 놀리는데 언어나 차별이 아닌 어릴 적 아이들의 행동이지만 자녀가 많이 어려워해요."
>
> (연구참여자 A)

> "자녀가 먼저 한국을 안다는 것은 한국문화에 대해 먼저 아는 것이 필요해요. 왜냐하면 한국과 한국문화를 잘 알기 위해서요. 저는 한국문화에 대해서 잘 몰라서요."
>
> (연구참여자 B)

② 특별수업

학교의 교육과정에서 학업에 필요한 수업도 중요하지만, 한국문화에 대한 기초적인 것부터 시작해서 체계적으로 한국문화의 전반적인 교육프로그램을 위한 수업이 제공되기를 요구한다. 또한 모국의 문화를 유지할 수 있는 프로그램을 통해서 한국문화와 모국문화의 상호작용 통해 자녀가 문화의 정체성을 확실히 정립하여 양국 문화의 발전에 영향력을 발휘하기를 바라고 있다.

> "한국문화의 입문 프로그램이 필요해요. 학교에서 1년에 한두 번 여러 프로그램을 하지만 문화와는 다른 놀이투어 등 한국문화와는 다른 프로그램이 많아요. 아직 어리다고 문화는 가르쳐 주지

않아요. 자기문화를 유지할 수 있는 프로그램 같은 것이 있었으면 해요. 왜냐하면 한국과 우즈벡의 문화는 서로 다르기 때문에 자기 문화 정체성을 유지할 수 있는 프로그램이 있었으면 해요."

(연구참여자 A)

"자녀가 11살이 됐기 때문에 집중적인 한국어교육을 받을 수 있는 교육기관의 프로그램이 필요해요. 자녀가 다른 친구들과 지내거나 또래 친구와 똑같은 사회로 들어가기 위해서요. 그렇기 때문에 다문화 가정의 교육시스템이 아니고 한국인 학생과 동일한 교육이 필요해요. 다문화 가정이라고 해서 정부는 한국인과 차별되는 교육은 안 되고 정책적으로 이런 것이 필요해요. 자녀들이 한국사회에 쉽게 들어오기 위해서는 우리 아이한테도 한국학교에서 해주는 것과 똑같이 했으면 해요."

(연구참여자 B)

③ 한국사회 정보 공유 교육

학교교육에서 선생님과 자녀 사이의 언어적 문제로 인해 부당한 교육 침해를 받는다고 생각하고 있다. 이를 단순히 언어 이해문제가 아닌 해결 방안을 한국의 교육기관에서 하기를 바라고 있다. 단순히 학교와 선생님과 자녀만의 문제가 아니라 언어 미숙자에 대한 배려와 시스템이 없는 교육으로 보고 있기 때문이다. 중도입국자녀의 특성상 외국인 친구들이 많기 때문에 각 나라의 문화를 직접적으로 체험으로 배우고 익힐 수 있는 교육이 필요하다고 생각하고 있다, 학교교육에서 한국에서 일시적이고 집중적으로 일어나고 있는 현상에 대한 정보를 공유할 수 있는 부분의 교육도 필요하다고 생각하고 있다. 동료, 미디어, 부모를 통해 상세히 아는 데에는 한계가 있고, 또래에 끼어

행동할 수 있는 여건 조성이 되지 않아 많은 소외감을 느끼고 있다. 같은 사회현상을 한국인 학생과 느끼도록 학교 측에서 보완적인 정보교육이나 현 사회의 트렌드 등을 알려주어 동일한 한국사회에서 살고 있다는 동기 부여를 해줄 필요가 있다.

> "자녀를 위한 올바른 교육시스템이 필요해요. 언어 의사소통에 의한 장애가 있어서 친구들과 친해지기 어렵고 담임 선생님이나 다른 선생님들이 모두 한국인으로 알아듣지 못한다고 자주 화를 내요. 그래서 자녀가 심리적으로 영향을 받아요. 학교에 러시아나 다른 언어권 선생님이 계셨으면 해요. 왜냐하면 자녀의 수준에 필요한 부분에 대해 한국인 선생님과 말할 때 서로 이해하기 어렵고 무엇인가를 알리고자 할 때 알아듣지 못해서 어려워해요."
>
> (연구참여자 A)

> "자녀가 11살이기 때문에 한국에서 유행하는 공통적인 소재를 한국인 또래들만 공유하는 것을 자녀에게도 현재 한국사회에서 일어나는 이슈나 공통적인 유행에 대해 학교에서 알려줘서 또래 친구들과 공유하여 같은 소속감을 키워 주었으면 해요. 한국인 친구들과 함께 놀고 지내야 그러한 트렌드를 알 수가 있고 친하게 지낼 수 있기 때문이에요."
>
> (연구참여자 B)

2) 복지서비스 정책 방향

(1) 집중적 수업을 위한 교육활동

중도입국자녀는 교육기관에 입학한 후에도 학업, 또래집단 및 교우관계 등의 어려움이 있으며, 가족구성 관계도 일반적 다문화 가정에 비해 또 다른 가족의 재구성이라는 처지로 가족 간의 갈등이 야기되고 청소년기에 한국사회에 입국함으로써 정체성 혼란을 경험하며 경제적 어려움 등이 이들의 안정적인 정착을 저해하고 있다. 특히, 중도입국자녀의 한국어 능력이 학교생활 적응의 주요 요인으로 인식되고 있다(맹재숙, 박수정, 2017).

중도입국자녀의 최우선과제는 한국어를 이해하고 활용하는 것으로 기존 언어 프로그램이 지원되고 있으나, 공교육에서 체계적인 언어교육이 필요하다. 이와 더불어 한국문화를 이해할 수 있도록 병행하는 특별수업 등의 집중적 교육이 요구됨을 알 수 있다.

> "한국어교육과 한국문화 지원프로그램 등의 맞춤형 교육 시스템이 있었으면 좋겠어요. 제가 집에서 학습을 도와주는 것은 쉬운 일이 아니에요. 학교는 방과 후 방치하지 않고 우리 아이들을 도울 방법을 찾아야 한다고 생각해요. 우리 아이들은 학교에서 많은 시간을 보내요. 그래서 아이들의 교육과 미래는 선생님들에 달려 있다는 사실이에요. 우리 아이는 집에서도 러시아말로 얘기하고 학교에서도 친구들과 러시아말로 얘기해요. 한국어는 안 늘어요."
>
> (연구참여자 A)

> "각 아이의 특성에 따라 맞춤형 지원이 될 수 있는 일대일 멘토링 서비스를 활성화시켜야 해요. 학교에서 다른 아이들과 쉽게 의사소통을 할 수 있기 위한 지원이 필요하다고 생각해요. 학교마다 올바르게 의사소통지원을 위한 맞춤형 언어교육서비스를 제공해 주면 우리 아이들의 의사소통에 좋아질 테니까요. 더 체계적인 이중 언어교육 프로그램을 제공하면 우즈벡어도 연습하고 배울

수 있어요."

(연구참여자 B)

(2) 심리적 안정을 위한 상담활동

중도입국자녀들 중 고학년의 수가 감소하고 있는데, 주요 원인으로는 언어 장벽, 문화적 차이, 가족 상황, 친구들과 교사와의 관계 등이 있다. 이를 지원하기 위해 상담사의 문화적 능력은 매우 중요한 역할을 한다. 중도입국자녀는 여러 면에서 많은 정신적 어려움을 겪게 되는데, 이를 제때 해결을 못하는 경우 중도입국자녀는 물론 결혼이민자나 가정에 모두 악영향을 일으킬 수 있다. 중도입국자녀가 겪는 스트레스 요인을 해결하기 위해서는 상담을 통한 직접적인 원인을 분석하여 원활한 한국생활에 적응할 수 있는 여건이 되어야 한다.

"원어민 상담사가 있었으면 좋겠어요. 우리나라 상담하는 선생님들이 계시면 아이들이 쉽게 마음을 열 수 있고 학교 어려움이나 집안 어려움에 대한 얘기해 줄 수 있어요. 가끔 아이들은 부모님들에게 얘기 못 나누는 것을 선생님들에게 할 수 있어요."

(연구참여자 A)

"학교에서 심리적 부적응이 높은 아이들을 선별하여 전문적 심리 상담 프로그램 지원해야 해요. 반드시 전문가 상담 서비스 제공해야 하고 모국어 선생님이었으면 해요. 학교에서 스트레스 많이 받아서 스트레스 관리 지원 상담 프로그램이 있으면 일반학교 가기 전에 아이들 심리적으로 준비를 해주었으면 해요."

(연구참여자 B)

(3) 정서적 지원을 위한 여가활동

중도입국자녀는 모국에서의 생활과 다른 새로운 한국 문화의 여러 상황을 이겨내고 자신감과 안정감을 가질 수 있는 것으로 여가를 통한 긴장감, 우울 해소, 가족관계 형성이 중요하다고 말한다. 특히 중도입국자녀의 신체적 시기는 대체적으로 초·중·고의 청소년 시기로서 급격한 신체적, 정신적, 심리적, 사회적 변화가 나타나며 그로 인해 높은 스트레스를 경험할 수 있다(김예성, 2011). 그로 인해 자신에 대한 자괴감으로 좌절과 불만을 갖게 되면서 부정적 사고와 사회에 대한 그릇된 인식이 더 나아가 사회문제로 발생되기 쉬운 조건을 갖추게 된다. 여가 활동은 청소년에게 사회적 경험, 개인의 육체적·정신적 건강을 유지 및 증진에 기여할 뿐만 아니라, 인격의 형성, 교양 연마, 그리고 구성원 간의 사회적 결합의 강화에도 기여하는 것으로 나타났다(이강우·김석기, 2005). 청소년들은 여가활동에서 즐거움을 찾고, 자신이 선택한 여가활동의 중요성을 인지하고 그 활동에서 자기표현이 가능하다고 느낄 때 자신감을 갖게 된다. 이러한 과정을 통해 여가활동 관여 정도가 높아질 수 있을 것으로 생각된다(김선희, 2009). 중도입국자녀들은 사람과의 관계가 중요한 여가 활동을 통해 적극적인 사회적 인적관계를 형성하고, 다양한 활동을 통해 긍정적이고 지속적 참여가 가능해질 것이다.

> "학교에서의 악기 연주 동아리가 있으면 해요. 우리 아이는 악기 연주하는 것을 좋아해서 그런 무료 학원이나 집에 와서 가르쳐주는 선생님이 있었으면 좋겠어요."
>
> (연구참여자 A)

"자녀가 많이 컸기 때문에 부모와 함께 보낼 수 있는 문화체험, 레크레이션, 영화관람, 공원, 카페, 레스토랑, 미술관과 같은 곳을 함께 가는 것이 필요해요. 그리고 자녀에게 자기문화를 유지하고 정체성을 갖도록 하는 것이 중요해요."

(연구참여자 B)

5. 마무리

이 글은 결혼이주여성의 관점에서 중도입국자녀가 일상에서 경험하는 복지서비스 이용 시 어려움이 무엇이며, 이를 해결하기 위한 복지서비스의 정책 방향을 살펴보았다. 먼저 결혼이주여성의 자녀가 경험하는 복지서비스 이용 시 어려운 점을 가정과 학교로 구분하여 살펴보면, 가정에서는 새 부모와의 대화를 통해 다양한 의사소통을 필요하지만 모국어에 의존하는 관계로 의사소통이 잘 이루어 지지 않고 있었다. 한편 학교에서는 언어와 문화차이로 학업습득에 어려움을 겪고 있어 학업에 대한 관심이 떨어지는 것으로 나타났다. 또래와 교사간의 관계도 적극적인 자기표현과 자신을 상대할 존재들이 줄어들고 멀어짐에 따라 의기소침해지는 경우도 많았다. 둘째, 중도입국자녀를 위한 복지서비스 정책 방향은 크게 교육, 상담, 그리고 여가 측면으로 나누어 살펴보았다. 먼저, 교육 측면에서 보면, 이들을 위한 특별수업 등 집중교육이 필요함을 알 수 있다. 한국사회 적응을 위해 한국어교육이 필요하지만, 한국문화를 이해할 수 있는 특별수업을 충분히 운영해야 한다. 상담에서는 중도입국자녀들은 입국 초기부터 많은 정신적 어려움을 겪어서 활동에 제약을 받을 수 있는 소지를 제공하고 있다. 가정이나 학교에서 당하는 소외감이나 박탈감으로 어린나이에 많은 마음의 상처를 안고 살아갈 수 있다. 이를 치유하기 위해서 전문 상담사가 상시적으로 안정된 공간에서 적극적으로 치유할 수 있는 준비를 하고 있어야 한다. 마지막으로, 여가 측면으로 중도입국자녀가 가정에서 부모와의 여행을 통해 진정한 가족애를 느끼고 싶어 하며, 부모로부터 사랑받기를 희망했다. 학교에서도 또래 친구들과 어울릴 수 있는 동아리 모임이나 오락을 통해 집단성을 키우고 그 속에서 진정한 친구와 선생님을 만나기를 기대했다.

중도입국자녀의 부모는 자신의 자녀에게 기본적인 사회서비스 및 혜택이 함께 나누어지기를 바라고 있다. 보다 나은 복지서비스를 위해서 교육에서는 주류 학생과의 동등한 경쟁과 기회를 통한 사회진출을 보장하고, 상담에서는 형식적이지 않고 자신의 감정과 상황을 충분히 이해해 줄 수 있는 모국 출신의 심리상담사와 상담할 수 있는 기회 마련이 요구된다. 그리고 여가를 통해 가족, 친구, 교사와의 좋은 관계를 맺을 수 있는 기회를 확대하는 것이 요구된다. 이와 같은 복지서비스의 정책적 지원을 보완한다면 그들이 겪고 있는 학교생활 적응의 어려움, 언어부담 문제, 심리적 적응성 등의 문제를 해결해 나갈 것으로 기대한다. 이러한 과정을 통해 중도입국자녀가 한국사회에 적응할 수 있는 복지서비스의 토대가 마련될 것이다. 이를 통해 중도입국자녀들이 가진 고유의 역량과 잠재 가능성을 개발할 수 있고, 한국사회에서 유용한 인적 자원으로 성장할 수 있도록 지원해주는 체계를 마련할 수 있을 것이다.

제3부

다문화 학교와 다문화 학습자

제9장 다문화 가정 학생의 교육연극과 협동학습

1. 교육연극과 협동학습의 필요성

다문화 사회가 되어가고 있다. 이 사실은 학교현장에서 더욱 체감할 수 있다. 매년 줄어드는 국내 초중고 학생 수와 달리 다문화 가정 학생 수는 매년 20%가량 증가하여 2018년을 기준으로 총 122,212명이다. 이러한 현실을 볼 때 우리의 학교는 다문화 사회에서의 학교 혹은 다문화 학교라 부를 수 있을 것이다.

학교는 우리 사회의 한 부분이며 사회적 가치를 반영한다. 다문화 사회의 중요한 가치는 다양한 개인의 정체성이 유지되는 가운데 공감과 이해를 통해 이루는 사회통합에 있다. 이를 통해 다문화 사회에서 우려하는 사회적 갈등의 가능성을 현저하게 낮출 수 있다. 특히 다문화교육연구자들은 사회의 모습을 반영하는 학교에서 민주사회의 주요 가치를 연습할 수 있다고 말한다. 다양한 구성원으로 이루어진 학교에서 잠재적 갈등과 불공평을 일으키는 요인에는 차별, 학교의 구조적 요인, 문화와 언어적 다양성 등이 있다(Nieto, 2010:67). 학교에서 갈등과 불공평에 대한 문제는 구체적으로 학교부적응으로 인한 일탈이나 학교폭력 등의 모습으로 나타난다. 이러한 문제에 대해 다문화교육자들은 사회의 작동 방식인 협력적 과정 중심의 교육 경험이 학습자 간의 긍정성을 높임으로써 학습에 대한 만족도를 높일 뿐만 아니라 사회통합에도 기여할 수 있다고 말한다.

학교는 사회통합을 연습하는 장(場)으로서의 역할을 할 뿐만 아니라 교육이라는 고유의 역할을 함께 수행해야 한다. 우리 교육에서도 밝히고 있듯이 교육은 모든 학생에 대해 지적 측면에서의 계발뿐만 아니라 사회적, 인격적 측면에서의 계발을 위해 공평한 학습의 기회를 제공해야 한다(Cambell, 2010; Dewey, 1916:14; Grant & Sleeter: 2011; Nieto, 2010).

그러나 다양성이 높은 사회에서 전인적 발달을 위한 공평한 학습의 기회는 무엇이며 어떻게 가능할 것인가? 또한 민주사회를 지속적으로 유지 발전시키는 데 바탕이 되는 이해와 소통은 어떻게 함양할 수 있을 것인가? 보다 근본적으로 다양성이 증대된 사회에서 우리 교육은 무엇을 지향하고 학습자의 특성은 어떠하며 우리 교육은 과연 우리의 교육 이상을 실현하고 있는 것인가?

이 장에서는 이와 같은 질문에 답하고자 먼저 교육법 및 2015개정 교육과정과 다문화 가정 학생의 실태를 함께 확인하고 다문화교육연구자들이 교육적 방안으로 제시한 교육연극과 협동학습에 대해 살펴보도록 하겠다. 마지막으로 교육연극과 협동학습을 실제 적용한 사례를 통하여 구체적인 모습을 확인할 것이다.

2. 다문화 가정 학생과 교육

1) 다문화 가정 학생과 공평한 학습

다문화교육자들은 민주사회가 유지되기 위해서는 학습자들에게 공평한 학습의 기회가 주어져야 한다고 주장한다. 이 주장은 가장 포괄적인 다문화교육에 대한 정의와 관련한 것으로 다문화교육이 모든 학생들을 위한 기본 교육이라는 것이다(Banks, 2014; Bennett, 2007; Cambell, 2010; Grant & Sleeter: 2011; Nieto, 2010).

우리의 교육법은 이 부분에 대해 '교육의 기회균등'으로 명시하고 있다. 그러나 다문화교육자들은 교육적 평등이 허용적 평등이나 보장적 평등과 같은 '기회균등'의 의미를 넘어 교육의 형평성의 개념으로 이해되어야 한다고 말한다(Grant & Sleeter, 2011:55; Nieto, 2010:45). 이때 형평성은 Rawls(1971:83)가 주장한 '공정한 개입'과 유사하다.[1)] 그러나 교육에 있어서 형평성은 경제와 관련한 공정한 배분에 한정되지 않는다(Grant & Sleeter, 2011:55). Rawls(1973: 146-147)의 관점에서 기회의 균등은 보상적인 복지로서 실현되는 평등이자 보장적 평등과 관련된다. 하지만 이때 발생하는 문제는 가장 '낮은 자'에 대한 선택과 그에 따른 역차별 논란이다. 이와 달리 Walzer(1998: 30-31)는 평등에 있어서 다원적 가치를 중요시 했다. 다원적인 사회에서 개인이 부여하는 가치는 비단 화폐에 제한되지 않는다. 사회의 각 집단과 각각의 개인이 다양성에 대해 부여하는 의미가 다르다. 따라서 평등은

---

1) Rawls(1971:33-34)가 제시한 '공정한 개입'은 최소 수혜자들에게 최대의 이익을 부여하도록 제도적으로 개입하는 것이다. 이때 '무지의 베일'을 통해 정의를 선택한다.

다양한 가치들의 영역에 대해 주체들이 반영한 의미를 바탕으로 분배하는 것을 나타낸다는 것이다. 따라서 그의 논의를 따르면 교육에 있어서 평등은 단지 법률로서 교육에 참여할 수 있는 허용적 평등이나 지원을 통한 보장적 평등에 머물지 않고 개개인에게 가치 있는 영역에 대한 분배를 통해 이루어지는 것이다. 이는 다문화 사회의 교육에서 개인의 사회적·문화적 소양을 기반으로 한 잠재력 혹은 소질에 대한 지원을 말하는 것이며 과정으로서의 평등을 나타내는 것이다.

우리 교육에서도 교육법 제3조와 제4조에 명시된 학습권과 평등권을 통하여 형평성을 보장하고 있다.[2] 이때 논란이 되는 것은 제3조에서 명시한 '능력에 따라 교육을 받을 수' 있다는 학습권의 의미를 엘리트교육 중심의 수월성 교육으로 해석하는 데 있다. 하지만 수월성이 엘리트 교육이 아닌 '모든 학생을 위한 재능 계발'이라는 원래 뜻을 따른다면 교육에서의 수월성은 개인의 재능이 실현될 수 있도록 돕는 것을 의미한다(박종필, 2005). 이에 더하여 제 4조에서 명시한 '기회의 균등'을 고려할 때, 형평성은 결과적으로 학습자의 잠재력이 최대한 실현되는 것으로 평등성과 수월성을 통합한 개념이다(김창아, 2015; 박휴용, 2012). 이러한 논의에 의해 다문화교육에서 요구하는 공평한 기회는 모든 학생의 잠재력 계발을 최대한 실현할 수 있도록 돕는 것이라고 정의된다.

국가 수준의 교육과정 역시 교육 기본법에 따라 모든 학습자들이

2) 교육기본법 제 3조(학습권) 모든 국민은 평생에 걸쳐 학습하고, 능력과 적성에 따라 교육 받을 권리를 가진다. 교육기본법 제 4조(교육의 기회균등) ① 모든 국민은 성별, 종교, 신념, 인종, 사회적 신분, 경제적 지위 또는 신체적 조건 등을 이유로 교육에서 차별을 받지 아니한다. ② 국가와 지방자치단체는 학습자가 평등하게 교육을 받을 수 있도록 지역 간의 교원 수급 등 교육 여건 격차를 최소화하는 시책을 마련하여 시행하여야 한다.

자신의 잠재력을 실현할 수 있도록 형평성 교육을 제공해야 한다. 우리 교육의 구체적인 방향은 현재 2015 개정 교육과정에 제시되어 있다. 2015개정 교육과정에 나타난 추구하는 인간상에서는 학습자의 전인적 성장을 지향하고 있다는 것을 명시하고 있다.

> 2015 개정교육과정에서 제시하는 인간상
>
> 가. 전인적 성장을 바탕으로 자아정체성을 확립하고 자신의 진로와 삶을 개척하는 자주적인 사람
> 나. 기초 능력의 바탕 위에 다양한 발상과 도전으로 새로운 것을 창출하는 창의적인 사람
> 다. 문화적 소양과 다원적 가치에 대한 이해를 바탕으로 인류 문화를 향유하고 발전시키는 교양 있는 사람
> 라. 공동체 의식을 가지고 세계와 소통하는 민주 시민으로서 배려와 나눔을 실천하는 더불어 사는 사람

출처: 2015개정 교육과정 총론 해설.

2009개정 교육과정과 달리 2015개정 교육과정에서는 '자아정체성', '인류문화 향유', '공동체 의식'을 강조한다.[3] 이와 함께 2015 개정 교육과정에서는 그 비전으로 '미래사회가 요구하는 창의융합형 인재 양성'과, '학습 경험의 질 개선을 통한 행복한 학습의 구현'을 제시한다(황규호, 2015/교육부, 2016에서 재인용). 학습 대상으로는 '모든 학생을 위한 교육기회의 제공'으로 명시하고 있다(교육부, 2015: 79-80).

---

3) 우리나라 교육의 방향은 교육기본법 제2조에 의한다. 우리나라의 교육은 홍익인간의 이념 아래 모든 국민으로 하여금 인격을 도야하고, 자주적 생활 능력과 민주 시민으로서 필요한 자질을 갖추게 함으로써 인간다운 삶을 영위하게 하고, 민주 국가의 발전과 인류 공영의 이상을 실현하는 데에 이바지하게 함을 목적으로 하고 있다.(교육기본법 제 2조). 2009 개정교육과정에서 제시했던 추구하는 인간상으로는 전인적 성장의 기반 위에 개성의 발달과 진로를 개척하는 사람, 기초 능력의 바탕 위에 새로운 발상과 도전으로 창의성을 발휘하는 사람, 문화적 소양과 다원적 가치에 대한 이해를 바탕으로 품격 있는 삶을 영위하는 사람, 세계와 소통하는 시민으로서 배려와 나눔의 정신으로 공동체 발전에 참여하는 사람이다(교육부. 2013: 20).

또한 '자아정체성 확립', '문화적 소양과 다원적 가치에 대한 이해', '세계와 소통하는 민주시민'을 강조하고 있다. 이러한 교육의 방향은 다문화교육연구자들이 교육을 통해 함양해야 할 것으로 제시한 '다문화감수성, 문화리터러시, 문화적 가치 존중, 긍정적 자아정체성, 세계시민성 등의 간문화적 역량'과 크게 다르지 않다는 것을 알 수 있다 (김영순 외, 2016).

2) 숫자로 본 다문화 가정 학생

우리나라의 다문화 가정 학생 수는 매년 증가하여 2018년 4월 통계 기준으로 122,212명에 이른다. 2012년부터 2018년까지의 유형별 · 학교급별 다문화 가정 자녀의 수는 아래의 〈표 9-1〉과 같다.

2012년과 비교할 때 다문화 가정 학생의 수는 초등학교와 고등학교에서 약 3배 증가했으며 중학교와 각종학교에서는 약 2배 증가했다. 꾸준한 수적 증가로 다문화학생은 현재 우리 교육의 또 다른 주체로 자리매김하고 있으며 2050년에는 전체 학생의 10%에 육박할

〈표 9-1〉 학교 급별 다문화 가정 자녀 수 (단위: 명)

구분	초	중	고	각종 학교	계
2012	33,740	9,627	3,409	178	46,953
2013	39,386	11,280	4,858	282	55,806
2014	48,225	12,506	6,734	341	67,806
2015	60,162	13,827	8,146	401	82,536
2016	73,972	15,080	9,816	318	99,269
2017	82,733	15,945	10,334	375	109,387
2018	93,027	18,068	10,688	429	122,212

출처: 2015년 교육기본통계, 2018 교육기본통계 재구성.

〈표 9-2〉 유형별 · 학교급별 다문화학생 현황(2018)

(단위: 명)

유형		초등학교	중학교	고등학교	각종 학교	계
계		93,027	18,065	10,688	429	122,212
국제결혼	국내출생	76,181	13,599	8,361	122	98,263
	중도입국	5,023	1,907	1,185	205	8,320
외국인 가정		11,823	2,562	1,142	102	15,629

출처: 교육통계서비스[4].

것이라는 의견이 지배적이다. 총 122,212명의 다문화학생의 부모 중 베트남 출신은 29.1%, 중국 출신은 22.3%, 필리핀 출신은 11.5%, 한국계 중국으로 표기한 조선족 출신은 10.2%, 일본 출신은 8.5%를 차지하고 이어 중앙아시아 출신이 3.7%를 차지하고 있다. 다문화 가정 학생을 유형별 · 학교급별로 나타내면 〈표 9-2〉와 같다.

다문화 가정 학생은 〈표 9-2〉에서와 같이 국내출생, 중도입국, 외국인 가정으로 분류된다. 또한 각 학교 유형에서는 기존의 학교급 이외에 예비학교, 다문화대안학교와 같은 대안교육 기관을 지칭하는 각종학교에 다니는 학생들도 확인되고 있다(김영순 외, 2016; 오영훈, 김영순, 2016; 이병환, 김영순, 2008).

〈그림 9-1〉은 2015년과 2018년에 조사한 다문화 가정 자녀 중 초 · 중등학생의 학교 부적응 이유이다. 그림에서도 알 수 있듯이 2015년에는 한국어 능력에 따른 학교생활의 어려움이 25.5%에 달했으나 2018년 조사에서는 12.6%로 현저히 낮아졌다.

이는 현재의 다문화 가정 학생을 대상으로 하는 한국어교육이 긍정적으로 작용하고 있지만 이와 별도로 교과교육이나 친구들과의 관계에 대한 관심이 필요하다는 것을 나타낸다. 특히 다문화 가정 자녀

4) 교육통계서비스: http://kess.kedi.re.kr/index

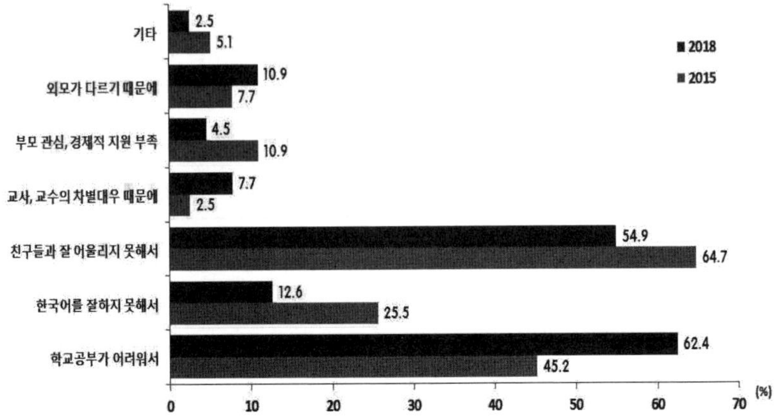

출처: 2018년 전국다문화가족실태 조사연구.

〈그림 9-1〉 다문화 초·중등학생의 학교 부적응 이유(복수 응답)

들이 학교 부적응의 주요 원인으로 '친구들과 잘 어울리지 못해서'라는 항목과 '학교공부가 어려워서'라는 항목을 꼽는 것을 보면 다문화 학생의 성공적인 학교생활을 보장하는데 한국어 능력만이 전부가 될 수는 없다는 것을 알 수 있다. 이와 달리 2019년 여성가족부가 발표한 청소년의 다문화수용성은 71.39점으로 성인(52.81점)에 비해 높게 나타나고 있다(여성가족부, 2019c).

다문화 가정 학생의 교육이 본래적 의미의 평등교육이 되기 위해서는 여성가족부의 발표를 통해 알 수 있듯이 먼저 '언어, 사회적 관계, 교과교육에 주목해야 한다. 그러나 그 이전에 이들의 특성을 파악하는 것이 필요하다. 또한 모든 학생이 '획일성을 탈피'하고 '핵심 소양과 역량을 실질적'으로 함양하며, '즐겁고 행복한' 교육이 요구된다는 측면에서 학습자 중심성과 사회적 구성주의를 기반으로 하는 교육연극과 협동학습은 주목된다.[5)]

3. 교육연극과 협동학습

다문화교육자들은 다문화 학교에서의 교육적 방안으로 평등교수법을 제안한다(Banks, 2014; Bennett, 2007; Grant & Sleeter, 2011:55; Johnson & Johnson, 2002; Nieto, 2010:45). 평등교수법은 학습자의 다양한 특성에 대한 이해를 바탕으로 교육주체 간의 평등한 상호작용을 중시하며, 교육의 맥락성을 고려한다(김영순 외, 2016). 교육연극은 상황・맥락 중심의 총체적 접근을 통하여 학습자에게 감성 기반의 유의미한 교육을 가능하게 한다(Stewig & Buege, 1994). 또한 협동학습은 다양성에 의한 이질적인 학습자들의 소통과 이해를 높이고, 상호의존적인 요소로 인하여 사회적 관계를 긍정적으로 높일 수 있는 교육방법이다(Johnson & Johnson, 2002:196). 각각을 살펴보면 다음과 같다.

1) 교육연극

교육연극은 연극적 기법을 교육의 목적으로 활용하는 교육 방법이다. McCaslin(2006:6)은 교육연극의 주요 목표로 사회성과 협동성, 의사소통기능, 다양한 문화적배경과 가치를 이해하고 공감하는 것을 말

5) 2015개정 교육과정은 비전으로 미래사회가 요구하는 창의융합형 인재 양성과 학습경험의 질 개선을 통한 행복한 학습의 구현을 제시했다. 또한 교육과정 개정의 주안점으로 다음을 말한다. … 창의융합형 인재 양성을 위한 기초 소양 함양을 이유로 모든 학생에게 획일적인 교육과정을 부과하는 것은 경계되어야 하며, 기초 소양을 바탕으로 학생 개개인의 꿈과 끼를 키워주는 '맞춤형 선택 학습'이 가능한… 학습의 양과 결과보다 학습의 질과 과정을 중시하는 교육, 학습의 즐거움을 일깨워주는 교육, 미래사회가 요구하는 핵심 소양과 역량을 실질적으로 길러주는 교육, 자기성장・자기발전의 경험에 기초한 행복감을 증진하는 교육(2015개정 교육과정 총론 해설: 26-27)

했다. 그가 제시한 교육연극의 주요 목표는 다문화교육이 추구하는 주요 가치이기도 하다(Bennett, 2007). 우리 교육에서 교육연극에 주목한 연구 중 다문화 가정 학생과 특히 관련된 주제는 다음과 같다. 언어 교육(박희정, 2015; 한규용, 2010), 교과 이해도 증진(전영국, 이아름, 2018; 태진미, 박양숙, 2013), 자기와 타인에 대한 이해(장연주, 2015; 전두리, 2013), 창의력과 리더십(신권익, 김병주, 2015; 정성희, 2007), 학습자의 능동적 참여(구민정, 권재원, 2008; 권재원, 2005; 김창아, 김영순, 2013), 협동(김창아 외, 2014; 이은미, 2014), 상호문화이해(오영훈, 김창아, 2015) 등이다.

앞에서 제시한 바와 같이 교육연극은 여러 교과에서 활용되고 다양한 학문 영역에 관련된다. 이렇게 교육연극이 갖는 간학문성과 범교과성은 '창의융합형 인재'와 통합적 사고가 요구되는 오늘날 교육현장에서 적극 활용되고 있다(전영국, 이아름, 2018; 조홍자 외, 2015; 태진미, 박양숙, 2013). 김창아, 김영순(2013)과 장연주(2015)는 주로 중도입국 학생이 한국학교에 적응하기 위해 한시적으로 다니는 다문화대안학교에서 교육연극 활동을 실행연구(Action reserch)의 방법으로 했다. 김창아, 김영순(2013)은 KSL교과에 대한 태도 증진과 관련하여, 장연주(2015)는 또래관계 개선을 위한 프로그램 개발을 주제로 연구했다. 전영국, 이아름(2018)은 글로벌브릿지 사업에서 STEAM 융합교육 프로그램 개발을 주제로 교육연극을 접목하여 연구했는데, 학습자의 창의력을 증진시키기 위해 연극놀이를 활용했다. 김창아 외(2014)는 다문화대안학교에서 협동학습을 주제로 교육연극을 활용했다. 오영훈, 김창아(2015)에서는 마임을 활용하여 '나와 너'의 문화를 이해하는 방식을 설명했다. 한규용(2010)은 문헌연구를 통하여 다문화 가정 학생의 이중언어 교육을 주제로 한 교육의 방안으로 교육연극의 다양한 특성을 제시했다. 비록 비다문화 가정 학생을 전제한 연구이지만 안유진, 손은경(2017)은 통합교과로서의 교육연극프로그램 구안을 위해 전문가 32인에 대한 델파이조사를 했다.

교육연극은 형식성에 따라서 TIE, DIE, 놀이로 나눌 수 있고 이것을 포괄하는 창의적 드라마가 있다. 또한 공통적으로 활용하는 연극적 기법으로는 연극놀이, 마임, 즉흥극, 역할극, 그림자극, 가면극 등이 있다. 교육연극을 형식성에 따라 분류한 것은 형식교육, 비형식교육, 무형식 학습과 유사하다. 체계성과 공인성을 기준으로 분류할 때 형식교육은 일반적인 학교교육에서 나타나는 체계성(교육목적, 지향점, 계획성, 지속성)과 일정한 교육 후에는 졸업장과 같이 공인성을 인정받는다. 비형식 교육과 무형식학습은 형식교육의 대안으로 평생교육의 차원에서 시민교육과 함께 제시됐다. 비형식 교육은 소비자교육, 안전교육 등과 같이 체계성은 갖추지만 공식적으로 인정받는 것은 아니므로 공인성이 결여된다. 무형식 교육은 이러한 체계성과 공식성이 모두 결여되지만 학습자의 흥미와 자발성에 의해 이루어진다는 특징이 있다(이은경, 양은아, 2017; 조준 외. 2018). 형식성과 공인성을 기준으로 한 교육의 유형을 교육연극의 유형과 함께 나타내면 다음 〈표 9-3〉과 같다.

형식성이 높은 TIE(Theater In Education)는 영문 표기를 통해서도

〈표 9-3〉 교육연극의 범주와 교육의 유형

구분	창의적 드라마		
유형	놀이/무형식적 교육과정	DIE/비형식적 교육과정	TIE/형식적 교육과정
특징	비체계성, 비공인성	체계성, 비공인성	체계성, 공인성
작동방식	흥미에 의함	자발성에 의함	규칙에 의함

드러나듯이 무대 위에서 하는 연극공연이 핵심이다. 그렇기에 연극은 주로 전문 연극인들에 의해 준비된다. TIE가 교육연극으로 분류되는 것은 연극공연을 통해서 사회적 쟁점과 문제를 제시하고 공연 후 주제와 관련한 문제에 대해 청중과 소통하며 해결을 모색하기 때문이다. DIE는 공연보다는 '리더로서의' 교사와 학생들이 학교나 교실에서 함께하는 연극수업(drama)이다. DIE의 주요 활동이 추구하는 것은 살아보기(Living through)와 반성하기(reflection)를 통한 학습 주제의 이해와 자기성찰, 태도의 변화이다(Bolton, 2012: 207). 창의적 드라마는 흥미성을 가장 고려한 연극놀이 활동부터 학습자의 요구에 의한 연극 공연까지 활동의 범주가 가장 넓다.

창의적 드라마, DIE, TIE는 각기 지향점은 다르지만 교육연극으로서 다음의 네 가지 공통점을 갖는다. ① 은유성: 교육연극의 기본 가정은 마치 '~인 것처럼' 활동하는 것으로 자아의 허구적 표현 방식이다(Courtney, 2007: 32). ② 자연성: 연극은 놀이가 발달한 한 형태로 인간의 감정과 그에 따른 행동을 바탕으로 하는 자연스럽고 흥미 있는 학습수단이다(김창화, 2003: 13). ③ 실제성: 상상과 허구의 세계를 실제 벌어지는 것으로 생각하고 그것을 지금 여기에서 행해봄으로써 연극적 체험을 하게 된다(김창화, 2003; Courtney, 2007, 2010; Wessels, 1987; Stewig & Buege, 2004). ④ 교육목적: 교육연극은 연극을 교육의 목적으로 활용한다. 따라서 학습자는 실제 상황과 유사하지만 '안전하게 통제된' 환경에서 자신의 문제를 마주하려는 의지나, 문제를 해결해보려는 의지가 생긴다.

교육연극을 교육연극이라고 부를 수 있는 조건에 대해 학자들마다 조금씩 다르지만 주제, 감정이입을 통한 의견교환, 표현활동으로 귀결된다(김창화, 2003, Stewig & Buege, 2004; Bowell & Heap, 2010).

Wessels(1987)는 연극의 필수 요소를 희곡(내용)과 표현활동으로 말했다. 또한 김창화(2003:29)는 훌륭한 작가와 작품, 교육적 효과와 목적을 위한 당위성 그리고 재원 조달과 관객의 반응을 TIE의 전제조건으로 말했다. 이어 DIE의 전제조건으로는 자발적 참여와 창의성, 풍부한 상상력과 교사의 훌륭한 지도가 필요하다고 한다. Stewig & Buege(2004: 23-25)는 교실 연극의 구성 요소로 자료, 토론-질문, 아이디어의 연기, 평가를 말한다. Bowell & Heap(2010)은 대본이 있는 경우에도 꼭 필요한 활동으로 특히 의견 조정활동을 강조했다. 그런데 Bowell & Heap(2010)이나 김창화(2003)에서의 의견교환과 표현활동이 '무엇'에 대한 의견교환이고, '무엇'에 대한 표현이라는 점을 고려하면 Wessels(1987)가 제시한 희곡(내용) 요소는 극본으로서의 희곡과 그 내용 즉, 주제로 분리해서 생각해야 한다고 본다. 또한 관객의 반응이나 풍부한 상상력, 아이디어의 연기 등은 모두 인물 혹은 작품에 대한 감정이입을 전제로 한다. 따라서 어떠한 행위를 교육연극이라고 말하기 위해서는 '주제'에 대해 '감정이입을 통한 의견교환'을 하고 그것을 '다양한 방식으로 표현'하는 활동이 요구된다.

2) 협동학습

다문화교육론자들은 다양성에 의한 이질적인 학습자들의 소통과 이해를 높이고, 사회적 관계를 긍정적으로 높일 수 있는 교육방법으로 협동학습을 꼽는다(김영순, 2010; 2018; Campbell, 2010; Grant & Sleeter, 2011; Johnson & Johnson, 2002). 다문화교육에서 협동학습의 중요성은 다음의 인용에서 잘 나타난다.

"건강과 수명은 세계에서 37위, 미국 사회는 국제적 충돌과 테러, 시장경쟁, 국내의 편견과 편협함 때문에 자유와 민주주의는 높은 생활수준을 희생하게 됐다." 이는 사회 분열의 조짐으로 귀결되는데 이러한 분열을 감소하고 민주주의적 가치를 확장하기 위해서 시민들은 함께 일하며 소통할 수 있는 능력을 배워야 한다. 특히 학교는 학생들에게 인내심과 협력, 함께 살아가는 방법을 가르쳐주는 장소이다.

-Campbell, 2010: 371

Campbell(2010: 371)은 협동학습이 다양성이 높은 구성원들 사이에서 빈번하게 발생하는 또래 간의 다툼과 같은 교육의 어려움을 해소하기 위해 개발한 전략의 하나라고 한다. 협동학습(cooperative learning)에는 유사한 용어가 많지만 협동학습이라고 말하기 위해서는 필수 요소를 충족해야 한다. 협동학습(cooperative learning)이라는 개념에는 목표 달성이라는 결과의 산출 그리고 이를 효과적으로 달성하기 위한 구조와 목표, 개인의 욕구와 동기유발 및 인간관계 이론이 관련된다. 사회심리학자들의 연구는 협동학습의 개념 형성에 초석이 됐다. 특히 1960년대 이루어진 일련의 연구들은 작업 결과의 주요 변인이 개인적 동기유발과 관련되고(Mayo), 주변 환경과 인간의 감정에 영향을 받으며(Howthrne), 개인의 동기유발이 위계적으로 발생하는 욕구를 충족시키기 위한 것임을(Maslow) 밝혀 협동학습과 관련한 연구의 기초가 됐다(Johnson & Johnson, 2002).

협동학습의 구성은 구성집단의 유지기간과 구성원의 안정성을 기준으로 볼 때, 형식적인 모둠, 비형식적 모둠, 기본 모둠으로 나눌 수 있다. 형식적인 모둠은 한 시간 혹은 몇 주 동안의 수업을 함께 활동하며 특정한 과제나 프로젝트를 수행한다. 비형식적 모둠은 일시적인 모둠으로 몇 분에서 한 시간 수업 이내의 모둠활동을 한다. 이 수업에서 교사는 학습자의 자료를 조직하고 개념을 구조화시키는 활동을 한다. 기본모둠은 장기적으로 이질적 특성을 가지며 안정된 구성원들로 이루어진 협동학습 모둠이다. 1~7년이라는 영속성을 통하여 구성원 간에 관계성을 부여한다(Johnson, Johnson, & Smith, 1998). 협동학습은 학습의 과정 자체가 서로 돕는 교수법이다. 학생들은 협동학습의 과정에서 토의하고 논쟁할 뿐만 아니라 현재 가지고 있는 지식을 평가한다. 이러한 과정 속에서 이해의 간극을 메우고 학습할 개념을 완전히 습득하게 될 것이라는 확신을 가지고 활동한다(Slavin, 1995). 따라서 집단구성원들 간에 대화를 통한 동료 학습이 중요하다. 또한, 협동학습에서는 이질적인 집단 구성과 모든 학생에게 성공할 수 있는 동등한 기회가 부여되는데, 개별화된 기준을 적용함으로써 내적, 혹은 외적 보상을 받을 수 있게 된다(Johnson & Johnson, 1989).

협동학습이 갖는 특징인 전통적인 교사 중심 활동에 반대하며 사회 속에서의 인간관계를 중시한다는 것은 다문화교육이 추구하는 상호존중의 가치와 맥을 같이 한다. 다문화교육은 협동학습을 통해 공평한 학습의 기회와 동등한 존중을 추구함으로써 다문화 사회가 지닌 긍정적 잠재력을 촉진한다(김영순, 2010a; 김창아, 김영순, 2013; Grant & Sleeter, 2007, Campbell, 2010). 또한 협동학습은 구성원의 특성을 고려하여 개별 과제를 제시함으로써 구성원 간의 동등한 참여를 가능하게 한다(Campbell, 2010:373).

효율적인 협동학습 집단은 개인의 목표와 집단의 목표가 같고, 명확한 집단 목표를 공유한다. 또한 상호작용에 있어서 개방적이고, 적절한 의사결정 과정을 거친다. 따라서 갈등은 서로의 개성을 존중하는 가운데 구성원 간의 중재나 타협을 통해 해결된다(Johnson & Johnson,

2009). 이에 비해 비효율적인 집단은 이미 정해진 목표를 구성원들이 받아들이고, 경쟁적인 태도를 보이며, 타인의 감정이 무시된 채 자기의 의견만 표현하는 대화가 진행되고, 권력에 의한 의사결정으로 인해 집단 순응적 사고(groupthink)와 구성원들 사이의 의사 혹은 감정 불일치로 인한 억압 또는 회피 행동이 나타나므로 집단구성원의 개성보다는 기능이 강조된다(Johnson & Johnson, 2009).

일반적으로 협동학습의 주체는 학습자 간 혹은 교사와 교사 간의 관계로 파악됐다. 그러나 다원적인 사회에서 협동학습의 주체는 교사와 학습자의 상호작용까지 확대된다. 교육은 끊임없는 경험의 개조이고 협동학습의 주체는 서로가 그들을 둘러싼 인적 환경으로서 지속적으로 접촉하여 변화하고 발전하는 과정을 경험하기 때문이다(김창아 외, 2014; 김창아, 2015).

협동학습에서 개인의 역할은 의견조정 및 협력적 과정을 가능하도록 하여 공동의 목표를 달성하는 데 기여한다. 협상, 타협 등의 의견조정활동은 구성원 간의 관계를 유지하기 위한 사회적 기술에 해당한다(정희모, 2006:152). 협동학습의 각 요소의 특성과 요소를 구현하기 위한 주요기술을 나타내면 다음 〈표 9-4〉와 같다.

〈표 9-4〉 협동학습의 다섯 가지 요소와 특징

협동학습 요소	특 징
긍정적인 상호의존성	학습자의 특성을 반영한 명확한 과제 및 공동의 목표
개별적인 책임	공동의 목표 달성을 위한 개별 과제
협력적 상호작용	다른 사람들의 성공을 도와주기 위해 실제로 함께 작업에 참여하기
사회적인 기술들	대인관계와 활동을 위한 기술 및 인간관계
모둠화 과정	상호의존성이 효과적으로 달성될 수 있도록 하는 토론활동을 포함

출처: Johnson & Johnson, 2002: 211-212에서 재구성.

〈표 9-4〉와 같이 협동학습의 요건에는 긍정적 상호의존성, 개별적인 책임, 협력적 상호작용, 사회적인 기술들, 모둠화 과정이 있다(Johnson & Johnson, 2002: 210-212). 그중에서 긍정적인 상호의존성은 협동학습의 다섯 가지 요소 중 가장 중요하다. 모둠화 과정은 공동의 목표가 효율적으로 달성될 수 있도록 반성적 활동을 통해 만들어지는 구성요소이자, 결과적 요소이며 공동체 의식 형성과 관련된다. 이렇듯 교육연극과 협동학습은 그 구성요소와 활동 과정 속에서 학습자 간의 상호 이해와 의사소통이 발생한다. 이러한 이유로 협동학습은 다문화교육에서 갈등을 해소할 수 있는 주요 방안으로 일컬어진다.

4. 교육연극과 협동학습의 실제

여기에서 소개할 두 사례는 김창아, 김영순(2013), 김창아 외(2014)의 연구이다. 이 연구들은 경인지역의 한 다문화대안학교에서 방과 후 수업의 하나로 시행된 교육연극을 통한 협동학습의 실제 사례이다. 두 사례는 모두 참여관찰의 방법으로 자료를 수집해 현장의 모습을 구체적으로 제시할 수 있다는 특징이 있다. 사례의 학교는 중도입국 자녀들과 일반학교에서 학교부적응을 경험한 다문화 가정 학생들을 교육의 대상으로 2013년 3월 개교한 학교이다. 이 학교의 학습자들은 일정기간 동안 이곳에서 학교 생활 적응교육 후 원래 소속된 학교로 돌아간다. 따라서 학습자의 특성을 알 수 있는 관찰 기간이나 기존 자료가 충분하지 않았다는 특징이 있다. 이와 같은 상황에서 사례 1의 연구자는 현장의 특징을 빠르게 반영하여 프로그램을 수정하며 수업을 진행할 수 있도록 실행연구의 방법으로 전체 수업을 구안했다. 이 같은 특징으로 사례 1은 교육연극과 협동학습이 이루어지기

<사례 1> 의 개요
방과후 프로그램 제목: 교육연극활용KSL 프로그램
시행기간: 2013년 4월~6월. 주1회 총 8회(초등학교 수업 기준 2시간씩)
대상: 경인지역 다문화 대안학교 초등학생
목표: KSL한국어에 대한 흥미 증진과 학습자의 능동적 참여
연구참여자: 5~6명. 처음에는 5명으로 시작했으나 중간에 한 명이 더 참여함.

구분	학년/성별	나이	한국어	가능 언어	입국 시기
A	1/남	9	중	2	2012년 초
B	5/남	12	하	2	한국출생
C	6/여	16	중	2	2010년 초
D	6/남	16	하	1	2012년 초
E	6/여	13	상	3	2013년 초
F	6/여	12	중	5	2013년 초

<사례 2>의 개요
방과후 프로그램 제목: 교육연극활용KSL 프로그램
시행기간: 2013년 9월-11월 주1회 총 9회(초등학교 수업 기준 2시간씩)
대상: 경인지역 다문화 대안학교 초등학생
목표: 연극 만들기
연구참여자: 8~11명, 3명의 비자발적 학습자는 중간에 그만 둠. 1명의 비자발적 여자 참여자는 수업이 진행되는 동안 전학을 와서 함께 함.

구분	성별	나이	학년	소집단 구성	이전 수업 경험
1	여	16	6	자발적	1,2분기
2	여	13	6	자발적	1분기
3	여	13	6	자발적	1,2분기
4	여	13	6	비자발적	없음
5	여	13	6	자발적	없음
6	여	14	6	자발적	2분기
7	남	13	6	비자발적	없음
8	남	13	5	자발적	1분기

위한 환경 탐색의 의미에서 살펴보고, 사례 2는 교육연극과 협동학습의 활동 자체에 대해 집중하여 살펴보도록 할 것이다. 두 사례의 수업은 2013년 4월~6월 그리고 9월~11월에 이루어졌다. 사례 1, 사례 2의 수업의 개요는 다음과 같다.

사례 1에서는 수업의 목표가 KSL한국어에 대한 흥미 증진과 학습자의 능동적 참여로, 사례 2에서는 연극 만들기로 나타나고 있다. 즉, 놀이에서 TIE의 성격으로 수업 목표가 변화했는데, 무형식적 교육과정에서 형식적 교육과정으로의 이행과 유사하다. 또한 두 사례 모두 3개월간 지속된 형식적 모둠으로 구성됐다.

앞의 사례 1과 사례 2에서는 참여 학생의 수와 학년 및 연령분포에서 차이가 있다. 또한 사례 1에서는 참여자들의 한국어 사용능력이 같은 중급이더라도 차이가 많았다. 이러한 요인으로 인하여 교육연극 수업은 처음의 계획에서 수정되는 가운데 실행됐다.

1) 교육연극과 협동학습의 조건

수업시작 전 학교에서의 요구사항은 '흥미 있는 한국어 수업'이었다. 이러한 여건에서 실시된 사례 1의 수업 계획 의도에서는 상황 맥락에 따른 다양한 의사소통(언어적, 비언어적 표현), 스토리텔링 기반의 비교문화 학습, 배경과 소품을 통한 예술 활동과의 접목을 고려하고 있다.

또한 수업의 계획에서는 '이야기'를 통한 문학적 요소, 음악과 미술을 통한 예술적 요소, '다양한 문화알기'를 통한 사회・문화적 요소가 포함되고 있다. 1차 내용은 출발점으로 앞으로의 활동을 확인하는 단계이다. 심리적 과정은 형식적으로 2, 3차 수업에 해당하는데 학습

〈표 9-5〉 KSL교육연극 프로그램의 주요 계획과 실행 과정의 예시

수업 차수	주요 계획/학습주제 →실행과정을 통한 반성의 반영	학습자 주요반응	다음 수업 반영사항
1차	오리엔테이션/놀이를 통한 마음열기(놀이를 통한 신체 표현, 놀이를 통한 상호의견교환)	재미없음	학습자 선호 활동 포함하기, 쓰기 어려워함
2차	다양한 문화학습/내가 잘 아는 문화의 책을 읽고, 말과 마임으로 표현하기 →내가 좋아하는 활동 후 마임으로 표현	힘듦	도서관에 책이 없어 연구자가 이야기 자료 준비
3차	이야기 구조학습/이야기구조를 알고, 내가 고른 이야기와 관련지어 말하기 →강당에서 도서관으로 활동 장소 이동	하기 싫음	친한 친구에게 역할 주기
이 하 생 략			

출처: 김창아, 김영순, 2013에서 재구성.

내용을 이해하는 단계이다. 역동적 상상은 3차시부터 7차시에 해당한다. 8차시는 알게 된 것을 표출하는 단계로 연극 구조를 통해 자신이 배운 것에 대해 의미를 생성하는 것이다.

이 연구에서는 수업에 영향을 주는 요인으로 대상과 능력 그리고 환경에 대한 교사의 편견과 고정관념, 학습자 간의 갈등을 확인했다. 또한 교육의 물리적 기반에서는 학교 환경을, 활동을 통해서는 학습자의 행동 표현과 언어 능력이 불공평 요인으로 확인했는데 이는 다시 학습자 간의 갈등 요소가 되기도 했다.

앞에서 나타난 학습자의 주요 반응은 교사의 '편견과 고정관념'에 관련된 것이다. 이는 교사가 수업 전 상정한 일반적인 초등학생과 학교에 대한 일종의 믿음과 가정으로부터 프로그램을 구상한 데서 비롯된다(Campbell, 2010; Grant & Sleeter, 2011; Nieto, 2010). 사례 1에서 나타난 교사의 고정관념과 편견을 살펴보면 다음과 같다. ① 일반적으로 초등학생의 나이는 8세에서 13세에 이른다. ② 아이들은 한국어가 미숙하므로 한국어 교수에 충실해야 한다. ③ 학교는 교육에 필

요한 물리적 환경이 완비되어 있다. ④ 아이들은 이곳에서의 생활 후 원래 학교로 돌아가야 하니 일반학교의 수업과 관련하여 수업을 진행해야 한다. 이러한 교사의 편견과 고정관념은 다음과 같은 참여자의 모습을 통해 교사에게 인식됐다.

1차 수업에서 연구참여자 D는 초등학생이지만 16살로 교사의 발문은 예상을 벗어났고, E 역시 연극놀이부터 시작하는 점진적 발달수업이 아니라 처음부터 공연을 고려한 연극수업을 생각하고 있었다. 또한 C는 학교의 교육 자료가 다양하지 못하다는 것을 말했다. 3차 수업에서 C는 D를 챙겨주는 배려의 모습이 나타났고, 7차 수업에서 '잦은 초국적 이주를 경험한' F는 한국어 이외에도 4개 국어를 더 할 수 있다고 한다. 또한 교사는 '학습자들의 원적교 복귀에 맞추어 프로그램을 구안'했지만 연극에 넣을 음악을 고르는 과정이 포함된 4차 수업에서 참여자들은 그날 들었던 시민단체의 수준 높은 오케스트라를 더 감동적으로 생각했다. 이러한 모습은 오직 한국어만 생각했던 교사가 학습자들이 갖고 있는 배려, 다중언어와 그에 따른 다양한 문화적 경험이라는 다른 장점에 주목하지 못하는 편견과 고정관념을 갖고 있다는 판단의 근거가 됐다.

수업의 과정에서 나타난 학습자의 행동표현과 언어 능력은 학습자의 현재 모습을 확인할 수 있는 요소임과 동시에 학습자 간의 갈등을 유발하는 요소로 작용했다. 4차 수업에서 한 학습자가 보였던 소란스런 행동 표현은 수업에 흥미성이 떨어졌기 때문이지만 그것은 수업에 집중하고 싶은 다른 학습자와의 갈등 요인으로 환원되는 모습으로 나타났기 때문이다. 언어능력에서도 타인에게 부당한 대우를 받고도 항의할 수준에 이르지 못한 경우에 또 다른 타인에게 화풀이를 한다거나 수업에 참여하지 않아 새로운 갈등을 유발하는 모습이 나타났다.

특히 아래의 인용을 통해서는 불특정 다수에 의한 폭력에 노출될 경우 무력해지는 아이들의 모습이 나타난다.

> C는 "욕 나쁜 말인데 때리는 것보다는 나아요." (만약) 얘(어떤 애)가 나한테 욕하면 따질 수 있지만 얘가 누구한테 욕하면 따질 수 없다고, 여러 아이가 한 사람한테 욕하면 어떻게 할 수가 없다고 말했다.
>
> (2013. 5. 10. 4차 수업 중)

> 언어 능력은 나이와 상관없이 하나의 권력이 되기도 한다. B를 따라왔던 아이는 다음 주에 오지 않았다. 방과후 선생님은 그 아이가 자기를 믿고 의지하는 중학교 여자아이에게 안 좋은 행동을 해서 원래의 학교로 다시 보내지게 됐다고 한다.
>
> 김창아, 김영순(2013)

4차 수업에서 수업을 같이 하고 싶다던 참여희망자는 부적절한 행동으로 인하여 학교 방침에 따라 원래 학교로 보내지게 됐다. 이러한 참여자들의 모습은 연구자에게 연극수업의 초점을 한국어보다는 '갈등'이라는 주제에 주목했고, 자유롭게 선택한 참여자의 역할에는 그들의 모습이 투영됐다.

> 아이들의 역할에 대해서도 이야기를 했는데, "어? 걔 성격이랑 똑같네."라는 말씀을 하심.
>
> (2013. 5. 24. 5차 수업 후 방과후 담당 선생님과의 대화)

> D가 더 이상 프로그램에 참여하지 않겠다며 오지 않았을 때,

아이들은 자기들 역시 연극을 더 이상 할 수 없는 거라는 생각을 했다. 그러나 D와 가장 사이가 좋지 않았던 E는 D가 자신이 원하는 활동을 하기 위해 꼭 필요한 존재라는 인식을 하게 됐다.

김창아, 김영순(2013)

앞에서 나타난 바와 같이 D와 E는 사이가 안 좋았지만 D에 대한 E의 행동이 바뀌었다. 그러나 궁극적으로 D와 E의 관계가 E를 위한 행동이 아니라 D 자신을 위한 것이었으므로 협력적 상호작용으로 볼 수 없다. 따라서 교육연극의 측면에서 보았을 때 이 사례는 자신의 감정을 의견교환을 통하여 표현하는 활동이 포함됐고 방과후 수업이라는 형식적인 시간 속에 이루어졌으므로 연극놀이와 DIE를 함께 나타낸다고 볼 수 있다. 그러나 협력적 상호작용이 부재했기에 협동학습으로 말할 수는 없다. 또한 교육의 평등 측면에서 볼 때 사례 1의 경우 교육을 위한 물리적 평등 즉, 보장적 평등도 이루어지지 않고 있다고 볼 수 있다.

2) 연극 만들기를 통한 협동학습

사례 2는 사례 1에 비해 형식성이 높은 연극 만들기를 목표로 하는 수업이다. 여기에 참여한 학습자들은 사례 1과 달리 동질성이 높다.

사례 2에서 나타난 협동학습의 각 요소와 활동 학습자의 성취를 나타내면 이와 같다. 이 수업에서는 학년 구성도 균등하게 이루어져 있고 나이 편차도 비교적 적은 편이며 총 8명의 참가자 중 남자는 2명이어서 성별 또한 동질성이 높다. 또한 약 8개월가량 학교에서 함께 생활하며 한국어를 공부했다는 특징이 있다. 사례 1의 연구에서는

〈표 9-6〉 교육연극 활동에서 나타난 협동학습 요소와 관련 요소

협동학습 요소	주요활동	성취
공동과제	연극공연	두려움을 극복함 다음 연극 활동을 기대함
상호 대면활동	대본 만들기, 배경 만들기, 챈트 만들기, 녹음하기, 동작 연습하기	긍정적 상호작용
사회적 기술	제시, 제안, 반대, 질문, 변명, 수용	의사소통 기술 (언어적 기술, 비언어적 기술)
개별과제	연극대본 수정하기, 연극대본 작성하기, 준비, 그리기, 정리, 순서대로 하기, 순서에 맞게 하기	개별 책무성
모둠화 과정	반성, 이해, 인정	공동체 의식

출처: 김창아 외, 2014에서 재구성.

연극공연을 상위 수준의 공동 과제로 제시했다. 하위 수준의 공동 과제에서는 상위 목표달성을 위한 대면활동 유지 기능이 확인됐다. 또한 공동의 목표를 수행하기 위해 참여자들은 함께 의논하고 마임으로 표현하고, 연극 대본을 수정하며 역할을 연기하는 개별과제를 수행했다. 학습자 참여의 자발성은 집단 소속에 대한 유지 여부를 판단하는 중요 요소로 나타났다. 상위 수준의 연극공연은 간접 참여자에게도 유인성이 나타났다. 연구에서 협동학습의 요소와 함께 사례 2를 살펴보면 다음과 같다.

① 공동의 과제

사례 2의 수업에서 협동학습의 학습 장면을 구성하는 구성 요소로는 상호대면활동, 공동 과제, 개별 과제로 나타났다. 공동의 목표로써 연극은 참여자들에게 유인도가 높은 활동이다. 그러나 공동의 과제인 연극공연은 협동집단 참여의 자발성, 참여자 간의 관계, 경험 및 보상, 참여자의 성격에 따라 유인가가 다르다. 아래는 비자발적 참여자

들의 모습으로 수업시간에 참여하지 않거나 다른 참여자를 방해하는 행동이 보인다. 이들 비자발적 참여자들 4인 중에서 1인을 제외하고는 이후 수업에 참여하지 않았다. 집단에 대한 소속을 거부한 것이다.

> 비자발적 참여자 4명은 수업에 관심을 보이지 않았다. 비자발적 참여자 4명은 동영상 시청 전, 후에 책상에 엎드려 있거나 다투기를 반복하는 모습이 나타났다. 이들은 첫 수업에서 서로 물리적 힘을 행사한다던가, 다른 학습자에게 거친 말을 함으로써 현재의 상황에 불만이 있음을 나타냈다.
>
> 김창아 외(2013)에서 발췌.

하지만 같은 비자발적 참여자 간에도 수업에 대한 타인을 대하는 방식에 따라서 다른 결과가 나타난다. 아래의 참여자는 비자발적으로 참여를 시작했지만 타인에 대해 적대감을 갖지 않은 경우다. 7은 평소 수업에서 소극적인 모습을 보였지만 공동의 과제였던 연극공연 당일 무대 위에서 평소와 달리 적극적인 모습을 보임으로써 공동과제에 대한 책임감을 나타내고 있다.

> …(중략)… 7은 공연 전에는 하기 싫다고 하더니, 무대 위에 올라가서는 자신의 역할을 잘 해냄. 특히 자기가 이야기를 할 때는 내가 무대 밑에서 어떤 지시도 하지 않았는데 앞으로 한 발자국 나와서 자기의 대사를 하는 모습을 보여주었음.
>
> (2013.11.27. 9차 연구참여자 일지 중)

> …(중략)…이 아이들은 연극반 하면 잘할 거예요. 열심히 하고, 잘하고, 무엇보다 성실해요.…

(2013.11. 27. 연극공연 후 2학년 선생님과의 대화. 연구참여자 일지 중)

위의 대화에서 언급된 아이들은 직접 연극 수업에 참여하지 않았으나 교육연극 수업 시 '뒷문에서' 보며 흥미를 키웠다. 이후 공연이 끝났을 때 담임선생님을 통해 보다 적극적으로 참여 의지를 밝혔다.

② **상호대면활동**

참여자들은 연극공연을 준비하기 위해 대본 만들기, 동작과 대사 연결하기, 배경 만들기, 녹음하기 등의 하위 과제를 수행했다. 상호대면활동의 구조는 하위 과제의 유형에 따라서 다르게 나타났다. 비형식적 모둠의 일반적 수업에서는 말발굽 대형이, 대사 녹음과정에서는 서로의 목소리가 더 잘 들리도록 원형 대형이 사용됐다. 배경 및 소품 만들기에서는 두 개의 소모둠으로 자연스럽게 나누어졌다. 아래는 연극에 사용할 노래를 녹음하는 과정이다. 학습자들은 녹음 과정에서 녹음 자료를 바탕으로 자신을 객관화해봄으로써 더 높은 수준의 성취를 요구하는 모습이 나타난다.

> 2: 선생님 죄송한데요, 아까부터 노래를 똑같은 똑같은 똑같은 음으로 하고 있어요. (화음을 말함. 2는 화음을 설명하기 위해 직접 노래를 파트별로 부름) …(중략)… 노래 순서(화음 파트) 정하고 연습 후 녹음. 녹음 후 함께 들으며 확인(자신의 소리를 직접 들어보기) 아이들은 자신들의 녹음된 노래를 확인하고, 평가함. …(중략)…누구의 목소리가 특히 두드러지게 들리는지, 혹은 화음을 살려서 노래를 불렀는지, 박자에 맞지 않게 불렀는지 등에 대해 말하며 웃기도 하다가, 다시 녹음해도 되냐고 함.
>
> (2013.10.2.4차 연구참여자 일지 중)

또한 앞에서는 긍정적으로 이루어지는 학습자 간의 상호평가도 나타나고 있다.

③ 사회적 기술

협동학습에서 사회적 기술은 조정적 요소에 해당하며 연극공연이라는 목표를 어떻게 달성하느냐와 관련된다. 아래는 3개월 동안 진행된 형식모둠으로 구성된 일반적인 수업에서의 장면이다.

> ① 교사: 붉은 여왕은 어떤 나쁜 일을 했을까? (이야기 따라가면서 구체적으로 물어보기) ② 1: 내가 여왕이니까 내가 마음대로 할 거야라고 했어요. ③ 2: 다른 사람들이 자기를 싫어한다고 생각하니까, 불쾌해서 세상을 다 파괴시키고 싶어 해요. ④ 교사: 어떻게 파괴시키고 싶어 하는 걸까? (환경) ⑤ 1: 나만 아프면 나만 힘드니까, 다 함께 힘들게 만들어요. ⑥ 2: 다 사막을 만들어요.
>
> -사막화 과정 설명- …(중략)…
>
> ⑦ 교사: (중략)… 나쁜 일을 한 사람이 자기가 한 일이 아니라고 그러면서 착한 척 하는 거 말하는 거지요? ⑧ 교사: 그럼 사막이 되면 어떤 일이 벌어질까? (중략)… ⑨ 교사: 6은 어떻게 생각해요? ⑩ 6: 붉은 여왕이 나쁜 짓을 한 것은 이유가 있었어요. 어릴 때부터 붉은 여왕이 다른 아이들에게 왕따를 당했어요…(생략)
>
> (2013.9. 11. 2차 연구참여자 일지 중)

교사와 참여자들은 서로 의견을 나누며 이야기를 심화시키고 있다. 주요 질문 ①과 참여자들의 답변(②, ③) 그리고 ②의 '마음대로'라는 의견 제시는 ③에게 수용 후 '파괴'라는 구체적 단어로 변형됐다. ④에서는 ②와 ③의 사고의 구체화를 요구하는 의도성 높은 질문이 나타난다. ⑤, ⑥은 ④를 통하여 ②, ③과 같이 제안과 변형의 방식으로 나타난다. 일련의 의견교환을 통해 이야기는 붉은 여왕이 한 일→사막을 만든 일→사막에서 벌어질 일로 변용되고 있다(김영순, 2011). 즉, '붉은 여왕이 한 나쁜 일'에 대한 초점이 유지되면서 배경에 대한 고려를 포함하여 내용이 확장되고 구체화되는 것이다. 특히 ⑩은 붉은 여왕이라는 역할에 대한 보다 근본적인 이해의 필요성을 주장한다.

6의 주장은 인물에 자기 자신을 투영하여 생각을 이끌어내고 그것을 교사와 수업 참여자들이 함께 공유함으로써 발전적으로 이야기를 이끌어갔다(김영순, 2011; 오영훈, 김창아, 2015). 이후 이야기는 붉은 여왕의 과거를 돌아봄으로써 현재를 이해하는 발전된 모습이 나타났다. 사례 2에서 나타난 교사와 참여자의 모습은 타인을 마주하고 상대의 입장에서 바라봄으로써 깊이 이해하고 이 과정을 통해 보다 발전적이고 창의적인 연극을 만들었다는 점에서 상호문화이해의 과정이라 할 수 있다(오영훈, 김창아, 2015). 또한 이야기를 함께 만드는 과정에서 환경문제를 함께 다루고 있다는 것이 나타나고 있다. 연극을 위한 이야기 만들기는 학습자들이 진지하게 극중 인물에 몰입함으로서 창의적으로 발전했고 이는 극본에 반영됐다.

④ 개별과제

개인의 특성을 고려한 개별과제의 부여는 형평성과 관련된다. 사례 2에서 개별과제는 크게 두 가지로 나타난다. 공동과제인 연극공연에서의 개별과제와 하위과제를 수행하는 가운데 맡게 된 과제이다. 연극공연을 위한 개별과제로는 극중 역할 맡기, 순서대로 준비하기가 있었고, 하위과제에서는 학습자의 개별 특성을 고려하여 연극대본 수정, 작성, 준비, 그리기, 정리 등이 주어지고 능력과 특성을 고려하여 과제의 양과 난이도가 결정된다.

> 주민 2: (　　　) 혼자 편하게 다니겠다고, 화장실 갈 때도 자동차를 타고 다니는 바람에 이렇게 사막이 되어버렸어요.
> 주민 1: 그런데도 붉은 여왕은 자기는 아무것도 잘못한 게 없대요.
> (2013. 9.11. 2차 수업 후 수정 대본 중)

위의 수정 대본에서 주민 2는 주민 1에 비해 언어표현 능력이 높아서 조금 더 긴 대사가 제시됐다. 또한 위의 괄호는 참여자들이 의논을 통하여 어울리는 행동을 넣었다.

⑤ 모둠화 과정

모둠화 과정은 공동의 목표를 실현하는 가운데 반성적 활동을 통해 효율성을 높이는 구성적 요소이자, 결과적 요소이다. 특히 모둠화 과정은 공동체 의식 형성과 관련된다. 참여자는 문제의 발전적 해결을 위해서 자신과 타인을 객관적으로 바라보고 관계를 규명한다. 비디오자료와 녹음자료는 참여자가 자신을 객관적으로 판단할 수 있도록 돕는 역할을 했다. 또한 참가자들은 연극을 공연함으로써 자신이 속한 학교 초등학생들과 교사들에게 공통의 경험을 제공했다.

> **은 "선생님 좀 도와줄래?"라는 말에 좋아하며 따라왔음. 공연은 초등학교 아이들이 모두 와서 관람했는데, 아이들이 집중하여 잘 봄. 초등학교 선생님들도 모셔서 관람하심. 애벌레 장면은 **과 **의 친구 그리고 7의 친구. 연극반이 아닌 3명의 아이들이 찬조출연을 하게 됨. 간단한 장면이었지만, 아이들은 진지하게 자기가 맡은 역할을 충실히 하고 있음. …(중략)… "이 노래 은근

> 중독성 있네~"라고 …(중략)… 아이들은 자유롭게 서거나 앉아서 피자를 먹고 있었는데, 관람 중 핸드폰으로 촬영한 동영상을 보며 이야기를 나누고 있었음.
>
> (2013.11.27. 9차 연구참여자 일지 중)

교육연극이 끝난 후에는 교육연극 참여자뿐만 아니라 학교 선생님들과 관객으로 참여한 아이들까지 모두 연극공연에 관심을 갖고 있었다. 이러한 모습은 하나의 수업이 수업 내 구성원뿐만 아니라 전체 구성원에게까지 같은 학교에서 생활한다는 공동체 의식을 준 것으로 새로운 학교문화를 만든 것이라 할 수 있다.

5. 마무리

Nieto(2010:67)는 다양한 구성원으로 이루어진 학교에서 잠재적 갈등과 불공평을 일으키는 요인에는 차별, 학교의 구조적 요인, 문화와 언어적 다양성 등이 있다고 했다. Nieto의 주장은 이 장에서 제시한 자료와 사례들을 보았을 때 타당하다고 본다. 이 장에서 살펴본 내용은 다음과 같다.

첫째, 우리 교육은 교육기본법과 국가 수준의 교육과정을 통하여 모든 국민이 교육의 형평성을 누릴 수 있도록 보장한다. 형평성 교육은 교육의 기회를 법률로 정하는 기회의 평등이나 실질적으로 그것을 돕는 보장적 평등을 넘어 개인의 잠재력을 계발하도록 하는 결과의 평등을 말한다. 이러한 모습은 다문화교육에서 추구하는 '다양한 개인에 대한 평등한 교육'과 다를 바가 없다.

둘째, 우리 교육은 2015개정 교육과정을 통하여 '미래사회가 요구하는 창의융합형 인재 양성'과, '학습 경험의 질 개선을 통한 행복한 학습의 구현'을 비전으로 제시했다. 또한 다문화교육과 관련하여서는 '자아정체성 확립', '문화적 소양과 다원적 가치에 대한 이해', '세계와 소통하는 민주시민'을 강조함으로써 다문화교육의 목표와 다르지 않음을 확인했다.

셋째, 그러나 앞에서 살펴본 바와 같이 2018년 전국다문화가족 실태조사를 보면 다문화 가정 학생에게 우리 교육은 여전히 개성이나 끼를 채워주지 못할 뿐만 아니라 즐겁지도 행복하지도 않은 것으로 파악됐다.

넷째, 민주사회를 유지 발전시키는 바탕인 이해와 공감을 함양하는 방법으로 교육연극과 협동학습의 특징을 확인했다. 교육연극의 요건으로는 주제, 의견교환, 표현활동이 있으며 협동학습의 요건으로는 긍정적 상호의존성을 바탕으로 한 공동의 과제, 사회적 기술, 개별과제, 모둠화 과정이 있었다.

다섯째, 2개의 사례를 통하여 교육연극과 협동학습이 학교 현장에서 어떻게 적용 가능한지를 살펴보았다. 사례 1에서는 연극놀이를 중심으로 한 활동들이 있었고, 그 과정에서 이질성과 다양성이 높은 학습자들의 모습을 확인했다. 그리고 사례 2에서는 형식성 높은 연극공연이라는 공동의 과제를 목표로 참여자들과 다양한 활동을 통해 준비하는 과정을 협동학습의 요소와 함께 살펴보았다.

여섯째, 사례 1과 사례 2에서는 교사와 참여자가 서로의 문화를 이해하는 과정을 통해서 수업을 발전적으로 이끌었다는 특징이 보인다. 사례 1의 경우, 교사는 처음에 계획했던 '한국어'라는 수업의 주제를 참여자들의 관심을 고려하여 '갈등'으로 바꾸어 학습자의 흥미를 수업으로 이끌었다. 또한 사례 2에서는 상호문화이해 과정이 나타나고 있다. 사례 2에서 참여자가 제시한 의견은 교사와 다른 참여자들이 함께 자신의 생각을 말하고 조정하는 과정을 통해 대본이 만들어졌다. 즉, 타인을 마주하고 상대의 입장에서 바라봄으로써 깊이 이해하여 발전적이고 창의적인 연극을 만들 수 있었다는 점에서 상호문화이해교육이 이루어졌다고 볼 수 있다(오영훈, 김창아, 2015).

그러나 여기서 제시한 2개의 사례는 다문화교육이 혹은 우리 교육이 추구하는 형평성교육을 달성했다고 보기 어렵다. 앞선 사례들에서는 Nieto가 우려한 '잠재적 갈등과 불공평 요인'이 나타났기 때문이다.

사례 1의 경우, 교육이나 학습이 이루어지기 위해 필요한 도서나 교구도 갖추어지지 않은 상태였고(학교의 구조적 요인),[6] 정주민인 교사 역시 참여자들에 대한 이해가 부족했다(차별과 고정관념). 또한 사례 1에서 교사는 학습자들의 다양한 언어를 고려하지 못한 채 오직 한국어로만 모든 과정을 진행했다(언어적 다양성). 그리고 다문화 배경에 따른 문화 이외에 오케스트라 공연과 같이 그들이 현재 만들어 가는 문화를 고려하지 못했다(문화)는 한계가 나타난다.

사례 2의 경우에는 자발적 참여자들의 경우 자신의 흥미를 키워가며 형식성 높은 연극공연까지 했고 그 과정을 통해서 창의성이나 자신과 타인에 대한 공감과 이해능력이 향상되는 모습이 나타났다. 하지만 비자발적 참여자들의 경우에는 갈등 양상이 그대로 드러났다. 따라서 형평성 교육이 이루어졌다고 보기 어려울 것이다. 형평성 교

---

6) 교육부(2015:109). 학교교육과정에 대한 지원은 국가수준의 차원 가. 항목으로 명시하고 있다. 가. 시 · 도 교육청의 교육과정 지원 활동과 단위 학교의 교육과정 편성 · 운영 활동이 상호 유기적으로 이루어질 수 있도록 행 · 재정적 지원을 한다. 그러나 2018년 9월 6일 짜 인터넷 뉴스에 의하면 교육재정은 해당 교육감의 성향이나 지역별 예산 편성 관행에 따라 그 사용이 매우 다르게 나타났다고 한다. (동아일보 2018.09.06. 임우선 기자) 제목: 시도교육청 예산 절반이 교사 인건비…교육 개선 투자는 평균 5.9%. http://www.donga.com/news/article/all/20180906/91856774/1

육은 이미 살펴보았듯이 단지 모든 학생들에게 참여의 기회만 주거나 지지해 주는 데 그치지 않고 모든 개인의 특성과 소질을 계발할 수 있도록 해주어야 하기 때문이다. 또한 사례 1과 사례 2에서 나타난 갈등을 확대해서 보았을 때, 여성가족부에서 나타난 다문화 가정 학생이 겪는 부적응의 주요 원인 중 하나인 교우관계는 '불특정 다수에 의한 폭력'과 '폭력에 대한 성별 차이'에 따른 것으로도 해석할 수 있을 것이다(문용린 외, 2007). 이러한 모습은 일반 학교에서도 확인되는 것이지만 '다문화'라는 프레임과 함께 더욱 심각한 양상으로 드러나는 것으로 보인다. 이점을 보완하기 위해서 다음 사항을 제안한다.

첫째, 다문화 가정 학생들이 겪는 문제를 그들의 특성과 요구를 확인함으로써 파악하고 이를 바탕으로 우리 교육은 끊임없이 교육적 대안을 모색하고 실천해야 한다. 우리 교육에 다문화 가정 자녀가 편입된 것은 그리 오래된 일이 아니다. 하지만 앞서 사례 1에서 나타났던 교육계의 혼란은 대안학교 열풍 당시 이미 겪은 일이다(이병환, 김영순, 2008; 오영훈, 김영순, 2016). 우리는 다양성이 증대되는 사회에서 살고 있고, 또 다른 구성원이 우리와 함께할 것은 예상할 수 있는 일이다. 따라서 교육 현장에서 학습자의 특성을 지속적으로 면밀히 확인하고 그에 맞는 교육이 이루어져야 할 것이다.

둘째, 이러한 사항이 실현되기 위해서는 교사가 학습자에 대한 민감성을 키워 나가야한다. 또한 교사가 파악한 자료들이 개인의 것으로 머물지 않도록 공유되고 축적되어야 한다. 공유와 축적을 위해서는 학교 구성원뿐만 아니라 교육부 차원에서의 지원과 국가 차원에서의 노력이 필요하다. 교육현장이 '무균의 상태'일 수는 없겠지만 적어도 교육의 목적이나 본질이 정권과 함께 바뀌어서는 안 되기 때문이다.

셋째, 교육의 형식을 좀 더 다양하게 보장할 필요가 있다. 앞서 사례 2에서도 나타난 바를 학교 차원으로 확대한다면 비자발적인 참여자의 경우 교육 현장을 벗어나기 쉽다. 이 경우 '학교 밖 아이들'이 되는 것이다. 비형식적 교육과 무형식 학습의 장을 다양하게 구성하고 넓힌다면 그들 역시 우리 교육이 놓친 그들의 흥미와 재능을 간과하지 않을 거라고 본다. 이때 특히 중요한 것은 비형식적 교육이나 무형식 학습의 장이 단기간의 특혜성이나 교육청의 홍보를 위한 전시성의 성격의 것으로 전락하는 것은 지양해야 한다는 것이다.

넷째, 셋째와 유사한 맥락에서 교육의 방향을 명확히 하기를 바란다. 우리 교육은 형평성을 추구하지만 최근 몇 년간 진행하고 있는 글로벌브릿지 사업과 같이 다문화 가정 학생 중 몇몇 만을 대상으로 하는 교육, 엘리트교육을 지향하는 수월성 교육이 시행되고 있다. 이는 지금까지 논란의 중심이 되어 온 우리 교육에서의 보편성 교육과 수월성 교육에 대한 논쟁을 또 다시 불러들이는 것과 같다. 현재 제시하고 있는 방향 속에서 보다 일관성 있는 교육이 되기를 바란다.

다섯째, 비다문화 가정 자녀에 대한 다문화교육이 행위실천성을 지향하는 방향으로 이루어져야 할 것이다. 우리 청소년의 다문화수용성은 제시된 바와 같이 성인에 비해 높다. 그러나 다문화 가정 학생들은 교우관계를 어려워한다. 이 간극을 해소할 수 있는 설명은 '아는 것과 행하는 것은 다르다'라는 것이다. 설문조사에 대한 응답은 내가 아는 것, 즉 그러해야 함을 표현한 것이지만 그것이 실제 행동으로 이어진다고는 볼 수 없다는 것이다. 따라서 행위실천성을 강조한 교육이 필요하다고 본다.

다문화교육이 모든 학생에 대한 형평성 교육이라는 것 그리고 그것이 우리 교육이 추구하는 바라는 것은 어쩌면 현실에서 이루어지기에는 참으로 요원한 일인 듯도 하다. 그러나 우리는 이제까지 노력해

왔고 그만큼 학교도 많이 바뀌어 가고 있다. 실천하지 않는 자에게 이상은 단지 헛된 꿈으로 머물지만 실천하는 자에게 그 꿈은 다가올 현실이 될 것으로 믿으며 이 장을 마친다.

제10장 다문화 가정 자녀를 위한 한국어교육 방안

1. 다문화 가정 자녀의 언어교육 문제

1990년대 이후부터 일기 시작한 국제결혼의 붐으로 다문화 가정의 수가 점차적으로 증가해 왔으며 2000년에 들어서면서부터는 다문화 가정에서 태어난 자녀가 초등학교에 입학하기 시작했다. 매년 증가하는 다문화 학생을 대상으로 하는 교육 지원 목표는 이들이 일반 학생들과 진정한 의미의 사회통합을 이루고 글로벌 인재로 성장할 수 있도록 하는 데 있다. 이러한 가운데 다문화교육에서 언어교육이 그 역할을 다하기 위해서는 이중언어 교육에 주목해야 한다는 주장이 제기되고 있다(박영진, 장인실, 2018; 조승석, 김희순 2013; 최혜정 2014).

사회통합은 집단적 차원의 것으로 한 사회 집단이 지속적으로 유지되고 발전될 수 있는 기반이 된다. 또한 글로벌 인재로의 성장은 개인의 역량에 따른 삶의 질과 관련된다. 사회적 동물인 인간에게 자신이 속한 사회와 자기 자신의 삶은 불가분의 관계이며, 어느 한쪽에 무게 중심을 두기 어렵다.

이러한 관점에서 한국어교육으로 '기울어진 운동장'처럼 보이는 다문화 가정 자녀의 언어교육에 있어서 이중언어 교육의 중요성에 대한 주장은 타당하다. 우리사회 다문화 가정 자녀가 처한 어려움을 보다 실제적으로 돕고 언어교육에 대한 효과성을 높이기 위해서는 먼저 정확한 실태 파악이 선행되어야 한다.

한편 2018년에 발생한 인천 중학생 집단폭행 사망 사건은 다문화 가정 자녀의 언어교육에 대해 다시 한 번 생각하는 계기가 됐다. 이 사건은 러시아 결혼이주여성의 자녀였던 인천의 한 중학생 자녀가 집단 따돌림과 폭행을 당한 뒤 추락하여 사망한 것을 골자로 한다. 사망 중학생의 어머니인 러시아 결혼이주여성은 자신의 자녀가 초등학생 때부터 집단 괴롭힘을 당했음을 호소했다. 전문가들은 다문화 가정 자녀의 한국어 능력 부족과 그로 인한 학습 부진이 사회적 편견과 맞물려 집단 따돌림의 주요 원인이 됐다고 말한다(매일경제, 2018. 11. 19.).

이러한 사실을 볼 때 다문화 가정 자녀는 한국 생활에 어려움을 갖고 있으며 현재의 다문화 가정 자녀를 대상으로 하는 한국어교육 역시 아직 충분하지 못하다고 할 수 있다(권순희, 2009a; 박시균, 최지은, 2015; 심영택, 2018; 이효인, 김명광, 2013; 안원석, 2007; 정은희, 2004; 홍영숙, 2007). 또한 다문화 가정 자녀에게 한국어 혹은 이중언어가 무엇인지에 대한 근본적인 의문을 가질 수밖에 없다. 이에 이 장에서는 이와 같은 문제의식에 근거하여 다문화 가정 자녀의 언어교육에 대한 지원 방안을 제시하고자 한다.

이를 위해 먼저 다문화 가정 자녀를 위한 언어교육에 대해 살펴보고 시사점을 도출한 후 정부의 지원과 다문화 가정 자녀의 한국어 양상을 중심으로 살펴볼 것이다. 특히 다문화 가정 자녀의 경우, 부모의 출신에 따라 그 배경이 다르다는 것을 고려하여 본 장에서는 가장 이질성이 덜 하다고 판단되는 결혼이주여성의 자녀를 중심으로 살펴보고자 한다. 이를 바탕으로 다문화 가정 자녀에 대한 언어교육에 대한 제언을 할 것이다.

2. 다문화 가정 자녀와 한국어

1) 다문화 가정 자녀와 한국어

Spolsky(1998:58-60)는 인간의 언어적 권리를 국가의 공식 언어로 교육받을 권리, 언어 때문에 차별받지 않을 권리, 선호하는 언어를 계속 유지하고 보존할 권리의 세 가지로 나누어 말하였다. 첫 번째, 공식 언어란 모국어를 말하는 것으로 우리의 경우 한국어가 공식 언어에 해당하며 다른 언어는 제2외국어가 된다. 따라서 이 사회의 구성원인 우리는 한국어로 교육받을 권리를 갖는 동시에 한국어교육을 받을 의무가 있다. 이는 한국어교육 연구자들이 끊임없이 주장하는 '사회의 유지', '개인의 권익실현'이라는 측면과 관련된다. 사회적 존재인 개인이 언어공동체로부터 주변화되어 자신의 권리를 획득하지 못함으로써 발생하는 손실은 개인이 또 다른 개인과의 관계를 끊음으로써 발생하는 손실보다 큰 반향(反響)을 가져올 수밖에 없다.

언어와 관련하여 차별받지 않을 권리란 소수언어를 사용하는 사람들의 언어에 대한 권리이다. 다문화 가정 자녀에 대한 새로운 접근은 그들의 언어배경이 한국어에 국한되지 않다는 데서 비롯된다. 왜냐하면 대부분의 다문화 가정 자녀들은 다문화 배경의 어머니가 사용하는 소수언어에 어린 시절부터 노출되기 때문이다. 그렇기 때문에 이중언어에 대한 관심은 이들의 '언어 때문에 차별받지 않을 권리'와 관련된다(Spolsky, 1998).

선호하는 언어를 유지하고 보존할 권리는 이중 혹은 다중언어 환경에서 개인이 보다 익숙하고 수월하게 사용할 수 있는 언어 선택에 대한 권리를 말한다. 개인이 선호하는 언어는 일반적으로 모국어에 해당하지만 때때로 제2언어가 그 지위를 대신하기도 한다.

인간은 모국어 사용을 가장 편하게 생각한다. 모국어란 태어나서 처음으로 배우는 언어이자 가장 많이 사용함과 동시에 잘 아는 언어이며 자기 자신과 타인에 의해 동일시되는 언어이다(Skutnabb-Kangas & Phillipson, 1989). 이와 달리 계승어(heritage language)는 이주국가에서 태어난 자녀들의 부모가 모국어로 사용하고 자녀에게 이어지는 소수언어를 말한다. 다문화 가정 자녀에게 한국어는 모국어인지, 계승어인지, 언어교육에 있어서 학습자가 그 언어를 어떻게 인식하는지에 대한 것은 교육에 대한 접근 방법과 내용을 다르게 한다. 다문화 가정 자녀에게 한국어가 어떠한 지위를 갖느냐에 따라서 다문화 배경의 언어 역시 그 지위가 다를 수밖에 없다.

언어교육에서는 언어학습의 순서를 기준으로 L1과 L2로 구분한다(Gass & Selinke, 2008). L1은 first language를 말하는 것으로 처음 배운 말, 대개는 모국어를 칭한다. L2는 second language로 L1 이후에 배운 말, 주로 외국어를 칭한다. L1 이후에 배운 말이 여럿인 경우 그 순서에 따라서 L2, L3, L4 등으로 칭한다. 한국어는 교육 대상의 특성에 따라서 그 지위가 다르다(권순희, 2014; 박시균, 최지은, 2015; 박재익, 2017; 조태린, 2014). 권순희(2014)는 한국어의 지위를 외국어로서의 한국어, 제2언어로서의 한국어, 방언으로서의 한국어, 모국어로서의 한국어로 나누었다. 각각에 따른 학습자는 외국인, 다문화 배경인, 북한이탈주민, 비다문화 가정인이다. 특히 이주와 민족의 특징에 따라 한국어는 제2언어로서의 지위 또는 계승어의 지위를 갖는다. 고려인이나 조선족과 같이 국외이주 국가에서 태어난 자녀들의 경우 계승어의 지위를, 국내 다문화 가정의 경우 한국어는 제2언어로서의 지위를 갖는다.

유사한 맥락에서 박재익(2017)은 계승어를 일반적인 모국어와 구별되는 의미로 사용했다. 그에 따르면 계승어는 '결혼이주여성을 어머니로 둔 자녀의 어머니말'로 정의할 수 있다. 그는 일반가정 자녀들에 비해 우리나라 다문화 가정의 자녀들은 계승어(heritage language)와 한국어, 영어교육이라는 다중언어교육의 환경에 노출되어 있다고 말한다. 박시균, 최지은(2015)은 결혼이주여성을 어머니로 둔 다문화 가정 자녀들에게 한국어는 모국어와 제2언어 사이의 무엇으로 보았다. 결혼이주여성의 자녀는 부모가 한국 국적을 갖고 있고 국내에서 출생했으며 한국어를 공식어로 하는 사회에서 살고 있다. 따라서 그들의 모국어는 한국어이거나 적어도 어머니의 모국어보다 높거나 동등한 L1(제1언어)의 지위를 가지고 있어야 한다. 하지만 이들은 어머니의 모국어로 교육을 받으면서 취학 전 교육기관에서 한국인 선생님에게서 한국어로 교육을 받는다.

조태린(2014)은 다문화 가정 자녀를 국제결혼 가정 자녀, 외국인가정 자녀, 북한이탈주민 가정 자녀, 귀국 가정 자녀로 나누고 유형에 따라 한국어의 지위가 한국거주 혹은 체류 시작 시기와 기간에 따라 복합적으로 나타난다고 했다. 예를 들어 국제결혼가정의 국내 출생 자녀에게 한국어는 가정에서의 한국어 사용 양상에 따라 모어 또는 제2언어로서의 지위를 갖지만 국제결혼 가정 중도입국자녀의 경우에는 체류 기간에 따라 다른 지위로 나타난다. 이처럼 학자들마다 다소간의 차이는 있지만 다문화 가정 자녀의 언어교육과 관련하여서는 비다문화 가정 학습자와는 다른 관점의 접근 방식이 필요하다는 것을 주장하고 있다는 공통점이 있다. 특히 다문화 가정 자녀가 사용하는 한국어가 한국거주 혹은 체류 시작 시기와 기간에 따라 그 지위가 달라진다는 것은 같은 다문화 가정 자녀라도 최소한 그들의 출생과 거주 이력에 따라 차별화된 언어교육이 필요하다는 것을 의미한다. 그것이 다문화 가정 자녀가 갖는 언어적 권리이다.

2) 다문화 가정 자녀에 대한 지원

다문화 가정의 확대와 그들 자녀가 차지하는 재학생 비율이 높아짐에 따라 정부는 현재 다문화 이해교육과 현장 중심의 실용교육을 강화하고 있다. 또한 다문화 가정의 문화와 역사를 존중하고 이해하는 사회 환경 조성과 다문화 가정 자녀의 학습발달 및 역량 개발을 위해 다각적으로 지원하고 있다. 2016년 교육부와 한국교육개발원이 실시한 교육기본통계 결과, 우리나라의 초·중·고 학생 수는 5,882,790명으로 전년 대비 206,037명(3.4%)이 감소했다. 반면 다문화 학생 수는 99,186명으로 전년 대비 16,650명(20.2%)이 증가했으며, 총 99,269명의 다문화 학생이 재학 중인 것으로 나타났다. 이어 2017년도에 실시한 통계 결과에서는 전년 대비 10,1181명이 증가한 109,387명으로 나타났으며, 2018년 4월에 실시한 교육통계에서 다문화 가정 자녀 중 재학생 수는 122,212명에 이른다(교육부, 2018a). 이에 따라 교육부는 교육기회의 평등이 고르게 실현되고 교육권을 폭넓게 보장하기 위한 노력이 필요하다고 보았다. 교육부가 인지한 교육기회의 평등이 실현되어야 하는 다문화학생의 유형 및 특징은 다음 〈표 10-1〉과 같다(교육부, 2018b).

〈표 10-1〉과 같이 다문화학생에 대한 교육부의 지원은 크게 중도

〈표 10-1〉 다문화학생의 유형

국제결혼 가정	국내출생 자녀	• 한국인과 결혼이민자 사이에서 태어나 한국에서 성장한 경우 • 한국어 구사에 어려움은 없으나, 학습에 필요한 문장이나 어휘를 이해하는 데 곤란을 겪는 경우 • 사춘기에 진입하면서 다문화에 대한 고정관념에 불편함을 느끼며, 심리정서 지원 요구
	중도입국 자녀	• 결혼이민자가 한국인과 재혼한 이후에 본국에서 데려온 경우, 한국인과 결혼이민자 사이에서 태어났으나 결혼이민자 본국에서 성장하다가 입국한 경우 등 • 새로운 가족과 한국문화에 적응하기 위한 스트레스가 발생하며, 정체성 혼란이나 무기력 등을 경험하는 경우 • 한국어능력이 부족하여 공교육 진입과 적응에 어려움 발생
외국인 가정	외국인 가정 자녀	• 외국인 사이에서 태어난 경우(조선족, 중앙아시아 고려인, 시리아 난민 등 포함) • 정주여건이 불안정하여 학업을 지속하기 어려운 경우 ※유엔아동권리협약에 따라 미등록 이주아동의 교육권 보장

출처: 2018b 다문화교육지원계획, 교육부, 2018.

입국 청소년 및 난민 등을 포함하는 외국인과 그 외의 다문화 가정 자녀로 나누어 이루어지고 있다. 국제결혼가정 자녀의 경우 국내출생 자녀와 중도입국자녀를 포함한다. 또한 외국인 가정 자녀의 경우 조선족과 중앙아시아 고려인 그리고 시리아 난민 등을 모두 포괄적으로 포함하고 있다. 이와 함께 다문화 가정 자녀의 강점 개발을 위한 지원으로는 글로벌브릿지와 전국 이중언어 말하기 대회가 있다. 글로벌브릿지는 수학・과학, 언어, 글로벌리더십, 예체능 4개 분야에 대해 운영되고 있다. 이 프로그램의 주요 목표는 해당 분야에서의 우수 다문화학생을 발굴하고 육성하는 것이다.

3. 다문화 가정 자녀의 한국어 특성

교육은 학습자에게 무엇을 어떠한 방법으로 제공할 것인가를 계획하고 실천하는 활동이다. 한국어교육은 다문화 가정 자녀들이 건강한 우리 사회의 일원으로서 다문화교육의 주요 가치인 사회통합을 실현하고 개인의 행복을 이루기 위한 밑거름이 된다. 이러한 가치가 실현되기 위해서는 먼저 다문화 가정 자녀의 특성을 알아야 한다.

다문화 가정 자녀의 한국어 능력과 관련하여 한국어교육계에서는 일반적인 의사소통에서는 큰 무리가 없으나, 또래에 비해 국어 수업에서의 이해와 표현, 문법과 쓰기 능력이 낮다고 한다(정은희, 2004; 조영달, 2006). 또한 그들의 한국어 습득 지연은 학습 부진의 문제를 초래하고 원만한 학교생활을 저해하는 원인이 된다(김덕주, 2013; 김선정, 2010; 2011; 백성희 2015; 서미옥, 2012). 다문화 가정 자녀가 한국사회와 학교에서 일상적으로 통용되는 언어이자 타교과의 도구적 성격을 갖는 한국어를 능숙하게 못하는 것은 결국 학교뿐만 아니라 사회의 구성원으로 성장하는 데 걸림돌이 될 수 있다(백성희, 2015). 이들이 보이는 저조한 언어능력은 소극적이거나 산만한 수업 태도로 이어지기 때문이다. 또한 한국어가 익숙하지 않은 다문화 가정 자녀에게서는 교사 혹은 친구들과의 상호작용에서 눈치보는 행동과 같이 자신감이 결여된 모습이 나타나는데 이러한 문제들이 학업 중단으로 이어지기도 한다(서미옥, 2012).

다문화 가정 자녀에 대한 한국어교육에서 가장 크게 우려하는 점은 결정적 시기(critical period)에 자녀에게 제공되는 언어 경험이다. 이 시기에 경험한 언어적 자극은 학교생활과 이후의 사회생활에까지 영향을 준다. 다문화 가정 자녀들이 초등학교에 입학하기 전 한국어교육은 주로 결혼이주여성(44%)과 남편(31%)에 의해 이루어진다(김선정, 2010). 여성가족부가 발표한 2018 전국다문화가족 실태조사서를 살펴보면 다문화 가정의 부모들은 자녀 교육에 있어 많은 어려움을 겪고 있는 것으로 나타났는데 이는 한국어와 밀접한 관련이 있다(여성가족부, 2018). 결과를 자세히 살펴보면 다문화 가정에서 학령 전 자녀를 둔 부모들은 한국어를 직접 가르치기 어렵다고 응답한 경우가 33.9%이며 학령기 자녀를 둔 경우 29.6%가 교과목이나 학교생활을 잘 알지 못해서 도움을 주기가 어렵다고 응답했다.

아동은 태어남과 동시에 언어 환경에 노출된다. 다문화 가정 자녀의 한국어 사용에 있어서 어머니의 발화는 매우 중요하다(강현자, 2010; 김선정, 2010; 백성희 2015). 출신국이 다양한 결혼이주여성들 대부분은 가정에서 한국어로 의사소통을 하고 자녀들은 그들의 언어활동을 보고 듣고 배운다. 다문화 가정 자녀들은 한국어 사용에 있어서 특히 표기상의 오류를 많이 보인다(안원석, 2007; 이효인, 김명광, 2013; 홍영숙, 2007). 품사별로 보았을 때, 명사는 비교적 정확하나 동사에서 많은 오류가 나타나고 특히 불규칙 동사 활용에서의 오류가 주로 나타난다(이효인, 김명광, 2013). 국어 과목이 취약한 저학년의 경우 글자 조합에 의한 새로운 단어의 이해와 표현에서 어려움을 겪는다(홍영숙, 2007). 또한 다문화 가정의 자녀들은 어휘력과 독해, 쓰기, 작문 능력이 현저히 떨어지는 것으로 나타난다(김덕주, 2013; 조영달, 2006). 이러한 연구들은 학령기 다문화 가정 자녀에게 한국어교육이 단지 동화주의 관점의 언어교육일 뿐이라는 우려 이전에 학교라는 사회집단 속에서 자신의 삶을 이어갈 수 있느냐 없느냐를 결정하는 보다 기초적이고 절실한 것이라는 점을 생각하게 한다.

전은주(2009)는 일상적인 의사소통 능력과 한국어 사용능력, 국어과 교수-학습 능력에 영향을 주는 변인을 찾고자 했다. 스스로도 더 다양한 변인을 다루지 못했음을 밝힌 이 연구의 조사 대상은 지방도시의 한 초등학교 3-6학년 재학생 62명으로 결혼이주를 배경으로 하는 가정의 자녀들이다. 이들의 국내 체류 기간은 1년부터 10년 이상까지 다양했다. 설문조사 방식으로 진행된 연구 결과 중 유의한 점은 다음과 같다. ①다문화 가정 자녀 중 국내 거주 기간이 짧을수록 수업 중 모둠활동, 발표・토론, 글쓰기 활동을 어려워한다. ②또한 학업성적에 대해 스스로 긍정적으로 평가할수록 ③수업에서 말하기, 쓰기 등의 언어 표현 능력이 높다. ④적극적인 성격은 일상생활의 '비언어적 표현의 자연스러움'에 유의하게 관여하고 ⑤부모의 언어문화권에 따라 듣기 영역 수준이 다르게 나타난다. ⑥어머니의 학력은 일상적 의사소통에서 듣고 이해하기에 영향을 주고 ⑦한국어 사용 능력에 대한 자기인식에서 매체를 보고 이해하기 어렵다는 항목과 문학작품 이해 능력에 유의하게 작용한다. ⑧아버지의 학력은 한국어 사용 능력에 대한 자기인식에서 말하기 능력에 대해서만 영향을 준다. 그러나 전은주(2009)에서는 설문 대상 아동들이 일상적인 의사소통에는 문제가 없다고 했다. 이 점에 대해 다수의 학자들은 다문화 가정 자녀의 일상적인 의사소통과 수업에서의 언어 능력에서 차이가 나는 주요 원인이 어휘력에 있다고 보았다(김선정, 강진숙, 2009; 김수진, 임은해, 2011; 장종윤 외, 2014; Gass & Selinker, 2008; Hoff, 2005).

4. 다문화 가정 자녀의 어휘

언어 학습에서 어휘는 해당 언어의 사용 여부를 가름하는 중요한 요소다. 아무리 문법적 지식이 풍부하고 적극적인 성격의 소유자라도 자신이 전하고 싶은 뜻을 가진 어휘를 생각하지 못한다면 대화와 학습은 실패할 것이기 때문이다. 또한 듣는 사람 역시 관련 어휘를 알지 못한다면 상대방의 이야기를 이해할 수 없게 된다. 이러한 측면에서 어휘는 언어교육에서 간과되기 쉽지만 말하기, 듣기, 쓰기, 읽기의 전 언어 영역에 걸쳐 매우 중요한 역할을 한다(Gass & Selinker, 2008). 또한 어휘발달은 음운지식의 발달, 인지능력의 발달, 단어 학습에 대한 심리적 제약의 발달 등과 서로 영향을 주고받으며 진행된다(Hoff, 2005). 더욱이 어휘를 사용하는 지식은 여러 가지 의미, 다른 단어와의 관계 등을 포괄하는 과정으로 지속적인 경험과 학습이 이루어질 때 점진적으로 발달한다(장종윤 외, 2014).

한편, 한국어교육의 현재에 대해 분석한 연구에서는 자성의 목소리가 나타나고 있다(김선정, 2011; 김윤주, 2017). 김선정(2011)은 기존에 이루어진 한국어교육 관련 연구들이 내용적 측면보다 방법적 측면에 치중되어 있다고 비판했다. 한국어교육에서 내용적 측면은 한국어 습득 과정에 관한 연구나 중간 언어, 발음, 문법 등을 포함하고 방법적 측면은 교재, 기능 교육, 교수 방안 등을 포함한다. 김선정(2011)이 제시한 문제는 김윤주(2017)에서도 확인되고 있다. 김윤주(2017)는 내용학 연구의 양적 빈한(貧寒)함에 대해 '새로운 한국어교육의 상황에서 미처 내용학적 토대가 다져지지 않은 채 방법적 탐색이 선행됐기 때문'이라고 말한다. 내용학과 관련한 연구 성과물은 그 출현 빈도를 세부 주제별로 보았을 때 문학, 학업, 문식성, 읽기, 쓰기, 통합, 어휘 순이다. 이 점을 고려할 때 특히 내용학 연구에서 어휘, 통합, 쓰기, 읽기 등의 순으로 관련된 연구가 시급하다는 것을 알 수 있다.

다문화 가정 자녀의 어휘를 주제로 한 연구 중 주목할 만한 것으로는 김선정, 강진숙(2009), 김수진, 임은해(2011), 안원석(2007), 장종윤 외(2014)등이 있다. 김선정, 강진숙(2009)은 다문화 가정 자녀와 비다문화 가정 자녀의 품사별로 분류한 어휘력을 비교 연구했다. 김수진, 임은해(2011)는 인천과 충청지역에 거주하는 만 5세의 다문화 가정 아동과 일반가정 아동 각각 13명에 대해 단어 기원별로 표현 어휘 수준을 제시하고 비교 분석했다. 이 연구에서 다문화 가정 자녀의 어머니들 출신국은 베트남, 중국, 필리핀, 몽골이었다. 연구결과 다문화 가정 아동들이 고유어, 한자어, 외래어 어휘 표현 능력 모두에서 낮은 수준을 보였다. 특히 연구대상들이 현재 거주하는 농촌이라는 사회문화적 특성에 따른 어휘 오류도 발견했다. 예를 들어 '넥타이'와 같이 농촌 지역에서 흔히 노출될 기회가 없었던 어휘에 대해서는 어휘 오류가 많았다. 이와 함께 어머니가 중국어를 모국어로 사용하는 아동들의 경우 예상과 달리 한자어에서 비다문화 가정 자녀와 비교했을 때 '거의 절반 정도(53%)'의 정답률로 많은 차이가 나타났다는 것도 눈여겨볼 만하다.

안원석(2007)은 다문화관련 행사에 참여한 114명이 작성한 생활문을 분석했다. 연구대상인 다문화 가정 자녀들의 출신 배경은 일본, 중국, 태국, 필리핀이었는데 어휘와 관련하여서 연구대상자들은 어머니의 배경에 따라 오류나 어색한 표현이 다른 비율로 나타났다. 어머니의 출신 국적별로 나타난 오류 빈도는 일본, 필리핀, 중국/태국 순으로 높았으며 어머니의 교육 수준에 따라서도 차이가 있었다.

장종윤 외(2014)는 '정의하기 과제'와 '이해하기 과제'라는 두 가지 유형의 과제를 다문화 가정 집단과 비다문화 가정 자녀 집단에게 제시한 결과, 다문화 가정 자녀 집단은 두 가지 과제 모두에서 비다문화 가정 자녀에 비해 유의하게 낮은 수행력을 보였다. 이러한 결과에 대해 그는 다문화 가정 자녀들에게 영, 유아기부터 지속된 언어적 경험의 부족이 3, 4학년에 이르기까지 지속적으로 영향을 준 것으로 보았다. 이어 다문화 가정 아동이 학년이 올라간다고 해서 자연스럽게 비다문화 가정 아동과 유사하게 어휘지식을 축적해 나갈 수 있을 것이라고 기대하기는 어렵다고 말했다. 다문화 가정 자녀와 비다문화

가정 자녀에 대한 비교가 가능하고 '어휘'라는 주제에 초점을 둔 비교적 대규모 표집집단을 활용한 연구에는 김선정, 강진숙(2009)이 주목된다. 이 연구는 다문화 가정 자녀의 한국어교육과 관련한 비교적 초기 연구에 해당한다. 그러나 연구의 구성이나 다문화 가정 자녀의 어휘사용의 특징이 잘 드러나고 있다.

김선정, 강진숙(2009)은 다문화 가정 자녀에 대한 연구를 위해 2개의 과제를 설정하고 시행했다. 첫 번째 과제는 본 연구에 앞선 예비조사의 성격으로 다문화 가정 자녀의 부모와 다문화 가정 자녀를 가르쳐본 경험이 있는 교사에 대해 설문조사 방식으로 진행했다. 연구의 개요를 살펴보면 다음과 같다.

연구의 개요

목적: 다문화 가정 자녀의 실태 파악
대상: 다문화 가정 자녀를 가르친 경험이 있는 초등교사 136명, 다문화 가정 자녀의 학부모 82명
방법: 설문 조사 실시.
지역: 경북지역의 도시와 농촌에 거주하는 학부모
출신국: 일본, 중국, 필리핀, 베트남, 기타 순.

다문화 가정 자녀가 갖는 특성은 현재 살고 있는 거주지역뿐만 아니라 그들의 다문화 배경의 부모 출신국 역시 영향을 준다(전은주, 2009). 위의 예비연구는 경북지역에서 이루어진 것이며 도시와 농촌을 포함한다. 학부모의 출신국은 일본, 중국, 필리핀, 베트남 등이었는데 종교적 이유로 국내 다문화구성원 출신국별 현황과 다른 구성이 나타났다고 했다. 김선정, 강진숙(2009)에서 사용한 설문문항은 주로 자녀에 대한 것으로 구성됐는데 설문의 내용과 결과는 〈표 10-2〉와 같다.

다음 〈표 10-2〉에서는 결혼이주여성인 학부모의 자녀에 대한 걱

〈표 10-2〉 다문화 가정 학부모 대상 설문결과

설문문항	결 과
한국생활에서 가장 어려운 점	언어문제(33%), 자녀의 교육문제(28%), 한국인의 편견(16%), 풍습의 차이(13%), 경제 문제(9%), 음식 문제(1%)
자녀 양육에서 어려운 점	학교수업 지도(41%), 비싼 학원비(23%), 한국어교육(17%), 한국예절·문화교육(10)%, 친구들과의 관계(7%), 기타(2%)
자녀가 부족한 한국어 능력	문법(44%), 어휘(40%), 발음(16%)

출처: 김선정, 강진숙, 2009에서 재구성.

〈표 10-3〉 다문화 가정 자녀에 대한 교육 유경험 교사 대상 설문결과

설문문항	결 과
학업 성적	중위권(45.5%), 하위권(35.3%), 상위권(14.0%), 최하위권(5.1%)
성적부진 이유	가정에서 학습을 도와주는 사람 부재(48.5%), 한국어 이해력 부족(36%), 학습동기 부족(11.8%)
힘들어하는 과목	국어(52.2%), 사회(19.1%), 수학(18.4%), 영어/수학(3.7%), 과학(1.5%)
교과 학습에 악영향을 주는 항목	이해력 부족(36.8%), 부모의 부족한 한국어(22.8%), 어휘력 부족(16.9%), 보충교육(8.1%), 기타(10.3%)

출처: 김선정, 강진숙, 2009에서 재구성.

정 중 상당부분이 교육과 관련한 것이라는 것을 알 수 있다. 또한 자녀의 한국어 능력 중에서는 문법과 어휘 그리고 발음을 어려워하는 것으로 나타났다. 흥미로운 것은 학부모들은 언어문제와 자녀의 교육문제를 가장 어려워하지만 자녀에게 한국어를 가르치는 것은 상대적으로 덜 어려워한다는 것이다. 〈표 10-3〉은 다문화 가정 자녀를 가르친 경험이 있는 교사를 대상으로 한 설문조사로 각 설문문항은 다문화 가정 자녀에 대한 것이다.

〈표 10-3〉에서도 확인할 수 있듯이 교사들은 다문화 가정 자녀들이 가정에서 공부를 도와주는 사람도 없고 한국어도 이해가 안 되기 때문에 성적이 부진하다고 응답했다. 두 결과를 보았을 때, 교사와 학부모 모두 다문화 가정 자녀들의 학습부진이 한국어 능력의 부족에

의한 것이라고 인식하고 있다. 위의 예비 조사 후 실시한 본 연구의 개요는 다음과 같다.

연구의 개요: 목적: 다문화 가정 자녀와 비다문화 가정 자녀의 어휘력 측정 및 비교. 대상: 초등학교 1, 2학년에 재학 중인 다문화 가정 자녀와 비다문화 가정 자녀 각각 70명 방법: 3점 척도(3=잘 알아요, 2=조금 알아요, 1=몰라요) 활용 테스트 지역: 경북지역(대구 · 경북) 표집 시 특이점: 초등학교 재학 중인 다문화 가정 자녀 70명을 선정 후 유사한 조건의 일반가정 자녀 70명 선정.

특히 앞의 연구에서는 아동의 학령을 고려하여 어휘 측정에서 3점 척도를 활용하고 있다. 테스트를 위한 어휘는 초등학교 교과서에 나오는 것으로, 내용어휘를 중심으로 명사, 동사, 형용사, 부사에 대해 빈도를 고려하여 총 308개를 선택하고 233개를 적용했다. 비교항목은 크게 전체어휘력 비교, 어머니의 출신국에 따른 비교, 품사별 비교, 글말과 입말 비교, 난이도에 따른 비교이다. 다문화 가정 자녀와 비다문화 가정 자녀의 어휘력 비교 결과를 비교 항목과 함께 정리하면 〈표 10-4〉와 같다.

〈표 10-4〉에 정리하지 않은 '어머니의 출신국에 따른 어휘력 차이' 항목에서 어머니의 출신국은 그들 자녀의 어휘력에 영향을 주지 않는 것으로 나타났다. 이러한 사실은 장종윤 외(2014)와 유사하다. 이 연구에서 나타난 다문화 가정 자녀의 어휘력의 특징은 다음과 같다.

① 다문화 가정 자녀들은 문장의 부속성분 관련 어휘력이 낮다. 문장의 부속성분은 문장을 풍부하고 생동감 있게 표현하는 데 관여한다. ② 다문화 가정 자녀는 글말 어휘력이 낮다. 특히 이 연구에서는 다문화 가정 자녀에게서 나타났던 어휘력 차이가 큰 단어 7개중 1학년은 5개, 2학년은 6개가 글말이었다고 했다. ③ 난이도에 따른 어휘

〈표 10-4〉 다문화 가정 자녀와 비다문화 가정 자녀의 어휘력 비교 결과

어휘력 비교항목	결 과	비 고
품사별	모든 품사에서 다문화 가정 자녀의 어휘력이 낮음	특히 부사에서의 차이가 큼 예: 더, 무척, 정말, 서로, 다, 또
글말과 입말	두 집단 모두 글말보다 입말의 어휘력이 더 높음	다문화 가정 자녀의 글말 어휘력이 특히 낮음
난이도	다문화 가정 자녀의 어휘력이 낮음	학년이 올라감에 따라 차이가 적어짐

출처: 김선정, 강진숙, 2009에서 재구성.

력 비교에서도 두 집단 간의 차이는 나타났다. 그러나 학년이 올라가면서 두 집단 간의 어휘력 격차는 좁아졌다. 사례의 연구에서 나타난 결과를 앞서의 연구들과 함께 고려하면 다음과 같이 해석할 수 있다.

두 집단 간의 글말과 입말의 어휘력 차이가 큰 것은 다문화 가정의 자녀들의 경우 문식성 환경에의 노출이 상대적으로 적었다는 것을 뜻한다(장종윤 외, 2014). 문장을 생동감 있게 표현하는 부속성분의 어휘력은 언어 사용에서 유창성과 관련된다(Gass & Selinker, 2008). 따라서 위의 결과에서 나타난 낮은 어휘력은 수식어를 사용한 문장의 확장에 어려움이 있다는 것으로 교사 또는 또래와의 관계에서 자신의 의사를 표현하는 것이 제한적이라는 의미이기도 하다. 이는 또래집단에 오랫동안 노출되고 일반가정 자녀들과 동일한 교육적 자극을 받음으로 부족했던 어휘력이 어느 정도 극복됐다는 것으로 볼 수 있다. 그러나 〈표 10-4〉에서 나타난 '한국 생활에서 어려운 점으로 자녀의 교육문제가 크고 자녀의 양육에서는 학습지도와 함께 비싼 학원비'를 고려한다면 부모의 경제력 또한 다문화 가정 자녀의 언어 교육에 큰 영향을 줄 것으로 판단된다.

5. 마무리

이상의 논의 속에서 나타난 다문화 가정 자녀에 대한 언어교육에 대한 학계와 정부의 지원에 대한 시사점과 제언은 다음과 같다.

첫째, 정부의 다문화 가정 자녀 교육에서 적확(的確)한 언어교육을 위해서는 학계와의 긴밀한 연계가 필요하다. 다문화 가정 자녀에 대한 언어교육은 그들의 권리이자 사회적 의무라고 할 수 있다. 한국사회에서의 공용어인 한국어교육은 다문화 가정 자녀들의 주요 생활국언어로서 현재 삶에 대한 권리에 해당한다. 한국어 능력이 부족한 상태에서 학교생활을 시작하는 다문화 가정 자녀는 부적절한 상호작용을 보이기도 하는데 이는 학업중단으로 이어지기도 한다. 즉, 교육권이 박탈되는 것이다.

하지만 현재 정부의 다문화교육에서 언어교육과 관련한 지원은 포괄적 대상에 대한 지원이다. 교육부는 다문화학생 유형을 국내출생 다문화 가정 자녀와 중도입국 그리고 외국인으로만 구분했다. 또한 주로 사용하는 언어적, 문화적 특성이 다름에도 불구하고 조선족과 고려인 그리고 시리아 난민을 모두 외국인으로 규정하고 있다. 이 같은 법률에 의한 구분은 정책 추진에 편의성을 주지만 언어교육 측면에서 적합(適合)하다 할 수 없다. 조선족이나 고려인에게는 한국어가 계승어의 지위를 갖지만 시리아 난민에게 한국어는 명백하게 외국어의 지위를 갖기 때문이다(박재익, 2017; 조태린, 2014). 더욱이 한국어를 계승한 조선족과 고려인 사이에도 그 차이가 있음을 고려한다면 '실용성과 현장중심'을 실현하기 위해서라도 학계와의 면밀한 검토가 선행되어야 하며 이점은 이중언어교육 관련 지원에도 해당될 것이다.

둘째, 언어교육에 있어서 학습자인 다문화 가정 자녀에 대한 보다

유연한 태도가 필요하다. 다문화 가정 자녀의 배경에 의해 갖는 소수 언어에 대한 지원은 그들의 정체성 함양과 미래역량 강화를 위한 것이라는 점에서 필요하다(조승석, 김희순, 2013; 최혜정, 2014). 하지만 다문화 가정 자녀의 거주기간에 따라 한국어에 대한 지위는 때로는 모국어로 때로는 제2언어 혹은 그 중간의 위치로 나타난다. 역으로 보았을 때, 계승어인 '어머니 나라말' 역시 모어 또는 제2언어로 인식될 수 있다는 것이다. 한국어를 모어로 인식하는 다문화 가정 자녀는 어머니 나라말을 제2언어로 여길 것이고 반대로 제2언어로 인식하는 경우 어머니 나라말을 모어로 인식하는 것이 가능하기 때문이다.

셋째, 현재 우리 교육에서 이루어지고 있는 다문화 가정 자녀에 대한 언어교육은 부가적인 지원이다. 교육부는 앞서 기술했듯이 다문화 가정 자녀의 강점 개발을 위하여 글로벌브릿지, 전국이중언어말하기 대회 등의 지원을 한다. 또한 국내출생 다문화 가정 자녀의 경우 학습에 대한 문장과 어휘력에 대해서, 중도입국 · 외국인의 경우 한국어 교육을 지원하고 있다. 이때 한국어교육은 한국어학급이나 예비반을 통해서 이중언어교육은 방과후 학교나 창의적 재량활동 속에서 교육하도록 했다. 이와 달리 비다문화 가정 자녀가 학습하는 영어는 정규교과 속에 포함되어 있다. 이는 다문화 가정 자녀가 자신의 모국어 혹은 계승어를 학습하는데 '선호하는 언어를 유지하고 보존할 권리'를 제한하는 것이라 볼 수 있다(Spolsky, 1998). 국내 거주 기간과 한국어 사용 능력에 따라서 한국어와 이중언어는 영어와 마찬가지로 정규교과 내에서 학습자의 특성에 따라 선택하여 교육받을 수 있도록 하는 것이 바람직하다고 본다.

넷째, 다문화 가정 자녀의 한국어교육은 부모에 대한 연구와 함께 진행하는 것이 필요하다. 앞서 선행연구들에 따르면, 다문화 가정 자녀는 한국어 사용에 있어서 독해와 어휘력, 쓰기, 작문 능력이 현저히 떨어진다. 많이 나타나는 오류는 동사활용, 글자조합에 따른 새로운 단어 등과 같이 어휘와 관련되는데 이는 결혼이주여성의 한국어 사용 오류와 유사성이 높다. 이를 역으로 볼 때 다문화 가정 자녀의 오류양상을 예측하기 위한 부모의 한국어 사용 양상에 대한 구체적인 실태가 그들의 다문화배경과 함께 면밀히 파악되어야 한다. 또한 이 과정을 통해서 부수적으로 다문화 가정 자녀의 교육에 영향을 주는 환경요인도 다양한 관점에서 확인할 수 있을 것이다.

다섯째, 언어교육에 대한 보다 기초적이고 근본적인 연구가 필요하다. 한국어교육에 대한 많은 연구에도 불구하고 내용학적 측면의 연구는 교육방법에 대한 연구에 비해 부진하다. 내용학에 대한 기초적인 연구는 다문화 가정 자녀가 언어학습에 있어서 어떤 부분을 어떻게 어려워하는지를 알 수 있는 토대자료가 된다. 이 점을 고려할 때 특히 내용학 연구에서 필요하고 특히 어휘, 통합, 쓰기, 읽기 등의 순으로 지속적인 연구가 시급하다는 것을 알 수 있다. '내용'이 제외된 교육은 의미 없는 부산함만 만들 뿐이다. 이러한 측면에서 김선정, 강진숙(2009)의 연구는 내용학 연구의 방향을 제시했다고 본다. 또한 내용학 연구에 대한 진지한 성찰은 특히 이제 기지개를 편 이중언어 교육에서도 중요한 문제일 것으로 본다. 한국어교육에 대한 국내 저변 연구자층은 각 언어권별로 산재한 이중언어 연구자 층에 비해 두껍기 때문이다.

이상의 논의를 통해 도출한 다문화 가정 자녀에 대한 한국어교육 방안은 다음과 같다. 첫째, 한국어교육에 앞서 교육장면에서 나타나는 다문화 가정 자녀의 실태가 먼저 파악되어야 한다. 다문화학생은 그 유형에 따라 특성이 다르며 그들이 한국어를 생각하는 입장에도 차이가 있다(조태린, 2014). 또한 국내출생 다문화 가정 자녀들 간에도 거주 지역별, 부모의 출신 배경 등에 따라 차이가 있으며(김수진, 임은해, 2011; 안원석, 2007), 부모의 학력과도 일부 관련성이 있다(전은주, 2009). 또한 일상적인 의사소통에는 지장이 없다는 의견이 지배적이지만 교과교육 상황에서는 어려움을 느낀다는 경우가 많다. 하지만 현재 인식하고 있는 변인 외에도 다양한 변인이 존재할 수 있고(전은주, 2009). 이 모든 경우를 고려하며 교육을 이어가기 위해서는 각 교육 장면에서 나타나는 학습자의 실태를 보다 면밀히 파악한 후 접근하는 것이 필요하다.

둘째, 말하기, 듣기, 쓰기, 읽기의 바탕이 되고 언어의 유창성에 기여하며 교과 학습에 기본이 되는 어휘력 향상에 중점을 두는 교육이 필요하다. 일상적인 의사소통과 교과학습에서 나타나는 다문화 가정 자녀의 언어능력 차이는 거주 기간에 따라 차이가 있으며(전은주, 2009), 이는 어휘를 얼마나 많이 그리고 꾸준히 접했느냐와 관련이 높다(장종윤 외, 2014; Spolsky, 1998; Gass & Selinker, 2008). 또한 어휘 학습은 단시일 내에 달성 가능한 것이 아니므로(장종윤 외, 2014), 지속적으로 자연스러운 환경 속에서 이루어져야 한다(김선정, 강진숙, 2009).

셋째, 둘째와 관련한 교육 방법으로서는 학교에서의 수업도 중요하지만 비다문화 가정 자녀와 함께 연극, 합창, 벽화그리기 등과 같은 예술 활동을 함께 하는 것도 자연스럽고 다양한 어휘 습득에 도움이 될 것으로 본다. 어휘교육에 대한 중요성만을 강조할 경우 자칫 암기 위주의 교육으로 변질될 우려가 있기 때문이다. 또한 다문화 가정 자녀의 언어·문화적 경험 세계를 넓힐 수 있도록 지역별로 특화된 체험활동을 통하여 관련 주제에 대한 어휘를 학습하는 방법도 다양한 어휘를 공부할 자연스러운 방법이라 할 수 있을 것이다.

일반적으로 국내 출생 다문화 가정 자녀의 경우 비다문화 가정 자녀와 큰 차이점이 없다고 한다. 언어교육에서 이중언어는 한국어와 마찬가지로 중요하지만 학계에서는 오랫동안 한국어교육에 대해 초점이 맞추어져 온 것도 사실이다. 당연하게도 이러한 사실은 이중언어교육 관련 연구에 비해 한국어교육 관련 연구의 양적 그리고 질적 성장을 이끌었다. 또한 연구과정과 결과를 통하여 자료의 축적을 이루었다. 한국어교육연구가 이룬 성과는 이중언어교육 관련 연구에 있어 때로는 비판의 대상으로 때로는 유의미한 자료로 활용될 수 있다는 측면에서 귀중하다. 따라서 다문화 가정 자녀의 한국어교육에 대한 연구를 검토한 이 장은 한국어교육에 대한 반성과 함께 이중언어교육에 있어서 학습자 특성이라는 기초 자료를 제공한다는 의의가 있을 것이다.

제11장 탈북학생 현황과 탈북학생 교육 실태[1)]

1. 들어가는 말

2018년 4월 남북 판문점 회담과 2019년 6월의 남북미 판문점 회동을 통해 분단과 아픔의 상징이었던 판문점이 통일과 평화를 위한 희망의 공간으로 인식되고 있다. 이러한 한반도의 평화 기류와 남북 긴장관계의 완화, 북한이탈주민이 증가하고 있는 사회적 상황은 통일과 통합에 대한 다각적 준비의 필요성을 증대시킨다.

2019년 6월 기준 우리나라에 입국한 북한이탈주민은 총 33,022명으로 김정은 정권 이후 증가세가 둔화되긴 했지만 지속적으로 북한이탈주민의 입국이 늘어나고 있는 추세이다(통일부, 2019). 남북의 경험을 가진 북한이탈주민은 남북의 통합을 주도할 수 있는 인적자원으로서 중요한 역할을 할 수 있을 것이라 기대된다. 북한 배경을 가진 사회 구성원의 증가는 통일 미래의 관점에서 그들에게 주목하고 그들을 인정하기 위한 사회 구성원의 인식과 태도 변화를 요구한다. 이러한

1) 본 장은 '윤현희(2019). 초등교사의 탈북학생 교육 경험에 초등교사의 탈북학생 교육 경험에 관한 상호문화교육적 의미 탐구. 국내박사학위논문, 인하대학교 대학원.'의 IV장 일부를 참고하여 수정·보완했다.

상호인정과 교류의 공동체를 형성하는 것이야말로 현재와 미래의 남북의 통합을 주도할 수 있는 구심점이 될 수 있기 때문이다.

북한이탈주민을 지칭하는 '먼저 온 미래'라는 용어는 그들이 남북의 미래와 통합의 관점에서 갖는 중요성과 가치를 더욱 부각시킨다. 먼저 온 미래인 북한이탈주민과 함께 살아가는 지금 우리의 모습은 다가올 통일시대 남북 통합의 성공을 예측할 수 있는 중요한 척도가 될 수 있다. 북한이탈주민의 성공적인 정착은 통합된 통일 사회 조성을 위한 밑거름이 될 수 있기에 그들과의 통합을 위한 국가적 차원의 노력이 지속되어야 한다. 그러나 탈남과 재입북을 감행하는 탈북자들 중 한국에 장기 체류한 사람의 비율이 높게 나타나는 등 북한이탈주민에 대한 우리 사회의 수용과 인정이 부족한 실정이다(서은숙, 2014).

북한이탈주민에 대한 차별 양상은 '북한이탈주민 정착실태조사'를 통해서도 확인할 수 있다(남북하나재단, 2016). 실태조사 결과에 따르면 북한이탈주민의 고용률은 55%, 실업률은 5.1%로 남한 전체 고용률 61.8%, 실업률 3.6%에 비해 경제적 취약성을 드러냈다. 북한이탈주민 임금근로자의 평균 재직 기간도 23개월로 일반 국민의 69개월에 비해 현저히 짧았으나, 주당 평균 근로시간은 45시간으로 일반국민에 비해 5.2시간 더 일한 것으로 나타났다. 그럼에도 불구하고 북한이탈주민 임금근로자의 월 평균 소득은 162.9만 원으로 일반국민 236.8만 원에 비하여 약 74만 원 적은 것으로 나타나 북한이탈주민이 우리 사회의 빈곤층과 소외계층으로 밀려나고 있는 상황임을 알 수 있다. 이러한 상황이 지속된다면 북한이탈주민은 우리 사회의 하부계층에 머무르는 소수자 집단으로 굳어질 수 있으며, 이는 미래 남북 통합을 저해하는 장애요인으로 작용할 우려가 있다. 이런 측면에서 이제는 남한의 주류문화 테두리에서 소수자로 차별받고 배제되는 북한이탈주민이 사회적 시민으로서 인정받고 권리를 향유할 수 있는 문제에 관해 심도 깊은 논의가 이루어져야 할 때이다(강진웅, 2015).

북한이탈주민의 사회 적응력 향상과 통일 사회 대비의 관점에서 가장 시급하고 중요한 교육적 과제는 미래 통일시대를 이끌어 갈 주역인 탈북학생의 적응력을 높여 통합의 기반을 마련하는 것이다. 북한이탈주민의 자녀들이 지금의 북한이탈주민과 같이 소외 계층으로 머무르지 않고 우리 사회 구성원으로서 당당히 인정받기 위해서는 학교 적응이 선행되어야 하기 때문이다. 또한, 학교 적응을 바탕으로 사회에 적응하고 미래 사회를 주도할 수 있는 역량을 길러 미래 통일 시대의 인재로서 역할을 감당할 수 있게 될 것이다. 즉, 탈북학생 교육은 지금의 탈북학생을 위해서만이 아니라 통일 사회의 통합을 준비하는 측면에서 중요한 의미가 있기 때문에 지속적인 관심과 지원이 필요하다.

이를 위해서는 '먼저 온 미래'들의 적응과 통합을 위한 국가적 차원의 교육 정책들이 어떻게 수립되어 실행되고 있는지에 관해 살펴보아야 한다. 우선 탈북학생 교육 전반에 관한 현황 분석을 바탕으로 정책적 교육지원 실태를 알아보고, 그러한 정책들이 학교 현장에서 어떻게 이루어지고 있는지에 관해서는 탈북학생 교육 사례 탐구를 통해 교육지원 현황을 분석할 것이다. 지금 현재 실행되고 있는 탈북학생 교육 정책과 현황에 관한 심층적인 분석은 탈북학생 교육의 개선과 발전을 도모하며, 더 나아가 통일과 평화를 위한 미래지향적 통합교육의 방향 설정에 시사점을 제공할 수 있기 때문이다.

본 장에서는 탈북학생 교육 정책과 일반 현황 및 특성에 대해 살펴보고, 이와 관련하여 행해지고 있는 탈북학생 교육 관련 심층 사례는 12장에서 다룰 것이다. 먼저 탈북학생의 개념 및 정의, 현황 및 특성, 탈북학생 교육지원 정책 현황에 관해 분석한 내용을 살펴보도록 하겠다.

2. 탈북학생의 개념 및 정의

교육부에서는 '북한 또는 제3국에서 태어나 학교에 재학 중인 북한이탈주민의 자녀'를 탈북학생으로 정의하고 공식 명칭으로 사용한다(교육부, 2017b). 교육부의 정의에 따르면, 탈북학생은 본인 또는 부모가 북한 출신인 학생들을 통칭하는 용어로 사용된다. 이들은 탈북학생, 탈북청소년, 북한이탈학생, 북한이탈청소년 등 다양한 명칭으로 불리운다. 정부 부처나 기관에서도 지칭하는 용어가 통일되어 있지 않고, 학계에서도 연구자에 따라 표현하는 용어가 다양하다. 〈표 11-1〉은 정부 부처별 탈북학생에 대한 명칭 부여 현황을 정리한 내용이다.

〈표 11-1〉에서 보듯이 북한이탈주민의 자녀를 가장 넓은 범위에서 정의하는 부처는 여성가족부이다. 여성가족부에서 사용하는 용어인 '이주배경청소년'은 '청소년복지지원법' 제18조에 따라 다문화가족의 청소년과 그 밖에 국내로 이주하여 사회적응 및 학업 수행에 어려움을 겪는 청소년을 의미한다.

---

2) 〈표 11-1〉은 이기영, 김민경(2015) "한국 거주 탈북배경청소년의 다양성에 따른 지원정책의 분석과 함의," 동북아연구, 20(2): 96의 '탈북배경청소년의 입국유형 및 관계 부처별 명명 방식' 표에서 제시한 출생국과 입국 유형에 따른 구분 방식을 참고하여 재구성했다. 표에서 포함하는 탈북학생은 취학연령 이상~청소년기에 해당되며, 취학 이전시기의 북한이탈주민 자녀들은 탈북 아동, 북한이탈주민의 자녀 등으로 명명된다.

〈표 11-1〉 **정부부처별 탈북학생 구분과 명칭 현황**[2)]

<table>
<tr><th rowspan="2">출생국</th><th rowspan="2">입국 유형</th><th colspan="3">정부 부처별 명칭</th></tr>
<tr><th>통일부</th><th>교육부[3)]</th><th>여성가족부</th></tr>
<tr><td rowspan="2">북한</td><td>가족동반입국
또는 가족선입국
후 단독 입국</td><td>탈북학생[4)]
(탈북청소년)</td><td rowspan="2">북한출생
탈북학생
(탈북청소년)</td><td rowspan="3">이주배경 청소년[5)],
다문화 가정 자녀</td></tr>
<tr><td>단독 입국</td><td>탈북무연고청소년[6)]</td></tr>
<tr><td>중국 등
제3국</td><td>가족동반입국,
초청 입국</td><td>제3국출생 탈북민
자녀[7)], 제3국출생
탈북학생</td><td>제3국출생
탈북학생
(탈북청소년)</td></tr>
<tr><td>남한</td><td>해당없음</td><td>남한출생
탈북학생[8)]
(탈북 청소년) 등</td><td>남한출생
탈북학생
(탈북 청소년) 등</td><td>해당없음
* 단, 부모 중 1명
이상이 외국
국적을 가진 경우
다문화 가정
자녀로 구분함</td></tr>
</table>

현재 북한이탈주민은 다문화가족으로 분류되지 않지만, 여성가족부에서는 북한이탈주민의 자녀를 '그 밖에 국내로 이주하여 사회적응 및 학업 수행에 어려움을 겪는 청소년'에 포함하여 '이주배경청소년'으로 구분한다고 볼 수 있다. 그러나 이러한 조건은 북한이탈주민의 자녀를 일반적인 다문화 가정이나 이민자 가정 자녀와 같은 범주에 포함시켜 '북한'이라는 특수성을 고려하지 못한다는 한계가 있다.

---

3) 한국교육개발원(2017). 탈북학생 지도교사용 매뉴얼 함께 만들어요! 하나된 세상, 연구자료 CRM 2017-25.

4) 남북하나재단('북한이탈주민의 보호 및 정착지원에 관한 법률 제 30조'에 따라 2010년 설립된 통일부 산하 공공기관) 홈페이지: https://www.koreahana.or.kr

5) 여성가족부 홈페이지: 이주배경청소년 지원 사업 현황. http://www.mogef.go.kr

6) 통일부(2019.7.7.) 탈북무연고청소년 정착지원 업무지침. http://www.unikorea.go.kr

7) 통일부 보도자료(2017.2.7.) 제3국에서 출생한 탈북민 자녀 양육을 위한 지원 신설

8) 통일전담교육사 배치 및 채용 근거로 활용하기 위한 운영현황 조사(북한이탈주민지원재단 교육개발부-502(2018.02.23.)호, '18년도 통일전담교육사 이동배치 및 채용계획 안내)

통일부와 교육부는 북한이탈주민의 자녀가 가진 '북한'과 '탈북'이라는 특수한 배경을 고려하여 탈북학생으로 분류한다. 통일부는 북한 배경을 가진 학생들을 탈북학생, 탈북청소년, 탈북민 자녀 등으로 정의하며, 출생지와 입국 유형에 따라 무연고 탈북학생, 제3국출생, 남한출생 등으로 다시 구분한다.

교육부는 탈북학생이라는 공식 명칭하에 출생지에 따라 북한출생, 제3국출생, 남한출생 탈북학생으로 구분하며 지원 조건을 달리한다 (교육부 외, 2017; 윤현희, 김영순, 2018; 한국교육개발원, 2017).

교육부의 탈북학생 정의에 근거했을 때, 현재의 탈북학생 구분과 명칭의 적절성에 대해 재고해 볼 필요가 있다. 탈북학생이라는 용어에서 사용되는 '탈북'이라는 단어는 북한 국적을 가진 상태에서 직접 국경을 넘은 경우에 국한하여 사용될 수 있다. 그러나 제3국이나 한국에서 태어난 북한이탈주민 자녀들은 북한 거주나 탈북의 경험이 없음에도 탈북학생으로 정의된다. 그렇기 때문에 탈북학생이라는 명칭은 '북한'이라는 부모요인, 성장환경, 가정환경 등을 가진 학생들 모두를 '탈북'이라는 테두리 안으로 포함시킨다는 오류가 있다. 본인의 탈북 여부에 관계없이 부모의 배경에 의해 탈북학생으로 총칭되는 문제가 발생하는 것이다. 북한 관련 배경을 지닌 학생들을 모두 '탈북'이라는 범주 안에 포함시키는 것은 개인적 차원에서의 정체성 문제를 야기할 수 있으며, 사회적 차원에서는 우리 사회가 갖는 북한이탈주민과의 구분을 더욱 강화하는 부정적 요인이 될 수 있다.

일례로, 초등학교에 재학 중인 북한출생 탈북학생의 상당수는 영유아기에 탈북하여 북한에서의 교육이나 사회화 경험이 없는 경우가 많다. 북한이 고향일 뿐, 한국출생 또래들과 동일한 환경에서 자연스럽게 '한국인'으로 살아가며 한국사회에 적응하게 된다. 이들은 북한에 대해 '엄마가 살던 곳, 친척이 사는 곳' 등으로 막연하게 인식할 뿐이다. 북한에 대한 경험도, 탈북의 경험도 없는 학생들까지 탈북학생으로 정의하는 것은 그들의 정체성 혼란을 가중시킬 위험이 있다. 또한, 단독으로 탈북한 무연고 탈북학생들의 경우, 본인이 직접 탈북 했음에도 불구하고 교육부의 탈북학생 정의 중 '북한이탈주민의 자녀'라는 조건을 충족시키지 못한다. 이처럼 현재 사용하는 '탈북학생'이라는 용어는 북한 배경을 지닌 학생들의 다양한 특성을 반영하지 못하는 한계가 있다. 따라서 출생지나 가정환경, 거주환경에 관계없이 북한 배경을 가진 학생과 북한이탈주민의 자녀들을 모두 포괄할 수 있는 새로운 용어가 필요하다.

이러한 용어의 문제점은 교육부와 통일부에서 공식적으로 사용하고 있는 탈북학생, 탈북청소년 등의 명칭에 대한 변경을 요구한다. 지금까지 지적된 환경, 개인 특성, 정체성 등의 특성을 반영할 수 있고, 탈북이라는 용어가 갖는 한계와 오류를 극복할 수 있는 새로운 용어로 '북한배경학생'을 제안하고자 한다.

'북한배경학생'은 '본인 또는 부(모)가 북한 출신인 초·중·고등학생'으로 정의할 수 있다. 위의 정의에 따르면 북한배경학생은 ① 우리나라 초·중·고등학교(대안학교 포함)에 재학 중인 북한이탈주민의 북한 및 제3국 출생 자녀와 한국 출생 자녀, ② 북한에서 태어나 단독으로 탈북한 무연고 탈북학생을 모두 포함한다. 즉, '북한배경학생'이라는 용어는 북한이탈주민의 자녀들을 출생지 구분 없이 모두 포함할 수 있다. 이는 그동안 출생지에 의해 구분됐던 '탈북학생' 명칭의 한계를 넘어서서 출생과 가정 배경을 모두 고려할 수 있는 용어로 재정의 했다는 데 의의가 있을 것이다. 또한, '북한배경학생'이라는 용어의 사용은 북한배경을 가진 사회 구성원을 '탈북'이라는 부정적 프레임에 가두지 않고 북한이라는 출신을 배경적 특성으로 인식하고 우리와 동등한 입장에서 그들을 이해하려는 노력으로 볼 수 있다.

그러나 교육부나 통일부에서 이들을 정의하는 공식 명칭은 '탈북학생'이며, 각종 계획이나 사업 운영 시에도 '탈북학생'이라는 용어를 사용하고 있다. 이 장에서는 탈북학생이라는 용어의 대표성을 감안하여, '북한배경학생'이라는 용어 대신 '탈북학생'이라는 공식 명칭을 사용하여 기술하고자 한다. 현재 탈북학생 교육 관련 제도나 현황, 사업 계획 등의 공식적 자료에서 탈북학생이라는 용어를 사용하고 있기 때문에 공식 명칭을 사용하는 것이 독자의 이해를 높이고 용어로 인한 혼돈을 줄일 수 있을 것이다. 그러나 공식 명칭이 절대불변의 원칙이라 할 수 없기에, 탈북학생이라는 용어가 갖는 부정적 이미지와 한계를 넘어설 수 있는 포괄적이고 새로운 용어의 필요성에 대해서는 다시 한 번 주장하는 바이다.

이어지는 3절에서는 탈북학생 통계 분석을 통해 교육 현황을 제시하고, 탈북학생에 관한 선행연구들을 종합하여 탈북학생의 특성을 제시하도록 하겠다.

3. 탈북학생 현황 및 특성

2019년 교육부의 탈북학생 교육 통계 현황에 의한 '학교 유형별 탈북학생 재학 현황'은 〈표 11-2〉와 같다(교육부, 2018e).

〈표 11-2〉에서 보는 바와 같이 2018년 기준 우리나라 정규 학교에 재학 중인 탈북학생은 2,538명이고 대안교육시설에 재학 중인 탈북학생까지 포함하면 2,805명에 달한다. 탈북학생의 지역별 재학 현황은 〈표 11-3〉과 같다.

〈표 11-2〉 학교 유형별 탈북학생 재학 현황 (단위: 명)

구분	초등학교	중학교	고등학교	기타학교[9]	대안교육시설(전일제)	계
재학 현황	932	682	751	173	267	2,805
	2,538					

출처: 교육부 · 충청남도교육청 · 한국교육개발원, 2019: 6에서 재구성.

〈표 11-3〉 지역별 탈북학생 재학 현황 (단위: 명, %)

구분	재학학교수	비율	구분	재학학교 수	비율
서울	227	23.2%	강원	35	2.2%
부산	57	3.6%	충북	55	3.7%
대구	38	2.4%	충남	86	5.6%
인천	68	8.5%	전북	41	1.9%
광주	59	3.5%	전남	38	2.0%
대전	30	1.8%	경북	83	4.1%
울산	32	1.9%	경남	66	4.6%
세종	5	0.2%	제주	19	1.2%
경기	276	29.6%	계	1,215	100%

출처: 김지수 외, 2018.

〈표 11-3〉에서 보는 바와 같이 탈북학생은 전국에 17개 시도에 고루 분포하고 있으며 수도권에 61.3%가 집중된 양상을 보인다. 2000년대 초반까지만 해도 서울, 경기, 인천에 거주하는 북한이탈주민의 비율이 76.2%로 수도권 중심의 거주 분포를 보였으나(이우영, 2003), 전국적으로 거주 지역이 확대되고 있음을 알 수 있다. 탈북학생의 증가 추세와 함께 재학 범위가 전국적으로 확대되고 있는 현상은 탈북학생 교육의 확산과 발전을 위한 국가적 준비의 필요성을 대

9) 기타학교에는 특수학교, 공민학교, 고등공민학교, 고등기술학교, 각종학교, 방송통신중 · 고등학교 등이 포함된다.

〈표 11-4〉 제3국 출생 탈북학생 현황

구분	초등학교	중학교	고등학교	평균
인원(명)	670	367	398	479
비율(%)	71.9	53.8	53.0	60

출처: 교육부・충청남도교육청・한국교육개발원, 2019: 7에서 재구성.

두시킨다(윤현희, 2019).

특히, 탈북학생 중 중국 등 제3국에서 출생한 북한이탈주민의 자녀들이 한국에 들어오는 경우가 증가하고 있는데, 북한이탈주민이 남한 입국 전 중국 등 제3국에 머무르며 출산한 자녀와 동반 입국하거나 부 또는 모의 단독입국 후 중도입국 하는 경우가 늘어나는 데서 기인한다(강구섭 외, 2014; 이희영, 2012). 이들은 한국문화에 대한 낯섦과 더불어 한국어 습득이라는 과제를 안고 있어 더욱 세심한 교육지원이 필요한 대상이다. 제3국 출생 탈북학생 현황은 〈표 11-4〉와 같다.

2019년 제3국 출생 탈북학생 통계는 1,530명으로 전체 탈북학생의 60.3%를 차지한다(교육부 외, 2019). 이는 전년도에 비해 93명이 증가한 수치로 탈북학생 전체 증가 인원의 3배에 달할 정도로 증가폭이 크다. 제3국 출생 탈북학생의 비율은 2012년 35.5%를 나타낸 이후 꾸준한 증가율을 보이며, 2015년에 과반을 넘은 후 현재까지 북한출생보다 높은 비율을 차지하고 있다. 이러한 비율은 탈북학생의 다문화적 특성을 강화시키는 요인이 된다. 이외에도 북한 출생이지만 탈북 이후 중국 등 제3국에서 장기 체류 후 한국으로 입국하는 경우도 있어서 비단 출생 지역에 따른 다문화 배경자뿐만 아니라, 성장 환경의 다문화성도 증대되며 탈북학생이 갖는 다문화적 특성에도 주목해야 하는 상황이다(윤현희, 2019).

지금까지의 자료들을 통해 탈북학생이 '탈북'이라는 범주로 묶이지만 개개인이 가진 특성은 다양함을 알 수 있다. 탈북학생의 다양한 특성과 경험은 학교와 사회 적응의 어려움을 초래하는 요인으로 작용하기도 한다. 또래와 다른 출생 및 성장환경, 탈북 과정에서 경험한 학업 공백으로부터 발생하는 또래와의 격차, 교우관계의 어려움, 심신의 불안정 등 학교 부적응에 영향을 미치는 요인 역시 다양하다(윤현희, 2019).

탈북학생의 특성을 세부적으로 살펴보면 첫째, 개인적 차원에서 탈북학생들은 신체 및 심리·정서적 문제를 경험한다(이소희, 이선혜, 2013: 125). 신체적 측면에서 탈북학생들은 왜소함이 두드러지는 경우가 많고, 외상으로 인한 건강상의 문제를 호소하기도 한다. 이는 탈북이나 한국 입국을 위한 도망과 은둔의 과정에서 굶주림으로 인한 영양 결핍, 탈출 과정에서 입은 외상 등에서 기인한다. 특히, 어린 나이에 경험한 탈출 과정은 막대한 두려움과 공포로 인식되어 한국 입국 이후에도 트라우마로 남기도 하며, 탈출 후 헤어진 가족에 대한 그리움이나 죄책감이 한국이라는 새로운 환경에 적응해야 하는 부담과 더해져 심각한 심리·정서적 문제로 이어지기도 한다(장창호, 2001; 최명선 외, 2006; 한선영 외, 2007). 또한, 한국 입국 과정에서 발생한 가족 해체의 문제와 한국 입국 이후에도 지속되는 불안정한 가정환경 등의 문제도 심리적 문제를 가중시킨다. 즉, 탈북학생의 심리·정서적 문제는 비단 탈북과 입국 과정에서만 기인하는 것이 아니라, 국내 정착 이후에도 사회·문화적 차이로 인한 정서적 불안정과 정체성 혼란으로 연결되어 지속적으로 이어지는 것이다(김린 외, 2014; 이수연, 2008).

탈북학생들이 경험하는 정서적 혼란은 월경(越境)의 경험이 없는 한국출생 탈북학생들에게도 일부 적용된다. 이들은 한국에서 태어났지만 가정환경과 학교환경의 차이, 우리 부모와 친구 부모의 차이 등으로 인해 '낮에는 남한생활, 밤에는 북한생활'의 이중적인 삶을 경험한다(윤현희, 2019). 이로 인해 이질감과 적응의 문제가 대두되고 있고, 한국출생 탈북학생에 관한 교육 지원도 이루어져야 한다는 주장이 제기되고 있다(윤현희, 김영순, 2018). 탈북학생들이 경험하는 사회, 문화적 혼란과 적응의 문제는 심리적 부적응으로 이어지고, 이는 생활 부적응이나 일탈 행동 등으로 표출될 위험이 있다(유가효 외, 2004). 따라서 탈북학생들이 한국사회와 학교 적응 과정에서 경험하는 어려움과 고충을 이해하고 그들에 대한 사회적 차원의 실효성 있는 지원과 대책이 마련되어야 할 것이다(박윤숙, 2006).

둘째, 가정적 측면에서 드러나는 특성은 불안정한 가정환경으로 인해 가정 내 돌봄이나 교육이 부족한 상황을 꼽을 수 있다. 탈북 가정은 일반 가정에 비해 한부모 가정의 비율이 높은 편이다. 탈북학생 가정환경 조사 결과에 따르면 한부모 가정이 44.8%(교육부 외, 2017)로 일반 국민의 한부모 가정 비율(1.1%)[10]보다 40배 이상 높은 수치를 나타낸다. 한부모 가정에서는 부모의 역할이나 경제적 책임 등에 관한 분배 없이 가정의 경제적 문제, 자녀의 교육 문제 등 가정 내 모든 책임을 부 또는 모가 짊어져야 하는 상황이다. 게다가 탈북민으로서 본인이 가진 사회 적응의 문제까지 더해지며 경제적, 시간적, 심리적으로 자녀를 돌보거나 교육 문제에까지 관심을 쏟을 여유가 부족할 수밖에 없는 현실이다(윤현희, 2019). 이러한 가정환경에서는 가정에서 적절한 교육과 돌봄을 받지 못하는 실정이며, 이는 학교 부적응 문제를 야기하는 중요한 요인으로 꼽힌다(강구섭 외, 2017; 김지수 외, 2018).

---

10) e-나라지표-한부모 가구 비율: http://www.index.go.kr/potal/main/EachDtlPageDetail.do?idx_cd=1578(검색일: 2018.11.26.).

이러한 요인 이외에도 탈북학생의 가정 돌봄이 부족한 이유는 더 찾아볼 수 있다. 가장 큰 이유는 체제 차이에서 기인한다. 탈북 학부모들은 남과 북의 교육 체제 차이로 인해 남한의 교육에 관한 이해가 낮다. 학교에서 모든 교육을 책임지는 북한의 교육 시스템과는 달리 남한의 교육 문화는 교사와 학생, 학부모가 교육의 주체가 되어 함께 참여하고 만들어가는 특성을 지닌다. 자녀 교육 활동에서 학부모의 역할에 관한 인식 부족은 남한 교육 체제에 대한 부적응 문제로 이어지며 자녀 교육 활동에도 소극적인 태도를 보이게 된다(강구섭 외, 2017; 김지수 외, 2018; 최희 외 2016). 실제로 2005년 통일부에서 북한이탈주민 여성을 대상으로 한 실태조사 결과, 학령기 자녀 교육에 어려움을 겪는다는 응답이 가장 높게 나타나기도 했다(전우택 외, 2006; 홍승아, 2013). 그러나 북한이탈주민을 대상으로 한 부모 교육이나 자녀 교육 지원 체제의 부재로 자녀 교육에 대한 어려움이 지속되고 있는 상황이다(조영아 외, 2014).

셋째, 탈북학생은 학습에도 어려움을 겪는다(원자혜, 2012; 최정호, 2011). 한국 입국 이전의 교육 공백과 학습 결손의 문제는 기초학력 부진 등 학습 능력 저하로 이어진다. 학습 공백 외에도 한국어 미숙 등의 언어적 문제로 연령보다 낮은 학령에 편입학하는 경우가 많아 그로 인한 부적응 문제도 지속적으로 제기되고 있다. 학습에 대한 자신감 저하는 학교 부적응 문제로까지 확대될 수 있기 때문에 학교 적응을 위한 필수이자 준비 과정으로 학습 지원이 이루어져야 한다(원자혜, 2012; 최정호, 2011).

앞서 기술한 바와 같이 탈북학생은 가정에서 돌봄이 부족하며 탈북 학부모가 학습 지원이나 가르침을 제공하기 어려운 상황이다. 따라서 탈북학생의 학습지원은 학교와 지역사회에서 그 역할을 담당하여야 하며 방과후 시간과 방학 등의 공백이 발생하지 않고 지속적으로 지원이 이루어질 수 있도록 추진되어야 한다. 그러한 지원을 통해 기본학습 습관 형성, 기초학력 신장, 학업 성취도 향상 등의 긍정적 효과를 거둘 수 있을 것이다. 또한, 학습에 대한 자신감을 바탕으로 자존감과 적응력이 향상되는 등 개인 삶의 변화를 유도할 수 있을 것이다.

지금까지 살펴본 바와 같이 탈북학생은 개인적으로 가진 경험이나 배경이 특이한 경우가 많다. 그리고 그러한 특성들은 생활 전반에서 부정적으로 특성으로 발현되기도 한다. 그래서 그들의 특별한 환경과 상황을 고려한 개별 맞춤형 교육 지원이 필요하다(윤현희, 2019).

4. 탈북학생 교육 지원 정책 현황

교육부는 탈북학생 맞춤형 교육 지원의 필요성과 중요성을 인식하고, '탈북학생 교육 지원 사업'을 통해 정책적 근거를 마련하였다. 교육부에서는 '탈북학생이 우리 사회의 통합된 일원으로 적응·성장할 수 있도록 지원하여 통일 미래의 맞춤형 인재로 육성'하는 것을 목표로 북한 및 제3국에서 출생한 탈북학생을 대상으로 적극적 교육 지원을 실시하고 있다(교육부 외, 2019).

교육부에서는 탈북학생 교육의 체계적 실행과 발전을 위해 2012년에 '탈북학생 교육 발전계획'을 수립했다. 계획 수립 초기만 해도 탈북학생을 지원과 수혜의 대상으로 인식했다. 이는 '탈북학생 군(群)'에 맞추어진 특화된 교육활동 제공에 초점을 맞췄고, 그들의 다양한 특성과 요구를 반영하지 못한다는 한계가 있었다. 이후 2015년부터는 '통일미래 인재 육성'이라는 미래지향적 관점의 새로운 비전을 제시하며 지금까지 그 기조가 이어지고 있다(김지수 외, 2019). 탈북학생 교

〈표 11-5〉 탈북학생 교육의 사업 방향 전환

구분	'탈북학생 교육 발전계획'시기 구분		
	1-3차년도(2012~2014)		4차년도 이후(2015~)
정책 대상	탈북학생 군(群)	➡	교육적 배경이 다른 '개별 학생'
대상 인식	지원, 수혜 대상(소외 계층)		통일미래 인재
교육중점	학교 · 사회 적응(학업 중심)		성장 · 자립(학업, 심리 · 정서, 문화 적응 등) 통합적 차원
초기적응교육	교육기관 중심 -학교와의 연계 미흡 - 정착 관련 정보 전달 위주		학생 중심 - 학교교육과의 연계 강화 - 진단 · 사전 체험 · 통합 준비 강화
맞춤형교육	교사 차원의 멘토링 중심 - 학년 단위로 단절		교사와 지원인력의 협력을 통한 체계적 사례관리 - 교육이력(포트폴리오 연계)
가정 연계	부모교육 미흡 - 학교와 가정의 소통 부족		부모교육 및 상담 확충 - 가정 지원, 협력 강화
교육기반	소수 대상 처방적 조치		지속가능한 교육체계
관계기관협력	기관별/사업별 단절		범부처 · 유관기관 협력 강화

출처: 김지수 외, 2019:22.

육 영역별 전환 방향은 〈표 11-5〉에서 확인할 수 있다.

〈표 11-5〉에서 보는 바와 같이 통일 미래 지향적인 탈북학생 교육의 관점은 개별 탈북학생에 대한 맞춤형 교육 지원 활동 제공을 강조하면서 '모든 탈북학생을 끌어안는 교육'이라는 목표 설정으로 연결됐다(김지수 외, 2019). 또한, 단순한 학교 적응의 차원을 넘어서서 북한배경을 가진 사회 구성원으로서 당당하게 성장하고 자립할 수 있도록 가정, 학교, 기관, 정부의 체계적인 지원과 협력을 강조하고 있다. 탈북학생 교육 지원 내용은 다음 〈표 11-6〉과 같다.

탈북학생 교육 지원은 탈북학생 맞춤형 지원, 진로 · 직업교육, 탈북학생 교육 지원 기반 조성의 세 가지 추진전략을 제시한다. 2018년부터는 탈북학생 성장 멘토링, 밀집학교 특별반 운영, 토요거점 방과

〈표 11-6〉 교육부의 탈북학생 교육 지원 내용(2018)

추진전략	세부 내용	교육 단계
탈북학생 맞춤형 교육 강화	▪ 삼죽초 맞춤형 교육 지원 제공	입국 초기
	▪ 한겨레중 · 고 맞춤형 교육 지원 강화	전환기
	▪ 심리상담 지원	정착기
	▪ 정착기 학교 맞춤형 교육 지원 확대	
	▪ 성장 멘토링(VASI)	
탈북학생 진로 · 직업교육 내실화	▪ 하나원 학부모 대상 진로교육 강화	입국 초기
	▪ 한겨레중고 진로 · 직업교육 프로그램 확대 운영	전환기
	▪ 잠재역량강화 프로그램(HOPE) 운영	정착기
	▪ 정착기 학교 진로직업교육 기회 확대	
탈북학생 교육 지원 기반 공고화	▪ 하나원(하나둘학교) 협력 강화	입국 초기
	▪ 한겨레중 · 고 협의회 운영 지원	전환기
	▪ 탈북학생 교육 자료 개발 · 보급	전 단계
	▪ 관계기관 및 전문가 네트워크 활성화	
	▪ 탈북청소년교육지원센터 운영	
	▪ NK교사 · 통일전담교육사 연수	
	▪ 우수사례 발굴 · 보급	
	▪ 포럼 운영	
	▪ 정책연구학교 운영 지원	
	▪ 통계 조사	
	▪ 홈페이지 관리	
	▪ 탈북학생 지도교원 연수	

출처: 김지수 외, 2019에서 재구성.

후학교 운영, 학생 · 학부모 동아리 지원, 하나원 초등교사 파견 등 탈북학생의 특성을 고려한 신규 사업들도 꾸준히 시행되고 있다. 이를 통해 탈북학생의 다양한 특성에 맞는 지원이 가능하도록 정책이 마련되어 있다는 것을 알 수 있다.

탈북학생 교육 지원 사업의 추진전략을 살펴보면 첫째, '탈북학생 맞춤형 교육 강화'를 강조한다. 맞춤형 교육의 강조는 탈북학생이 가진 복합적인 문제에 관한 인식에서부터 비롯됐다고 볼 수 있다. 탈북학생이 경험하는 가정, 신체, 심리・정서 등의 다각적이고 다층적인 어려움을 해결하기 위해서는 개인의 배경과 상황, 요구 등을 반영할 수 있는 교육이 이루어져야 하며, 개인별 맞춤형 지원을 통해 그러한 문제들을 해결할 수 있다(교육부 외, 2017; 김미연, 2012; 윤석주, 2017).

맞춤형 교육은 우리나라 입국 초기부터 정착기까지 지속적으로 이루어진다. 입국초기 부적응은 정착기 학교에서의 학습부진이나 정서불안, 또래관계 등에서 부적응과 연결되어 학업중단 등의 문제로 나타날 수 있다(윤석주, 2017). 또한, 선행연구에서 밝혀진 정착기 학교에서 탈북학생들이 보이는 부적응 양상과 실태를 통해 그들의 적응문제는 국가적 차원의 대책이 마련되어야 함을 알 수 있다. 입국 초기, 전환기, 정착기 교육은 다음 〈그림 11-1〉과 같이 구분된다.

입국초기 적응 교육기관은 유・초등학교와 중・고등학교로 구분된다.

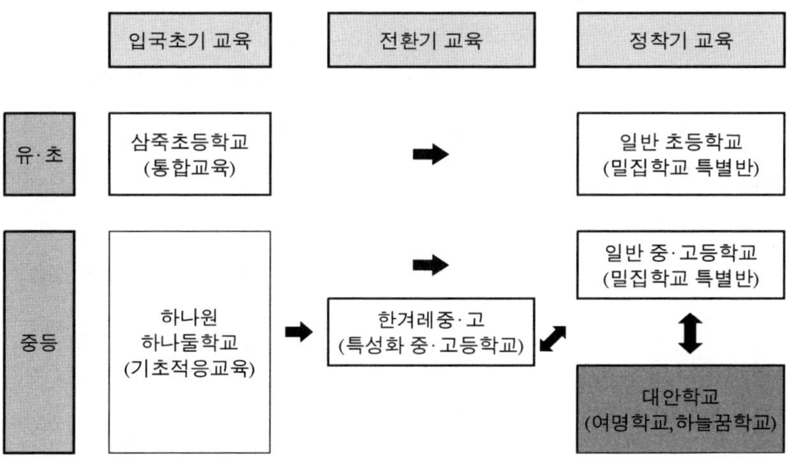

출처: 교육부(2017b). 2017년 탈북학생교육지원 사업 계획 보도자료

〈그림 11-1〉 탈북학생 교육 경로

유·초등학생들은 '삼죽초등학교'에서 위탁교육을 받고, 중·고등학생은 '하나둘학교'에서 기초적응교육을 받는다(교육부, 2017b). 삼죽초등학교에서는 탈북학생의 입국 초기 적응교육을 위하여 특별학급을 구성한다. 오전에는 일반 학급에서 기본 교과 교육과 또래 관계 연습, 체험학습 등의 학교생활 적응교육을 받는다. 오후에는 탈북학생 대상 특별학급으로 이동하여 맞춤형 기초 특별 교육과정을 이수한다.[11] 또한, 학생 개별로 교육 이력카드를 작성하여 정착기 학교에서 학생 파악 및 맞춤형 교육 지원 활동에 도움이 될 수 있도록 인계하고 있다(교육부 외, 2017).

정착기 학교에서 실시하는 맞춤형 교육 활동은 멘토링 활동이다. 멘토링은 탈북학생의 학교 및 사회 적응력 향상을 위해 개별적인 특성과 수요를 고려하여 학습, 문화체험, 심리·정서지원 등을 제공하는 개인 맞춤형 프로그램이다(정소민, 윤현희, 2016). 맞춤형 교육활동을 위한 예산이 별도로 배부되기 때문에 담임 또는 탈북학생 업무 담당 교사에 의해 멘토링 활동 계획이 수립되고 운영된다. 이에 따라 교사의 인식과 실천 정도에 따라 제공되는 교육의 양과 질이 결정되는 한계가 존재한다. 이를 극복하기 위해서는 우선적으로 탈북학생 교육 현장의 목소리를 경청하고 반영하여 국가적 차원에서 교육 현장을 지원할 수 있도록 체계적인 지원 시스템이 구축될 필요가 있다.

이외에도 2018년부터는 탈북학생의 안정적인 성장 지원을 위한 성장 멘토링(VASI) 사업이 새롭게 시작됐다. 일반적인 탈북학생 멘토링이 담임이나 업무에 의해 비자발적 관계에서 시작되는 반면, 성장 멘토링은 해당 활동을 희망하는 교사와 학생의 자발적인 의사에 의해

11) 맞춤형 기초 특별 교육과정에는 국어, 수학, 사회, 영어, 미술, 체육, 음악, 컴퓨터, 통합교과, 상담 등이 포함된다.

실시된다는 차이점이 있다. 또한, 탈북학생의 학교, 사회생활 등 생활 영역 전반에 대한 2년 이상의 장기적이고 지속적 멘토링 활동을 운영하기 때문에 진급, 진학에 의해 단절됐던 멘토링 활동을 보완할 수 있는 프로그램이라 할 수 있다(김지수 외, 2019).

지금까지 살펴본 탈북학생 맞춤형 교육 지원 강화는 탈북학생이 일반학생들과 동등하게 성장할 수 있는 기반을 마련하는 과정으로 보는 것이 적절하다. 맞춤형 지원과 같이 탈북학생들이 가진 결핍과 차이에 주목하는 교육활동은 그들에게 결여된 삶의 일부를 채워주는 교육 지원 활동으로서의 의미를 갖는다. 그러한 지원을 통해 개인의 적응과 성장을 도모할 수 있을 것이다. 또한, 사회적으로도 지금의 교육 지원이 없다면 앞으로도 탈북학생을 소외계층으로 인식될 것이며 이는 사회 통합에도 부정적 영향을 미칠 것이다. 탈북학생 교육은 그들이 가진 결핍과 차이를 줄이고 보편적인 교육활동을 통해서도 성장과 자립을 달성할 수 있을 만큼의 수준이 되도록 준비시키는 것이다. 이런 측면에서 '맞춤형 교육 지원'의 중요성은 더욱 강조된다.

둘째, '탈북학생 진로·직업교육 내실화'를 통해 탈북학생의 성장과 자립을 지원한다. 이는 학교교육을 통해 진학, 진로, 취업 등을 돕고 사회 정착을 지원하고자 하는 의도도 포함되어 있다. 세부 내용으로는 마이스터고 및 특성화고 특별입학전형 실시를 통한 직업교육 기회 확대 및 정착기 학교 진로·직업캠프 실시를 통한 탈북학생의 적응 지원 등이 있다(교육부, 2017b).

2016년부터 진로교육의 대상이 탈북 학부모까지 확대됐다. 하나원에서 탈북 학부모를 대상으로 진로교육을 실시하고 있으며 진로 교육 및 학부모 교육 전문가로 강사진을 구성하여 남북한 학교교육의 비교, 한국 교육과 학부모의 역할, 탈북학생 교육 지원 안내 등의 내용을 교육한다(강구섭 외, 2017; 김지수, 2018). 그러나 정규 교과 수업이 아니기 때문에 모든 학부모가 진로교육을 받지 못한다는 한계가 있다(강구섭 외, 2017). 부족한 교육 정보는 자녀교육의 어려움으로 연결될 우려가 있으므로 정규 교과시간에 배정될 수 있도록 개선이 필요하다. 또한, 지속적인 학부모 교육 및 지원이 가능하도록 네트워크가 구축되어야 한다.

잠재역량강화 프로그램(HOPE)은 탈북학생의 역량 계발에 목적을 둔 사업이다. 인문, 과학, 수학, 예술, 체육, 직업 등 다양한 분야에서 잠재력과 발전 가능성을 가진 탈북학생과 전문가가 결연을 맺고, 재능과 특기 신장을 위한 지속적인 지원이 이루어지도록 하고 있다[12]. 이는 탈북학생의 개인의 발전뿐 아니라 통일 미래를 주도하는 인재로 양성하고자 하는 목표를 갖는다.

셋째, 탈북학생 교육 지원 환경 조성을 위해 '탈북학생 교육 지원 기반 공고화' 사업을 진행한다. 대표적으로 하나원 협력사업, 탈북학생 교육 자료 개발・보급, 관계기관・전문가 네트워크 활성화, 탈북청소년교육지원센터 운영 등의 사업이 있다. 이외에도 탈북학생 교육 역량 강화를 위한 교사 연수, 탈북학생 교육력 제고를 위한 우수사례 보급, 탈북교사 및 통일전담교육사 재교육을 통한 탈북학생 교육지원 인력 양성 등의 사업을 추진하고 있다. 해당 사업은 현장에서 이루어지는 탈북학생 교육 활동에 직간접적으로 영향을 미치고 활용될 수 있는 요인 및 자원에 관한 내용을 담고 있다(김지수 외, 2018).

탈북학생용 교육 자료는 2009년부터 진행되어 초1~중3을 대상으로 '탈북학생용 표준(보충)교재'와 '탈북학생 문해력 증진교재'를 보급

12) 탈북청소년교육지원센터 홈페이지 http://www.hub4u.or.kr/hub/main.do

하고 있다. 표준(보충)교재는 주요 교과(국어, 수학, 사회, 과학) 중심의 탈북학생의 학습 보조교재이다. 문해력 증진교재는 남북한 언어 차이로 인해 발생하는 의사소통의 어려움을 돕고 언어적 문해력과 사회·문화적 문해력을 총체적으로 증진시키고자 한다(강구섭 외, 2017). 탈북학생용 교재는 일반학생들도 활용할 수 있는 내용을 담고 있다. 이는 탈북학생 교육의 일반화 가능성을 보여주는 좋은 예로 볼 수 있다. 보편적 설계(Universal Design)가 모두에게 적용되고 활용되듯, 탈북학생을 위한 교육 지원이 모두가 누릴 수 있는 유익한 방향으로 추진된다면 탈북학생에 관한 인식까지도 변화시킬 수 있을 것이다(윤현희, 2019).

따라서 '탈북학생 교육 지원 공고화'의 방향은 교육의 전반적인 발전을 도모하는 쪽으로 설정되어야 한다. 탈북학생 교육 방향이 일반과 보편으로 전환되고 확대되는 것은 미래 준비 측면에서 이해해야 한다. 탈북학생 교육 정책은 미래 통일 시대에 당면하게 될 문제들과 밀접한 관련이 있을 수밖에 없다(김정원, 2013). 따라서 탈북학생 교육 지원 활동은 현재의 탈북학생뿐 아니라 미래의 사회 구성원 모두를 아우를 수 있는 교육 활동의 관점에서 실행되고 발전되어야 한다.

이처럼 탈북학생을 위한 교육 지원 사업은 '탈북학생 맞춤형 교육 강화'의 강조와 '진로·직업교육 내실화', '교육 지원 기반 공고화'를 통해 탈북학생의 현재와 미래를 고려하여 이루어지고 있음을 알 수 있다.

5. 마무리

탈북학생 교육은 학교 현장에 종사하는 교사들에게조차 생소하고 낯선 교육 대상이자 영역이다. 탈북학생의 수가 해마다 늘고 재학 범위가 전국적으로 확대되며 국가적 차원에서 관심을 가져야 할 과제임에도 불구하고, 아직까지 탈북학생 교육에 관한 사회 구성원의 인식은 미흡한 실정이다.

이러한 문제인식을 바탕으로 이번 장에서는 탈북학생 교육 현황에 대해 살펴보았다. '먼저 온 미래'와의 통합 노력인 탈북학생 교육은 통일을 준비하는 교육으로써 의의를 갖는다. 지금의 북한이탈주민이나 탈북학생을 위한 국가적 정책과 구성원들의 노력이 부재한다면 통일을 맞이하는 미래의 어느 날, 우리들이 경험하게 될 혼란과 문제는 상상할 수 없을 만큼 크고 복잡할 것이다. 그들과의 통합을 위한 지금의 노력이야말로 통일을 준비하고 통일 이후의 혼란을 최소화하며 통합을 이룩하는 길이자, 그 지름길을 걷고 있는 것이다.

그러한 측면에서 탈북학생 교육을 위한 국가의 정책적 기반이 어떻게 형성되고 운영되는지에 관해 살펴보는 것이 필요하다. 이와 더불어 교육 현장에서 이루어지는 탈북학생 교육의 실제 사례를 통해 정책의 수혜자인 탈북학생의 변화를 심층적으로 분석하는 연구도 이어져야 한다.

이를 위해 본 장에서는 탈북학생 교육 전반에 관한 현황과 교육지원 실태를 분석했다. 정책은 문서상으로만 존재하는 이상향이 아니라 개인적 삶과 사회의 변화, 국가의 발전을 주도하는 구심점이 된다. 따라서 '먼저 온 미래들'과의 통합을 위한 현재의 정책과 실행에 관한 탐구가 필요하며, 이는 정책의 개선과 발전으로 이어질 것이다. 이어지는 12장에서는 탈북학생 지도교사의 탈북학생 지도사례 분석을 통해 현장에서 탈북학생 교육 정책을 적용받는 교사와 탈북학생들의 실제 모습을 통해 해당 정책 실행의 효과와 개선 방안에 관해 살펴볼 것이다.

제 12 장 초등교사의 탈북학생 교육 경험의 의미[1)]

1. 탈북학생 교육의 문제

앞 장에서 살펴본 바와 같이 탈북학생 교육은 그들이 처한 다양한 환경을 고려한 교육 지원에 중점을 두고 있으며, 교육부의 '탈북학생 교육 발전계획'이나 '탈북학생 교육 지원 사업'에서 그러한 방향성과 내용을 파악할 수 있다.

우리나라 탈북학생 교육 정책에서는 특히, 지속가능한 탈북학생 교육체계 구축을 통해 교육적 기반을 마련한다는 점에 주목할 필요가 있다. '지속가능한 교육체계'라는 용어는 탈북학생 교육에 대한 국가적 인식이 어떠한가를 보여준다. '지속가능'이라는 것은 탈북학생 교육에 대해 '지금, 여기, 그들'의 관점에서 더 나아가 '미래, 사회, 우리'의 비전과 책임을 명시하는 의미를 갖기 때문이다. 그럼에도 불구하고 탈북학생 교육에 대한 중요성과 가치에 대한 우리 사회의 인식

1) 본 장은 '윤현희(2019). 초등교사의 탈북학생 교육 경험에 초등교사의 탈북학생 교육 경험에 관한 상호문화교육적 의미 탐구. 국내박사학위논문, 인하대학교 대학원.'의 Ⅳ장 일부와 '윤현희, 김영순(2019). 초등교사의 탈북학생 교육 경험에 관한 내러티브 탐구. 교사교육연구, 58(1), 21-34.'를 참고하여 수정 · 보완했다.

은 낮은 수준이다. 반공교육과 미디어 등의 영향으로 부정적 프레임 안에서 북한을 이해하거나 적으로 인식하는 경우가 많고, 이는 북한배경을 가진 유입 인구에 대한 수용을 저해하는 요인으로 작용하기도 한다. 따라서 다양한 배경을 가진 구성원에 대한 수용과 인정의 폭을 넓힐 수 있는 교육이 필요하며, 탈북학생 교육 현장에서 그러한 교육이 어떻게 실행되고 있는지에 관한 실제적인 고찰이 이루어져야 한다.

지금까지 학계에서 이루어지고 있는 탈북학생 관련 연구 영역은 사회, 복지, 정책, 심리, 진로, 비행 등 다양하지만 교육과 관련된 연구가 주를 이루고 있다(윤혜순, 2014; 윤현희, 2019). 그중에서도 적응과 학습 영역에서 가장 많은 연구가 이루어지고 있다. 적응 영역에서는 주로 탈북학생의 실태나 문제점, 적응 지원 등 적응력 향상을 위한 방안 마련에 집중하고 있다(김명선, 2015; 김애진, 정원철, 2011; 윤현희, 2019; 진정희, 2015). 학습 영역에서는 교과 수업을 중심으로 탈북학생의 학습 실태를 분석하고 학습 지원 방안을 도출하는 연구들이 다수 존재한다. 그러나 학습 지원에 중점을 둔 연구들은 결국 탈북학생의 학습 지원을 통한 학교 적응력을 향상에 목적을 둔다(고상숙, 2012; 원진숙, 2015). 즉, 탈북학생 연구가 다양한 영역과 주제로 수행되고 있지만 그들의 적응력 향상에 관한 논의가 중심이 되고 있는 것이다(윤현희, 2019). 이러한 연구의 방향성은 탈북학생의 적응이 갖는 교육적 관심이 단순히 개인의 적응 여부에만 머무르는 것이 아니라, 사회 통합과 미래 통일 시대의 측면에서 주목할 수밖에 없다는 것을 나타낸다.

탈북학생 연구가 다양한 영역에서 이루어지고 있다는 것은 탈북학생이 경험하는 어려움의 다양성과 복합성을 보여준다. 탈북학생은 거주국 탈출 과정에서 가정 해체를 경험하거나 심리적 트라우마를 갖게 되고, 탈출 과정에서 발생한 학습 공백으로 인해 학습에 어려움을 겪는다. 이외에도 언어의 차이와 성장 환경의 차이로 여러 가지 부적응 요인을 내포하고 있다.

교육부에서는 이러한 문제점을 인식하고, 탈북학생의 적응력 향상을 위해 개별적인 특성에 따라 학습, 심리·정서, 문화체험 등을 제공하는 '탈북학생 맞춤형 지원' 활동을 강조한다(교육부, 2018e). 이는 탈북학생의 적응력에 영향을 미치는 중요한 교육활동으로 꼽힌다(김지수 외, 2018; 2019). 학교 현장에서 제공되는 맞춤형 지원 활동의 운영 주체는 교사로서, 멘토링에 참여하는 교사의 인식과 태도에 따라 탈북학생이 제공받는 활동의 양과 질이 결정될 정도로 교사의 역할은 중요하다.

탈북학생의 적응은 단순히 개인의 문제로 치부되어서는 안 된다. 그들과 함께 살아가는 일반학생들의 인식과 태도가 학교 적응 나아가 사회 적응의 성공을 좌우할 수 있다. 따라서 탈북학생의 학교생활 적응은 교육적, 사회적, 국가적 차원에서 관심을 가져야 할 문제이다. 이런 측면에서 탈북학생이 제공받는 교육에 관한 고찰은 그들의 현재와 미래의 생활에 관한 심도 깊은 접근을 가능하게 한다는 의의가 있을 것이다.

이를 위해 공교육의 출발점인 초등학교에서 실행되는 탈북학생 교육에 관해 살펴보고자 한다. 특히, 초등교육 시기에는 교사의 영향력이 크게 작용하고, 탈북학생 교육에서는 교사의 책임과 역할에 관한 중요성이 더욱 강조된다(김고은, 2013; 김영천, 1998; 윤석주, 손지희, 2014; 윤현희, 2019). 이러한 교사의 중요성은 초등학교 현장에서 이루어지는 탈북학생 교육 탐구에 있어 교사의 교육 실천 영역에 중점을 두어야 한다는 방향성을 제시한다.

이런 측면에서 본 장에서는 탈북학생을 지도한 초등교사들의 교육

현장 경험을 바탕으로 탈북학생 교육 실행의 실제적 측면을 고찰하고자 한다. 이러한 심층적 탐구를 통해 탈북학생 교육 전반에 관한 이해를 돕고 정책 실행의 효과를 살펴볼 수 있을 것이며, 나아가 탈북학생 교육이 나아가야 할 방향성을 제시할 수 있을 것이다.

2. 탈북학생 교육 사례

학교 현장에서 이루어지는 탈북학생 교육 실행 분석을 위해 탈북학생을 지도한 초등교사들의 경험을 바탕으로 탈북학생 교육 사례를 탐구했다. 초등학교라는 학교급의 특성상 학생들의 경험보다는 교사의 경험에 기반하는 것이 탈북학생 교육의 목적이나 의도, 실행과정 등에 심도 깊게 접근할 수 있기에 5명의 교사를 연구참여자로 확보했다.

5명의 연구참여자는 모두 2년 이상 장기간 탈북학생을 지도했다. 학교에서 이루어지는 탈북학생 교육에서 뿐만 아니라 외부 활동을 통해서도 탈북학생 교육과 관련한 다양한 공적을 쌓으며 선구자적인 역할을 하고 있다. 활동 영역도 우수 교육활동, 멘토링 지원 전문교사, 교사 연수 출강, 연구회 운영, 교재 개발, 연구학교 운영 등 다양하다.

이러한 연구참여자들을 통해 다양하고 우수한 탈북학생 교육 사례를 탐색할 수 있고, 탈북학생 교육의 현장성과 실제성이 담보된 분석 결과는 탈북학생 교육 정책이나 운영 개선 방향 등을 도출하는 근거 자료로써 가치를 가질 것이다. 이런 측면에서 교사들의 교육 경험에 관한 고찰이 중요한 의미를 갖는다. 연구참여자 현황은 〈표 12-1〉과 같다.

〈표 12-1〉에 제시한 연구참여자들과 함께 2018년 1월부터 10월

〈표 12-1〉 연구참여자 현황

연구참여자	성별	나이	경력	탈북학생 교육경력	탈북학생 교육 관련 실적 및 활동2)
A	여	46세	11년	2년 6개월	탈북학생 교육 우수사례 수상 탈북학생 멘토링 지원 전문교사 탈북학생 지도교사 연수 강사 탈북학생 맞춤형 수업연구회 회원
B	남	37세	7년	3년	탈북학생 멘토링 지원 전문교사 탈북학생 맞춤형 수업연구회 회원
C	여	40세	16년	3년	탈북학생 교육 우수사례 수상 탈북학생 지도교사 연수 강사 탈북학생 표준(보충) 교재 개발
D	여	45세	19년	3년 6개월	탈북학생 유공교원 표창 탈북학생 교육 정책연구학교 근무
E	여	43세	20년	3년	탈북학생 교육 우수사례 수상 탈북학생 멘토링 지원 전문교사

출처: 윤현희, 2019에서 재구성.

까지 10개월간 탈북학생 교육 사례들을 수집하며 탈북학생 교육 경험을 탐색했다. 연구참여자들과의 면담자료 외에도 탈북학생 지도 계획서, 보고서 등의 자료도 모두 분석 대상으로 삼았다.

분석을 할 때는 '학교 현장에서 탈북학생 교육이 어떻게 이루어지고 있는가?'에 초점을 맞추어 맞춤형 교육 활동 실행에 과정과 양상 분석에 중점을 두었다. 분석 시에는 질적 자료 분석 과정에서의 객관성을 확보하기 위해 중심주제분석법을 활용했다. 1차 코딩 작업을 통해 연구참여자들의 교육 사례에서 발견되는 유사한 경험이나 개념 등을 도출하여 범주화했고, 이후에는 범주화된 영역별로 적합한 주제를 탐색하는 2차 코딩을 통해 중심 주제를 설정했다(Braun & Clarke, 2006;

2) 탈북학생 교육과 관련된 실적은 공식적으로 확인 가능한 공문, 교재, 사례집 등을 근거로 작성했다. 연구참여자의 익명성 보장을 위하여 실적과 활동의 정확한 시기는 기록하지 않고 실적명만 제시했다.

〈표 12-2〉 탈북학생 교육 사례 분석 결과

범주	영역	의미	주제
탈북학생 교육 활동의 형태	탈북학생 교육 활동 양상	생활 멘토링	학습 지원
			또래관계 지원
			체험활동 지원
			심리 · 정서 지원
			상호이해교육
탈북학생 교육에 임하는 교사의 태도	탈북학생 교육 실천 양상	돌봄의 교육	시간, 공간, 대상을 초월한 교육

Hsieh & Shannon, 2005). 설정된 중심 주제에 근거하여 탈북학생 교육 양상을 분류하고 기술했으며, 분석결과 〈표 12-2〉와 같은 주제가 도출됐다.

3. 탈북학생 교육활동 양상: 생활 멘토링

탈북학생 교육활동 분석의 중심은 맞춤형 지원(이하 멘토링) 활동이다. 탈북학생 교육에서 멘토링은 단순한 멘토-멘티의 관계를 넘어선다. 탈북학생에게 교사멘토는 선생님이자 엄마, 친구로 존재하고 있었다. 또한, 일반적인 멘토링의 목적인 '멘티의 능력 향상과 성장 도모' 차원이 아닌 탈북학생의 삶과 미래를 책임지는 생활 멘토링의 의미를 갖는다. 즉, 탈북학생 멘토링은 그 자체로 탈북학생 교육이며, 탈북학생의 삶이 되고 있다.

멘토링의 효과에 관해 연구참여자들은 긍정적으로 인식을 보였다. 연구참여자 C는 탈북학생의 결핍을 채워주는 멘토링 활동이 탈북학생 교육의 출발점이라고 주장한다. 또한, 멘토링의 효과와 중요성에 주목하며 적극적인 멘토링 활동을 운영했다.

"결핍을 채워준다는 게 결국은 맞춤형 (중략) 양동이에 아무리 물을 부어도 구멍이 뚫리면 가득 안 차잖아요. 뚫린 부분을 메워주고 부족한 부분을 채워주는 게 1번인 거 같고"

(2018.8.10. 연구참여자 C, 2차 심층 면담)

〈그림 12-1〉은 연구참여자 C의 탈북학생 멘토링 지도 계획이다. 이를 통해 멘토링이 시간과 공간의 제약 없이 다양한 영역을 아우르는 종합적 교육 지원 활동이라는 것을 알 수 있다. 연구참여자들이 운영한 멘토링은 학습, 또래관계, 체험활동, 심리·정서 지원, 상호이해교육의 5개 영역으로 구분됐다. 영역별 세부 활동 내용과 사례는 다음과 같다.

개인별 멘토링 안내(학생, 학부모에게 개별 배부)

■ 개인 멘토링 연간 계획

시기	활동명	활동 안내
1,2학기	어울림동아리	매주 수요일
1,2학기	수용성학습(보충)	월,화,금
6-7월	목요 영어공부	매주 목요일
6월	야구경기 관람	***외 2명
6월	비즈로 작품 만들기	수요일 2회
7월	영화 관람	***외 2명
9월	주말 **투어	2주 주말
9-10월	목요 국어공부	매주 목요일
11월	꿈찾아 진로캠프	2주 주말
12월	케익 만들기	인근 제과점

■ 어울림 동아리 행사 안내(9-10)월)

• 6학년 어울림 요리 체험 프로그램
가. 목적: 진로탐색(관심 직업 체험)
나. 내용: 세계음식 만들기, 전통음식 만들기
다. 날짜: 2017년 9월 21일, 9월 28일

• 6학년 어울림 민화 체험 프로그램
가. 목적: 민화 표현하며 재능 계발
나. 내용: 문자도 액자 만들기
다. 날짜: 2017년 9월 23일, 9월 30일

• 6학년 어울림 진로 탐색 프로그램
가. 목적: 어울림 학생들의 진로 탐색
나. 내용: 진로 선생님의 진로 코칭
다. 날짜: 2017년 10월 12일

출처: 연구참여자 C의 탈북학생 교육 우수사례 보고서.

〈그림 12-1〉 탈북학생 멘토링 계획

1) 학습 지원

연구참여자 A는 멘토링을 운영할 때 학습 지원에 중점을 두었다. 학습 지원을 통해 1학년 학생의 한글해득, 국어와 수학 기초학습, 독서지도 등 기초학습습관이 정착될 수 있도록 도왔다. 다음 〈표 12-3〉은 연구참여자 A가 운영한 학습 멘토링 내용이다.

〈표 12-3〉에서 보는바와 같이 학습 지원은 교과 학습, 한글 학습, 독서 학습 영역을 중점으로 이루어졌다. 학교의 주 역할인 교과학습 외에 한글과 독서까지 교사가 지도한 것을 통해 가정 내 돌봄이 부족한 탈북학생의 상황을 배려하여 엄마의 역할까지 담당하고 있음을 알 수 있다.

> "e-독서친구라고 컴퓨터에 기록하는 프로그램이 있어요. 집에 컴퓨터가 없으니까 선생님이 도와줄게 해서 기록하고 인증상장도 받고 그랬거든요."
>
> (2018.1.11. 연구참여자 A, 1차 심층 면담)

학습 지원은 탈북학생의 자존감을 높이는 효과로 이어졌다. 학습 멘토링의 목적은 성적 향상이라는 결과에 중점을 둔 것이 아니라, 성적 향상을 통해 자존감과 자신감 고취하고 학교생활의 기반을 마련하

〈표 12-3〉 기초 튼튼 나래 펼치기(학습 멘토링) 목표 및 내용

교과 학습	한글 학습	독서 학습
▪ 국어 학습 ▪ 수학 학습 ▪ 클래스팅 활용	▪ 한글 익히기 ▪ 받아쓰기	▪ 그림책 읽어주기 ▪ 도서관 이용하기 ▪ 독서통장

출처: 연구참여자 A의 탈북학생 교육 우수사례 보고서.

여 주는 데 있다.

2) 또래관계 지원

연구참여자들은 멘토링 활동을 통해 또래와의 관계가 개선되는 효과를 얻기 위해 노력했다. 또래관계 지원은 학습 지원과 같이 특정 영역이나 활동을 지칭하는 용어가 아니라 멘토링 활동을 통해 도모하고자 하는 목적과 관계되는 개념으로 이해할 수 있다. 대표적인 사례는 연구참여자 D의 멘토링 활동에서 나타나는데 구체적인 모습은 〈표 12-4〉와 같다.

〈표 12-4〉를 보면 D교사는 멘토링의 주요 목적을 또래관계 개선

〈표 12-4〉 연구참여자 D의 멘토링 활동 및 내용

영역	활동명	형태	대상	세부 내용 및 목적
체험 활동	농장체험	학년	2학년	감자캐기, 또래관계 개선
	해양체험	학년	2학년	수족관 견학, 또래관계 개선
	직업체험	학년	1학년	직업체험, 또래관계 개선
	자연체험	학급	1,2학년	자연체험, 또래관계 개선
	음식체험	학급	2학년	머핀 만들기 체험, 또래관계 개선
	홈스테이	가족	2학년	인성교육(예절 배우기)
	문화체험활동	학년	1학년	승마체험, 또래관계 개선
		학년	2학년	에버랜드 체험, 또래관계 개선
		학년	1,6학년	영화관람, 또래관계 개선
		학년	6학년	공원 산책, 또래관계 개선
학습 지원	보충학습지도	개별	1,2학년	한글학습 지도(한글 미해득)
	수학학습지도	개별	1,2,6학년	수준별 수학 학습

연구참여자 D의 멘토링 활동 내용은 아래 공문을 근거로 정리했다.
① ○○○○초등학교 - 6766(2013.6.20.)호. 탈북학생 멘토링 체험학습
② ○○○○초등학교 - 5612(2014.5.20.)호. 2014학년도 탈북학생 개별 멘토링 계획
③ ○○○○초등학교 - 5228(2015.5.20.)호. 2015학년도 탈북학생 개별 멘토링 계획

에 두고 실시했다는 것을 알 수 있다. 이러한 관계중심 멘토링 활동에는 탈북학생과 함께하는 다수의 일반학생까지 포함하여 모두가 함께 활동하고 혜택을 받을 수 있도록 했다. 탈북학생만으로 운영되는 활동은 그들을 '탈북이라 그래' 하는 '낙인'의 대상으로 전락시킬 위험이 있기 때문이다.

> "탈북 말고 다른 애들도 못해보는 것들도 많아서 (중략) 맨날 탈북만 데리고 나가니까 애들이 왜 ○○이만 가냐고, 고학년 같은 경우는 이제 다 알아서 쟤, 탈북이라 그래~ 이러니까"
>
> (2018.7.24. 연구참여자 D, 1차 심층 면담)

D교사는 관계중심 멘토링을 통해 또래와의 친화력을 높이고 경험의 차이를 줄이고자 했다. 이외에도 사적인 공간으로 초대하여 사회적 관계에 필요한 예절을 배울 수 있도록 했다.

> "방학하는 날 밤에 재워서 아침먹이고, 그 날(홈스테이 하는 날), 같이 장을 봤어요. 장 보는 것도 하나의 활동이었거든요. 애네들이 직접 가서 장 봐서 돈 계산해서 하는 것까지 다 넣었어요. 그리고 우리 집에 가서 저녁을 해서 먹고 우리 애들하고 놀고, 그 다음 날은 다시 학교로 들어와서 느낀 점 쓰고, 점심 먹여서 보냈어요."
>
> (2018.7.27. 연구참여자 D, 2차 심층 면담)

선생님과의 홈스테이는 단순한 방문의 개념이 아니라 식사, 위생, 인사 등 기본적인 생활 예절을 배울 수 있는 시간이 됐다. 멘토링 활동을 통해 탈북학생이 평소에는 경험하지 못하는 특별한 경험을 함과 동시에 탈북학생 스스로 만들어 나가기에는 어려움이 있는 또래와의 친근한 관계를 지원해주는 효과가 있었다.

> "우선은 집에서는 이런 데 못 데리고 가잖아요. 어차피 멘토링은 해야 하니까 좀 더 좋은 게 뭐가 있을까? 항상 고민하게 되는 거 같고…(중략)… 멘토링 갈 때마다 항상 누구랑 간다던가 아니면 매번 다른 친구를 골고루 데리고 간다던가 선생님마다 다르긴 한데, 1+1 이게 원칙이죠. 우리 반 정훈이는 인성이를 꼭 데리고 갔는데, 그러다보니까 둘이 단짝이 돼 가지고, 서로 좋은 거 같아요."
>
> (2018.7.27. 연구참여자 D, 2차 심층 면담)

멘토링 활동을 할 때는 항상 탈북학생과 또래 친구가 함께 할 수 있도록 구성했다. 이러한 활동 구성은 친구들과의 생활이 즐겁고, 깊어지기를 바라는 D교사의 바람과 의도가 반영된 것이다. 연구참여자 D의 멘토링은 관계 개선과 증진을 목표로 하는 관계중심 멘토링이라 할 수 있다. 다양한 관계의 경험을 통해 탈북학생들은 다른 사람들과의 관계를 시작하고 유지하는 것에 조금이나마 자신감을 얻게 될 것이며, 그것은 적응력 향상에도 긍정적 영향을 미칠 것이다.

3) 체험 활동 지원

연구참여자들은 탈북학생이라는 낯선 교육 대상을 만나고 처음에는 작년에 하던 대로 따라하기만 했던 부족함을 고백했다. 그러나 교사 연수를 받고 탈북학생에 관한 이해가 높아지면서 학습자가 원하는 활동 중심 멘토링으로 방향을 전환했다고 한다.

> "경험의 장을 열어줘야 한다고 생각을 해서 활동, 체험 중심으로 바꿨어요. 추억을 만들어주고 경험을 많이 하는 게 목적이었고 …(중략)… 키자니아가 큰 문화충격이었던 거 같아요. 담임 선생님 말씀으로는 일기를 5일 내내 그 내용만 쓴다고…"
>
> (2018.1.18. 연구참여자 B, 1차 심층 면담)

학생들이 문화충격을 받았던 어린이 직업 체험관 키자니아는 비용 부담이 크고, 체험에도 오랜 시간이 걸려서 부모의 경제적, 시간적 여유가 확보되지 못한 탈북 가정에서는 쉽게 찾아가기 어려운 곳이다. 연구참여자 B는 이런 상황을 고려하여 직업 체험관, 경주 일주, 카라반 가족 체험, 3D 프린팅 등 학생들의 관심과 요구를 반영하여 체험 활동을 계획했다.

연구참여자 E 역시 활동 중심 멘토링에 중점을 두었다. E교사는 교육복지우선지원사업 업무를 담당한 경험이 있어서 행사 위주의 프로그램이 갖는 한계를 알고 있었다. 그래서 멘토링을 운영할 때는 학습자의 전인적인 성장을 도모하고, 지속적으로 지원하고자 하는 의도하에 장기·테마형 멘토링 프로그램을 운영했다. 그 대표적인 활동이 바로 텃밭 멘토링이다.

> "나는 테마를 갖는 것 같아요. 텃밭은 20회기라는 게 주어지고 일회성이 아니니까 더 꾸준히 그 아이랑 같은걸 가지고 계속 이야기가 되고, 끌어갈 수 있어서 좋았던 것 같아요."
>
> (2018.7.27. 연구참여자 E, 1차 심층 면담)

> 텃밭 멘토링을 하게 된 이유는? 텃밭의 녹색식물이나 아름다운 꽃을 보며 마음을 안정시킬 수 있다. 또한 씨앗을 뿌려 꽃이 피고

열매 맺을 때까지 보살피며 식물과 교감하는 과정에서 자존감이 높아진다. 생명이 움트는 것을 직접 눈으로 확인하고 자신의 손에 의한 결과물을 보면 '해냈다'는 생각과 함께 자신감이 생긴다.

(연구참여자 E의 탈북학생 교육 우수사례 보고서)

텃밭 멘토링은 텃밭을 가꾸는 체험에서 그치지 않고 원예나 요리 등의 다양한 체험이 가능했다. 또한, 텃밭 가꾸기 활동에 참여하는 다른 가족들, 친구들과 새로운 관계를 형성하는 계기가 됐다.

"텃밭은 10시부터, 집에 오면 거의 1시가 넘어요. 남편이 아들을 데리고 야구를 갔는데 안 될 때는 내가 텃밭에 데리고 가서 같이 활동하게 하고 (중략) 내 아이와 같이 활동하게 하고, 가족과 함께 하고 이러면서 이 아이가 자연적으로 상호작용을 하면서 뭔가 자신감도 얻고, 자존감 그런 것을 좀 더 많이 키우고 싶었어요."

(2018.7.27. 연구참여자 E, 1차 심층 면담)

연구참여자 B와 D는 탈북학생 개인적 측면에서는 경험의 기회를 확대했다는 의미가 있다. 관계 측면에서도 새로운 관계가 맺어지고 넓어졌다. 이를 통해 체험활동 지원은 개인적 측면에서 뿐만 아니라 탈북 가정의 부족한 돌봄 기능 보완, 가족 지원, 다양한 관계 경험을 통한 자신감 향상, 심리 · 정서적 안정 도모 등 다양한 영역에서 긍정적 변화로 이어지고 있음을 알 수 있다.

4) 심리 · 정서 지원

일반적으로 탈북학생을 위한 심리 · 정서 지원은 탈북학생 개인의 상담 지원 수준에서 머무른다. 활동 형태도 심리 상담이나 미술치료 등을 제공하는 경우가 대부분이고, 지원의 폭을 넓힌다 하더라도 또래 상담이나 가족 상담 등으로 확대되는 정도이다. 주로 심리·정서 지원의 방향이 개인에게 초점이 맞추어져 있는 데 반해 연구참여자 B가 근무한 학교의 심리 지원 방향은 탈북학생 및 그들과 함께 하는 학생 모두를 포함한다는 특이점이 있다.

연구참여자 B는 담임이 아닌 탈북학생 교육 업무 담당자였기 때문에 개인과 학교, 더 넓은 차원에서의 교육 지원을 위해 고민했다. 그리고 학교 차원에서 탈북학생의 심리·정서 지원을 위한 음악치료 프로그램을 운영했다. 음악치료교실의 목적은 다음과 같다.

> 1. 운영 목적: 정서적, 사회적, 신체적 건강을 증진시키는 음악치료를 통해 학생들의 다양한 심리적 장애 해소와 자존감 회복, 사회성을 함양하여 올바른 인성교육을 실시함.
>
> (○○초등학교 신나는 음악치료교실 운영 계획서)

음악치료는 일회성 활동이 아닌 24회기의 장기 프로그램이었다. 치료의 효과를 극대화하기 위하여 담당강사와 담임교사가 협력관계를 유지했다. 이러한 학교 차원의 노력은 탈북학생의 심리적 불안함 해소와 사회성 함양 등의 긍정적 결과로 나타났다.

> "음악치료 교수님께서 치료가 많이 필요한 친구들은 직접 가서 담임 선생님들이랑 소통을 하셨어요. 학예회 때 공연도 하고, 애들이 매우 산만했었는데 많이 나아졌어요."
>
> (2018.1.18. 연구참여자 B, 1차 심층 면담)

모두를 위한 프로그램의 방향성은 탈북학생의 문제를 '그들'의 문제로 치부하는 것이 아니라 '우리들'의 문제로 인식하고 함께 돕고, 함께 해결하고자 하는 의식에서부터 비롯된 긍정적인 변화의 시작이라 볼 수 있다.

개인적 차원에서 심리적 문제를 해결하고자 하는 노력은 그들을 잠재적 '문제 상황'으로 인식하고 있는 것일지도 모른다. 탈북학생들이 보이는 부적응의 문제는 그들이 가진 문제에서부터 기인하기도 하지만, 그들과 함께 생활하는 우리로 인해 더욱 악화되고 있는지도 모른다. 탈북학생의 다양한 특성에서부터 기인하는 문제와 부적응의 결과들이 과연, 그들의 잘못인 것일까? 그러한 그들을 제대로 이해하고 수용하지 못하는 우리들의 잘못은 아닌지 되돌아보아야 할 때라는 생각이 든다. 이런 측면에서 연구참여자 B가 추진한 학교 차원의 심리・정서 지원 프로그램은 탈북학생의 심리・정서적 안정의 기반을 마련하는 것과 함께 그들과 함께 살아가는 우리 아이들을 준비시키고, 조화롭게 살아갈 수 있는 바탕을 마련했다는 의의가 있다.

5) 상호이해교육

상호이해교육은 탈북학생보다는 교육의 대상 모두를 포함하는 관점에서 이해할 수 있다. 탈북학생 교육 정책이나 멘토링 활동이 탈북학생 개인에게 집중되는 경향이 있다 보니 다문화교육에서처럼 '모두를 위한' 차원의 교육이 언급되지 못하고 있는 한계가 있다. 그러나 연구참여자들은 탈북학생의 관점을 일반학생에게까지 확대하는 교육을 실천하고 있었다. 탈북학생이 잘 살아가기 위해서는 그들과 함께 살아가는 우리 모두의 인식과 태도의 개선이 필요하다는 점에 중점을

〈표 12-5〉 당당한 나래 펼치기(수업 및 학급운영) 목표 및 내용

자존감 높이기	교우관계 증진	인식개선
▪ 나 들여다보기 ▪ 나 표현하기 ▪ 나 보다듬기	▪ 함께 생각하고 탐구하기 ▪ 함께 놀이하기	▪ 우리나라 바로 알기 ▪ 우리나라 체험하기

출처: 연구참여자 A의 탈북학생 교육 우수사례 보고서.

두고 상호이해교육을 실행한 것이다. 또한, 그러한 교육은 학교교육 전반에서 이루어졌다.

연구참여자 A는 분단 상황에 대해 자연스럽게 인식할 수 있도록 수업을 운영했다. 〈표 12-5〉를 통해 파악할 수 있듯이 연구참여자 A는 '모두를 위한 교육'의 관점에서 탈북학생 교육을 운영했다.

연구참여자 C도 건강한 학급 공동체 문화 조성을 위해 노력했다. 건강한 공동체가 전제될 때, 그들과의 통합이 이루어질 수 있기 때문이다. 이런 목적하에 연구참여자 C는 따뜻한 학급 문화를 세우기 위한 구체적인 교육활동을 운영했다.

> 우리 반 아이들에게 가장 필요한 것은 불안한 마음을 변화시키는 것이었다. 아이들의 거친 마음을 다듬고 따뜻하게 변화시키기 위해서 희망적인 이야기를 들려주고 하루를 감사의 관점으로 돌아보게 했으며 행복 대화를 연습했다.
>
> (연구참여자 C의 탈북학생 교육 우수사례 보고서)

〈표 12-6〉은 연구참여자 C가 운영한 학급문화 세우기 활동 예시이다. 마음 돌봄을 통해 나 자신의 가치를 알고, 행복 대화를 통해 타인을 이해하고 존중할 수 있는 공동체 역량을 함양하기 위한 교육의 의미가 있다. 또, 탈북학생만이 참여하는 동아리도 운영하며 그들

〈표 12-6〉 따뜻한 학급문화 세우기 활동

주제	제목	활동 내용
마음 돌봄 연습	행복한 아침독서	인물, 역사, 세계명화 등으로 꿈을 키우고, 마음을 돌보기
	감.자.다 일기쓰기	일상에 숨은 감사, 자랑, 다행을 찾는 감.자.다. 세줄 일기쓰기
	소중한 나 그리기	꿈 자화상, 캘리그라피 등을 통한 긍정적인 자아상 그리기
행복 대화 연습	비폭력 대화 연습	비폭력 대화를 배우고 적용하면서 자신과 타인의 감정을 이해하기
	햇별 사랑방	사이버 공간에서 존중하는 대화 문화 형성하기
	마중물 이야기	책이나 영화를 감상하고 이야기 나누기

출처: 연구참여자 C의 탈북학생 교육 우수사례 보고서.

만이 공유할 수 있는 비밀스럽고 아픈, 조심스럽지만 행복한 이야기를 펼칠 수 있는 기회를 마련해 주었다.

> "저는 탈북학생만의 동아리가 필요하다고 생각을 했고, 주변 분들은 낙인처럼 왜 탈북 애들만 모이냐, 그런 걸 싫어하시잖아요. 그런데 저는 그 아이들에게도 출구가 필요하다고 생각했어요. 실제로 아이들이 거기서 이 얘기까지 들어주는 사람이 있고, 이런 얘기까지 같이 할 수 있는 친구가 있다는 경험을 했다는 생각이 들어요."
>
> (2018.4.19. 연구참여자 C, 1차 심층 면담)

탈북학생만의 동아리는 '북한'이라는 공통성에 근거한 관계 수렴의 의미를 갖는다. 탈북학생들은 자신의 출신과 배경을 숨기는 경향이 강한데, 동아리 활동을 통해 숨겨왔던 정체성을 확인하고 동질성을 경험하며 새로운 공감대를 형성할 수 있다.[3] 또한, 나와 우리를 수용

3) 2016 탈북청소년 실태조사 결과, 탈북청소년 중 제3국 출신임을 밝히지 않는다는 응답 비율이 61.1%로 2014년 조사보다 2.7% 증가했다. 비공개의 이유는 '밝힐 필

하고 인정해 주는 새로운 공동체가 만들어졌다는 안도감의 근원이 될 수도 있다.

상호이해교육은 사회적 이해와 수용 차원에서 이루어졌다. 특히, 동아리 활동으로 대표되는 탈북학생 간의 상호이해 활동은 새로운 동질성과 정체성을 형성하며 다름과 차이에 대한 부끄러움을 특별함으로 인식할 수 있는 계기로 작용할 것이다. 상호이해교육을 통해 탈북학생에 대한 공동체 구성원의 이해를 증진하고, 그들과 함께 새로운 공동체 문화를 조성할 수 있을 것이다.

4. 탈북학생 교육실천 양상: 돌봄의 교육

탈북학생 교육실천에서는 시간과 공간, 대상을 초월한 돌봄의 특성이 발견됐으며, 이는 '돌봄의 교육'으로 정리할 수 있다. 교사의 돌봄 활동에 대해 당연한 것으로 인식하는 경우도 많을 것이다. 물론 교사, 그중에서도 초등교사의 교육 활동에서 돌봄이 동반되는 것은 당연한 이치이다. 가르침과 배움이 중심이 되는 학교지만 부모의 마음으로 학생들을 돌보고 보살피는 것이 교사의 당연한 역할로 받아들일 수 있다. 그러나 그것은 교육 활동을 중심에 둔, 학교 내에서 이루어지는 돌봄인데 반해 탈북학생 교육에서의 돌봄은 교육 활동 이외의 시간과 공간에서도 교육이라는 명목하에 헌신적인 돌봄이 요구되며, 그 대상 역시 학생에게만 국한되지 않고 탈북 학부모나 그 가정까지 확대되기도 한다. 즉, 시간과 공간, 대상을 초원한 돌봄의 교육 활동이

요가 없음(46.3%), 차별 대우를 받는 데 대한 두려움(22.5%), 북한 또는 제3국 출신이라는 이유로 호기심을 갖는 게 싫음(12.3%), 굳이 밝히는 것이 어색하게 느껴짐(11.4%), 부모님이 밝히지 말라고 함(3.5%)' 순으로 나타났다(남북하나재단, 2016).

펼쳐지고 있는 것이다. 지금부터는 연구참여자들의 탈북학생 교육 사례에서 발견되는 돌봄의 교육 활동을 소개하고자 한다.

1) 시간, 공간, 대상을 초월한 교육

연구참여자 A는 일반적으로 규정된 교사의 역할과 범위를 넘어서는 멘토링 활동을 실시했다. 멘토링 활동은 예산이 배부되기 때문에 예산 지출이 마감되면 활동이 끝나는 경우가 대부분이지만 A 교사의 멘토링은 계속됐다.

> "멘토링 비용은 일주일에 한 번인가 나왔지만 돌봄교실 가기 전에 숙제 하고 가자~ 해서 매일 했어요. 그렇게 하니까 받아쓰기도 쑥쑥 느는 게 보이고… (중략) 돌봄교실에서 방학 때 프로그램이 있으면 애들이 많이 참여를 안 해서 인원이 비는 경우가 있었어요. ㅇㅇ파크 체험이 있었는데 애들 좋아할 프로그램인데 인원이 빈다니까 우리 민수 데리고 같이 갔다 오고…"
>
> (2018.1.11. 연구참여자 A, 1차 심층 면담)

연구참여자 A는 주요 업무 외에 이루어지는 교수활동에 대한 보상이 없어도 매일 방과후에 탈북학생을 가르쳤다. 꼭 해야 하는 업무가 아니었음에도 불구하고 학교 단체활동에 탈북학생과 함께 참가하기도 했다. 시간과 공간, 업무의 제한을 두지 않고 생활 전반에서 멘토의 역할에 최선을 다했다.

> "교육복지에서 무슨 프로그램이 있는데 우리 민수 좀 시켜주세요~ 해서 참여를 하고 미술 조형활동 이런 프로그램도 있었거든

요. 근데 민수는 만들기에 엄청 재주가 있었어요. 손재주가. 작은 거 조금만 만져도 모양이 나오고, 그래서 그런 거 한다길래 우리 민수도 할게요." 해서 같이 가고…"

(2018.1.11. 연구참여자 A, 1차 심층 면담)

A교사의 멘토 역할은 엄마와 같았다. 엄마가 자녀를 챙기듯 체험 활동을 신청하고 함께 참여하며 가족과 같은 모습으로 함께했다. 이후, 학교를 옮겨 다른 탈북학생을 만났고, 그 학생의 담임이 아니었지만 별도의 한국어교육을 실시하며 봉사하는 모습을 보여주었다. 연구참여자 C의 멘토링 활동에서도 헌신적인 태도가 돋보인다.

"탈북 어머님들을 뵈었을 때 워낙에 힘든 과정을 겪었을 것이라는 인식과, 예를 들어서 말이 거칠든 어쨌든 그 뒷이야기가 있을 거라는 짐작이 되기 때문에 왜 저래? 하는 인식을 갖고 있진 않았지만, 탈북과정을 알고 나니까 아, 정말 삶이 힘들었겠구나 저렇게 할 수밖에 없겠구나가 좀 더 이해가 되는 거죠. 정말 얼마나 가슴 아플까가 느껴지니까 더 이제 나름 헌신하고 싶은 거예요. 그 분들도 돕고 싶고…"

(2018.4.19. 연구참여자 C, 1차 심층 면담)

연구참여자 C의 헌신적인 실천은 학교 내 교육 활동으로 한정되지 않고 그들의 삶 전반을 포함하는 돌봄의 교육 활동이었다. 특히, 탈북학생의 어려운 가정환경이나 그들이 처한 어려움 상황에 대한 이해는 실천력을 강화하는 계기가 됐다.

"진아 같은 경우도 (새)엄마가 볼 때는 집안일을 안 돕고 하는 철딱서니 없는 모습이 너무 꼴 보기 싫은 거예요. 내가 볼 때는 얘가 엄마가 자꾸 바뀌고, 외국에 나갔다가 들어오며 얼마나 힘들까 싶은데 이 엄마는 자기가 너무 힘들고, 아빠랑도 자주 싸우고, 아빠도 보증 섰다가 거의 다 말아먹고 이런 상황이었어요."

(2018.4.19. 연구참여자 C, 1차 심층 면담)

"미정이는 가정폭력이 너무 심해서 (전학) 갔다가 또 돌아왔어요. 그때 정말 너무 안타까웠어요. (아빠 피해서 전학) 갔다가 돌아오는 것을 사실 웬만한 애들은 안 겪잖아요. 작년에 수현이도 비슷한 일을 겪었어요. 탈북가정의 불안정한 가정상황. 정말 교사가 할 수 있는 한은 아이들의 행복을 위해서 할 수 있을 만큼은 하고 싶다는 생각이 있거든요."

(2018.4.19. 연구참여자 C, 1차 심층 면담)

탈북학생에 대한 깊은 이해와 공감은 적극적 실천으로 이어졌다. 자신의 집에서 탈북학생을 돌보는 엄마가 되어주기도 했고, 탈북 학부모에게는 상담사가 되어 주기도 하며 교사 이상의 다양한 역할들을 수행했다. 탈북학생 교육에 있어 대상이 학생과 학부모, 가족까지 확대된 것이다. 연구참여자 E 역시 가정과 연계한 활동을 지속적으로 추진했다.

"가정방문을 갔어요. 거기서 풀 스토리를 다 듣고 그 날, 우리가 언니네 가족이랑 같이 캠핑을 가기로 한 날이었어요. 어머니한테'주말에 제가 뭔가를 못해주고...' 이런 얘기를 들은 직후니까. 나도, 언니도 애가 하나예요. 얘도 가면 잘 어울릴 거 같았고, 얘도 가고 싶다는 거야. 그래서 어머니, 저희 오늘 캠핑 가기로 했는데 혹시 괜찮다면 제가 데리고 갈게요. 그래 가지고 그 날 바로 캠핑 갔어요."

(2018.7.27. 연구참여자 E, 1차 심층 면담)

가정방문에서 깊은 이야기를 나누며 그들의 깊은 사정과 어려움을 알게 됐고, 그러한 측은지심은 교사이자 같은 엄마로서 더욱 강한 책임감을 갖게 했다. 그러한 책임감은 직업적 특성에서만 기인된 것이 아니라 엄마이자 가족의 입장에서 그들의 입장을 이해하게 된 것이었다. 그래서 그들에 대한 인식이 나와 구분되는 타인이 아니라 내가 수용하고 품어주는 새로운 가족이자 이웃의 차원으로 변화됐다.

"우리집 한번 가자해서, 요리 만들어서 먹고, 보리빵도 만들고, 보드게임도 하고, 나 배구하거든요. 선생님 배구하는데 같이 가서 응원할까? 그래 가지고 그 날 저녁에 배구 어떻게 하는지 보고, 응원하고, 하룻밤 자고. 엄마도 같이 초대했어요. 내가 요리를 했죠. 어머니는 북에서 많이 먹는다는 포도 엿을 직접 만들어 오셨어요."

(2018.7.27. 연구참여자 E, 1차 심층 면담)

연구참여자 E의 수용과 인정의 태도는 개인적 차원에서 탈북학생만을 품는 것을 넘어선다. 나와 가족, 이웃이 함께하는 우리의 공간에 탈북학생과 학부모를 품어주는 특성이 있다. 이러한 교육 활동을 통해 그들이 접촉하고 관계 맺는 사회 구성원이 조금씩 확대될 것이며 접촉 경험을 통해 그들과 우리 모두 상호 수용과 인정의 자세를 기르며 더불어 함께 살아가는 준비를 한다는 의미가 있다. 연구참여자 E가 만든 '공간'은 남북이 하나되는 사회적 통합을 의미하는 지향점으로 볼 수 있다.

5. 마무리

지금까지 탈북학생 지도교사들의 탈북학생 지도경험을 분석해 탈북학생 교육활동의 양상과 탈북학생 교육에 임하는 교사들의 실천 양상 두 가지 측면을 분석했다. 분석 결과, 탈북학생 교육에서는 탈북학생의 다양한 요구와 필요를 반영하여 학습, 관계, 체험, 심리・정서, 상호이해교육 등 전인적인 성장에 중점을 둔 종합적 멘토링 활동이 운영되고 있었다. 또한, 연구참여자들의 탈북학생 교육 활동은 '가르침과 배움'의 일반적인 교육의 차원을 넘어서 '보살핌과 돌봄'의 관점에서 시간, 공간, 대상의 한계가 없는 삶의 동반자적 특성을 나타냈다.

이러한 특성은 연구참여자들이 탈북학생과 그 학부모 등 북한배경을 가진 사회 구성원을 어떻게 인식하고 있는지 보여준다. 연구참여자들의 교육 사례 분석 결과, 그들이 인식하는 탈북학생 교육의 목표는 개인의 정착과 적응을 넘어서서 사회적 인정과 어울림, 통합을 지향한다는 것을 알 수 있었다. 이는 통합적 차원에서 탈북학생의 성장과 자립을 도모하는 탈북학생 교육 사업의 중점 방향과도 일치한다.

이러한 연구참여자들의 교육적 실천은 탈북학생 교육에서 목표로 하는 '통일미래 인재 육성'과 동일한 맥락에서 이루어지는 모범적인 실천 사례라 평가할 수 있다. 현재의 교육 활동이 '먼저 온 미래와의 통합 노력'이자 '미래의 통합을 위한 준비'로써 중요한 의의를 갖는 것이다. 또한, 이러한 교육적 의의는 '지속가능한 교육체계' 마련을 통한 탈북학생 교육의 기반을 마련하는 데 초석이 될 수 있다.

연구참여자들의 탈북학생 교육 사례를 통해 탈북학생을 위한 맞춤형 교육 지원이 학생의 적응과 성장에 긍정적으로 기여하고 있음을 알 수 있다. 학습, 또래관계, 심리정서, 체험활동 지원과 더불어 일반

학생 인식 개선까지 학교 현장에서는 탈북학생 지원을 위한 다양한 교육활동이 실행되고 있다. 또한, 개인의 결핍 차원에서의 맞춤형 지원이 아닌 탈북학생과 일반학생 모두의 성장과 통합을 위한 교육활동으로 그 의미를 더해가고 있다.

그러나 한 가지 간과되고 있는 안타까움이 있다. 그러한 돌봄과 헌신의 교육활동을 실행하는 교사에 대한 지원이 절대적으로 부족하다는 점이다. 교육부의 탈북학생 교육지원 사업에서는 탈북학생 교육지원 기반 공고화를 위해 다양한 사업을 펼치고 있으나, 그중 교사와 관련되는 프로그램은 ① 탈북학생 교육 자료 개발·보급, ② 탈북학생 교육 우수사례 발굴·보급, ③ 탈북학생 지도교원 연수 정도에서 그친다. 탈북학생을 지도한 교사들 중 상당수가 탈북학생 지도를 꺼리는 상황은 탈북학생 지도로 인한 교사의 소진이 얼마나 심각한 상황에 이르는지 보여준다(윤현희, 김영순, 2018). 그럼에도 불구하고, 현재의 탈북학생 교육 정책은 교사에게 너무나도 많은 노력을 요구하고, 과한 책임을 부여하고 있다. 교사의 역할을 넘어서는 돌봄의 교육활동, 그것이 과연 교사만의 책임이며 교사만 할 수 있는 일인지에 관해 지역사회와 정부에서 함께 고민해 나가야 할 것이다.

지속가능한 탈북학생 교육체제를 구축하는 일, 교사에 대한 의존도를 낮추고 학교와 지역사회, 국가가 함께 해결해 나가야 할 문제이다. 교사 개인에 대한 의존은 교사의 역량과 역할 수행 정도에 따라 교육의 질이 좌우되고, 효과가 담보되지 못하는 한계를 가질 수밖에 없다. 탈북학생 교육의 책임에 관해 교사, 학교, 지역사회, 국가 모두가 함께 인식하고 노력할 수 있을 때, 지속가능한 탈북학생 교육 체제가 구축될 것이고 이를 통해 탈북학생 교육의 지속적이고 안정적인 발전을 도모할 수 있을 것이다.

제13장 다문화 멘토링에 참여한 대학생의 사회적 실천과정

1. 대학생 다문화 멘토링의 필요성

다양한 이민자들이 증가하면서 한국사회에 인구사회학적 변화가 일어났다. 결혼이민자, 이주노동자, 유학생, 북한이탈주민, 난민 등의 증가는 다문화 사회의 진입을 가속화시키고 있다. 한국사회에 증가한 다양한 이주민들로 인해 자연스럽게 다문화 가정이 구성되고 이들의 자녀인 다문화학생들이 학교에 진입하면서 다양한 학생문제가 교육현장에 대두되기 시작했다.

다문화학생은 다문화 가정의 자녀로서 초・중・고에 재학하는 학생들을 말한다. 교육부(2018d)에 따르면 최근 5년간 전체 학생은 연평균 약 18만 명이 감소했으나 이에 비해 다문화학생은 매년 1만 명 이상 증가하여 2018년에는 12만 명을 초과했다고 밝히고 있다. 또한 다문화학생은 전체학생의 2.2%를 차지하여 학교 현장에서는 다문화학생 증가에 대응하여 학교의 다문화감수성을 제고하고 개인의 문화적 배경과 관계없이 교육의 기회를 보장해야 한다는 목소리가 높아지고 있다. 특히 다문화학생의 경우 이주배경 특성상 유학이나 출국 등이 많아 다문화학생의 학업중단률은 전체 학생보다 높은 수준을 차지하고 있다. 특히 중·고교생의 학업중단률은 초등학생에 비해 높으며 향후 다문화가정 중·고교생 비율 증가 시 전체 학생 대비 학업중단률의 편차가 확대될 것으로 예상하고 있다.

이렇게 학교 현장에 다문화학생들이 증가하면서 학교에서는 한국어교육과 학습지원에 집중했으나 다문화학생들의 학교생활 부적응 현상이 지속적으로 나타나고 이를 돕기 위해 많은 프로그램들이 진행되고 있다. 특히 다문화학생에 대한 학교 폭력이나 차별이 여전히 존재하고 있어 일반학생들의 다문화수용성에 대한 요구가 증가하는 추세이다. 이러한 학교생활의 어려움을 해결하고자 교육부는 장학재단을 통하여 다문화학생을 위한 다문화 멘토링사업을 진행하고 있다. 다문화 멘토링은 대학생들을 통하여 다문화학생들에게 학습지원은 물론 정서지원, 진로지원, 체험활동을 실행하고 있다.

교사와 다문화 가정 학부모들은 다문화학생이 다문화 멘토링 프로그램에 참여하기를 적극 권장한다. 멘토링에 참여하는 대학생들이 다문화학생들과 나이 차이가 많지 않고 최근까지 중·고등학교 생활 경험이 있기 때문에 다문화학생에게 많은 도움이 될 것이라고 예상하기 때문이다.

다문화 멘토링은 대학생들이 수행하는 교육봉사의 일종이다. 이들은 다문화 멘토링을 통하여 자신이 가지고 있는 지식을 전달하기도 하고 이전 학교생활에 대한 경험을 다문화학생들과 함께 공유하기도 한다. 또한 멘토링 활동을 통하여 교육봉사활동을 인정받기도 하고 일정의 장학금을 받을 뿐만 아니라 대학생들 자신도 멘토링 활동을 통해 다문화 가정에 대한 다양한 문화를 체험하기도 한다.

이처럼 다문화 멘토링은 멘티인 다문화학생과 멘토인 대학생이 함께 활동을 하면서 성취감을 느끼고 이를 통해 동반 성장하는 과정이다(이미정, 박미숙, 2012; 김한나, 김홍석, 2012; 김영순, 김금희, 2012). 다문화 멘토링에 대한 연구자들은 다문화 멘토링 활동이 이주민배경의 다문화 가정 학생뿐만 아니라 정주민이자 멘토로서 활동하는 대학생들에게 중요한 의미를 갖는다(임지혜, 박봉수, 2015; 박미숙, 김영순, 2016). 멘토링을 하는 과정에서 멘티는 사회적 지지를 경험하고 멘토는 자신이 알고 있던 지식을 멘토링이라는 사회적 활동으로 실천함으로써 세계시민으로서의 역량을 키워갈 수 있다(김기영, 2014; 김영순 외, 2014; 임지혜, 김금희, 2014; 임지혜, 박봉수, 2015; 박미숙, 2016; 박미숙, 김영순, 2016).

이렇듯 다문화 멘토링은 멘토와 멘티의 상호협력적인 과정 속에서 함께 성장한다는 특징이 있지만 현재 다문화 멘토링과 관련한 연구는 대부분 멘티인 다문화 가정학생들의 효과성에만 초점이 맞추어져 있다는 한계를 보인다(김민정, 2013; 박선옥, 2013; 서혜정 외, 2011; 오미선, 권일남, 2012; 윤희경, 2012; 조성심, 주석진, 2014; 은혜경, 2015). 최근에는 멘토의 성장과 성취에 관하여도 연구가 시작되고 있지만(임지혜, 김금희, 2014; 임지혜, 박봉수, 2015; 박미숙, 2016; 박미숙, 김영순, 2016), 멘토링 과정을 멘토가 경험하는 어려움과 이를 극복함으로써 멘토로서 성장하는 사례는 찾기 힘들다. 더욱이 기존 연구들은 대학생들이 다문화 멘토링을 통하여 다문화에 대한 인식이 확대되고 그들이 성장하는 과정에 대해 깊이 있게 다루지는 못하고 있다.

본 장에서는 이러한 문제의식에 의하여 다문화 멘토링에 참여한 대학생의 경험을 바탕으로 멘토링 실천과정을 분석하고자 한다. 이를 위하여 먼저 다문화 가정 학생의 특성과 다문화 멘토링이 무엇인지를 살펴보고 이것이 사회적 실천과 어떠한 관계가 있는지를 확인할 것이다. 이어 질적연구 방법을 통하여 다문화 멘토링에 참여한 대학생의 사회적 실천과정이 어떠한 양상으로 나타나는지를 확인하고 분석하도록 하겠다.

2. 다문화 가정 학생의 특성과 다문화 멘토링

한국은 다문화 사회에 진입하면서 다양한 문화적 배경을 가진 사람들이 증가하고 있다. 다양한 문화적 배경을 가진 이들은 한국에서 가정을 형성하고 살아가고 있으며 이들을 다문화 가정이라고 한다. 즉 다문화 가정은 주류문화와 다른 언어, 민족, 사회문화적 배경을 가진 사람들로 구성된 가정을 말한다. 한국에 나타나는 다문화 가정의 유형은 크게 세 가지로 나눌 수 있다. 첫째, 국제결혼가정으로 한국국적을 가진 사람이 다른 국적을 가진 사람과 결혼하여 이룬 가정이다. 우리나라의 경우 주로 한국남성과 외국여성이 결혼한 경우가 가장 많다. 둘째, 외국인가정으로 부모 모두가 외국인인데 한국에 어떤 사유로든 입국하여 꾸려진 가정이다. 이들의 대부분은 부모가 먼저 한국에 입국한 후 한국에서 자녀를 출생한 경우이다. 이들은 한국국적을 가지지는 않았지만 한국에서 함께 살아가는 외국인 가정이다. 셋째, 북한이탈주민가정이다. 남한과 대치하고 있는 북한을 이탈하여 한국에 입국한 후 결혼하여 가정을 꾸민 가정이다. 이들은 한국에 입국 후 일정 기간 교육을 받은 후 한국국적을 취득할 수 있다. 이처럼 다문화 가정의 배경은 모두 다르지만 한 가족 내에 다양한 문화가 공존하고 있다는 공통점이 있다.

다문화학생은 다문화 가정 자녀로서 학교를 다니는 초・중・고에 재학하는 학생들을 말한다. 교육부는 다문화 가정학생을 외국인가정 학생과 국제결혼가정 학생으로 나누고 다시 국제결혼가정 학생을 출생국에 따라 국내 출생 학생과 중도입국 학생으로 분리한다. 교육부에 따르면 2018년 다문화학생은 122,212명으로 초등학생이 93,116명, 중학생이 18,127명, 고등학생이 10,969명으로 초등학생이 전체의 76%를 차지한다. 특히 다문화학생 중에서 중도입국 및 외국인학생 수는 23,949명으로 2014년에 비해 2.3배가 증가했다(교육부, 2018d). 중도입국학생은 한국 이외의 국가에서 태어나서 어느 정도 성장한 후에 한국으로 이주한 학생들로, 학교 현장에 이들의 수가 늘어나면서 학교생활 문제가 더욱 부각되고 있다.

다문화 멘토링은 일반적인 멘토링과 크게 다르지 않다. 멘토링의 대상과 멘토링의 목표가 다를 수는 있지만 한 사람을 도와주고 케어해주며 지지해주는 것은 일반 멘토링과 같다. 그렇지만 다문화 멘토링은 대부분 멘토가 정주민인 한국인 대학생이고 멘티가 미성년인 다문화 가정 자녀라는 특수성이 있다. 따라서 다문화 멘토링에서는 이들에게 기존에 형성되어 있는 선입견이나 고정관념 등이 멘토링 수행의 결과를 좌우하는 주요 요인으로 작용할 수 있다(김영순 외, 2014; 박미숙, 2016; 박미숙, 김영순, 2016). 또한 멘토들이 다문화에 관한 이해가 부족할 경우, 멘티들에게 정서적으로 상처를 줄 수 있기 때문에 사전 교육도 중요한 과정으로 검토되어야 한다.

다문화 멘토링의 대상은 결혼이주여성이나 외국인 근로자 당사자가 되기도 하고 다문화인을 둘러싸고 있는 그의 가족이나 자녀들이 될 수도 있다(서미옥, 배상식, 2010; 우희숙, 2010; 이미정, 박미숙, 2012; 박인옥, 2013, 손영희, 2011). 멘토인 대학생은 초・중・고등학교를 먼저 다닌 선배로서 멘티에게 공감과 조언을 해주기도 하고 본인의 과거를 돌아보고 멘티의 미래 삶의 방향에 도움을 준다. 멘토링을 통하여 언어, 피부색, 문화의 차이를 뛰어넘어 사람 대 사람으로 서로를 인정하고 교류하는 법을 배우기도 한다.

다문화 멘토링은 교육부에서 실시하는 국가시책사업으로 초·중·고등학교에 재학 중인 다문화가정 학생들에게 대학생들이 일대일로 멘토·멘티관계를 형성하여 멘토가 지닌 지식이나 경험, 정서적 지지를 통하여 멘티의 학습지원, 정서지원, 상담지원 등을 하는 것이다. 이는 교육부가 주관하고 한국장학재단이 실시하는 것으로 초·중·고에 재학 중인 다문화·탈북가정 학생의 언어소통문제, 학습부진, 학교생활 부적응문제, 정서 및 심리적 불안 문제를 멘토링을 통하여 완화시킬 수 있도록 지원하는 프로그램이다.

다문화 멘토링은 초기에 13개 교육대학 및 사범대학 예비교사들을 통하여 초·중학교에 재학 중인 다문화 가정 자녀를 대상으로 멘토링을 진행했으며, 2011년부터 전국의 모든 대학으로 확대하여 일반 전공 대학생들도 참여하게 됐다. 2012년에는 고등학교에 진학하는 다문화 가정 자녀 증가에 따라 멘티 선발 대상이 초·중학교에서 고등학생으로 확대됐다. 이후 탈북가정도 다문화 가정의 범주에 포함되어 '다문화·탈북가정 학생 멘토링 사업'으로 명칭이 바뀌었으며, 2019년 현재는 86개 대학이 참여하는 범국가적인 사업이 됐다. 이에 대한 자세한 내용은 〈표 13-1〉과 같다.

다문화 멘토링이 부각하게 된 이유는 한국사회가 다문화 사회로 변화되면서 다문화 가정이 증가하고 이에 따라 다문화가정 학생들이 학교에 늘어나게 된 데 있다. 많은 다문화 가정 자녀들에게서 학업성취에 대한 문제가 나타났고 이것이 학교부적응으로 이어지면서 학교 밖으로 이탈하는 현상이 나타났다(금명자 외, 2006; 전경숙 외, 2007). 이

〈표 13-1〉 다문화 멘토링 참여 현황

연도	참여 대학 수	멘토	멘티
2009년	13개 교육사범대학	3,457명	3,710명
2011년	42개 대학 일반대 포함	3,736명	4,071명
2013년	52개 대학 일반대 포함	4,888명	4,784명
2015년	76개 대학	4,808명	5,310명
2016년	91개 대학	4,491명	5,000명
2017년	90개 대학	4,227명	4,620명
2018년	87개 대학	3,822명	4,150명
2019년	86개 대학	-	-

러한 문제점을 해소하기 위해 시행된 것이 다문화 멘토링으로 다음과 같은 목표를 가진다. 첫째, 다문화 가정 학생의 학교생활 적응과 학습 진도 따라잡기 등과 같이 다문화 가정 학생들의 어려움을 해소하기 위한 전 방위적인 지원이다. 둘째, 대학생을 활용하여 다문화 가정 학생들의 학습지원과 상담지원을 함으로써 장학금의 효율적인 활용을 전제로 하고 있다. 셋째, 대학과 학교의 연계를 통한 담임교사의 업무 부담의 경감하는 것이다(이성순, 2014). 이런 다문화 멘토링은 사회적으로 어려운 저소득층가정과 다문화 가정의 아동 및 청소년에게 정서적인 지지와 긍정적인 성인에 대한 모델링, 그리고 다양한 경험을 제공하는 데 그 효과가 크다(김영순, 김금희, 2012).

다문화 멘토링의 효과를 높이기 위한 방안으로는 다음의 세 가지 사항이 주목된다. 첫째, 다문화적 관점에서 멘토의 효능감을 강조해야 한다(최진영, 2011). 다문화 멘토링에 참여한 멘토들이 다문화 멘토링을 어떻게 이끌어 가느냐에 따라 멘토링의 성패가 달려 있기 때문이다. 둘째, 상호문화적 관점에서 서로의 문화를 이해하고 존중하며 서로 협동적인 활동이 증대되어야 한다. 멘토링은 멘토 혼자서 높은 성과를 달성할 수 없다. 멘토와 멘티가 서로 협동적일 때 멘토링의 효과는 더욱 증대되고 이로 인해 다양한 성장을 이룰 수 있다. 셋째, 비판적 구성주의 관점에서 이루어져야 한다. 멘토들은 물론 멘티들도 다문화 멘토링에 참여하면서 다문화현상에 대한 이해와 다문화 정책에 대해 비판적으로 분석하는 능력을 갖추도록 해야 한다(박미숙, 2016). 즉, 성공적인 다문화 멘토링이 되기 위해서는 무엇보다 멘토와 멘티의 관계에 초점을 맞추어야 한다.

3. 다문화 멘토링과 사회적 실천

MacIntyre(1988)는 사회적 실천이란 사회적으로 성립된 협동적 인간 활동이며 이러한 활동을 통하여 활동에 내재하는 선(善)들이 성취되는 사회적으로 성립된 인간 활동이라고 정의한다. 또한 Hirst(1993)는 사회적으로 좋은 삶을 살아가기 위해서는 사회적 실천에 있어 구조와 틀을 정확히 파악하는 것이 중요하다고 한다. 대학생들이 다문화 멘토링에 참여하는 것은 사회라는 공간에서 공동체를 위해 멘토-멘티 간의 협동적 활동을 수행하는 것 즉, 사회적 실천 활동이다.

사회적 실천의 특성에는 활동성, 주체성, 공간성, 규칙성, 성찰성, 탁월성이 있다(박미숙, 2016). 이러한 특성에 따라 다문화 멘토링 활동을 살펴보면 첫째, 다문화 멘토링은 멘토와 멘티라는 인간관계 속에서 협동적으로 이루어지는 활동이다. 둘째, 다문화 멘토링은 멘토와 멘티라는 주체를 가지고 있다. 셋째, 다문화 멘토링은 사회라는 공간과 함께 그 사회의 역사, 현상 등과 함께 실행된다. 넷째, 다문화 멘토링은 규정한 규칙을 가지고 있으며 실천가들은 그 규정을 따라야 한다. 다섯째, 대학생들은 멘토링을 통하여 자아성찰을 하고 그를 통해 탁월성을 함양한다. 즉, 대학생들에게 다문화 멘토링은 사회적 실천을 하게하고 이를 통해 공공선을 이루게 한다. 이처럼 다문화 멘토링은 대학생들이 일상적 삶에서 학습하고 학습의 결과는 다시 일상적 삶에 의미를 제공해 주는 원천이 되기도 한다(유영만, 2006).

다문화 사회에서 사회적 실천을 하기 위해 개인들은 어떠한 역량을 함양하고 그 역량이 어떤 방법으로 발현되어야 하는지를 고민하는 것은 매우 중요한 일이다. 지속가능한 다문화 사회를 구현하기 위해서 사회적으로 이루어져야 할 실천들은 너무도 많다. 특히 다문화 사회를 살아가는 대학생들이 사회적 실천을 이루기 위해서는 다양한 역량을 함양해야 한다. 개개인의 다양성을 존중하고 함께 살아갈 수 있도록 하기 위한 개인적인 소양은 물론 공동체를 형성하는 데 중요한 역할을 하기 때문이다. 대학생들이 사회적 실천을 위해 필요한 역량은 크게 개인적인 측면과 학교적인 측면, 사회적인 측면으로 나눌 수 있다. 첫째, 사회적 실천을 위해 개인적으로 갖추어야 하는 역량은 서사적 자아 및 도덕적 상상력을 통한 다문화감수성을 함양하는 것이다. MacIntyre(1988)는 실천을 통하여 볼 수 있는 통찰력을 서사적 자아, 서사적 통일로 보았다. 서사적 자아는 개인의 능력보다는 사회의 맥락 안에서 자신의 삶의 의미를 발견하고 삶의 가치를 지향하는 것이다. 이러한 사회적 맥락 안에서 갖추어진 서사적 자아는 개인의 도덕적 상상력으로 연결된다. McCollough(1992)는 도덕적 상상력을 공감하는 능력이라고 했다. 그의 도덕적 상상력은 혼자 생각하는 것이 아니라 타인과 함께 느끼고 타인의 기분을 존중하고 타인의 환경과 입장을 존중하며 적절하게 반응하는 능력이라고 했다. 이러한 도덕적 상상력이 다문화 사회에서 발현될 때 다문화감수성으로 이어진다. 다문화적인 상황 속에서 활동하고 경험하면서 자연스럽게 다문화감수성은 체득된다(박미숙, 2016).

둘째, 학생들이 사회적 실천에 필요한 역량을 학교 측면에서 살펴보면 세계시민교육을 통한 상호문화이해를 강화하는 것이다. 학교 안에는 다양한 문화적 배경의 학생들이 존재한다. 그래서 학교는 소수집단의 학생이 주류집단의 학생들과 화합하고 통합할 수 있는 환경을 구비하고 사회적 실천이 이루어질 수 있도록 세계시민교육이 이루어져야 한다. 학교의 역할은 학생들에게 세계 속의 이데올로기와 세계 여러 나라의 상호 관련성을 이해하도록 돕기 때문이다(한정우, 2014). 상호문화이해는 문화의 상호작용 속에서 서로의 문화를 이해하는 것이다. 한국은 다문화 사회로 변해가면서 다문화 가정이 증가하고 각자의 다양성을 존중하기 위해 상호문화이해교육이 절실히 요구된다. 이러한 교육이 학교에서 시작되어야 이로 인한 사회적 문제를 예방할 수 있기 때문이다. 학생들에게는 실제적인 삶과 관련된 기능 훈련이 필요하고 다양한 관점에서 바라볼 수 있는 시각을 제공해야 한다. 다양하게 세계를 바라보고 글로벌하게 사고하여 타인과 상호작용하는 것이 무엇보다 필요하다. 학교를 통하여 많은 학생들이 사회적 실천을 할 수 있는 다양한 지식과 상호문화를 이해할 수 있는 자질이 함양되어야 한다.

셋째, 사회적 실천을 이루기 위해 사회적으로 갖추어야 하는 역량은 양식 있는 공민으로 성장하기 위해 글로벌 시민성을 함양하는 것이다. 양식 있는 공민이란 함께 사는 사회적 존재임을 자각하는 공동체의 지성인이며 단순히 효율성을 가진 근대적 시민이 아니라 전문성을 넘어 함께 하는 공론의 광장에 참여하는 능력을 가진 시민을 말한다(원신애, 2010). 이는 지구촌을 살아가는 우리가 갖추어야 할 글로벌 시민성과 맥락을 같이 한다. 글로벌 시민성은 시민성과 크게 다르지 않다. 시민성이 국가공동체에서 규정해 온 자질의 영역이라면 글로벌 시민성은 국가 영역을 벗어나 국가 간 시민성의 범주로 확대된 영역이다. 따라서 기존의 시민성이 국민국가라는 울타리 안에서 단일한 지위와 동일한 권리, 의무를 부여받는 것을 중요시 한다면, 글로벌 시민성은 다양한 가치가 공존하는 사회에서 서로를 인정하고 존중하며 지역, 국가, 세계 차원의 분쟁을 대화와 타협 같은 민주적 절차를 통해 해결하려는 시민적 속성이다. 그러므로 글로벌 시민성은 전체 인류의 시민들이 갖추어야 할 도덕적 가치에 대한 신념이다. 또한 글로벌 시민성은 지구공동체 구성원에 대한 사랑이 실천을 통하여 표현되는 것이다. 이러한 글로벌 시민성은 봉사학습을 통해 적절히 개발될 수 있으며 많은 시민들이 봉사활동에 참여하는 것이 이 시대에 요구된다.

4. 대학생의 사회적 실천 자료수집 과정

대학생들이 다문화 가정학생들의 멘토링에 참여하면서 멘토링 실천을 어떤 과정으로 이루었는지 탐색하는 것이다. 과정이란 시간과 공간의 흐름에 따라 상황이나 맥락이 변해가는 순차적인 순서를 의미한다. 그러므로 과정분석에 대해 Strauss & Corbin(1998)은 과정과 구조의 상호작용으로 시간의 흐름에 따라 나타나는 현상에 대한 반응이나 대처, 조절, 관계하는 상황이나 맥락에 따라 변화하는 순차적인 순서라고 했다. 그러므로 대학생들이 멘토링의 과정을 어떻게 진행했는지 다문화가정 멘토링에 참여한 대학생 14명을 대상으로 관찰을 시작했다. 먼저 대학생들이 봉사활동으로 제출한 수기출근부를 주기적으로 살펴보았으며 성실하게 멘토링에 참여하는 대학생에게 관심을 가졌다. 다문화 멘토링의 유형은 도시와 농촌이 있으며 참여 대상이 되는 다문화 학생들은 초등학생부터 고등학생까지 다양하다. 처음 멘토링을 실시할 때는 사범대 학생들을 대상으로 했으나 2012년부터 비사범대 학생들도 참여할 수 있게 확대됐다. 대부분 멘티와 멘티의 성별에 맞추어 매칭한다. 참여한 대학생들의 일반적인 정보는 다음 〈표 13-2〉와 같다.

〈표 13-2〉와 같이 면담에 참여한 대학생 연구참여자는 총 14명이다. 사범대생과 비사범대생을 골고루 포함하고 다양한 전공으로 구성했다. 농촌과 도시지역에서 멘토링을 진행한 대학생을 포함했다. 또한 학교 급이 적절하게 혼합되도록 선정했다. 먼저 대학생은 사범대 학생이 11명, 비사범대 학생이 3명으로 사범대 학생이 많은 이유는 다문화멘토링에 참여하는 대부분의 대학생이 사범대 학생으로 구성

〈표 13-2〉 대학생의 일반적인 정보

구분	학과	성별	멘티학교급	멘토링 지역	멘토링 경험
연구참여자 1	사회교육과	여	중	도시	3년
연구참여자 2	교육학과	여	중	도시	3년
연구참여자 3	사회교육과	여	중	도시	2년
연구참여자 4	영어교육과	여	중	도시	1년
연구참여자 5	사회교육과	여	중	도시	3년
연구참여자 6	교육학과	여	중	도시	2년
연구참여자 7	사회교육과	여	초	농촌	2년
연구참여자 8	경영학과	여	고	도시	2년
연구참여자 9	국제통상학과	남	고	도시	2년
연구참여자 10	국어교육과	여	초	농촌	3년
연구참여자 11	국어교육과	여	중	도시	2년
연구참여자 12	행정학과	남	초	도시	2년
연구참여자 13	국어교육과	여	중	도시	2년
연구참여자 14	사회교육과	여	중	도시	3년

되어 있기 때문이다. 또한 남녀의 비율은 남학생 2명, 여학생이 12명이다. 멘티의 학교급은 초등학생이 3명, 중학생이 9명, 고등학생이 2명이며 대부분 멘토링 경험이 2년에서 3년 정도 있는 유경험자이다. 멘토링 경험이 많은 학생들이 사회적 실천 경험이 더 많을 것이라 판단하고 선발했다. 그리고 도시지역 멘토링을 담당하는 학생이 12명, 농촌지역을 담당하는 학생이 2명이었다.

선발된 대학생 연구참여자를 대상으로 심층면담을 진행하여 이들의 사회적 실천 경험에 대한 자료를 수집했다. 자료를 수집하기 전에 면담자들의 권리와 윤리를 설명하고 진행했다. 자료수집은 대학생들의 다문화 멘토링 과정을 지속적으로 관찰하고 관찰일지를 작성했으며 더불어 대학생들이 제출하는 수기출근부를 주기적으로 확인했다. 심층면담을 실시하기 위한 질문지는 다문화 멘토링을 하게 된 동기와 멘토링을 진행하면서 어려움이나 갈등이 무엇인지, 또 이러한 어려움과 갈등은 어떻게 극복했는지, 멘토링을 통하여 성취한 것은 무엇인지, 또 봉사활동을 통하여 변화된 가치는 무엇인지 등으로 구성했다. 심층면담은 참여한 대학생에게 개별적으로 1~2회 진행했다. 항상 대학생의 인권을 보호하고 존중해야 한다는 점을 유의하면서 면담에 대한 일정이나 장소를 정하고 참여자가 편안한 상태를 유지하게 했다. 면담장소는 대학생들이 원하는 곳으로 정하고 면담방식은 미리 준비한 질문지를 가지고 반구조화 방식으로 진행했다. 면담시간은 1시간 내외로 했으며 면담내용은 대학생에게 동의를 구한 후 녹취를 했다. 면담분위기는 대학생들이 부담스럽지 않도록 자유롭고 개방적으로 만들었다.

자료의 분석은 녹취한 인터뷰자료를 전사하여 텍스트 파일로 만든 후 자료분석에 들어갔다. 자료분석은 멘토링 실시과정에 따라 순차적으로 분석했다. 사회적 실천과정을 멘토링 과정에 따라 순차적으로 범주화하고 분석과 해석을 반복했다. 질적타당도를 높이기 위해 대학생에게 전사한 내용이나 분석한 내용을 메일로 보내어 검증과정을 거쳤다. 또한 범주화과정에서 지속적으로 반복하여 비교하며 분석했다. 분석한 자료는 동료 박사 질적연구자에게 검증받는 과정을 반복했다.

5. 대학생의 사회적 실천과정

사회적 실천과정은 사회 안에서 작은 실천을 통한 경험으로 대학생들은 다문화 멘토링을 통하여 사회를 경험하고 그에 대해 의미를 부여하는 과정이다. 이처럼 실천은 우리 사회에서 여러 가지 과정을 통해 무수히 나타날 수 있으며 대학생들은 다문화 멘토링을 통하여 다양한 사회적 실천을 경험했다. 그 과정은 분석한 결과 〈표 13-3〉과 같다.

1) 설레이는 단계

설레이는 단계는 대학생들이 다문화 멘토링에 참여하기 위해 멘토링지원서를 제출하고 멘토링에 참여하기 위하여 준비하는 단계이다. 대학생들은 다문화에 대하여 관심이 없다가 다문화 멘토링에 지원하면서 다문화 가정에 대한 인식이나 선입견을 반추해 보는 단계이다. 운영팀에서는 대학생들이 성공적으로 다문화 멘토링을 수행하려는 의지가 멘토링을 종료까지 잘 작용할 수 있도록 조력해주어야 한다.

〈표 13-3〉 멘토링을 통한 사회적 실천 과정

범주	주제	개념
설레이는 단계	새로운 도전	다문화 멘토링 지원, 새로운 경험
	내가 아는 다문화	다문화에 대한 인식, 다양한 이주민
	다문화에 대한 정보 찾기	다문화학생, 다문화 멘토링, 정보
알아가는 단계	멘티와 라포형성하기	멘티의 관심 찾기, 라포형성, 멘티
	멘티의 정보에 관심갖기	다문화 가정, 멘티성격, 적성, 멘티문화
	멘티의 학교생활 파악하기	학교생활, 교우관계, 학업성적,
함께하는 단계	멘티의 학습에 도움주기	학습지원, 학습방법, 멘토링활동
	멘티의 정서 공감하기	정서공유, 상담하기, 친구, 진로
	멘티의 고민 함께하기	진로, 가정 및 친구고민, 교사와 관계
갈등하는 단계	무관심한 교사	교사의 방관, 도장찍는 교사, 무관심
	약속 안 지키는 멘티	약속시간, 나타나지 않는 멘티, 내 시간
	감당하기 힘든 멘티 상황	멘티 사생활, 정신과 치료, 자살기도
성취하는 단계	예비교사 경험	교사 정체성, 교사경험, 교직관, 가치
	나에게 믿고 따르는 멘티	멘티의 형되기, 나를 믿는 멘티, 변화
	멘티의 학교생활 변화	학업성적 향상, 멘티 자존감, 자신감
넓혀가는 단계	다문화에 대한 인식변화	다문화인식, 다문화 가정, 다문화 사회
	봉사에 대한 가치 변화	봉사활동, 대학봉사, 봉사에 가치관
	사회활동으로 영역 넓힘	공동체사회, 공공선, 촛불시위, 활동

(1) 새로운 도전

사회적 실천의 시발점은 대학생들이 다문화 멘토링에 지원하면서부터이다. 대학생들은 다문화 멘토링에 스스로 참여하고자 지원한다. 멘토링에 지원하는 대학생들은 자원봉사활동이 개인의 자기실현과 함께 더불어 사는 공동체를 만들고 사회발전과 국가발전 그리고 인류의 공존을 위한 일이라고 생각하면서 지원하지는 않는다. 대학생들은 단지 다문화 멘토링의 지원하면서 대학생으로서 봉사활동에 참여하여 새로운 경험과 예비교사 경험을 하고 싶은 욕구에서 시작한다.

"전 다문화 가정에 대해 경험해 보고 싶어서 지원하게 됐어요. 다문화 가정이 사회적으로 어떤 위치에 있고, 어떻게 생각하고, 어떻게 살아가는지 말로만 들어보았지 직접적인 경험을 하지 않았으니까 알 수 없잖아요."

(연구참여자 1)

"제가 고등학교 때까지만 해도 제가 이런 걸 접할 기회가 전혀 없었기 때문에 다른 사람을 생각하는 방법을 모르고 살았다고 하는 것이 맞는 것 같아요. 대학교 올라와 이것저것 하다보니까 다른 사람을 위해서 하는 활동이 즐거운 거예요. 그래서 나 자신만을 위한 꿈이 아니라 다른 사람을 위한 꿈을 꾸며 살아야겠다는 생각이 들어서 다문화 멘토링을 하고 싶었어요."

(연구참여자 7)

이처럼 대학생들은 새로운 것에 대해 경험하려는 의지를 가지고 있으며 자신이 직접 접하며 느끼고 싶어서 참여하게 됐다. 또한 다문화 가정이 자신이 생각하고 있는 것과 같은지 다른지 또 이들은 한국 생활에서 무엇이 필요하고 우리가 배려해야 하는 것은 무엇인지 궁금증을 가지고 직접 참여하고, 경험하고 싶은 마음에서 시작했다. 또한 대학생이 되면서 가치관이 확대되고 자기 자신뿐만 아니라 다른 사람을 위해 봉사하며 의미를 새기고 싶은 마음에 시작하며 멘토링에 대한 기대를 가지고 있었다.

(2) 내가 아는 다문화

대학생들이 다문화 멘토링에 참여하기로 결정하고 지원서를 내고 면접을 통하여 선발된 후 멘토링을 시작하기 전에는 기대감과 설레임이 함께 하는 시간을 경험한다. 대학생들은 다문화 가정이나 다문화 학생들에 대해 관심이 없다가 다문화 멘토링을 시작하면서 다문화에 대해 다시 생각하는 기회를 갖게 된다. 이들이 생각한 다문화에 대한 생각은 매우 초보적이었다.

> "다문화 멘토링이면 한국말을 잘 못하면 어떡하지라는 생각이 들고 실제로 2학년 때 멘토링을 지원하는 친구가 물어보더라고요. 저는 1학년 때 했으니까 저한테 물어보는데 걱정이 됐나 봐요."
>
> (연구참여자 2)

> "저는 처음에 겁을 많이 먹었어요. 작년에 같은 학교에 배정받았던 언니가 있었는데 멘티가 말을 안 들어 힘들어서 그만두었다고 했어요."
>
> (연구참여자 3)

대학생들은 다문화학생들이 한국말을 전혀 못할 것이라는 생각에 자신이 멘토링을 잘 할 수 있을까 하는 막연한 불안감이 들기도 한다. 많은 학생들이 다문화학생들을 만난 적이 없으며 평소 다문화 가정이나 그 가족들에 대해 생각해보지 않았기 때문에 이러한 불안감은 더욱 높았지만 한편으로는 어떻게 다가가면 좋은 효과를 낼 수 있을까 고민을 한다. 이러한 현상을 볼 때 대학생들에게 보다 깊이 있는 다문화교육이 필요하다는 것을 알 수 있다.

(3) 다문화에 대한 정보 찾기

대학생들은 멘토로 선발됐을 때 다양한 감정이 교차했다고 한다. 다문화 멘토링을 한다고 했으나 어떻게 진행해야 할지 막연하고 자신에게 배정될 멘티가 어떤 학생일지 걱정과 두려움을 가지게 된다. 자신에게 배정된 다문화 가정학생들을 위해 자신이 어떤 것을 할 수 있을지 불안한 마음에 다문화 가정이나 다문화학생들에 대해 다양한 정보를 얻기 위해 노력했다.

> "저는 다문화 가정학생은 접해 본 적이 없었기 때문에 이 학생을 만나면 어떤 느낌일까 궁금하기도 했어요. 또 흔하게 오는 기회가 아니라 걱정 반 기대 반이었어요. 그래서 멘티와 할 수 있는 활동을 찾아보기도 하고 인터넷을 검색하기도 했어요"
>
> (연구참여자 6)

> "막상 다문화 멘토링에 합격했다고 했을 때 내가 무엇을 해야 하지 걱정이 됐어요. 그래서 예전에 들었던 다문화수업의 자료를 찾아보고 다문화 가정학생들에 대해 검색도 해보고 그랬어요."
>
> (연구참여자 7)

대학생들은 다문화 멘토링 활동에 대한 호기심과 두려움도 있었지만 자신에게 배정된 학생들은 어떤 환경이나 성향을 가질까 궁금증을 가진다. 많은 학생들이 자신에게 배정되는 학생은 운에 따른다고 하지만 자신과 잘 맞았으면 좋겠다는 막연한 기대감을 갖기도 한다. 이들은 막연하게 다문화에 대한 수업자료를 찾아보기도 하고 다문화 가정 학생들의 특성에 대해 검색해보기도 한다. 이렇게 다문화 멘토링에 지원하고 멘토로 선발되어 멘토링에 투입되기까지 걱정을 하면서도 멘티들의 특성이나 멘티와 할 수 있는 활동을 찾아보며 나름대로 노력하고 있었다. 멘토링에 대한 책임감과 기대감을 함께 가지고 있는 것이다.

2) 알아가는 단계

알아가는 단계는 대학생들이 멘토링을 실행하면서 자신과 다문화 가정 학생이 서로 알아가는 라포 형성 단계이다. 이 단계는 멘토링의 성공 여부가 결정되는 매우 중요한 단계이다. 그 이유는 대학생들이 다문화학생을 처음 만나 관계가 잘 형성되면 멘토링을 종료하기까지 큰 어려움 없이 진행할 수 있기 때문이다.

(1) 처음 만난 멘티

대학생들이 멘토링을 실행하기 이전 멘티의 다양한 정보를 먼저 파악해야 한다. 멘티의 개인적인 성격이나 장단점, 좋아하는 것, 진로, 친구, 학업 등을 파악하는 것이 우선되어야 한다. 멘티의 정보를 얻기 위해서는 멘티를 정확히 파악하고 실행하는 것이 중요하다.

> "제가 만난 다문화 학생들은 모두가 소심하고 내성적이었어요. 그것이 자신감이 없어서인지 말을 하기 싫어서인지 처음엔 알 수가 없었어요."
>
> (연구참여자 9)

> "제가 담당한 학생은 성격이 대개 내성적이고 소극적이라 뭘 하려고 하진 않았어요. 제가 몇 번 물어봐야 겨우 대답할 정도로 지난번에 했던 것에 대해서 이야기를 할 수가 없었어요."
>
> (연구참여자 11)

위의 대학생이 다문화학생을 처음 만났을 때 느낌은 매우 소심하고 내성적이었으며 자신감이 없어 보였으며 말수가 적었다. 몇 번을 물어봐야 대답하는 멘티도 있었다. 반면 적극적이고 활동적인 멘티도 있기 때문에 이 시기는 대학생이 멘티의 성격을 먼저 파악하고 멘토링을 어떻게 진행할 것인지 계획을 수립해야 한다.

(2) 라포 형성하기

실제적으로 멘토링 활동은 멘토와 멘티가 적극적으로 관계를 형성하여야 많은 활동을 진행할 수 있다. 대학생은 가장 먼저 라포를 형성하기 위해 많은 노력을 한다. 멘토들은 각자 자신들이 추구하는 방법으로 멘티와 친해지려고 노력했다. 라포를 형성할 때는 주로 대학생인 멘토가 주도적인 역할을 한다.

> "친해지는 데는 아이들이 속도나 반응 같은 것이 더 빠르기 때문에 시간을 더 들이더라고 친밀감을 먼저 형성하고 시작하는 것이 순서에 옳은 것 같다고 저는 생각했어요."
>
> (연구참여자 12)

> "그래서 미리 준비해 가서 그 친구의 이름부터 좋아하는 거, 잘하는 거, 어떤 것을 좋아하는지 나한테 하고 싶은 말이 있는지 어떤 활동을 하고 싶은지 멘토링을 어떻게 생각하는지 이런 것들을 만들어 가서 적어보라고 했어요. 그렇게 하니까 그 학생에 대해서 더 이해가 잘 가고 2번째 만났을 때는 MBTI강의 검사를 제가 준비해가서 했거든요. 하니까 훨씬 좋아하더라고요. 되게 흥미 있어 하고 이것을 나랑 멘토링 끝나면 한 번 더 해 볼 거야 이러면서 하니까 금방 멘티랑 친해졌어요."
>
> (연구참여자 14)

대학생은 자신들의 방법대로 친밀감을 형성하기 위해 멘토링 활동을 시작하기 전에 노력한다. 다문화 멘토링 사전교육 시 다른 친구들이 활동한 내용을 살펴보고 쉽게 라포 형성을 하는 방법을 찾아가기도 하고 멘티에게 쉽게 접근하기 위해 노력한다. 먼저 멘티가 멘토링을 통하여 하고 싶은 활동이 무엇인지, 멘토링에서 가장 성취하고 싶은 것이 무엇인지를 파악하고자 노력한다. 이를 위해 MBTI 성격검사지를 사용하기도 하고 자기 소개서를 같이 작성해보기도 한다. 멘토링에서 멘티와 라포를 형성하는 것이 멘토링 활동을 수월하게 할 수 있는 동력을 제공하기 때문에 멘티와의 친밀감을 돈독하게 형성하기 위해 힘쓴다.

(3) 멘티의 학습상태 파악하기

학업성적이나 학교와 선생님의 지지와 같은 학교생활은 학생들의 삶의 만족도를 결정한다. 즉 학생들의 학교생활 만족도는 자신의 삶의 만족도와 일치한다는 것이다. 대학생은 처음 멘토링을 시작하기 위해 만난 멘티에 대한 정보를 파악하기 위해 노력한다. 다문화 멘토링의 가장 중요한 목표가 멘티의 학교생활 적응을 돕고 학습을 향상할 수 있도록 지원하는 것이다. 그러기 위해서는 멘티의 학업상태를 파악하는 것이 무엇보다 우선되어야 한다. 그러나 이 과정에서 멘티가 상처받지 않도록 조심스럽게 다가가야 한다.

> "제 멘티는 만나서 수업을 영어 같은 단어부터 시작해야 하나 아니면 지금 학교에서 수학을 배우는 단원이 2차 방정식을 배우는데 일단 1차 함수의 개념이나 근의 공식도 안 잡혔는데 어디부터 가르쳐야 할지, 또 시험은 얼마 안 남았는데 어느 것을 가르치

는 것이 좋은지 혼란스러웠어요."

(연구참여자 6)

"참 신기한 경험을 한 게 제가 지금까지 과외를 한 친구들 중에 영어를 이렇게까지 못하는 친구를 못 봤거든요. 애는 버스라는 영어 단어를 못 읽었어요. 어떻게 접근을 해야 되나 고민스러워서 저희 교수님에게 물어보기도 했거든요."

(연구참여자 8)

다문화 가정 학생들의 학업 수준은 매우 안 좋은 상태이다. 물론 모든 학생이 다 그렇진 않지만 많은 멘토들이 다문화 가정 학생들의 학업성취도가 매우 낮은 상태라고 한다. 대학생들은 기초 개념이 안 잡힌 학생에 대해 고민하고 기초가 부족한 학생에 대해 어떻게 지도해야 할지 걱정하며 멘토링 계획을 세운다. 이들의 학습 상태가 개인의 문제에 의한 것인지 이들의 가정환경에서 기인한 것인지 정확하게 구분하진 못하지만 자신들이 학업 향상을 위해 노력해야 한다는 것은 이 시기에 인지한다.

3) 함께하는 단계

함께하는 단계는 실질적으로 멘토링이 진행되는 단계이다. 이 단계는 라포 형성이 된 멘토와 멘티가 멘토링이 추구하는 목표를 이루기 위해 열심히 상호작용하는 단계이다. 멘토링을 진행하는 과정에서 다문화 가정 학생의 학습활동은 물론 정서활동을 위해 고민을 들어주거나 진로에 대한 방향을 결정해주기도 한다. 또한 서로 상호작용을 하기 위해 체험학습 등과 같이 다양한 활동을 하는 시기이다.

(1) 학습에 도움주기

멘토들은 멘토링의 목표에 부합하기 위해 많은 시간을 학습지도에 힘을 기울였다. 멘토링의 가장 큰 목적은 다문화 가정 학생들의 학습 향상에 있기 때문에 대학생들은 다문화학생들의 학습 향상을 위해 다양하게 노력한다. 전국 다문화가족실태조사에 따르면 다문화 가정 부모들은 자녀의 학원비 마련과 예습 및 복습, 숙제지도에 어려움이 있다고 했다(김미현, 2011; 여성가족부, 2019a). 이러한 이유로 많은 다문화 가정 부모들이 다문화 멘토링을 선호한다.

> "학생들이 공부하기 싫은 것도 이해를 하지만 목표치만큼은 채워야 된다고 약속을 한 것을 알려주고 멘티한테 쉬는 시간은 주고 처음 시작할 때 여기까지 하기로 했으니까 여기까지 하자 대신에 네가 잘하면 빨리 끝내주겠다. 그런 식으로 수업했더니 성적이 올랐어요."
>
> (연구참여자 2)

> "영어를 항상 다른 교육 봉사는 교과서나 진도를 나아가는 게 있었는데 생활영어나 영화를 통해서 편하게 가르치려고 하니까 학생도 거부감이 덜하고 편하게 보고 잘 따라오고 하니까 훨씬 활동하는데 좋았던 거 같아요."
>
> (연구참여자 10)

학생들의 본분은 학업을 통해 사회생활을 하는 데 필요한 지식과 기술을 배우고 익히는 것이다. 이러한 목표를 인식한 멘토들은 멘토의 학습 역량을 향상시키기 위해 다각적으로 노력했다. 대학생은 멘티가 원하는 과목을 중심으로 다문화 멘토링을 진행했다. 멘티들의 학습 성취를 통하여 자신감을 가지고 학교생활을 할 수 있도록 멘티와 함께 노력했다.

(2) 정체성 형성 돕기

다문화학생과 관련된 많은 선행연구(손영희, 2011; 김영순, 김금희, 2012; 이성순, 2014; 박미숙, 2016)를 살펴보면 다문화학생들이 자존감이 떨어지고 정체성 혼란을 경험한다고 밝히고 있다. 정체성을 나는 누구인가를 끊임없이 고민하고 답하는 것이라고 정의할 때, 다문화학생들은 한국의 일반학생들과 다른 자신의 환경과 상황 때문에 정체성 혼란에 직면하게 된다. 특히 청소년기에 접어든 다문화학생들은 이를 제대로 받아들이지 못할 때 학교를 이탈하는 현상이 나타나기도 한다. 이러한 상황을 잘 극복할 수 있도록 대학생들은 정서적 지원을 함께 한다.

> "멘티들이 친구들과 같이 어울릴 때 너는 다른 것이 아니야 이런 인식을 심어주고 말해 주고 표현해 주고 이런 것이 필요할 것 같아요."
>
> (연구참여자 5)

> "너는 태어나면서부터 다른 나라 2개 국어를 할 수 있고 언어능력이 좋은 것이고 양쪽 문화에 대해서 확실히 잘 알고 있기에 그것이 장점이 될 수 있다 이러면서 자신감을 북돋아주었어요"
>
> (연구참여자 14)

대학생은 멘티의 자존감과 자신감을 높여주기 위해 다양한 노력을 한다. 특히 멘티가 자신의 언어적인 역량을 장점으로 인식하고 글로벌시대에 필요한 인재임을 강조하며 자존감을 갖도록 함께 노력한다.

이를 통해 청소년기 다문화학생들이 자신이 가진 특성을 혼란으로 받아들이지 않고 장점으로 승화시켜 청소년기의 정체감 형성에 도움을 주고 더 나아가 사회의 발전으로 이어갈 수 있는 계기를 마련해 준다.

(3) 관계 형성 기술 가르치기

대학생 멘토링의 장점은 멘토와 멘티의 나이 차이가 적기 때문에 공감대를 형성할 수 있는 계기가 높다는 것이다. 중・고등학교 시절을 지낸 지 오래되지 않은 대학생들은 자신의 경험을 비추어 멘티를 지지하는 데 좋은 역할을 해준다. 다문화 멘토링에서 대학생들은 다문화학생의 길잡이, 조력자, 옹호자, 안내자 등 다양한 역할을 하게 된다. 이 과정에서 무엇보다 중요한 것은 멘토와 멘티의 협동적인 활동이 이루어져야 한다.

> "친구들을 사귀기 위해서는 너가 먼저 다가가야 하고 친구에게 참아주기도 해야 하고 이런 식으로 친구를 사귀는 방법들에 대해 많이 이야기 했어요."
>
> (연구참여자 7)

> "멘티는 아직 사람의 관계를 갖는 기술을 모르더라고요. 아직 학생이고 내성적이니깐 잘 모를 수 있는데요. 이러한 상황을 설명하면서 이건 나중에 가면 이렇게 될 수 있어. 이건 잘못된 것 같아 말해주니깐 아 맞는 것 같다고 하면서 따라왔어요."
>
> (연구참여자 10)

대학생 멘토들은 다문화학생들이 사람들과 좋은 관계를 형성하고 학교생활을 원만하게 할 수 있도록 도움을 주었다. 특히 다문화학생들이 친구 사귀는 방법이나 친구와 좋은 관계를 유지하는 것, 선생님과의 관계 형성 방법 등을 조언하며 함께 멘토링을 진행했다. 이러한 정서지원은 멘티들에게 자신감을 심어줄 수 있으며 자신을 존중할 수 있는 힘을 길러준다. 또한 친구를 사귀거나 관계 형성을 잘하면 학교생활을 원만하게 할 수 있다는 것을 알게 해주었다.

(4) 멘티의 고민 함께하기

대학생은 멘토링을 진행하면서 소극적이고 자신감 없는 멘티들의 상황을 이해하고 지지하기 위하여 다문화학생의 상담자 역할을 했다. 대학생은 멘티와 상담을 통하여 멘티의 심리적이고 상호적인 관계를 유지하기 위해 노력했고 멘티와의 신뢰를 형성하며 긍정적인 관계를 유지했다. 신뢰를 기반으로 하는 상담의 특성을 고려할 때 이는 대학생과 다문화학생 간의 라포 형성과 신뢰가 잘 구축됐다는 것을 의미한다.

> "저와 친해진 다음에는 자신의 진로에 대해 상담도 했어요. 자신은 실업계 고등학교를 가고 싶은데 어떤 과를 선택해야 하는지 같이 고민도 하고 같이 찾아보기도 하고 그랬어요."
>
> (연구참여자 4)

> "저는 상담 멘토링을 많이 했어요. 이야기도 많이 들어주고 잡다한 것도 많이 한 것 같아요. 두 가지씩 행복한 일을 적고 짜증나는 일 한 가지씩 남겨보자고 했는데 그걸 하면서 자기가 하루하루 이런 일을 했구나, 그리고 내가 의외로 이런 일에 기뻐하는구나, 자기감정도 많이 알게 되고 좋았던 것 같아요."
>
> (연구참여자 5)

대학생은 멘토링 활동을 통하여 학생들이 가지고 있는 생각과 자신들의 고민에 대해 나누거나 상담자 역할도 함께 했다. 다문화 가정학생들은 한국교육에 대해 잘 모르는 어머니 때문에 스스로 진로를 결정해야 하는 경우가 많다. 이에 대해 멘토들은 멘티의 고민이나 진로에 대한 상담을 하기도 하고 직업을 함께 모색해보기도 했다. 멘토링은 무엇보다 대학생과 다문화 가정학생들의 협동적인 활동이 이루어져야 한다. 상호협동적이고 적극적인 활동이 이루어질 때 최상의 성과를 낼 수 있으며 최상의 정신건강 상태를 만드는 데 도움이 된다(김영순 외, 2014).

4) 갈등하는 단계

갈등하는 단계는 대학생들이 다문화 가정학생 멘토링을 진행하면서 어려움에 직면하는 단계이다. 이때는 학습적인 면 혹은 정서적인 면에서 충돌이 발생한다. 처음 설레는 단계나 알아가는 단계와 다르게 익숙해진 대학생과 다문화학생이 멘토링을 소홀하게 생각하는 단계이기도 하다.

(1) 약속 안 지키는 멘티

다문화 멘토링은 일반 멘토링과 같이 학습지도를 해야 하는데 멘토들은 이러한 점에서 항상 고민을 한다. 대학생들은 다문화 멘토링을 학습위주로 해야 하는지, 아니면 다른 관점에서 접근해야 하는지에 대해 갈등을 경험한다(우희숙, 2010). 특히 멘티와 협력적인 활동이 이루어지지 않을 때 대학생들은 가장 많이 갈등한다. 멘토링을 통한 다양한 갈등이 해결되지 않을 때에는 멘토링에 참여한 것을 후회하기도 하고 회의를 느끼기도 한다.

> "연락은 하는데 자꾸 안 되고 그러면 가는 도중에 다시 돌아오고 그랬어요. 오늘도 원래 멘토링하는 날인데 다른 것 때문에 안 하고…"
>
> (연구참여자 9)

> "약속을 하고 준비 다하고 가는데 못갈 것 같다고 한다거나 한 시간 기다리게 하고 그냥 돌아온 적도 있었어요. 처음 사전교육 때 포기하는 멘토가 있다는 말이 이런 뜻이었구나 생각한 적도 있었어요. 한 시간 반에서 두 시간 편도로 걸리는 거리였는데 연락도 잘 안되고 저를 잘 안 만나려고 하고 저한테 마음을 열지 않은 것 같아서 그게 가장 힘들었던 것 같아요."
>
> (연구참여자 14)

대학생의 멘토링 활동에서 갈등하는 부분은 멘티가 약속을 지키지 않을 때이다. 멘티들이 아직 어리기도 하지만 다양한 이유로 대학생과 약속을 지키지 않고 약속 장소에 나타나지 않거나 연락이 되지 않을 때 멘토링을 해야 하는지 고민이 생긴다. 대학생들은 멘티가 자꾸 약속을 안 지키는 것에 대해 자신을 피한다고 생각하며 자신이 멘토링을 잘못 접근하거나 잘못 진행하고 있다는 생각 때문에 괴로워한다. 이러한 시기를 잘 극복하지 못하면 중도에 멘토링을 포기하거나 멘토링 활동을 많이 진행하지 않기도 한다. 또한 멘토인 대학생들도 아직은 덜 성숙된 인간이기 때문에 상처를 받은 후 다시 멘티와 좋은 활동으로 이어지기까지 시간이 걸리는 경우가 많다.

(2) 멘토링에 무관심한 교사

다문화 멘토링에 적극적인 교사가 있는 반면 다문화 멘토링에 관심이 전혀 없거나 업무로만 접근하는 교사들이 있었다. 교사의 이러한 태도는 멘토링활동을 진행하는 데 어려움으로 작용하기도 한다. 특히 사범대에 소속한 멘토들은 예비교사로서 새로운 가치를 형성하는 기회를 가졌다.

> "제 학생의 도움을 청하고 싶었을 때 교사 선생님의 보이셨던 태도를 보면서 제가 보는 학생보다 이 학생을 더 안 좋게 보시는 거예요. 도움을 청했을 때 도움을 주지 않고 선생님이 알아서 해 주세요. 그런 태도를 보면서 제 자식을 저런 교사에게 가르치기 싫다 이런 생각이 들었어요."
>
> (연구참여자 1)

> "선생님이 관심이 없으시고 이걸 맡았으니까 하긴 해야 되잖아요. 그런 근본적인 것을 느꼈고 교사라면 학생이 진짜로 뭔가 잘 배우고 있는지 그런 것은 관심이 별로 없어서 저는 절대로 이런 교사는 되지 말아야겠다고 생각했어요."
>
> (연구참여자 4)

> "선생님은 아무런 관심이 없어요. 도장만 찍어준다는 그런 생각만 들었어요. 제가 멘토링한 것을 알기는 하는지 그것도 궁금했어요."
>
> (연구참여자 13)

대학생들은 멘토링 담당교사의 무관심과 자신에게 냉소적인 교사들 때문에 멘토링에 대한 갈등이 일어나곤 했다. 다문화학생은 물론 다문화 멘토링에 대해 전혀 관심이 없는 교사들을 보며 다문화 멘토링을 지속해야 하는 이유를 찾기도 하고 운영적인 측면에 대해 생각해보는 기회가 되기도 했다. 교사들의 이러한 태도는 대학생들이 거짓으로 수기출근부를 작성하는 계기를 만들어 주기도 했다. 그러므로 멘토링 활동에 대해 교사들의 적극적인 관심과 지지가 필요함을 알 수 있었다.

(3) 감당하기 힘든 멘티 상황

멘토링에 참여한 멘토들은 자신이 해결할 수 없는 문제에 접했을 때 당황하기도 하고 곤혹을 치루기도 한다. 특히 멘티들의 개인적인 특성이 멘토가 감당할 수 없는 상황에 이르면 갈등하게 된다. 대학생인 멘토와 고등학생인 멘티는 불과 2~3살 밖에 차이나지 않기 때문에 멘티를 상담하는 과정에서 자신이 해결할 수 없는 당황스러운 사건에 봉착했을 때 대학생 멘토는 힘들어 한다.

> "제 학생은 남자친구 문제가 복잡했어요. 남자친구가 성인이거나, 자주 바뀌는 문제가 있어 저도 어찌 해야 할지 몰라 같이 멘토링하는 친구에게 상담을 한 적이 있었어요. 어떡하면 좋을까 물어보기도 하고 학생 붙잡고 성교육 같은 것도 시켰어요. 만약 무슨 일이 생기면 나한테 찾아오라고는 했지만 너무 무서운 거예요. 저도 20살 밖에 안 된 대학교 1학년인데… 그때 고민을 많이 한 것 같아요."
>
> (연구참여자 1)

> "제가 가르치는 학생은 정신병원에 다니는데 자기 프라이버시

이니깐. 그러나 이건 다른 사람의 도움을 받아야 할 것 같은데 누구한테 말씀을 드리기 힘든 거예요. 제 아는 지인을 통해 정신병원에 전화해서 물어보기도 했어요. 선생님 저 자살하고 싶어요. 저 사람 찌르고 싶어요. 나는 항상 칼을 가지고 다녀요. 막 이러니까 저는 멘붕인 거예요. 전문가가 아니니깐 무슨 말을 해야 하나 그냥 장난식이라도 피드백도 하고 했는데 멘토링을 그만 두어야 하나 고민 많이 했어요"

(연구참여자 5)

멘티가 남자친구 관계가 복잡하여 상담할 때 아직 어린 대학생인 멘토는 당황하기도 하고 어떻게 해결해야 할지 몰라 다른 친구에게 상담을 하기도 한다. 또 자살과 같은 충동을 느낀다고 고민을 털어놓을 때 대학생은 이를 신고해야 할지 자신이 해결해주어야 하는지에 대한 고민과 함께 갈등이 심화된다. 다양한 방법으로 문의를 하고 싶지만 멘티에게 피해가 갈까봐 쉽게 결정할 수 없어 갈등한다고 했다.

5) 성취하는 단계

성취하는 단계는 대학생들이 멘토링을 통하여 자아성장이 일어나는 단계이다. 자신이 성취감도 느끼고 만족감도 느끼면서 멘토링에 참여한 것에 만족하기도 한다. 이들은 말로만 듣던 다문화 가정학생들을 만날 수 있고 그들이 한국사회에서 어떤 상황에 놓여 있으며 어떤 어려움을 가지고 있는지 경험하는 기회를 가진다.

(1) 예비교사의 경험

대학생들은 사범대 학생으로 다문화 멘토링을 통하여 자신이 예비교사로서 경험을 할 수 있었다. 학생들을 가르치는 경험은 대학생들에게 교수에 대한 자신감과 교수법에 대한 스킬이 향상되는 기회가 됐다. 특히 비사범대 학생들에게는 교직생활을 꿈꾸진 않지만 교사와 멘토로서 새로운 경험이 됐다. 사범대 학생과 비사범대 학생이 혼성되어 있으나 이들 모두 예비교사로서의 다양한 경험을 했다.

> "교사로서 실제 교육현장에서 어떤 마음가짐을 가져야하는지 그런 걸 가지게 된 것 같아요."
>
> (연구참여자 1)

> "개인적으로 교사가 꿈이기 때문에 그 멘토링 경험을 했다는 자체만으로도 제가 수업을 구상하고 하는 것을 보면서 많은 경험을 해봤다고 생각을 했고 인간적으로도 멘티를 통해서 저도 밝아지고 적극적이었던 것이 개인적으로 좋았다."
>
> (연구참여자 2)

> "제가 교사가 되기 위해서도 고쳐야 할 것으로 많이 생각한 것이 처음 만나는 사람에게 먼저 다가가는 것이나 만났을 때 말을 거는 것을 정말 못해요. 멘티를 만나러 가면 제가 주도적으로 말을 물어보고 말을 이끌어내고 그래야 하는 거잖아요. 그건 예전보단 나아진 것 같아요."
>
> (연구참여자 10)

대학생들은 다문화 멘토링을 통하여 교사라는 직업을 미리 경험해 보았다는 것에 성취감을 느꼈다. 교생실습을 가기 전에 학생을 가르쳐 보면서 자신들이 배운 방법들을 현장에서 모두 적용될 수 없음을 인식하기도 하면서 자신의 교사관을 새롭게 정립하는 기회를 가졌다. 그들에게 다문화 멘토링은 다문화 가정 학생들의 어려움을 들여다보는 기회가 됐으며 현장에서 다양한 학생들을 미리 접해보며 학생들의 입장에서 이해하는 기회가 됐다. 또한 다문화 멘토링을 통하여 다양한 체험활동도 하고 이를 통해 학생들을 가르칠 때 다양한 상황에서 어떻게 학생을 가르쳐야 할지를 알게 됐다. 이렇듯 멘토인 대학생들은 다문화 멘토링을 통하여 다양한 교수경험을 할 수 있었다.

(2) 마음의 문을 여는 멘티

다문화 멘토링을 통해서 멘티들에게 많은 변화들이 일어났다. 이러한 멘티들의 변화를 보며 멘토링에 참여한 대학생들은 행복감을 느꼈다. 처음 멘토링을 시작할 때 경계하고 소극적인 반응을 보이던 멘티들이 멘토링에 적극적으로 참여하고 이를 활용하는 것을 보며 만족해했다. 특히 자신에게 신뢰를 가지고 모든 것을 의지하는 멘티들을 보며 대학생은 커다란 성취감을 느낄 수 있었다.

> "저는 멘티가 캠프에 참여하고 싶다고 의사를 보낸 적이 있어서 부모님께 허락을 맡고 잘 갔다 오게 됐어요. 근데 그때 딱 처음으로 멘티랑 캠프 끝나고서 헤어지고 나서 먼저 처음으로 선생님 집에 조심히 들어가세요. 그때부터 먼저 카톡을 하거나 속 얘기를 털어놓는 그런 것이 많아졌어요. 그때부터 선생님 사랑해요, 좋아해요, 이런 애정표현도 바로 해주더라고요."
>
> (연구참여자 6)

> "저는 그 학생이 변해가는 모습을 볼 때 제일 행복한 것 같아요. 저에게 많이 의지를 하려고 하고 많이 신뢰도를 보여줄 때 저

에겐 큰 힘이 됐어요."

(연구참여자 7)

"꾸준히 처음부터 지속을 하다 보니까 어느새 멘티가 대화를 할 때 먼저 연락도 오고 처음에 네, 아니요 이렇게 가득했던 대화들이 이모티콘들로 살갑게 대하면서 아, 이 애가 나를 닮아가나 이런 생각도 들은 적이 있었고 학생의 성격이 소심한 것에서 적극적으로 바뀌었어요."

(연구참여자 11)

대학생들은 멘티가 바뀌어가는 모습을 볼 때 가장 행복해 했다. 멘티가 먼저 물어보기도 하고 적극적인 모습으로 변해가는 것을 확인하며 기분이 좋았으며 학교 선생님이 하지 못하는 것을 자신이 해낸 것 같은 성취감이 있었다. 멘티의 변화는 멘토에게 많은 희망과 잘할 수 있다는 의지를 갖게 했고 대학생을 의지하려는 멘티를 보며 멘토는 자신이 멘토링 활동을 하게 된 것에 만족했다. 이와 같이 멘토들의 열정에 멘티들은 변했으며 멘토링이 가지는 목표가 일정 부분 달성됐다는 부분에서 성공적이라고 표현했다.

(3) 멘티의 학교생활 변화

소극적이고 자신감 없던 멘티들은 대학생의 적극적인 지지와 지원을 통하여 학교생활에 서서히 변화가 일어났다. 학교생활에 적극적으로 임하기도 하고 새로운 친구를 사귀어 멘토에게 보여주기도 하는 등 안정적으로 학교생활에 정착했다. 대학생들은 멘토링을 통하여 멘티의 학습 능력이 향상되고 학교 성적이 올라 자신감을 가지는 것을 보며 매우 만족해했다.

"제 멘티는 시험 전날에만 공부를 했대요. 그래서 거의 망하고 그랬는데 저랑 하고 나서 일주일 전부터 집에서 책상에서 펴놓고 공부를 했대요. 역사가 30점에서 오른 거예요. 80몇 점까지. 그래서 정말 뿌듯했어요."

(연구참여자 3)

"저는 친구가 하도 소극적이어서 심지어 학교 체험활동도 자기는 안 간다고 했는데 제가 간다고 하니까 간다고 하고 운동을 좋아하는데 운동을 같이하면 하고 그랬거든요. 이제는 자기가 먼저 하자고 하고 학교에서도 적극적으로 달라진 것 같아요."

(연구참여자 5)

"제 멘티는 영어를 많이 싫어했어요. 그래서 영어 위주로 봐주니 성적도 40점도 올라가고 사실 그것도 하나의 절 믿는 계기가 된 것 같은 게 멘티 설문조사를 한 것도 적는 게 있었는데 영어 성적 오른 걸 적더라고요."

(연구참여자 12)

대학생은 다문화 멘토링을 통하여 멘티의 성적이 향상되는 것을 멘토링 활동의 성과 중에 가장 보람된 일로 여겼다. 멘티들은 학습 습관이 형성되고 과목 성적이 향상되며 자신감이 생기고 친구들과 좋은 관계를 유지했다. 특히 중도입국학생들이 완벽하게 한국어 문장을 구사하며 수업시간이 재미있다고 하는 것을 보며 대학생 자신도 놀라웠다. 이처럼 멘티의 학교생활의 변화는 대학생들에게 다문화 멘토링의 만족감은 물론 성취감을 이끌어냈다. 대학생들은 다문화 멘토링을 통하여 사회적으로 필요한 실천을 하고 있다는 것을 확신하며 새로운 성취감을 느꼈다.

6) 넓혀지는 단계

넓혀지는 단계는 다문화 멘토링에 참여한 대학생들이 멘토링을 통하여 자신의 생각이나 지식이 확장되는 단계이다. 대학생들의 삶에 대한 기대와 욕구는 멘토링을 실천하게 했으며 실천을 통하여 자신의 삶의 가치가 확장된 경험을 했다.

(1) 다문화에 대한 인식변화

다문화 멘토링에 참여한 대학생들은 다문화에 대한 인식이 가장 먼저 변화됐다. 개인적으로 다문화감수성이 증가하기도 하고 다문화 가정 학생들을 이해하는 계기가 되기도 했다. 다문화가 무엇인지도 몰랐던 대학생들의 멘토링 참여는 다문화 가정과 그의 자녀들을 이해하고 다문화 사회가 갖는 다양성을 존중하고 함께 공동체를 이루며 살아가야 한다는 인식의 변화를 이끌었다.

> "다문화 학생이 이런 상처가 있을 수 있겠구나 이런 친구들과 이런 문제점이 있을 수 있겠구나 라는 생각이 들어서 나중에 제가 교사가 되면 내가 어떻게 해야 되겠다 많이 고민을 해 본 것 같기도 하고 또 다문화 학생이 아니라 그냥 멘토링 활동에 있어서 학생들과 신뢰관계를 쌓을 때 내가 이런 식으로 이렇게 해야겠다라는 생각을 해볼 수 있는 기회가 된 것 같아요."
>
> (연구참여자 1)

"멘토링을 통하여 다문화에 대한 개념도 바뀌었고 멘티에 대한 시각도 많이 변했고요. 그리고 약속 같은 것도 생각하게 됐어요."

(연구참여자 8)

"제가 다문화 가정 사람을 만나게 됐을 때 반응이 달라질 것 같아요. 제 친구도 장애인 봉사를 하고 있는데 길가다가 장애인 만났을 때 다른 사람하고 반응이 다르거든요. 저도 그렇게 될 것 같아요."

(연구참여자 13)

멘토들의 가장 큰 변화는 다문화 가정 학생에 대한 인식이 변하고 자신이 가졌던 선입견이 해소됐다는 것이다. 교사가 꿈인 대학생들은 다문화 가정 학생들에게 구체적으로 어떠한 어려움과 상처가 있다는 것을 멘토링을 통하여 느낄 수 있었으며 더 많은 학생들이 참여하여 다문화에 대한 생각에 변화가 일어나길 바라고 있었다. 대학생들은 다문화 가정 학생을 위한 교육도 필요하지만 실제 사회의 다른 구성원들의 인식이 바뀌게 하는 것이 중요하다는 것을 인식했다.

(2) 봉사에 대한 가치변화

다문화 멘토링에 참여한 대학생들은 멘토링에 참여하면서 자신의 봉사활동에 대한 생각이 변했다. 봉사활동이란 실천적 맥락에서 공적으로 도움이 될 수 있게 이루어져야 한다. 처음 봉사활동에 참여한 사범대생들은 교육봉사를 '해야 할 것'으로 인식했으나 멘토링을 종료하고 난 후 봉사에 대한 자신의 가치가 변화되고 점차 확대했다.

"멘토링이 사회적으로 큰 영향을 미치지 못하지만 멘티만 변화하는 것이 아니라 저도 변했잖아요. 이거 가지고 저희 스스로 피드백을 하면서 어떤 봉사를 하고 어떤 활동을 하던 제가 만나는 사람마다 제가 미치는 영향이 있잖아요. 그 사람이 저로 인해 배울 수 있는 점이 생기지 않았을까 그런 생각이 들었어요."

(연구참여자 2)

"다문화 멘토링은 처음에 호기심에 했었구 저는 다양한 사람을 만나고 싶고 그런 거 해 보고 싶고 그런 도움도 다 줘보고 싶었어요. 멘토링 봉사는 자기가 얻을 수 있는 가치가 달라지는 것 같아요. 가치관에 도움이 되기 때문에 사람들의 봉사가 많이 이루어져야 될 것 같아요. 억지로 하면 안 될 것 같아요."

(연구참여자 8)

"무슨 일이든 경험을 통하여 자기가 얻을 수 있는 가치가 다 달라지는 것 같아요. 어떤 가치이든 이런 데는 이런 거, 생각을 정립해갈 수 있는 그래서 그런 것을 계속하게 되면 가치관을 형성하는 데 계속 도움이 되기 때문에 그래서 봉사가 많이 이루어져야 하는 것 같아요."

(연구참여자 13)

대학생들은 다양한 계기로 멘토링에 참여하게 됐지만 이들은 다문화 멘토링을 통하여 다양한 관점을 가지게 됐다. 또한 멘토링을 통해 자신에게도 다양한 변화가 있었으며 멘토링이 사회생활에 영향을 미치기도 하지만 멘티만 변화한 것이 아니라 자신도 변한 것에 의미를 두었다. 또한 봉사를 통하여 만나는 사람에게 자신이 영향을 미친다는 사실을 알면서 자신 또한 배울 점이 많아 봉사 후에 느끼는 성취감은 훨씬 높다고 했다.

(3) 사회활동으로 영역을 넓힘

다문화 멘토링에 참여한 멘토들은 봉사활동의 영역을 넘어 다른 활동으로 사회활동을 확장했다. 봉사활동이 사회활동으로 확대되고 사회활동을 통해 건강한 시민의식과 건강한 사회가 이루어진다면 그 사회는 살 만한 사회라고 할 수 있다. 멘토링에 참여한 대학생들은 사회적 실천을 위해 대학생활에서 할 수 있는 영역을 넘어 학교 밖으로 활동을 넓히는 등 사회적 실천의 기회를 확대했다.

> "다문화 멘토링을 하면서 활동을 한다는 것이 학업뿐만 아니라 다른 활동에 대해 눈길이 많이 가요. 학생회활동에도 관심을 갖게 되고 확 드러나지 않지만 눈길이 한 번 더 가는 것 같아요. 최근에 목소리 기부 프로그램이 있어서 한 번 해볼까 그런 생각을 하거든요."
>
> (연구참여자 1)

> "저는 멘토링을 하면서 다른 사람들을 바라보게 되는 눈이 생기기 시작하면서 매주 다른 활동을 실천하러 나가요. 세월호로 매주 광화문에 가고 그런 걸 하고 있어요. 이번 주는 통일축제가 있어가지고 혜화역으로 가거든요. 그런 식으로 아무래도 좀 하게 돼요. 몰랐을 때보다 하나라도 더 하고, 그래서 사람들의 시민의식을 깨우쳐주고 싶어요. 거국적인 꿈의 목표, 삶의 목표라고 한다면 국영수에 찌들어 사는 학생들이 아니라 사회를 바라보는 시선, 따뜻한 시선을 불러일으킬 수 있었으면 좋겠어요. 그러면 적어도 자기 이익 때문에 남에게 피해를 주는 사람은 없어지지 않을까

그런 생각을 해요."

(연구참여자 7)

"저는 멘토링을 하고 난 후 지금 전공 멘토단이라고 해서 저희 학과를 소개하는 그런 것도 하고 있는데 한 행사를 뛸 때 그거에 대한 책임감이 다른 것 같아요. 멘토링은 멘티 한명을 제가 책임져야 한다는 생각이니까. 책임감이 그게 다르죠."

(연구참여자 8)

대학생들은 다문화 멘토링을 통하여 사회적 실천에 대한 깊이 있는 혜안이 생기게 되며 세월호와 통일축제 같은 것에도 관심을 갖고 사람들의 시민의식을 깨우쳐주고 싶어 했다. 사람들이 사회적 실천을 통하여 자기 이익 때문에 남에게 피해를 주는 사람이 없어야 하며 봉사활동이 사회 내에 공공선을 유지하게 됨으로써 사회적으로 공동체를 형성할 수 있는 기틀이 마련되어야 한다. 이와 같이 대학생들의 봉사활동에 대한 구조와 체계, 제도들이 마련되어 많은 사람들이 실천을 통하여 좋은 삶, 행복한 삶이 이룰 수 있도록 봉사활동의 기회가 확대되어야 한다.

6. 마무리

다문화학생 멘토링에 참여한 대학생의 경험을 통하여 멘토링 실천과정을 탐색했다. 이를 통해 멘토링 실천과정은 설레이는 단계, 알아가는 단계, 함께하는 단계, 갈등하는 단계, 성취하는 단계, 넓혀지는 단계로 확대됐다. 이를 요약하면 다음과 같다.

첫째, '설레이는 단계'는 멘토링에 지원하여 면접을 보고 멘토로 선정된 후 멘토링에 대한 기대감과 멘티와의 만남을 기다리는 단계이다. 대학생들이 멘토링을 위해 인터넷을 통해 다문화 가정학생들에 대해 알아보기도 하고 멘토링 진행을 위해 준비하는 시기이다. 둘째, '알아가는 단계'는 멘토링을 함께 할 다문화학생을 만나 학생의 성격이나 학습 상황, 환경에 대한 특성을 파악하여 관계를 형성하는 라포 단계이다. 라포 형성은 멘토링의 성패를 좌우하는 것으로 이 시기에 이루어지는 다문화학생과의 관계 형성은 매우 중요하다. 셋째, '함께 하는 단계'는 다문화 가정학생과 함께 학습활동, 체험활동, 정서활동, 상담활동 등 실질적인 활동이 이루어지는 단계이다. 이 단계에서 대학생과 다문화학생의 협력적인 관계가 잘 형성될 때 멘토링의 효과가 높아질 수 있다. 넷째, '갈등하는 단계'이다. 대학생들이 멘토링을 진행하는 과정에서 다문화학생이 약속을 지키지 않거나 대학생의 의도대로 멘토링 활동이 이루어지지 않을 때 갈등 상황에 직면하게 된다. 대학생들은 갈등 상황을 잘 해결하지 못하면 멘토링을 중단에 포기하기도 한다. 다섯째, '성취하는 단계'는 멘토링 활동을 통하여 다문화 가정학생들의 다양한 변화를 확인하고 대학생 역시 성취감을 느끼는 단계이다. 대학생들이 성취감과 만족감을 느끼지 않으면 다음해에 멘토링에 지원하지 않는 결과를 낳는다. 여섯째, '넓혀지는 단계'는 멘토링 활동을 통하여 대학생들이 봉사활동을 통한 사회적 실천의 가치가 변화되고 다른 봉사활동에도 관심을 가지게 되는 단계이다. 더 나아가 또 다른 시민활동을 통하여 사회적 실천이 확대됨으로써 세계시민으로서의 역량을 함양하는 단계이다. 이와 같은 멘토링 실천과정을 보았을 때, 멘토링은 다음과 같은 특징이 있다.

첫째, 다문화 멘토링은 앞에서 제시한 여섯 단계가 서로 긴밀하게 연결되어 있다. 멘토링의 실천 단계는 나선형으로 서로 연계되어 있으며 점점 확대되고 있었다. 둘째, 멘토링의 실천단계는 순차적으로 단계를 이루고 있었다. 멘토링 활동은 지원하면서 마치기까지 순차적으로 수행되고 있었다. 셋째, 대학생들은 다문화 가정학생 멘토링에 참여하면서 한국의 다문화현상에 대해 이해하고 다문화 가정에 대해 새로운 관점을 가지게 됐다. 넷째, 멘토링을 통하여 대학생들은 봉사활동에 대한 가치가 변화되고 이는 사회활동으로 이어지고 있었다.

이러한 결과를 바탕으로 대학생들이 사회·인구학적으로, 문화적으로 다양해진 다문화 사회에서 함께 살아갈 수 있는 방법으로써 다문화 멘토링의 개선 방안을 제안하면 다음과 같다.

첫째, 대학생들이 다문화 멘토링 같이 사회적 실천을 수행할 수 있는 다양한 현장이 필요하다. 대학생들은 자신의 가치를 성찰할 수 있는 실천의 장이 부족하기 때문에 사회적 실천에 대한 중요성을 인식하지 못하고 있다. 둘째, 다문화 멘토링 같이 대학생들이 다문화학생에 대한 경험을 통하여 우리 사회의 다양성을 체험할 수 있도록 시민교육과 청소년 활동이 연계되어야 한다. 이를 통해 다문화 사회 공동체를 위한 시민의식이 향상되고 세계시민으로 거듭날 수 있을 것이다. 셋째, 대학생들이 다문화 멘토링을 중도에 포기하지 않도록 대학생을 주기적으로 모니터링하여 예방 대책을 마련하여야 한다. 중도탈락 위기에 놓인 멘토링 활동을 참관하여 갈등 내용을 파악하고 원활히 활동을 진행할 수 있도록 지원해야 한다. 넷째, 다문화 멘토링을 실시하기 전 멘토들의 교육이 구체적으로 이루어져야 한다. 각 대학에서 멘토링 시작 전 오리엔테이션을 하고 있으나 경험이 없는 멘토들의 경우 큰 효과를 내지 못하고 있다. 그러므로 교수법이나 수업계획안 작성, 체험학습 기획 등 구체적이고 실질적인 교육이 선행되어야 한다.

지금까지 다문화 멘토링에 참여한 대학생들의 멘토링 실천과정을 살펴보았다. 다문화 멘토링을 통하여 대학생들은 봉사를 취업을 위한 스펙 쌓기가 아니라 진정 나와 타인을 위한 사회적 실천으로 경험했다는 것을 확인했다. 이런 경험들은 오늘날의 젊은 세대에게 삶의 가치를 변화시키고 공동체 의식에 대해 성찰하는 계기가 될 것으로 본다. 또한 오늘날 개인주의적 삶을 살고 있는 많은 이들이 '우리'로서 함께 살아가는 방법을 찾는 데 보탬이 될 것으로 기대한다.

갈라노바 딜노자(2019). 재한 우즈베키스탄 유학생들의 상호문화소통 역량에 관한 연구, 인하대학교 박사학위논문.

강구섭 외(2014). 탈북청소년 교육 종단연구(V). 연구보고서 RR-2014-7, 충북: 한국교육개발원.

강구섭 외(2017). 탈북청소년교육 지원센터 운영사업 8차년도 결과 보고서. TR 2017-43, 충북: 한국교육개발원.

강복정(2012). 한국의 다문화가족정책 및 서비스의 현황분석- 다문화가족지원센터 사업을 중심으로, 다문화 사회연구 5(1), 143-184.

강선자, 손수민(2011). 영아기 자녀를 둔 국제결혼 이주여성의 결혼만족도와 자녀 양육에 대한 인식; 결혼이주여성 4인의 사례연구를 중심으로, 열린유아교육연구, 16(6), 161-188.

강진웅(2015). 한국사회의 종족적 민족주의와 다문화 통일교육, 교육문화연구, 21(3), 253-275.

강현자(2010). 여성 결혼이민자의 의사소통 방식 연구: 구어 자유 담화 자료를 바탕으로, 박사학위논문. 계명대학교.

강휘원(2009). 캐나다 다문화 사회의 통합과 이중언어정책, 국가정책연구, 193-223.

강희숙(2005). 캐나다 거주 한국인의 모국어 교육실태, 사회언어학, 1-18.

고상숙(2012). 교육소외 학생들의 기초학력 신장을 위한 수학학습에서 나타난 수학적 오류. 수학교육학연구, 22(2), 203-227.

고은(2006). 이중언어 사용 아동의 부모들이 갖는 모국어에 대한 가치기준과 경험적 의미, 언어치료연구, 143-162.

고은혜, 배상률(2017). 부모와의 별거경험이 중도입국 청소년의 삶의 만족도에 미치는 영향, 청소년학연구, 24(4), 211-232.
교육부(2015). 2015년도 교육기본통계, 교육부.
교육부(2016). 2015 개정 교육과정 총론 해설—초등학교-, 교육부.
교육부(2017a). 2017년도 간추린교육통계, 교육부.
교육부(2017b). 2017년 탈북학생교육지원 사업 계획 보도자료.
교육부(2018a). 2017년 교육통계분석자료집—유초등부통계편, 교육부.
교육부(2018b). 2018년 다문화교육 지원계획, 교육부.
교육부(2018c). 2018년도 간추린 교육통계, 교육부.
교육부(2018d). 2018년도 교육기본통계, 교육부.
교육부(2018e). 2018년 교육 소외계층 지원사업 계획, 교육부.
교육부(2018f). 유학생현황, 교육부.
교육부, 인천광역시교육청, 한국교육개발원(2017). 2017 탈북학생 멘토링 매뉴얼. 연구자료 CRM 2017-26, 한국교육개발원.
교육부, 충청남도교육청, 한국교육개발원(2019). 2019 제2차 탈북학생 교육지원 교사 직무연수 자료집. 한국교육개발원.
교육인적자원부(2006). 다문화 가정 자녀 교육지원 대책.
구민정, 권재원(2008). 한국 교실에 적합한 교육연극 모형의 개발과 적용, 한국학술정보㈜.
국무조정실 · 국무총리비서실(2018). 외국인정책위원회 및 다문화가족 정책위원회 연석회의 보도자료(2018.2.12.)
국무총리실 · 관계부처합동(2007). 다문화가족정책 기본계획(2010~2012). 여성가족부.
권미연(2003). 또 하나의 종교수업—이슬람 종교수업, 그 사회적 배경과 현황, 교육개발, 34, 80-84.
권순희(2009a). 다문화 가정 자녀의 국어사용 실태, 국어교육학연구 36, 195-228.
권순희(2009b). 이중언어교육의 필요성과 정책제안, 국어교육학연구, 34, 57-115.
권순희(2014). 다중언어 사회에서의 한국어교육의 역할과 위상. 우리말연구

39, 5-24.
권재원(2005). 교육연극(DIE)이 청소년의 문화관용성에 미치는 효과 연구. 사회과 교육, 44, 129-148.
금명자, 이영선, 김수리, 손재환, 이현숙(2006). 다문화 가정 청소년(혼혈청소년)연구: 사회적응 실태조사 및 고정관념 조사, 국가청소년위원회.
금혜성, 임지혜(2010). 독일 · 영국 · 한국의 다문화 사회로의 이행과정 국제비교 - 외국인의 정치참여를 위한 제도와 정책적 배경을 중심으로, 다문화 사회연구 3(2), 33-70.
김고은(2013). 초등학생이 지각한 담임교사의 태도가 학교생활 적응과 학습동기 및 친구 관계에 미치는 영향, 한양대학교 대학원 석사학위논문.
김광해(1993). 국어 어휘론 개설, 집문당.
김기영(2014). 다문화 멘토링 프로그램에 참가한 멘토의 동반성장 사례연구, 다문화교육연구, 7(1), 29-50.
김나경(2015). 베트남 귀환이주노동자의 재통합에 관한 연구: 한국 노동이주 경험을 중심으로, 전남대학교 박사학위논문.
김덕주(2013). 다문화 가정 자녀 교육복지지원제도의 고찰, 한국사회복지지원학회, 8(1), 167-187.
김린, 박세훈, 박경자(2014). 북한이탈청소년의 스트레스와 사회적 지지가 우울 및 불안에 미치는 영향, 청소년학연구, 21(7), 55-87.
김명광(2016). 언어 숙달도 평가에서 MLU 측정법의해석 타당성에 대한 일고, 새국어교육, 109, 453-484.
김명선(2015). 탈북청소년의 학교생활 적응 경험 분석, 열린교육연구, 23(4), 45-74.
김미연(2012). 탈북 초등학생 멘토링 활동에 대한 자기비평과 교육적 함의에 관한 연구. 서울교육대학교 석사학위논문.
김미현(2011). 다문화시민성의 위계구조에 따른 형평교수 방법의 구조화, 글로벌교육연구, 3(1), 69-93.
김민정(2013). 양육신념과 자녀기대감 및 부모역할지능에 대한 부-모 간 관계, 한국가족복지학, 18(3), 311-332.

김선정(2006). 대구 경북지역 이주여성 적응교육 중 한국어교육 결과보고서, 대구경북연구원.
김선정(2007). 결혼 이주 여성을 위한 한국어교육, 이중언어학, 33, 423-446.
김선정(2010). 다문화 가정 자녀 실태 및 다문화교육의 추진 방향, 외국어교육연구, 24(1), 21-46.
김선정(2011). 다문화 사회와 한국어교육, 이중언어학, 47, 659-686.
김선정(2012). 여성 결혼이민자의 한국어 발화 특성-평균발화길이와 어휘 다양도를 중심으로. 언어와 문화, 8(1), 1-17.
김선정, 강진숙(2009). 다문화 가정 자녀의 어휘력 고찰, 이중언어학, 40, 31-55.
김선정, 김신희(2013). 여성 결혼이민자의 구어 담화에 나타난 응답 발화 분석, 이중언어학, 51, 1-25.
김성식(2013). 중도입국자녀를 위한 공공정책의 방향과 대안, 목원대학교 석사학위논문.
김성희(2016). 다문화 가정 중도입국 청소년을 대상으로 한 스마트교육 효과분석, 인하대학교 석사학위논문.
김수진, 임은해(2011). 다문화 가정 아동과 일반가정 아동의 고유어, 한자어, 외래어 어휘 표현 능력 비교, 지성과창조, 14, 335-350.
김수희, 전성희(2011). 다문화 가정 자녀의 다문화적 특성에 따른 학교생활 적응, 아동가족치료연구, 10, 53-67.
김순규(2011). 다문화 가정 자녀의 심리사회적 적응, 청소년학 연구, 18(3), 247-272.
김애진, 정원철(2011). 북한이탈청소년의 학교 적응 과정에 대한 근거이론 연구—차이와 차별을 넘어 융화되기—, 학교사회복지, 21, 217-242.
김영순(2010a). 다문화 사회와 시민교육: 다문화 역량을 중심으로, 시민인문학, 18, 33-59.
김영순(2010b). 특집논문: 다문화 사회를 위한 시민인문학; 다문화 사회와 시민교육: 다문화 역량을 중심으로, 시민인문학, 18, 33-59.
김영순(2010d). 이민자 통합을 위한 문화 정책의 기본 방향 연구: 강화군 다문화 가족 지원 센터의 FGI를 중심으로, 문화정책논총, 45-68.
김영순(2011). 스토리텔링의 사회문화적 확장과 변용, 성남: 북코리아.
김영순, 김금희(2012). 다문화 가정자녀 멘토링 사업 참여 대학생 멘토의 수퍼비젼에 관한 연구, 인문과학연구, 33, 453-476.
김영순, 박봉수, 최명희(2015). 다문화 가정 지원 생활멘토단에 참여한 멘토가정의 경험에 관한 연구, 학습자중심교과교육연구, 15(5), 69-93.
김영순, 방현희, 홍정훈(2014). 다문화 가정 자녀 학습멘토링 참여대학생 멘토의 열린 인식변화에 관한 연구. 열린교육연구, 22(4), 1-22.
김영순, 오영훈 외(2016). 처음만나는 다문화교육, 성남: 북코리아.
김영순, 오영훈, 정지현, 김창아, 최영은, 정소민, 최승은, 조영철(2016). 처음만나는 다문화교육, 성남: 북코리아.
김영순, 윤희진(2010). 다문화시민성을 위한 스토리텔링 활용 문화교육 방안, 언어와 문화, 6(1), 27-46.
김영순, 최승은(2016). 상호문화학습의 실천적 내용에 관한 탐색적 연구, 언어와 문화, 12(2), 1-27.
김영천(1998). 초등학교의 잠재적 교육과정이 밝혀진 후 : 교사와 행정가에게 주는 시사점. 교육인류학연구, 1(2), 49-99.
김영태(1997). 한국 2-4세 유아의 발화길이에 관한 기초 연구, 말-언어장애연구, 2(5), 5-26.
김영필(2013). 하버마스 의사소통행위이론의 상호문화주의적 함의: 한국적 다문화교육 모형 구축을 위한 하나의 대안, 철학논총 71(1), 3-27.
김옥순(2010). 청소년의 문화 간 역량 연구 : 경기도 거주 청소년의 문화지능 검사결과를 중심으로, 청소년학연구, 17-9, 151-172.
김왕근(1999). 세계화와 다중 시민성 교육의 관계에 관한 연구, 시민교육연구, 28, 45-68.
김우찬(2015). 결혼이주여성의 서비스 이용실태 및 가족관계에 관한 연구. 복지행정논총, 25(1), 49-75.
김윤주(2017). 다문화 학생 대상 한국어교육 연구 동향 분석, 언어와 문화 13(1), 87-112.

김이선, 이아름, 황정미(2014). 다문화가족의 초국가적 가족 연계망과 정책적 시사점, 한국여성정책연구원.

김이선, 정해숙(2010). 다문화가족의 언어・문화 자원사용 및 세대 간 전수에 관한 연구, 한국여성정책연구원 연구보고서[2010, 3], 한국여성정책연구원.

김정숙(2011). 한국어교육과정 연구 성과와 향후 과제 연구, 이중언어학, 47, 331-349.

김정원(2013). 제1차 탈북학생 교육 포럼 탈북학생 교육 통일을 대비하다. 연구자료 CRM 2013-130-1, 교육부, 한국교육개발원.

김정은(2003). 한국어교육에서의 중간언어와 오류 분석, 한국어교육, 14(1), 29-50.

김지수 외(2018). 탈북청소년교육 지원센터 운영 사업 9차년도 결과 보고서, 기술보고 TR 2018-57, 한국교육개발원.

김지수 외(2019). 탈북청소년교육지원센터 운영 사업 10차년도 결과 보고서, 한국교육개발원.

김창아(2015). 교육연극을 통한 다문화 대안학교 초등학생의 협동학습, 인하대학교 박사학위논문.

김창아, 김영순(2013). 교육연극을 활용한 다문화 대안학교의 한국어교육 프로그램 실행연구, 교육과학연구, 44(3), 241-269.

김창아, 김영순, 홍정훈(2014). 교육연극에 참여한 다문화대안학교 학생의 협동학습 경험, 학습자중심교과교육연구, 14(4), 177-206.

김창화(2003). 청소년을 위한 연극 교육, 문음사.

김태원(2012). 다문화 사회의 통합을 위한 패러다임으로서의 유럽 상호문화주의에 대한 이론적 탐색, 유럽사회문화, 9, 179-213.

김태환(2013). 한국 이민정책의 이중성: 이주노동자와 여성결혼이민자정책을 중심으로, 강원대학교 박사학위논문.

김한나, 김홍석(2012). 다문화 멘토링 프로그램에 참가한 대학생 멘토 연구: 포커스 그룹 인터뷰를 이용하여, 다문화교육연구, 5(2), 91-113.

김한성, 이유신(2013). 결혼이주여성의 삶의 만족도, 지역사회 특성과 차별경험을 중심으로, 한국사회학, 47(2), 177-209.

남부현, 오영훈 외(2016). 다문화 사회교육론, 양서원.

남북하나재단(2016). 탈북청소년 실태조사, 남북하나재단.

남혜경, 이미정(2014). 자녀에게 모국어를 가르치는 결혼이주여성의 경험, 지역과 문화, 1(2), 53-74.

류방란, 오성배(2012). 중도입국 청소년의 교육 기회와 적응 실태. 다문화교육연구, 5(1), 29-50.

맹재숙, 박수정(2017). 중도입국학생의 공교육 진입 지원을 위한 교육계획 분석, 글로벌교육연구, 9(2), 35-60.

모경환, 황혜원(2013). 미국의 이중언어 교육 정책 현황과 시사점, 국립국어원 주최 국제학술 대회 발표 논문.

문용린, 최지영, 백수현, 김영주(2007). 학교폭력발생과정에 대한 남녀 차이분석: 피해자 상담사례분석을 중심으로. 교육심리연구, 21(3), 703-722.

민성혜, 이민영(2009). 대학생의 문화적 역량에 관한 탐색적 연구 - 문화적 인식을 중심으로-, 청소년복지연구, 11(1), 183-206.

민정호, 전한성(2014). 다문화 가정 학습자의 개별성을 고려한 한국어교육의 실천 방향 탐색, 한국언어문화학, 11(3), 93-119.

민현식(2015). 메타분석에 의한 '한국어교육'의 학문 동향과 발전 방향, 한국어교육, 26(4), 339-358.

박기옥(2009). 다문화 가정자녀 대상 이중언어 교육정책 방안, 계명대학교 석사학위논문.

박기현(2007). 우리 역사를 바꾼 귀화성씨. 서울: 역사의 아침.

박미숙(2016). 다문화 멘토링에 참여한 대학생들의 사회적 실천과정에 관한 근거이론적 연구, 인하대학교, 박사학위논문.

박미숙, 김영순(2016). 다문화 멘토링 과정에 따른 대학생 멘토의 참여경험에 관한 연구, 학습자중심교과교육연구, 16(3), 967-989.

박범종(2017). 다문화가족과 사회통합을 위한 지방정부 역할, 동북아문화연구, 51, 285-307.

박선옥(2013). 다문화아동을 위한 멘토링 프로그램 설계와 운영에 관한 연구, 다문화콘텐츠연구, 14, 45-78.

박선희(2009). 다문화 사회에서 세계시민성과 지역정체성의 지리교육적 함의, 한국지역지리학회지, 15(4), 478-493.

박성원, 신동일(2013). 자녀의 다중언어에 관한 다문화 가정 학부모의 의식연구: 서래매을 거주 가정의 사례에서, 한국응용언어학, 29(1), 69-100.

박순희, 조원탁, 이주희(2008), 다문화가족 자녀의 사회적응과 관련 변인 연구, 한국지역사회복지학, 27, 53-76.

박시균, 최지은(2015). 다문화 가정 자녀와 일반가정 자녀의 학교교육 현황 비교 연구, 국어문학, 60, 5-40.

박영진, 장인실 (2018). 이중언어를 구사하는 다문화 가정 자녀 특성에 관한 연구, 다문화 사회연구, 11(1), 227-260.

박윤숙(2006). 북한이탈청소년의 사회적지지 특성과 남한사회 적응에 관한연구, 서울여자대학교 박사학위논문.

박은정(2010). 어머니 언어입력과 다문화 가정 자녀의 한국어 발달 과정 연구, 계명대학교 박사학위논문.

박은정, 김선정(2010). 여성결혼이민자의 한국어 습득 양상 연구: 평균 발화 길이(MLU)를 중심으로, 언어연구, 26(2), 241-258.

박은하(2013). 한국어 학습자의 언어 사용 양상, 한국언어문화학, 10(2), 99-121.

박인옥(2013). 다문화 멘토링의 운영과정과 활동유형에 관한 사례연구: 강원도 지역 K대학의 다문화 멘토링 프로그램을 중심으로, 언어와 문화, 9(3), 171-192.

박재규(2013). 농촌과 도시 결혼이주여성의 취업 결정요인 및 지원방안 연구, GRI연구논총, 15(1), 5-33.

박재익(2017). 다문화 가정 자녀의 한국어, 계승어, 영어 학습 상황에서의 계승어 교육의 필요성과 지원 방안, 언어학 연구 42, 337-367.

박종옥(2011). 다문화 가정 아동의 이중정체성과 사회적지지가 학교적응에 미치는 영향, 한국 국제대학교 석사학위논문.

박종필(2005). 수월성 교육 정책의 문제와 발전 방향 탐색, 수월성의 개념을 중심으로, 열린교육연구. 13(3), 29-46.

박현숙(2012). 결혼 이민 여성의 모국어 육아 및 가정 내 이중언어 교육에 관한 질적 연구, 이화여대 석사학위논문.

박휴용(2012). 다문화교육의 형평성과 수월성에 대한 비판적 고찰, 다문화교육연구 5(2), 147-172.

박희정(2015). 한국어 표현능력 향상을 위한 교육연극 기법, 한국콘텐츠학회 논문지, 15(11), 672-679.

방영심(2015). 결혼이주여성의 시어머니에 대한 한국어 공손표현 양상, 이화어문논집, 37, 47-69.

백미옥(2007). 여성 결혼 이민자를 위한 생활문화와 한국어의 통합 교육 연구: 초급 단계 학습자를 중심으로, 고려대학교 석사학위논문.

백성희 (2015) 동요활동을 통한 다문화 가정 여성의 자녀 양육 및 한국어 지도 방안 제시, 다문화와 인간, 4(2), 91-131.

법무부(2019). 법무부 출입국・외국인정책본부 통계월보(2019.06.).

법무부(2019). 출입국・외국인정책본부 통계월보(2019. 07.).

보건복지가족부(2008). 다문화가족 생애주기별 맞춤형 지원강화대책, 보도자료(2008.10.31.)

빈부격차・차별시정위원회(2006). 여성결혼이민자 가족의 사회통합 지원대책 확정, 보도자료 (2006.4.26.).

서미옥 (2012). 다문화 가정의 특징, 다문화 학생의 유치원 및 학교적응에 대한 교사들의 인식: 질적 메타통합의 적용, 청소년상담연구, 135-169.

서미옥, 배상식(2010). 다문화 가정 초등학생과 초등예비교사의 멘토링에 대한 인식, 열린교육연구, 18(4), 130-151.

서범석(2010). 다문화교육정책의 현황과 발전방향 탐색, 한양대학교 대학원, 박사학위논문.

서은숙(2014). 북한이탈주민을 위한 다문화(이주민) 통합 교육 방향. 윤리연구, 1(97), 331-360.

서정수(2006). 국어문법. 서울: 한세본.

서혜정, 원계선, 임진형(2011). 유아교육과 신입생 멘토링 프로그램에 참여한 멘티의 경험의 의미. 한국보육지원학회지. 7(1), 67-92.

설동훈(2005). 국제결혼 이주여성 실태조사 및 보건 복지 지원정책 방안, 보건복지부.
설동훈(2010). 한국의 다문화 사회 정책의 문제점과 대안, 지식의 지평, 8, 48-70.
성상환, 한광훈(2011). 도서지역 결혼이주여성의 언어문화 실태 조사 연구, 교육문화연구, 1-21.
손영희(2011). 다문화 가정학생 멘토링 개선 방안 연구, 다문화교육, 2(3), 59-86.
송경숙(2002). 텍스트 언어학: 이론편: 한국어와 영어 인터넷 채팅에서의 프래임(frame) 분석, 텍스트 언어학, 13, 73-105.
송민경, 김진원(2017). 중도입국자녀의 한국사회 입국 전·후 삶에 대한 연구, 한국아동복지학, 58, 103-139.
신권익, 김병주(2015). D.I.E.를 활용한 교육연극 프로그램이 초등학생의 창의적 리더십에 미치는 효과, 한국초등교육, 26(32), 279-299
신상록(2016). 학령기 중도입국자녀 실태와 비자제도 개선 방안, (사)한국지방정부학회, 동계학술대회 발표논문집.
신섭중(1991). 현대 한국사회복지제도의 과제와 전망, 일본연구, 9, 71-86.
심영택(2018). 동화를 활용한 다문화 가정 학습자 국어교육 방안, 다문화와 인간, 7(12), 31-58.
심혜령, 조옥이(2017). 생애주기적 관점을 통한 여성결혼이민자 대상 한국어 교재 개발 방안 연구, 새국어교육, 113, 97-117.
안원석(2007). 다문화 가정 자녀의 표현 실태 분석. 한국교원대학교 석사학위논문.
안유진, 손은경(2017). 델파이 연구방법 중심 아동 교육연극 프로그램 개발 기초연구, 예술인문사회 융합 멀티미디어 논문지, 7(11), 315-328.
양계민, 조혜영(2011). 중도입국청소년 실태조사, 한국청소년정책연구원.
양계민, 조혜영(2012). 중도입국청소년의 심리, 사회적응에 관한 탐색적 연구. 청소년학연구, 19(11), 195-224.
양영자(2007). 한국의 다문화교육 현황과 과제. 실린 곳: 오경석 외, 한국에서의 다문화주의, 한울아카데미. 198-230.

어경준, 이미정(2018). 중도입국자녀를 위한 복지서비스의 실제와 방향성에 관한 연구, 인문사회, 21, 9(2), 229-242.
여성가족부(2016). 2015년 전국다문화가족실태조사. 여성가족부.
여성가족부(2018). 2017년 다문화가족지원 사업결과보고서1, 여성가족부.
여성가족부(2018). 제 3차 다문화가족정책 기본계획(2018~2022), 여성가족부.
여성가족부(2019a). 2018년 전국다문화가족실태조사, 여성가족부.
여성가족부(2019b). 2019년 가족사업안내 제1권, 여성가족부.
여성가족부(2019c). 2018년 국민 다문화수용성 조사, 여성가족부.
여성가족부・관계부처합동(2012). 제 2차 다문화가족정책 기본계획(2013~2017). 여성가족부.
오경석, 김희정, 이선옥, 박흥순, 정진헌, 정혜실, 양영자, 오현선, 류성환, 이희수, 강희복(2007). 어떤 다문화주의인가?, 한국에서의 다문화주의: 현실과 쟁점, 파주: 한울 아카데미.
오미선, 권일남(2012). 멘티가 지각하는 멘티의 공감능력이 멘토링 관계와 멘티의 자아존중감에 미치는 영향, 청소년학연구, 19(7), 119-136.
오성배, 서덕희(2012). 중도입국 청소년의 진로의식, 진로준비행동과 사회적 지원 실태 탐색, 중등교육연구, 6.(2), 517-552.
오영훈(2009). 다문화교육으로서 상호문화교육 - 독일의 상호문화교육을 중심으로, 교육문화연구, 15(2), 27-44.
오영훈(2011). 다문화 사회 독일의 종교교육 - 모두 함께하는 종교수업 실험을 중심으로, 종교문화비평, 19(19), 17-47.
오영훈, 김영순(2016). 다문화 대안학교의 모색과 실천, 성남: 북코리아.
오영훈, 김창아(2015). 교육연극을 활용한 상호문화교육의 이해: Schulz von Thun의 의사소통 모델을 중심으로, 독일언어문학, 67, 23-42.
오영훈, 방현희(2016). 독일의 상호문화교육 사례에 대한 연구: 베를린 EU학교의 교육과정을 중심으로, 예술인문사회 융합 멀티미디어, 6(11), 81-90.
왕금미(2017). 중도입국자녀의 콜라주미술치료사례연구, 인하대학교 박사학위논문.
왕한석(2007). 또 다른 한국어 : 국제결혼 이주여성의 언어 적응에 관한 인류학적 연구, 교문사.
우원묵(2013). 다문화 가정자녀 대상 이중언어교육의 발전방안, 상명대학교 석사학위논문.
우희숙(2010). 예비교사의 다문화 멘토링 참여 경험에 관한 사례연구, 한국교원교육연구, 27(4), 141-165.
원순옥, 이화숙(2015). 결혼이주여성의 한국어교육 경험에 대한 질적 연구, 민족연구, 62, 93-119.
원신애(2010). MacIntyre의 서사적 자아와 실천개념의 의미: 기독교 도덕교육을 중심으로, 기독교교육정보, 27, 291-317.
원자혜(2012). 탈북학생의 실태와 학교 적응에 미치는 요인, 한국교원대학교 석사학위논문.
원진숙(2015). 탈북학생 대상 중학교 국어 교과서 개발 방안. 국어교육학연구, 50(2), 232-267.
유가효, 방은령, 한유진(2004). 한국사회에서 탈북 아동・청소년의 학업성취 및 사회적 적응: 초기 사회적응 교육을 중심으로, 한국가정관리학회지, 22(5), 185-196.
유영만(2006). 디지털지식기반 사회의 창조적 상상력, 대한사고개발학회 학술발표대회 논문집, 21-32.
윤석주(2017). 탈북학생의 학교생활에 대한 초등학교 교사들의 인식과 교육방식에 대한 질적 연구, 초등교육연구, 30(2), 57-80.
윤인진(2013). 동북아시아의 국제이주와 다문화주의, 한울.
윤향희, 김경제(2016). 중도입국자녀를 위한 청소년복지지원법의 개선방향, 유럽헌법연구, 제20(2), 393-428.
윤현희(2019). 초등교사의 탈북학생 교육 경험에 관한 상호문화교육적 의미 탐구. 인하대학교 박사학위논문.
윤현희, 김영순(2018). 초등교사의 경험에 기반한 북한이탈주민의 한국출생 자녀 교육 지원 개선 방안 연구, 한국교육문제연구, 36(2), 49-67.
윤현희, 김영순(2019). 초등교사의 탈북학생 교육 경험에 관한 내러티브 탐구. 교사교육연구, 58(1), 21-34.

윤혜순(2014). 탈북청소년 연구 동향과 과제, 청소년학연구, 21(11), 125-149.
윤희경(2012). 학습동기 지원 멘토링에 참여한 유아교육과 1학년 멘티와 선배 멘토의 경험. 한국보육학회지. 12(4). 269-289.
은혜경(2015). 원격대학 다문화 멘토링 참여경험 분석: 멘티의 경험과 요구를 중심으로, 평생학습사회, 11(1), 89-113.
이기영, 김민경(2015). "한국 거주 탈북배경청소년의 다양성에 따른 지원정책의 분석과 함의," 동북아연구, 20(2), 93-129.
이미정, 박미숙(2012). 멘토의 개인적 특성에 따른 멘토링 운영 연구. 다문화교육, 3(2), 101-123.
이미향, 권영선(2017). 여성결혼이민자의 사회언어적 쓰기 지식 활용 양상 연구, 국어교육연구, 63, 219-246.
이병준(2009). 평생교육의 연구와 실천에서의 다문화교육의 방향성, 인천교육, 40, 66-75.
이병철, 송다영(2011). 다문화가족 중도입국청소년의 학교생활 적응에 관한 질적 연구, 한국사회복지학, 63(4), 131-154.
이병환, 김영순(2008). 대안교육의 실천과 모색, 학지사.
이선영(2017). 한국 지방자치단체 외국인 사회통합의 과제와 방향, 다문화콘텐츠연구, 25, 113-114.
이선형, 김보람(2018). 가족서비스 통합지원을 위한 전달체계 개편방안 마련, 서울시 여성가족재단 연구사업보고서, 서울시여성가족재단(편).
이성순(2014). 다문화 가정학생 멘토링 운영현황과 개선과제-교육과학기술부의 멘토링 운영사례를 중심으로, 다문화콘텐츠연구, 16, 89-122.
이소희, 이선혜(2013). 다문화 및 북한이탈주민 가정 자녀의 정신건강, 소아청소년정신의학, 24(3), 124-131.
이수연(2008). 새터민 청소년의 학교 적응에 관한 질적 분석, 청소년학연구, 15(1), 81-113.
이우영(2003). 북한이탈주민의 지역사회 정착. 연구총서 03-02, 통일교육원.
이은경, 양은아(2017). 원격대학 성인학습자의 비형식교육 참여 특성 분석, 평생학습사회, 13(4), 51-73.

이은미(2014). 교육연극을 활용한 협동적 글쓰기 방안 연구, 교양교육연구, 8(2), 187-217.

이은희(2018). 결혼 이민자 대상 높임법 교육 양상—교재 제시 방식을 중심으로, 한중인문학연구, 61, 1-28.

이재분, 김숙이(2011). 한국과 대만의 국제결혼가정 자녀의 이민자 부모 출신국 언어교육 지원 실천사례 비교연구, 중국학논총, 33, 61-82.

이정은(2016).이주자의 한국어 의사소통에 대한 사회언어학적 고찰—광주지역 결혼이주여성의 면담을 중심으로—, 외국어로서의 한국어교육, 44, 255-280.

이종수(2009). 행정학 사전, 대영문화사.

이종하(2006). 독일의 문화간 이해교육의 실천과 시사점, 한국교육문제연구, 17, 105-120.

이지영(2012). 다문화 가정 어머니의 문화적응 스트레스와 부모스트레스가 자녀의 부적응에 미치는 영향, 한국가족복지학, 17(2), 105-125.

이효인, 김명광(2013). 다문화 가정 자녀의 쓰기 오류 연구, 현대사회와다문화, 3(2), 286-305.

이희영(2012). 탈북-결혼이주-이주노동의 교차적 경험과 정체성의 변위-북한 여성의 생애사 분석을 중심으로, 현대사회와다문화, 2(1), 1-45.

인천시(2017). 인천 통계정보(2017.11.), 인천시.

임지룡(2003). 국어 의미론. 서울: 탑출판사.

임지혜, 김금희(2014). 다문화 가정 청소년 멘토링 경험의 의미와 멘토의 역량 강화방안, 다문화콘텐츠연구, 17, 279-307.

임지혜, 박봉수(2014). 한국 고등학생들의 다문화 멘토링 참여 경험과 의미 탐색, 한국언어문화교육학회 제9차 국제학술대회 발표집, 269-275.

장덕희, 신효선(2011). 다문화 가정 자녀의 학교부적응에 미치는 환경요인, 청소년학연구, 17(3), 123-147.

장명선, 송연숙(2012). 서울시 중도입국청소년 현황과 지원방안, 서울시 여성가족재단 연구사업보고서, 서울시 여성가족재단.

장명선, 장은애(2010). 다문화가족지원서비스 전달체계의 효율화 방안 연구,

(서울시 여성가족재단 연구사업보고서 2010-정책개발-019), 서울시 여성가족재단.
장연주(2015). 교육연극을 활용한 다문화교실 액션 리서치, 또래관계 개선을 중심으로, 열린교육연구, 23(3), 25-44.
장종윤, 정미란, 황민아(2014). 초등학교 저학년 다문화 가정 아동의 동음이의어 이해와 정의하기. 한국언어청각임상학회, 19(1), 71-79.
장창호(2001). 탈북청소년의 적응에 관한 사회사업적 고찰, 한국사회복지, 5, 203-235.
전경숙, 이의정(2011). 다문화 가정 중도입국청소년의 초기적응 지원방안 연구, 경기도가족여성연구원.
전두리(2013). 다문화 사회의 소설 교수-학습 방법 연구—교육연극을 중심으로—, 새국어교육, 96, 103-137.
전영국, 이아름(2018). 다문화 글로벌브릿지 체험 학습용 STEAM 융합 교육 프로그램 개발 및 형성 평가, 교육문화연구, 24(1), 527-547.
전우택 외(2006). 남한 내 북한이탈주민들의 3년간 사회의식 변화 및 생활 만족도에 대한 추적연구, 신경정신의학, 45(3), 252-268.
전은주(2009). 국제결혼 가정 자녀의 의사소통 능력과 국어과 교수—학습에 영향을 미치는 변인, 청람어문교육, 39, 73-108.
정기섭(2011). 지속가능발전교육의 관점에서 본 상호문화역량, 교육의 이론과 실천, 16(3), 133-149.
정명숙(2010). 다문화 시대의 한국어교육. 한국어문화교육, 4(2), 131-152.
정성희(2007). 창의성 개발을 위한 교육드라마 모형, 한국연극학, 33, 41-82.
정소민, 윤현희(2016). 탈북학생 교육 정책연구학교의 운영 실태 분석. 교육문화연구, 22(6), 513-536.
정수일(2005). 한국속의 세계, 상, 서울: 창비.
정영근(2009). 학교의 이중언어수업과 상호문화 교육—독일 베를린의 공립학교 이중언어 수업 실험모형을 중심으로—, 교육의 이론과 실천, 14(1), 167-185.
정영근, 한영란(2006). 다문화 사회의 학교와 상호문화교육의 필요성, 상명대

학교교육연구소 교육연구, 2006권 0호, 1-18.
정은희(2004). 농촌지역 국제결혼 가정 아동의 언어 발달과 언어 환경, 언어치료연구, 13(3), 33-52.
정창호(2011). 독일의 상호문화교육과 타자의 문제 교육의 이론과 실천, 16(1), 75-102.
정하성, 우룡(2007). 다문화청소년이해론, 서울: 양서원.
정희모(2006). 글쓰기 교육과 협력학습, 삼인.
조성심, 주석진(2014). 생태체계관점의 진로탐색멘토링 프로그램이 다문화 가정 아동의 진로성숙도와 학교생활부적응에 미치는 영향에 관한 연구, 학교사회복지, 27, 51-82.
조승석, 김희순(2013). 다문화 가정 어머니가 경험한 자녀의 이중언어교육에 관한 연구, 한국산학기술학회논문지, 5549-5558.
조영달(2006). 다문화 가정의 자녀 교육 실태 조사. 교육인적자원부 정책연구과제.
조영아, 김현아, 김요완(2014). 한부모 북한이탈주민의 남한 내 적응 어려움과 대처 방식, 한국가족관계학회지, 18(4), 155-179.
조영철(2018). 공립 다문화 대안학교 교사의 상호문화교육 경험에 관한 내러티브 탐색, 인하대학교 박사학위논문.
조준, 윤동열, 한승현(2018). 무형식학습이 조직몰입에 미치는 영향: 자기효능감의 매개효과를 중심으로, 대한경영학회지, 31(8), 1527-1547.
조철기(2005). 지리교과를 통한 시민성 교육의 내재적 정당화, 대한지리학회지, 40(4), 454-472.
조태린(2014). 다문화 가정 자녀에게 한국어가 갖는 의미-중도입국 자녀를 중심으로-, 인문과학연구, 41, 113-130.
조현용(2011). 한국어 어휘 평가의 현황과 전망—한국어능력시험을 중심으로—. 이중언어학, 47, 419-435.
조홍자, 안상화, 김여선(2015). 다문화 그림책을 활용한 과학활동이 유아의 과학적 탐구능력 및 언어능력에 미치는 영향, 어린이문학교육연구, 16(3), 175-200.
좌동훈(2014). 중도입국청소년의 출신 국적과 문화적응 유형에 따른 심리 사회적 적응 요인에 관한 연구, 청소년학연구, 21(1), 97-126.

주월랑(2008a). 여성결혼이민자의 한국어 오류 연구. 학습자중심교과교육연구, 18(21), 625-642.

주월랑(2018b). 여성결혼이민자의 어휘 사용 연구—복잡성 측정을 중심으로—. 언어와 문화, 14(3), 223-248

주현숙(2013). 한일다문화 가정의 이중언어 사용실태, 일본어문학, 1(60), 179-201.

진정희(2015). 학교 내 소수자로서 탈북학생의 어려움과 대응, 교육비평, 36, 65-84.

최대희(2014). 중도입국자녀 정체성 연구를 위한 일고찰, 다문화와 평화, 3(2), 133-165.

최명선, 최태산, 강지희(2006). 탈북 아동·청소년의 심리적 특성과 상담전략 모색. 놀이치료연구, 9(3), 23-34.

최승은(2015). 상호문화교육의 관점에서 본 초등교사의 음악교육 경험에 관한 연구, 인하대학교 박사학위논문.

최정호(2011). 탈북 청소년의 학교생활 부적응에 대한 질적 연구, 인하대학교 석사학위논문.

최진영(2011). 봉사-학습으로서 초등예비교사의 다문화 가정 학생 멘토링 경험의 효과, 한국교원교육연구, 28(4), 237-263.

최현(2007). 한국인의 다문화 시티즌십: 다문화 의식을 중심으로, 시민사회와 NGO, 5(2), 142-227.

최현덕 (2009). 경계와 상호문화성: 상호문화 철학의 기본 과제, 코기토, 1(66), 301-329.

최혜정(2014). 다문화 가정 아동의 이중언어 경험에 관한 연구, 학교사회복지, 27, 83-107.

최홍렬(2017). 여성결혼이민자의 경어법 교육에 대한 일고찰, 다문화콘텐츠연구, 24, 343-375.

최희, 김영순, 윤현희(2016). 탈북학부모의 학교교육 참여활동에 관한 정책연구학교 교사의 경험. 열린교육연구, 24(1), 1-21.

태진미, 박양숙(2013). 스토리텔링 교육연극 기반 STEAM교육이 초등학생들의 과학적 태도에 미치는 효과, 창의력교육연구, 3(1), 31-53.
통일부(2019). 북한이탈주민정책 통계자료. 통일부.
한국교육개발원(2017). 탈북학생 지도교사용 매뉴얼 함께 만들어요! 하나된 세상, 연구자료 CRM 2017-25.
한국다문화교육연구학회(2014). 다문화교육 용어사전, 교육과학사.
한국다문화교육연구회(2014). 다문화교육 용어사전, 한국다문화교육연구학회, 서울: 교육과학사.
한국여성정책연구원(2015). 전국다문화가족실태조사 분석, 여성가족부: 한국여성정책연구원.
한규용(2010). 다문화시대 이중언어교육을 위한 교육연극. 한국연극학, 40, 452-502.
한민주(2004). 캐나다 퀘벡의 언어정책. 불어불문학연구, 59: 355-376.
한선영, 윤여상, 김현아(2007). 북한이탈주민의 외상 후 스트레스 증상 척도개발 및 타당화 연구, 한국 심리학회지: 상담 및 심리치료, 19(3), 693-718.
한정우(2014). 멘토링 프로그램을 통한 대학생의 타문화 이해: 질적 방법을 통한 접근, 청소년학연구, 21(12), 447-468.
한현우, 이병준(2011). 다문화 역량 측정도구 개발 연구. 문화예술교육연구, 6(2), 63-82.
행정안전부(2017). 지방자치단체 외국인주민현황 분석결과, 행정안전부.
행정안전부(2018). 2017년 지방자치단체 외국인주민 현황, 행정안전부.
허영식, 정창화(2009). 다문화 사회에서 간문화교육의 현장착근방안: 유럽과 독일의 동향을 중심으로, 한독사회과학논총, 19(3), 31-58.
홍승아(2013). 가족 관점에서 본 북한이탈여성의 정착과제–자녀양육을 중심으로, 통일문제연구, 25(2), 173-205.
홍영숙(2007). 다문화 가정이 봉착하는 자녀 교육의 문제와 시사점, 석사학위논문, 광주교육대학교, 광주.
황민철(2016). 결혼이주여성의 한국어 능력 영향 요인에 대한 연구. 다문화콘텐츠연구, 21, 43-81.

황은하(2000). 한국어 학습자의 반복 현상 연구—모어 화자와 학습자의 담화에서 반복의 기능을 중심으로—, 국제한국어교육학회 10차 국제학술회의 발표자료집, 175-180.
황진영(2012). 한국 다문화 사회의 이중언어 교육연구, 전남대학교 박사학위논문.

Abdallah-Pretceille, M. (1999). Diagonales de la communickation interkulturelle, Anthropos Research & Publications.
Abdalldh-Pretceille, M. (2004). L'education interculturelle. 장한업 역(2010), 유럽의 상호문화 교육. 서울: 한울아카데미.
Allemann-Ghionda, C. (1999). Schule, Bildung und Pluralität: Sechs Fallstudien im europäischen Vergleic. Bern.
Antor, H. (2006). Multikulturalismus, Interkulturalitaet and Transkulturalitaet: Perspektiven fuer interdisziplinaere Forschung und Lehre. In Inter-und Transkulturelle Studien. Theoretische Grundlagen und interdisziplinaere Praxis, ed. Heinz Antor, Heidelberg: Universitaetsverlag Winter.
Appiah, K. A. (1994). Identity, Authencity, Survival: Multicultural Societies and Social Reproduction. In Multiculturalism: Examining the politics of Recognition, ed. Amy Gutsman, Princeton: Princeton University Press.
Auernheimer, G. (2003). Einführung in die interkulturelle Erziehung. 3. neu bearbeitete u, erweiterte Auflage, Darmstadt: Wissenschaftliche Buchgesellschaft(1995).
Banks, J. A. (2014). An Introduction to Multicultural Education. 모경환, 최충옥, 김명정, 임정수 공역(2016). 다문화교육 입문. 서울: 아카데미프레스.
Bennett, C. I. (2001). Genres of Research in Multicultural Education. Review of Educational Research, 72(2), 171-217.
Bennett, C. I. (2003). Comprehensive multicultural education: Theory and practice(5th ed.). Boston, MA: Allyn and Bacon.

Bennett, C. I. (2007). Comprehensive Multicultural Education: Theory and Practice (6th ed.). 김옥순, 김진호, 신인순, 안선영, 이경화, 이채식, 전성민, 조아미, 최상호, 최순종 공역(2010), 다문화교육: 이론과 실제. 서울: 학지사.

Bhawuk, D. P. S. (1990). Cross-cultural Orientation Program. In R. Brislin(Eds.). Applied Cross-cultural Psychology. Newbury Park, CA: Sage.

BKJ, BMBF, OECD, European Commission(2003), Developing Competencies in Cultural Education.

Bowell, P. & Heap, B. S. (2010), Drama is not a dirty word: past achievements, present concerns, alternative futures, Research in Drama Education: The Journal of Applied Theatre and Performance, 15(4), 579-592.

Brophy, J. and A. Janet (2007). Powerful Social Studies. CA: Thomson Wadworth.

Brown, H. D. (2000). Principles of language learning and teaching(5th ed.). 이홍수 외 역(2007), 외국어 학습 · 교수의 원리. 서울: 교보문고.

Byram, M. (1997). Teaching and Assessing Intercultural Communicative Competence. Clevedon: Multilingual Matters.

Campbell, D. E. (2010). Choosing democracy. 김영순 외 역(2012), 민주주의와 다문화교육. 서울: 교육과학사.

Carlo, M. de. (1998). L'interculturel. 장한업 역(2011), 상호문화 이해하기: 개념과 활용. 파주: 한울.

Chen, G. & Starosta, W. (1999). A Review of the Concept of Intercultural Awareness. Human Communication, 2. 27-54.

Chiswick, B. R. & Miller, P. W. (2001). A model of destination-language acquisition: Application to male immigrants in Canada. Demography, 38(3), 391-409.

Claude Levi-Strauss (1955). Tristes tropiques. 박옥줄 역(1998), 슬픈 열대.

서울: 한길사.

Cole, D. J. (1984). Multicultural education and global education: a possible merger, Theory into Practice, 23, 151-154.

Dauber, H. (1998). Die Kehrseite der Entwicklungsmedaille: Beziehungsmuster der Verwicklung. In ders. u. a., Das Projekt war doch ein Erfolg: Schulen im interkulturellen Dialog (pp. 63-84). Ein medienpädagogisches Forchungs-und Kooperationsprojekt zwischen Deutschland und Zimbabwe. Die Geschichte einer Begegnung 1991-1996, Frankfurt.

Deardorff, D. (2004). Intercultural Competence Model. In The Identification and Assessment of Intercultural Competence as a Student Outcome of Internationalization, Raleigh NC: North Carolina State University.

Deardorff, D. (2006). The Identification and Assessment of Intercultural Competence as a Student Outcome of Internationalization at Institutions of Higher Education in the United States. Journal of Studies in International Education. 10. 241-266.

Deardorff, D. (2009). The SAGE Handbook of Intercultural Competence, CA: SAGE Publications, Inc.

Deutsche Shell(Hg.) (2006). Jugend 2006. Eine pragmatische Generation, unter Druck, Frankfurt am Main.

Dewey, J. (1916). Democracy and dducation. Illinois: South Illinois Univ Pr. 김성숙, 이귀학 역(2008), 민주주의와 교육/철학의 개조. 서울: 동서문화사.

Dörnyei, Z.(1995). On the teachability of communication strategies. TESOL Quarterly, 29, 55-84.

Emin, J. C.(2003). Proposal for a strategy to access adults' competencies. In D. S. Rychen, L. H. Salganik, & M. E. McLaughlin (Eds.), Selected contributions to the 2nd DeSeCo symposium. Neuchatel, Switzerland: Swiss Federal Statistical Office.

Essinger, H and Graf, J. (1984). "Interkulturelle Erziehung als

Friedenserziehung'. In Erziehung in der multikulturellen Gesellschaft, Batmannweiler.

Fantini, A. (2000). A central concern: Developing intercultural competence. In About Our Institution, SIT Occasional Papers Series, Inaugural Issue, 25-33.

Fantini, A. (2006). Exploring and Assessing Intercultural Competence, St. Louis: Washington University Press.

Gass, S. M., & Selinker, L. (2008). Second language acquisition: An introductory course (3rd ed.). New York, NY: Routledge.

Gollnick, D. & Chinn, P.(2002). Multicultural Education in a Pluralistic Society. NY: Macmillan.

Grant, C. A. & Sleeter, C. E. (2011). Doing multicultural education for achievement and equity(2 ed.), London: Routledge.

Habermas, J. (1992). Citizenship and national identity: some reflections on the future of Europe. Citizenship: Critical Concepts, 2, 341-358.

Hicks, D.(1993). Thirty years of global education: a reminder of key principles and precedents, Educational Review, 55(3), 265-275.

Hirst , P. H.(1993). Education, knowledge and practices. in R. Barrow and P. White(eds.). Beyond liberal education: essays in honour of P. H. H irst. London: Routledge & Kegan Paul.

Hoff, E. (2005). Language development, 3rd Ed., Belmont. CA: Thomson Wordsworth.

Holzbrecher, A. (2004). Interkulturelle Pädagogik. 정기섭, 오영훈, 김영순, 이문기, 변경원 공역(2014), 상호문화교육의 이해: 교사를 위한 교수-학습 방법, 성남: 북코리아.

Howe, K.(2000). Liberal Democracy, Equal Educational Opportunity, and the Challenge of Multiculturalism. J. Noel, Notable Selections in Multicultural Education, 30-46. NewYork: McGraw-Hill.

Jnhnson, D. W. & Johnson, R. T. (2002). Multicultural Education and

Human Relations. 김영순, 이미정, 강현미, 김선미, 신승연, 김민영, 심옥령, 김민정, 안준상, 강성아, 황인수, 문현진 공역(2010), 다문화교육과 인간관계. 파주: 교육과학사.

Johnson D. W, Johnson R. T. & Holubec. E. J. (1998). Cooperation in the classroom (6th ed). Edina, MN: Interction Book Company.

Johnson, D. W. & Johnson, R. T. (1989). Cooperation and competition: theory and research. Edin, MNnterction Book Company.

Johnson, D. W. & Johnson, R. T. (1992). Approaches to Implementing Cooperative Learning in Studies Classroom, An Invitation to Social Studies, edited by Robert J. Stahl & Ronald L. Van Sickle, Washington, D. C.: National Council for the Social Studies, 44-51.

Johnson, D. W., & Johnson, F. P. (2009). Joining together : group theory and group skills. 10th ed. Upper Saddle River, N. J.: Pearson Education.

Johnson, D. W., Johnson, R. T. & Smith, K. (1998). Active learning: Cooperation in the collegeclassroom(2nd ed.). Edina, MN: Interaction Book Company.

Johnson, R. T., & Johnson, D. W. (1989). Cooperation and competition: Theory and research. Edina, MN: Interaction Book.

Kiesel, D. (1996). Das Dilemma der Differenz. Zur Kritik des Kulturalismus in der Interkulturellen Pädagogik, Frankfrut/M.

Knauth, Thorsten(2005). Religionsunterricht und Kontextualität. Der Beitrag des problemorientierten Ansatzes, in: U. Günther u. a. (Hg.), Theologie-Pädagogik-Kontext. Zukunftsperspektiven der Religionspädagogik. Münster u. a.

Knauth, Thorsten(2008). Lieber gemeinsam als getrennt, in: 「Dialogischer Religionsunterricht in Hamburg」 (Wolfram Weiße(Hg.)), Münster/New York/München/Berlin, Waxmann.)

Koppleman, K. and Goodhart, R.(2005). Understanding Human

Differences: Multicultural Education for a Diverse America. Boston: Allyn & Bacon.

Koppleman, K. and Goodhart, R., (2005). Understanding Human Differences: Multicultural Education for a Diverse America. Boston: Ally & Bacon.

Kymlica, W. (1995). Multicultural citizenship, Clarendon: a liberal theory of minority rights, NY: Oxford.

Kymlicka, W. (2002). Contemporary Political Philosophy(2nd ed.), Oxford: Oxford University Press.

Levelt. W. J. M. (1989). Speaking: From intention to articulation. Cambridge, MA: MIT Press.

MacIntyre, Alasdair(1988). Whose Justice? Which Rationality? Notre Dame: University of Notre Dame Press.

Mall, R. A. (1999). Toward a Theory and Practice of an 'Analogous' Intercultural Hermeneutics. In Chinese Thought in Global Context, ed. K. H. Pohl, Leiden·Boston·Köln: Brill.

Manning, M. L. & Baruth, L.(2004). Multicultural Education of Children and Adolescents. San Francisco: Pearson.

Martiniello, M. (1997). Sortir des Ghettos Culturels. 윤진 역(2002), 현대사회와 다문화주의. 파주: 한울 아카데미.

Martinovic, B., van Tubergen, F., & Mass, I. (2009). Dynamics of interethnic contact: A panel study of immigrants in the Netherlands. European Sociological Review, 25(3), 303-18.

Maxim, G.(2006). Dynamic Social Studies for Constructivist Classroom. NJ: Merrill Prentice Hall.

McCaslin, N. (2006). Creative Drama in the Classroom and Beyound(8ed.). NY: Pearson.

McCollough, M. and Bharadwaj, S. (1992). The recovery paradox: an examination ofconsumer satisfaction in relation to disconfirmation, service quality, andattribution based theories", in Allen, C. and Madden, T. (Eds), Marketingtheory and Applications, American Marketing Association, Chicago, IL.

Merryfield, M. & Wilson, A.(2005). Social Studies and the World: Teaching Global Perspectives, national council for the Social Studies, Siver Spring, MD.

Nieto, S., (2010). Language, Culture, and Teaching Critical Perspectives (2nd. ed.), Taylor &Francis.

Okin, S. M. et al. (1999). Is Multiculturalism Bad for Women?, Princeton: Princeton University Press.

Paige, R. M. et al. (1999). Culture Learning in Language Education, A Review of the Literature, CARLA.

Pommerin-Goetze, G.(2001). Interkulturelles Lernen. In: Helbig, Gerhard/ Goetze, Lutz Henrich, Gert/Krumm, Hans-Juergen(H. g.) Deutsch als Fremdsprache. Ein internationales Handbuch. 2. Band, Berlin/ New York, 973-985.

Portera, A. (2005). Interkulturelle Pädagogik und Erziehung in Europa. In Vierteljahrsschrift für wissenschaftliche Pägagogik, 81. 181-292.

Proctor, R.E.(1988). Education's Great Amnesia, Bloomington and Indiannapolis: Indiana University Press.

Quigley, N. & Bahmueller, C.(eds.)(1991). CIVITAS: A Framework for Civic Education, NCSS Publications.

Rawls, J., (1971). A Theory of Justice, Cambridge, Mass.: Harvard Univ. Press, 황경식 역(2013), 사회정의론, 서문사.

Rogers, P.(1992). Education for international responsiblities of citizenship, in E. B. JOnes & N. Jones(ed), Education for citizenship, Kogan Page.

Roth, H-J. (2002). Kultur und Kommunikation. Systematische und theoriegeschichtliche Umrisse Interkultureller Pädagogik, Opladen.

Rychen, D. S., Salganik, L. H. (Ed.)(2003). Key Competencies for a sucessful life and well-functioning society. Cambridge.

Sandt, F. O.(1996). 「Religiösität von Jugendlichen in der multikulturellen Gesellschaft」. Münster u. a.

Schulte, D(2000). Interkulturelle Erziehung. Manuskript.

Selinker, L.(1972). Interlanguage. Review of Applied Linguistics. 10(3), 209-231.

Skutnabb-Kangas, T. & Phillipson, R. (1989). 'Mother tongue': the theoretical and sociopolitical construction of a concept. In Status and function of Languages and language varieties, Ulrich Ammon (Ed.), Berlin/ New York: de Gruyter, 450-477.

Slavin, R. E. (1995). Cooperative learning: Theory, research, and practice. 2nd ed. Boston : Allyn and Bacon.

Smith, S. J.(1989). Society, Space and Citizenship: A Human Geography for the 'New Times?', Transactions of the Institute of British Geographers, 14(2), 144-156.

Song, K. S.(1993). An Interactional Sociolinguistic Analyses of Argument Strategies in Conversation Discourse: Negotiating Disagreement and Conflict. Ph. D. Dissertation, Georgetown University, Washington.

Spencer, L. M., Spencer, S. M.(1993). Competence at work: Models for superior performance. Massachusetts: John Wiley & Sons, Inc.

Spolsky, B. (1998) Sociolinguistics. Oxford: Oxford University Press.

Stewig, J. W. & Buege, C., (1994). Dramatizing Literature in Whole Language Classroom. 황정현 역(2004), 총체적 언어교육을 위한 교육연극. 서울: 평민사.

Strauss, A., & Corbin, J. (1998). Basics of qualitative research: technique and procedures for developing grounded theory. New York: SAGE Publications, Inc.

Tannen, D. (1989). Talking Voices: Repetition, Dialogue, and Imagery in Conversational Discourse. Cambridge: Cambridge University Press.

Thomas, A. (2003). Interkulturelle Kompetenz. Grundlagen, Probleme und Konzepte. In Erwägen. Wissen. Ethik, 14(1), 137-150

Tilbury, D. (2002). Active Citizenship: Empowering People as Cultural Agents Through Geography, in Gerber, R. and Williams, M.(ed.). Geography, Culture, and Education, Boston: Kluwer Academic Publishers, 105-113.

Tyler, L. (1990). The relationship between sentential context and sensory input: Comments on Connine's and Samuel's chapters. In G. Altman(Ed.). Cognitive models of speech processing: Psycholinguistic and computational perspectives (pp315-323). Cambridge. MA: MIT Press.

Walzer, M., (1998). Spheres of Justice: A Defense of Pluralism and Equality. Basic Books, 정원섭 역(1999). 정의와 다원적 평등. 서울: 철학과 현실사.

Wessels, C. (1987). Drama. London: Oxford. 최용훈 역(2008), EFL 수업에서의 연극 활용 영어교수법. 서울: 종합출판 EnG.

Wiemann, J. M. (1977). Explication and test of a model of communicative competence. Human Communication Research, 3, 195-213,nship and Capitalism: The Debate over Reformism, Allen & Unwin Pty. Limited.

| 찾아보기 |

김영순(金永洵)
독일 베를린자유대학교 철학 박사
인하대학교 다문화융합연구소 소장
1장, 2장 집필 / 5장, 12장 공동 집필

김선정(金善貞)
영국 런던 SOAS대학교 언어학 박사
계명대학교 한국문화정보학과 교수
6장, 10장 집필

오영훈(吳榮勳)
독일 레겐스부룩대학교 언어학 박사
인하대학교 교육대학원 강의교수
3장, 4장 집필

이미정(李美貞)
인하대학교 문학박사
인하대학교 교육연구소 연구교수
7장, 8장 집필

김창아(金昶我)
인하대학교 다문화교육학 박사
인하대학교 다문화융합연구소 외래연구원
9장 집필 / 10장 공동 집필

김기화(金基華)
인하대학교 아동복지학 박사
인하대학교 교육대학원 강의교수
5장 집필

박미숙(朴美淑)
인하대학교 다문화교육학 박사
인하대학교 다문화융합연구소 연구교수
13장 집필

윤현희(尹賢姬)
인하대학교 다문화교육학 박사
한국교육개발원 연구위원
11장, 12장 집필

아산재단연구총서

001 전환기의 중국경제
김윤환 외 | 단국대 경제학과

002 폴란드 경제의 변천 개혁과 그 전망
김광수 | 숭실대 경제학과

003 재소한인
이광규 외 | 서울대 인류학과

004 소련산림과 임업
홍성천 외 | 경북대 임학과

005 아세안의 정치경제
김국진 외 | 외교안보연구원

006 태국의 사회변동과 경제발전
최석만 외 | 전남대 사회학과

007 중국의 사회경제 통계분석
신한풍 외 | 고려대 통계학과

008 중국의 정치와 경제
박두복 외 | 외교안보연구원

009 동유럽의 개혁과 시장경제의 도입
허만 외 | 부산대 사범대학

010 동유럽의 개혁운동
박영신 | 연세대 사회학과

011 현대 러시아 연구
기연수 외 | 한국외대 노어과

012 전략적 선택과 기업의 국제경쟁력
이장호 | 서강대 경영대학

013 협동사회의 정착과 정부의 역할
이종범 외 | 고려대 행정학과

014 한국 제조기업 생산성의 동적 분석
노부호 외 | 중앙대 경영대학

015 분배의 정의
변형윤 외 | 서울대 경제학과

016 도덕적 행동의 강화
이훈구 외 | 연세대 심리학과

017 관료부패와 통제
김해동 외 | 서울대 행정대학원

018 한국경제의 내실 있는 성장
정창영 외 | 연세대 경제학과

019 한국국민정신운동의 역사와 발전방향
박수명 외 | 부산대 사범대학

020 한국대학생의 가치성향과 상담효과
이영희 외 | 숙명여대 교육학과

021 가출청소년과 학교관리체제
안창규 외 | 부산대 교육학과

022 동북아 정세변화와 한 · 일관계
한승조 외 | 고려대 정치외교학과

023 언론과 부정부패
정대철 외 | 한양대 신문방송학과

024 한국의 고등학교 교육
이원호 외 | 부산대 교육학과

025 가족과 방송
김학수 외 | 서강대 신문방송학과

026 재정개혁의 전망과 재산세제의 개편과제
오연천 | 서울대 행정대학원

027 청소년을 위한 전자게임 프로그램의 규제 및 평가체계 개발
박혜원 외 | 울산대 가정관리학과

028 정신장애자 가족의 사회심리적 특성
이근후 외 | 이화여대 의과대학

029 가족의 관계역동성과 문제인식
이광규 외 | 서울대 인류학과

030 현대인과 한국전통음식
승정자 | 숙명여대 식품영양학과

031 기업의 초고속정보통신망활용
안중호 | 서울대 경영학과

032 지역발전을 위한 교육자치제의 개선방안
김남순 | 조선대 사범대학

033 전환기의 공무원 가치관
조경호 | 울산대 행정학과

034 지방자치와 사회복지의 과제
김영모 | 중앙대 사회복지학과

035 WTO체제하의 지방중소기업 지원정책
최명주 외 | 계명대 통상학부

036 현대한국의 시민운동
이효선 | 중앙대 사회학과

037 기업 세계화의 단계 및 정도의 측정
허영도 외 | 울산대 경영학과

038 가족복지를 위한 가족주치의 시범사업의 효과
이혜리 외 | 연세대 가정의학교실

039 한국대학생의 삶의 만족도
김재은 외 | 이화여대 교육심리학과

040 지역경제와 지역산업구조의 개편방향
정기화 외 | 전남대 경제학부

041 중국기업의 소유형태별 경영특성
노철화 외 | 부산대 무역학과

042 남북한의 인성 · 사상교육
한승조 외 | 고려대 정치외교학과

043 연계적 뇌기능 조언을 위한 의료용 멀티미디어 시스템의 설계
유선국 | 연세대 의용공학교실

044 다민족국가의 민족문제와 한인사회
최협 외 | 전남대 인류학과

045 저소득층지역 청소년 여가문화와 소집단 활성화
박문수 외 | 서강대 사회학과

046 삶의 질의 국제비교와 지역간 비교분석
이재기 외 | 울산대 경제학과

047 21세기 지역주민의 삶의 질
양종회 외 | 성균관대 사회학과

048 삶의 질에 대한 국가간 비교
조명한 외 | 서울대 심리학과

049 외국인 노동자의 노사관계와 사회적 적응
석현호 외 | 성균관대 사회학과

050 한국의 사법제도와 발전 모델
정종섭 | 건국대 법학과

051 고령화사회와 중상층 노인의 사회활동
조성남 외 | 이화여대 사회학과

052 한국의 서비스 시장 개방정책
한홍렬 | 한양대 경제학부

053 한국과 AFTA간의 교역증진 및 경제 협력방안
손일태 외 | 경희대 경제통상학부

054 물류비 절감을 위한 무역업체의 정보화전략
이영수 외 | 경북대 경제통상학부

055 사회주의 체제전환과 사회정책
오정수 외 | 충남대 사회복지학과

056 남북통일 이후 농업생산체계 개편
홍성규 외 | 건국대 농업경제학과

057 국제화와 세계화
하영선 외 | 서울대 외교학과

058 IMF 개혁정책의 평가와 한국경제의 신(新) 패러다임
조동근 | 명지대 경제학과

059 구조개혁과 실업대책
박동운 | 단국대 경제무역학부

060 21세기 신노사관계
심윤종 외 | 성균관대 사회학과

061 학교에서의 집단 따돌림
이춘재 외 | 가톨릭대 심리학과

062 한국노인의 정신건강실태와 건강증진
조맹제 외 | 서울대 의과대학

063 혁명과 개혁 속의 중국 농민
김광억 | 서울대 인류학과

064 중국의 경제환경과 한국기업의 진출 전략
지용희 외 | 서강대 경영학과

065 김대중 대통령의 시스템 사고
김동환 | 중앙대 공공정책학부

066 실업과 가족해체
최일섭 외 | 서울대 사회복지학과

067 합리적 부채비율 조정방안
오상근 | 동아대 경제학과

068 한국 중산층의 생활문화
문숙재 외 | 이화여대 소비자 · 인간발달학과

069 계층간 갈등상태에서 최적소득세
김진욱 | 건국대 경상학부

070 글로벌 경쟁력 제고를 위한 기업전략과 조직구축
이만우 외 | 고려대 경영학과

071 의료보험과 국민연금의 관리효율화를 위한 통합방안
사공진 외 | 한양대 경제학부

072 정부개혁의 과제와 전략
박우서 외 | 연세대 행정학과

073 책임운영기관 제도에 관한 비교분석
김근세 | 가톨릭대 행정학과

074 새로운 패러다임하에서의 한국기업의 바람직한 지배구조
최운열 외 | 서강대 경영학과

075 현대 한국사회의 계층구조
양춘 외 | 고려대 사회학과

076 한국의 산업정책과 산업구조조정
강인수 | 숙명여대 경제학부

077 기업구조조정
김석진 | 경북대 경영학부

078 지식경영을 위한 인적자원 개발 및 관리체계
장영철 | 경희대 경영학부

079 뉴 비즈니스 모델
전성현 | 국민대 정보관리학부

080 중산층의 정체성과 소비문화
함인희 외 | 이화여대 사회학과

081 외국관광객 유치를 위한 마케팅 전략
박상규 | 강원대 경영학과

082 한국인의 세대별 문학의식
이동순 | 영남대 국문과

083 공공부문의 효율성 평가와 측정
김재홍 외 | 울산대 사회과학부

084 한국 청소년의 정치의식과 형성요인
김광웅 외 | 숙명여대 아동복지학과

085 한국 대학생의 정치의식
배한동 | 경북대 윤리교육과

086 산업의 정보화와 산업발전
이기동 | 계명대 통상학부

087 한국 제조업의 고용조정 분석
이종원 외 | 성균관대 경제학부

088 지식자산에 대한 경영전략적 평가모형 개발
배재학 외 | 울산대 컴퓨터 · 정보통신공학부

089 관광사업을 위한 한국적 이미지의 휴식복 개발
채금석 | 숙명여대 의류학과

090 한국 정치제도의 개혁
신정현 | 경희대 사회과학부

091 e비즈니스와 아웃소싱 전략
정승화 외 | 연세대 경영학과

092 집단 따돌림의 진단 및 치료방안
홍준표 | 중앙대 인간생활환경학과

093 16대 총선과 낙선운동
조기숙 | 이화여대 국제대학원

094 부동층 유권자 행태 분석
진영재 | 연세대 정치외교학과

095 사이버 공동체의 성공요인
이재관 | 숭실대 경영학부

096 온라인 소비자 행동의 이론과 실증
윤성준 | 경기대 경영학부

144 중등 도덕교육의 현실과 문제
손동현 외 | 성균관대 철학과

145 사이버공동체 발전론
이명식 | 상명대 경영학과

146 남북경협 확대에 대비한 북한 담보제도의 정비방안
박훤일 | 경희대 법과대학

147 한국 공무원 인사제도 개혁
김판석 | 연세대 행정학과

148 교사화법 교육
임칠성 외 | 전남대 국어교육과

149 세계화의 문화정치학
임혁백 외 | 고려대 정치외교학과

150 효과적인 e-SCM을 위한 의사결정조정 시스템 모형
이원준 | 성균관대 경영학부

151 환경거버넌스
김종순 외 | 건국대 행정학과

152 자동차산업의 인적자원관리
이덕로 | 서원대 경영학부

153 한국과 영국 간 지식기반산업 비교
이명호 | 한국외대 경영학과

154 한국 벤처기업의 기술네트워킹 및 기술마케팅 전략
장영일 | 인제대 경영학부

155 회사변호사의 윤리
오승종 | 성균관대 법과대학

156 미디어교육론
이정춘 | 중앙대 신문방송학과

157 조선시대 서원과 양반
윤희면 | 전남대 역사교육과

158 환경문제와 철학
박찬국 | 서울대 철학과

159 노인보건복지 이론과 실제
김명 외 | 이화여대 보건교육학과

160 북한의 법체계
권재열 외 | 숭실대 법학과

161 생명공학기술의 안전성 확보에 관한 법적 고찰
이재협 | 경희대 법학부

162 청소년복지학
김성이 외 | 이화여대 사회복지학과

163 변화하는 세계, 변화하는 복지국가
조영훈 | 동의대 사회복지학과

164 의리의 윤리와 한국의 유교문화
김낙진 | 진주교대 도덕교육과

165 미국의 통상정책과 통상법
윤충원 | 전북대 무역학과

166 사회복지 프로그램 평가
김학주 | 경상대 사회복지학과

167 환경주의와 지속가능한 발전
정대연 | 제주대 사회학과

168 무역과 환경
김기흥 외 | 경기대 경제학부

169 산업계 유해폐기물의 위험과 관리
김금수 | 호서대 경상학부

170 백범 김구의 지적 계발과정 탐색
문용린 | 서울대 교육학과

171 태평양전쟁 발발 이후 일제의 인적 지배와 그리스도교계의 대응
윤선자 | 전남대 사학과

172 거버넌스 상황에서 갈등관리를 위한 대체적 분쟁해결제도
서순복 | 광주대 법정학부

173 시장경제의 유형과 민주주의
최배근 | 건국대 경상학부

174 일본고전소설 총론
김현정 | 국립한국전통문화학교

175 국어 교육을 위한 국어 문법론
이관규 | 홍익대 국어교육과

176 율곡의 군주론
전세영 | 부산교대 윤리교육과

177 동북아시아 환경협력
정서용 | 명지대 법학과

178 기후변화협약과 기후정책
신의순 외 | 연세대 경제학과

179 인터넷과 국제 학술정보 네트워크-하이퍼링크 분석
박한우 | 영남대 언론정보학과

180 국내 기업복지의 활성화 방안
최수찬 | 연세대 사회복지대학원

181 세계화와 인간안보
김우상 외 | 연세대 정치외교학과

182 세계문화유산 종묘 이야기
지두환 | 국민대 국사학과

183 한국 평생교육의 사회철학적 과제
곽삼근 | 이화여대 교육학과

184 강점모델
정순둘 | 이화여대 사회복지학과

185 글로벌시대의 계약법
박영복 | 한국외대 법과대학

186 배심제와 시민의 사법참여
안경환 | 서울대 법학과

187 동북아공동체
김재한 | 한림대 정치외교학과

188 정치 참여와 탈물질주의
김욱 | 배재대 정치외교학과

189 퍼지전문가회로망을 이용한 금융기관의 사이버 기업여신결정 지원시스템의 개발
권혁대 | 목원대 경영학과

190 환경정책과 환경법
송인성 | 전남대 지역개발학과

191 포스트모던 시대의 평생교육학
한숭희 | 서울대 교육학과

192 현대 한국인의 세대경험과 문화
박길성 외 | 고려대 사회학과

193 서구의 근로연계복지
김종일 | 건국대 사회복지학과

194 사회복지운동론
현외성 | 경남대 사회복지학과

195 외국의 역모기지 사례
유선종 | 건국대 부동산학과

196 옛이야기와 어린이문학
이지호 | 진주교대 국어교육학과

197 노인사회복지관광의 정책과제와 방안
김창수 | 경기대 관광학부

198 복지서비스의 민간위탁 시스템 분석
김순양 | 영남대 행정학부

199 새로운 빈곤층의 대두와 정부의 정책과제
김진욱 | 건국대 경제학과

200 문화행정론
김정수 | 한양대 행정학과

201 스칸디나비아 노인용 코하우징의 계획과 적용
최정신 외 | 가톨릭대 생활과학부

202 북한의 자연생태계
공우석 | 경희대 지리학과

203 통계로 이해하는 러시아
전홍찬 | 부산대 정치외교학과

204 사회복지법인의 경영과 회계
이동규 | 충남대 회계학과

205 의약분업 정책과정
차흥봉 | 한림대 사회복지학과

206 지역공동체와 평생교육
오혁진 | 동의대 평생교육학부

207 아동보호서비스의 실제
한미현 | 백석대 사회복지학부

208 그린마케팅
박재기 | 충남대 경영학부

209 아동권리와 아동복지
이혜원 | 성공회대 사회복지학과

210 국제 이주와 인도인 디아스포라
김경학 | 전남대 인류학과

211 질병과 의료의 사회학
조병희 | 서울대 보건대학원

212 북한이탈주민의 사회통합을 위한 지역복지실천의 모색
이기영 | 부산대 사회복지학과

213 치매노인케어론
조유향 | 초당대 간호학과

214 노인상담입문
서혜경 외 | 한림대 대학원 사회복지학과

215 '통일 이후 통일과정'으로서의 독일 통일영화
이준서 | 이화여대 독어독문학과

216 중국의 사회보장
오정수 | 충남대 사회복지학과

217 환경자원의 경제적 가치와 환경오염의 사회적 비용
김재홍 | 울산대 사회과학부

218 사회복지프로그램의 경제적 평가방법
박창제 외 | 상주대 사회복지학과

219 자유의지와 결정론
안건훈 | 강원대 철학과

220 심리학자들이 쓴 행복한 결혼의 심리학
채규만 외 | 성신여대 심리학과

221 현대 해석학 강의
양해림 | 충남대 철학과

222 한국인의 주거 빈곤과 공공주택
하성규 | 중앙대 도시및지역계획학과

223 IMF 경제위기와 한국 출산력의 변화
김두섭 | 한양대 사회학과

224 동아시아의 영토분쟁과 국제법
이석우 | 인하대 법학부

225 독일 복지국가와 사회복지서비스
정재훈 | 서울여대 사회사업학과

226 사회복지사를 위한 실용 비모수통계
엄명용 | 성균관대 사회복지학과

227 피해자학 연구
이윤호 | 동국대 경찰행정학과

228 광고언어창작론
박영준 외 | 부경대 국어국문학과

229 환경규제 패러다임의 전환
한철 | 한남대 법학과

230 고령사회의 노동환경변화와 고용 시스템의 문제점 및 법적 대응
고준기 | 국립군산대 법학과

231 세계화와 소득불평등
이성균 외 | 울산대 사회과학부

232 유비쿼터스 사회의 이해
안중호 외 | 서울대 경영학과

233 국제환경책임법론
박병도 | 건국대 법학과

234 한국의 선거와 민주주의
윤종빈 | 명지대 정치외교학과

235 한국 시민운동의 구조와 동학
조대엽 외 | 고려대 사회학과

236 또래관계
송영혜 | 대구대 재활심리학과

237 해외 한국기업과 현지인 노동자
석현호 외 | 에스코이아학술문화재단

238 독일 국가복지에서 민간복지단체의 역할과 의미
차성환 외 | 한일장신대 사회복지학부

239 청정공학
조정호 | 동양대 생명화학공학과

240 한국전통연희론
심상교 | 부산교육대 국어교육학과

241 정신장애와 가족
서미경 | 경상대 사회복지학부

242 빈곤통계의 작성과 활용
김주환 | 동국대 정보통계학과

243 인터넷과 한국정치
강원택 | 숭실대 정치외교학과

244 북한의 시장경제이행
정영화 외 | 서경대 법학과

245 시스템사고로 본 지속가능한 도시
문태훈 | 중앙대 도시및지역계획학과

246 실버산업과 유비쿼터스 컴퓨팅
고일상 | 전남대 경영학부

247 재활상담과 사례관리
나운환 | 대구대 직업재활학과

248 영유아교육기관에서의 장애 이해 교육
유수옥 | 우석대 유아특수교육과

249 장애의 사회적 의미와 사회통합
박수경 | 대진대 사회복지학과

250 경제분석의 수리적 기초
조인성 | 공주대 경제통상학부

251 비영리부문의 비교연구
김승현 | 서울산업대 행정학과

252 고등교육경제학
반상진 | 전북대 교육학과

253 과학윤리교육의 이론과 방법
조희형 | 강원대 과학교육학부

254 결혼이민자가족의 이해
김오남 | 대불대 사회복지학과

255 동아시아 국가의 공공부조
신동면 | 경희대 사회과학부

256 특수아동 진단 및 평가
이나미 | 대불대 특수교육과

257 계약형 사회복지와 권리옹호시스템
이명현 | 경북대 상주캠퍼스 사회복지학과

258 실내공기질 및 위해성 관리
양원호 | 대구가톨릭대 산업보건학과

259 충남 방언 문법
한영목 | 충남대 국어국문학과

260 교육권론
노기호 | 군산대 법학과

261 도시경관계획론
임승빈 | 서울대 조경 · 지역시스템공학부

262 교통의 새로운 패러다임
김형철 | 경원대 도시계획 · 조경학부

263 노인의 삶의 질 향상을 위한 주거환경 디자인
천진희 | 상명대 디자인대학 실내디자인전공

264 사회복지와 문화
박병현 | 부산대 사회복지학과

265 장애인복지의 이론과 실제
이선우 | 인제대 사회복지학과

266 창의성 개발을 위한 디자인교육 콘텐츠
김선영 | 인천가톨릭대 조형예술대학 환경디자인학과

267 구성주의 사회복지 실천 기술론
고미영 | 서울신학대 사회복지학과

268 장애아교육학
김기흥 | 부산교육대 유아교육과

269 지역사회복지와 자원부문
한상진 외 | 울산대 사회학과

270 환경관리회계
육근효 | 부산외국어대 회계학부

271 인권 관점에서 보는 장애인복지
유동철 | 동의대 사회복지학과

272 정신증상
송지영 | 경희대 의과대학병원 신경정신과

273 사이버공간의 사회심리학
이성식 외 | 숭실대 정보사회학과

274 노인에 대한 사회적 돌봄과 돌봄서비스의 질 보장
최희경 | 신라대 가족노인복지학과

275 아동 심리치료의 실제
신현균 | 전남대 심리학과

276 사회복지와 위험관리
노충래 | 이화여대 사회복지전문대학원

277 국제 탄소시장의 이해
양승룡 | 고려대 식품자원경제학과

278 타자의 초상
신문수 | 서울대 영어교육과

279 한국정치와 환경정치
나정원 | 강원대 정치외교학과

280 북한이주민
윤인진 | 고려대 사회학과

281 음주의 사회경제적 비용
정우진 외 | 연세대 보건대학원

282 지방정치와 동북아 도시거버넌스
박재욱 | 신라대 행정학과

283 노숙인 복지론
남기철 | 동덕여대 사회복지학과

284 유럽통합과정과 지역협력
이규영 | 서강대 국제대학원

285 사회복지재정 연구
지은구 | 계명대 사회과학대학 사회복지학과

286 지역사회 교육개혁을 위한 시민사회 조직의 참여
김영화 | 홍익대 교육학과

287 복지사회를 대비한 국민연금의 구조개혁
박영석 외 | 서강대 경영학부

288 한미 FTA 지재권 협상에 따른 의약품 분야 사회후생 변화
오근엽 | 충남대 무역학과

289 산업입지, 환경 그리고 지역경제
이기동 외 | 계명대 국제통상학과

290 감성지능 개발을 통한 삶의 질 향상
김경수 외 | 전남대 경영학부

291 교육복지론
이용교 외 | 광주대 사회복지학부

292 인간과 행복에 대한 철학적 성찰
박찬국 | 서울대 철학과

293 유럽연합의 사회통합 사례와 교훈
이무성 | 명지대 정치외교학과

294 민영화와 사회후생
이상호 | 전남대 경제학부

295 북한의 교육학 체계 연구
최영표 외 | 동신대 교육대학원

296 한국 지속가능발전의 구조와 변동
정대연 | 제주대 사회학과

297 우리나라의 공익 연계 마케팅에 관한 연구
임승희 | 전주대 경영학부

298 시각장애인복지론
김영일 | 조선대 특수교육과

299 그린에너지와 환경촉매
정석진 | 경희대 화학공학과

300 취약학교 초등학생을 위한 온라인 보건교육 프로그램
박경옥 | 이화여대 보건관리학과

301 신탁제도를 통한 고령자의 보호와 지원
최수정 | 서강대 법학전문대학원

302 사회적 약자계층에 대한 실태분석 및 정책방안
이은우 외 | 울산대 경제학과

303 한류 문화와 동북아 공동체
최혜실 | 경희대 국어국문학과

304 노동유연화와 해고보호법
권혁 | 부산대 법학전문대학원

305 사회복지 위험관리의 이해
박미은 | 한남대 사회복지학과

306 의료기관의 회계와 세무
노준화 | 충남대 경영학부

307 여성인적자원의 전문성 확보를 위한 경력개발
백지연 | 이화여대 국제사무학과

308 정신병리
강선경 | 서강대 신학대학원

309 바다의 반란 적조
윤양호 | 전남대 해양기술학부

310 한국 장애인 복지 발달사
이성규 | 서울시립대 사회복지학과

311 서양예술 속의 동양 탐색
진상범 | 전북대 독어독문학과

312 한국인의 도덕성 발달 진단
문용린 | 서울대 교육학과

313 영국정치와 국가복지
고세훈 | 고려대 공공행정학부

314 인간학적 사유를 여는 중도 · 중복장애 교육학
이숙정 | 단국대 특수교육과

315 개별화 교육과정
이소현 | 이화여대 특수교육과

316 인간의 긍정적 성품
권석만 | 서울대 심리학과

317 지방자치와 지역여성의 전망
이혜숙 | 경상대 사회학과

318 한국 현대 노년소설 연구
전흥남 | 한려대 교양학부

319 정보격차 해소를 위한 창의적 정보교육 프로그램
이영준 외 | 한국교원대 컴퓨터교육과

320 한국 가족과 젠더
손승영 | 동덕여대 교양학부

321 한국의 복지혼합
김진욱 | 서강대 신학대학원

322 사회자본과 자원봉사
김태룡 외 | 상지대 행정학과

323 농촌교육복지연구
박삼철 | 단국대 교양학부

324 사회정체성 평가 차원에 대한 국제비교조사
이명진 | 고려대 사회학과

325 캐나다 복지국가 연구
조영훈 | 동의대 사회복지학과

326 한국의 소수자운동과 인권정책
전영평 외 | 서울대 행정대학원

327 한국과 미국의 보육서비스 전달체계와 품질 비교분석
김근세 외 | 성균관대 국정관리대학원

328 한국사회의 소득불평등과 국민 의료이용
이용재 | 호서대 사회복지학과

329 정보시대의 인간안보
조화순 | 연세대 정치외교학과

330 가족의 사회경제적 특성과 아동발달
김광혁 | 전주대 사회복지학과

331 초 · 중 · 고등학생의 학업소진 진행과정 및 경로분석
이상민 | 고려대 교육학과

332 다문화사회의 사법통역
이지은 | 이화여대 통역번역대학원

333 동아시아 지역주의
유현석 | 경희대 정치외교학과

334 환경친화적 공공시설관리와 지역공동체의 삶의 질
이소영 | 중앙대 실내디자인 · 주거환경학과

335 의료보험의 법정책
김나경 | 성신여대 법과대학

336 양극화 시대 가족해체와 청소년의 적응에 관한 한국과 미국의 비교 연구
오승환 외 | 울산대 사회복지학과

337 기업의 사회적 책임과 지역경제사회 발전 연구
허영도 외 | 울산대 경영학부

338 노인의 삶의 질 향상을 위한 온라인 소셜 네트워크 구축 방안
김진우 | 연세대 경영학과

339 청소년 생활역량
윤명희 외 | 동의대 평생교육학과

340 외국인 배우자의 다양성과 국제결혼의 안정성
김두섭 | 한양대 사회학과

341 정보인권의 규범구체화
이민영 | 가톨릭대 법학과

342 한국 사회복지실천의 고유성
최성재 외 | 서울대 사회복지학과

343 스웨덴의 환경책임 실천모형
최희경 | 경북대 행정학부

344 자율운동과 주거공동체
윤수종 | 전남대 사회학과

345 한국인의 공공봉사동기
김상묵 | 서울과학기술대 행정학과

346 한국 이혼가정 아동의 성장
김혜숙 | 경인교육대 교육학과

347 동양 사상과 노인 복지
홍승표 외 | 계명대 사회학과

348 노동과 사회보장의 연계
오문완 | 울산대 법학과

349 학습장애 위험군 아동의 조기선별을 위한 읽기검사 표준화 연구
김애화 외 | 단국대 특수교육학과

350 신 · 재생에너지에 기초한 녹색성장과 사회통합
김인호 | 이화여대 법학전문대학원

351 문화교류역량과 다문화 경영이 기업 경영성과에 미치는 영향
임병학 외 | 부산외대 경영학부

352 빈곤영유아의 발달과 적응
정익중 외 | 이화여대 사회복지학과

353 민사법질서와 인권
양천수 | 영남대 법학전문대학원

354 성년후견제도와 사회복지제도의 연계
신권철 | 서울시립대 법학전문대학원

355 한국 다문화사회의 이방인
김순양 | 영남대 행정학과

356 현대 시민사회와 소비자계약법
이병준 | 한국외대 법학전문대학원

357 개인의 사회적 정보보호를 위한 공공 정보서비스 개선 연구
장항배 | 상명대 경영학과

358 여성교육투자에 대한 교육경제학적 탐색
백일우 외 | 연세대 교육학부

359 사회적 기업과 지속가능한 지역발전
임업 외 | 연세대 도시공학과

360 다문화가정 구성원에 대한 투트랙 한국어 교육방안 연구
박시균 | 군산대 국어국문학과

361 아시아의 빈곤과 한국기업의 역할
한인수 | 충남대 경영학부

362 유치원 · 초등학교 연계 환경교육
박희숙 | 공주대 유아교육학과

363 비정규 고용과 사회정책
구인회 외 | 서울대 사회복지학과

364 사생활의 자유에 관한 비교법적 연구
이창현 | 서강대 법학전문대학원

365 다중융합 환경 기반의 미디어스킨을 활용한 문화콘텐츠 디자인 적용방안에 관한 연구
오문석 외 | 광운대 미디어영상학부

366 북한이탈주민 여성의 성인식 관련 기초 조사
한인영 외 | 이화여대 사회복지학과

367 노인주택 파노라마
유선종 | 건국대 부동산학과

368 시설보호 청년의 적응
정선욱 | 덕성여대 사회복지학과

369 다수 집단과 소수 집단의 심리
김혜숙 | 아주대 심리학과

370 바이오 휴머니티
권택영 | 경희대 영어학부

371 프랑스 다문화교육의 이해
이경수 | 상명대 불어교육과

372 한 · 중 서비스산업의 비교분석과 교역 확대 방안
김상호 | 리츠메이칸 아시아태평양대 국제경영학부

373 현대의학에 있어서 생명의 시간과 인간의 존엄
김학태 | 한국외대 법학전문대학원

374 0~3세 영유아의 영상물 과몰입 실태조사 및 정신건강증진 프로그램 개발과 적용
이경숙 | 한신대 재활학과

375 복지국가의 조세와 정치
양재진 외 | 연세대 행정학과

376 청소년기 자살행위 실태와 관련 요인
박선희 | 경희대 간호과학대학

377 기술혁신에 따른 지역 간 정보격차
최정혜 외 | 연세대 경영대학

378 한국 사회의 이중구조와 생애주기적 불평등
안상훈 편 | 서울대 사회복지학과

379 소비자의 친환경행동에 영향을 미치는 사회적 · 경제적 가치에 대한 고찰
송재기 | 텍사스테크대 경영학과

380 어머니 양육행동 관련 변인들과 유아 사회정서행동 간의 구조모형 분석
심숙영 | 숙명여대 원격대학원

381 조선족 여성, 동남아시아 여성 그리고 새터민의 적응 유형 분석 및 삶의 질 향상 방안 모색
정태연 | 중앙대 심리학과

382 세계의 연금, 한국의 연금
허만형 | 중앙대 공공인재학부

383 노인요양원과 문화 변화
최재성 | 연세대 사회복지학과

384 시민사회와 국제개발협력
손혁상 | 경희대 공공대학원

385 복지국가의 변화와 빈곤정책
김윤태 | 고려대 사회학과

386 다문화가정의 미디어 이용과 사회적 자본의 관계
진창현 | 경기대 경영학과

387 사회진출 대졸 초년생의 탄력성 변화 양상
이상민 | 고려대 교육학과

388 사회자본과 경제발전 그리고 정부의 질
도수관 | 대구가톨릭대 행정학과

389 망명과 귀환이주
서장원 | 고려대 독일문화학과

390 근거기반실천과 사회복지
김유진 | 경북대 사회복지학부

391 인터넷상 정보 유통에 대한 새로운 저작권 규율 방향 모색
박준석 | 서울대 법학전문대학원

392 한국 사회의 인종차별적 담화구조
이창수 | 한국외대 통역번역대학원

393 사회복지사의 사회복지 가치 지향
김용석 | 가톨릭대 사회복지학과

394 개인정보의 국제적 유통에 따른 법적 문제와 대책
박훤일 | 경희대 법학전문대학원

395 정신장애인의 인권
서미경 | 경상대 사회복지학과

396 취약계층 비만청소년들의 체중관리를 위한 건강증진 프로그램의 효과
김영호 | 서울과학기술대 스포츠과학과

397 한국 전통의 돈의 문학사, 나눔의 문화사
서신혜 | 한양대 창의 · 융합교육원

398 와이파이 공간과 모바일 정보 격차
이건학 | 서울대 사회과학대학

399 도시정비사업의 법적 쟁점과 해설
성중탁 | 경북대 법학전문대학원

400 사회서비스 제공기관의 조직요인과 성과
신창환 | 경북대 사회복지학부

401 도시 사운드스케이프 디자인
전진용 외 | 한양대 건축공학부

402 지방의회 의원윤리연구
김택 | 중원대 경찰행정학과

403 발달장애인 자립생활 증진을 위한 역량탐색 및 주거로서의 해결과제
김라경 | 광주교육대 교육학과

404 외국인고용제도개선과 인권
김상호 외 | 경상대 법과대학

405 사회복지연구에서 질적방법과 분석
김인숙 | 가톨릭대 사회복지학과

406 현대미술에서의 예술적 성장과 창의적 인재양성
백경미 | 울산과학기술원 기초과정부

407 현대인의 삶과 문화예술교육
곽삼근 | 이화여대 교육학과

408 문화적 배경과 체화된 인지
민동원 | 단국대 경영학부

409 아동 섭식행동평가 척도 표준화 및 섭식문제 현황 조사
정경미 | 연세대 심리학과

410 잊혀질 권리: 이상과 실현
문재완 | 한국외대 법학전문대학원

411 인권의 지역화: 일상생활의 인권 증진을 위하여
김중섭 | 경상대 사회학과

412 다문화 시대 이주민의 한국어 의사소통
민병곤 외 | 서울대 국어교육과

413 다문화 시대의 문화교육 커리큘럼
윤여탁 외 | 서울대 국어교육과

414 다문화 시대의 통일교육
박성춘 외 | 서울대 윤리교육과

415 다문화 시대 사회 통합을 위한 시민 교육
이진석 외 | 부산대 일반사회교육과

416 다문화 관련 법률 및 제도
박성혁 외 | 서울대 사회교육과

417 생태복원의 인문학적 상상력
김성도 외 | 고려대 언어학과

418 다국내 출생 다문화가정 청소년의 아픔과 분투: 사회적 차별로부터의 회복과 성장
서영석 | 연세대 교육학과

419 종교심리학의 이해: 죽음인식의 논의를 중심으로
김재영 | 서강대 종교학과

420 글로벌 시대의 사회통합: 세계적 추세와 한국의 위상
장용석 외 | 연세대 행정학과

421 소규모 사회적기업과 소셜미디어 마케팅
박철 | 고려대 글로벌비즈니스대학

422 동아시아 가면극의 역사와 전승양상
전경욱 | 고려대 국어교육과

423 무엇이 우리를 행복하게 하는가?
구교준 외 | 고려대 행정학과

424 디지털 중독의 이해와 대응 방안
오원석 외 | KAIST 경영대학

425 지속가능발전목표(SDG) 시대 한국의 복지와 행복지표 측정
한준 외 | 연세대 사회학과

426 지방정부 간 사회복지 불균형과 시민 행복
장용석 외 | 연세대 행정학과

427 일 · 여가의 변화와 행복 복지
유홍준 외 | 성균관대 사회학과

428 가족시간과 삶의 질
이윤석 외 | 서울시립대 도시사회학과

429 사회복지사의 유데모니아: 사회복지의 가치와 보람, 그리고 행복
송인한 외 | 연세대 사회복지대학원

430 행복을 위한 움직임
안문경 | 국민대 교양대학

431 읽기 장애 조기 선별검사의 측정학적 적합성 연구
여승수 | 부산교육대 유아교육학과

432 문화적 다양성과 창의성: 심리학적 관점
장재윤 | 서강대 심리학과

433 내일의 종언(終焉)? 가족자유주의와 사회 재생산 위기
장경섭 | 서울대 사회학과

434 산림공유자원관리로서 금송계 연구
배수호 외 | 성균관대 행정학과

435 한국 경제발전의 문화적 기원: 추격성장, 발전국가 그리고 문화적 혼종성
김명수 | 한양대 정보사회학과

436 4차 산업혁명의 일자리 진화
이민화 | KAIST 미래전략대학원

437 금융 분야에 있어서 4차 산업혁명 시대와 일자리 대책
고동원 | 성균관대 법학전문대학원

438 노동의 디지털화와 산업노동의 미래: 독일 산업 4.0을 중심으로
임운택 | 계명대 사회학과

439 4차 산업혁명과 고등교육 개혁
김민희 외 | 대구대 교직부

440 4차 산업혁명과 일자리 정책의 미래
권혁 외 | 부산대 법학전문대학원

441 복지공급론: 보건복지의 수단과 체계
강창현 | 단국대 공공관리학과

442 생각 중심 교육
박주용 | 서울대 심리학과

443 청소년 독자의 정체성과 문식 활동
이순영 | 고려대 국어교육과

444 인간의 심리를 조작하는 사회공학기술
김석수 | 한남대 멀티미디어학부

445 한국사회 이타적 행동에 대한 이해
강철희 외 | 연세대 사회복지대학원

446 이주민의 사회적 배제: 세대 간 전이와 민족 계급화를 중심으로
최혜지 | 서울여대 사회복지학과

447 사회복지, 업의 변화와 마케팅
이원준 | 청주대 경영학과

448 충남 민속의 이해
이필영 | 한남대 역사교육과

449 한국 청소년들의 공동체지향목표
신종호 외 | 서울대 교육학과

455 한국 다문화 사회의 교육과 복지 실천
김영순 외 | 인하대 사회교육과

아산재단연구보고서

040 세계화시대의 사회 · 문화의식
신행철 외 | 제주대 사회학과

041 국내 외국인 노동자의 문제와 대책
성규탁 외 | 연세대 사회복지학과

042 노인인력 활용정책과 프로그램
김정후 외 | 강원대 법과대학

043 한일간 학술교류 현황과 활성화방안
정홍익 외 | 서울대 행정대학원

044 계량모형에 의한 한일 경제관계의 이해
김명직 외 | 한양대 경제학부

045 직장인의 음주행태와 삶의 질
진기남 외 | 연세대 보건행정학과

046 유통정보 시스템의 구조와 설계
정용길 | 충남대 경영학과

047 남북통일 이후 사회통합을 위한 교육의 역할
안기성 외 | 고려대 교육학과

048 대중음악에 심취한 청소년들의 심리적 특성
김인경 외 | 연세대 인간행동연구소

049 멀티미디어 시스템을 활용한 교육환경의 개선방안
김한일 | 제주대 컴퓨터교육학과

050 탈냉전기 한일관계의 쟁점
최상룡 | 고려대 정치외교학과

051 자치시대 새로운 '삶의 질' 지표의 모색
김형기 외 | 경북대 경제통상학부

052 유럽통합의 역내외 협력과 갈등
이호재 외 | 고려대 정치외교학과

053 21세기를 대비한 신노사관계
김재원 | 한양대 경제학부

054 대학의 시간제학생 등록제
안규철 외 | 전남대 교육학과

055 21세기에 대비한 방송통신정책
한진만 외 | 강원대 신문방송학과

056 주민참여를 통한 혐오시설 관리운영방안
박균성 외 | 경희대 법학부

057 여성의 정치적 권리인식과 정치참여
전경옥 외 | 숙명여대 정치외교학과

058 한국인 위장질환과 식생활 · 환경요인 및 *H. pylori* 감염과의 관계
이양자 외 | 연세대 식품영양학과

059 학생과 시민의 자원봉사활동
윤정일 외 | 서울대 교육학과

060 동북아 환경문제와 지역환경협력의 모색
신연재 외 | 울산대 정치외교학과

061 노인 자원봉사활동을 통한 사회통합 프로그램 개발
김동배 | 연세대 사회복지학과

062 물류정보 시스템
김태현 | 연세대 경영학과

063 전자식 문서교환을 이용한 항공화물 운송체계
민재형 | 서강대 경영학과

064 청소년과 성
이근후 | 이화여대 의과대학

065 민족통합과 무궁화호 위성의 남북한 공동활용방안
방정배 | 성균관대 신문방송학과

066 채식주의가 20대 여성의 영양상태와 에스트로겐 대사에 미치는 영향
성미경 | 숙명여대 식품영양학과

067 가상정보공간을 통한 지역개발 활성화 전략
유재천 외 | 한림대 언론정보학부

068 조산아 관리현황 및 정책수립 방안
박상기 외 | 조선대 의과대학

069 남북한관의 의식조사와 통일교육 개선 방안
김동규 외 | 고려대 북한학과

070 동양 전통 자연사상 탐구
장동순 | 충남대 환경공학과

071 초고속정보망의 시뮬레이터 구현
한기준 | 경북대 컴퓨터공학과

072 유통원가 시스템의 유효성
정다미 | 명지대 경영학과

073 국악과 문화관광의 만남
정익준 외 | 동아대 국제관광통상학부

074 기업의 지식경영 활용사례
김창은 | 명지대 산업공학과

075 선진국과 한국의 직업교육 · 훈련제도의 특성과 한계
정주연 | 고려대 경제학과

076 제주지역 성인 여성의 자원봉사활동
이상철 외 | 제주대 사회학과

077 M&A와 문화충돌 관리
박원우 | 서울대 경영학과

078 폐금속광산 인근 주민들의 중금속 오염실태
정종학 외 | 영남대 의학과

079 북한 농촌 · 농업실태와 인력자원개발 시스템을 통한 북한 농민의 구호방안
박성열 | 건국대 교육공학과

080 중소 소매점의 경쟁력과 소매성과
채명수 외 | 한국외대 무역학과

081 고령자를 위한 쾌적한 실내온도와 착의량의 설정
정운선 | 안동대 의류학과

082 지역문화 이벤트 PR
박종민 | 경희대 언론정보학부

083 인터넷 지역정보화의 실태와 전략
유평준 외 | 연세대 행정학과

084 여성 삶의 질 향상을 위한 사회교육 활성화 방안
김양희 | 중앙대 가족복지학과

085 벤처기업과 벤처금융
강대석 외 | 충남대 무역학과

086 구조조정기에 있어서 실업대책과 사회 안전망 구축
박천익 | 대구대 경제학과

087 한국 유아의 조기교육
이명조 외 | 한국외대 교육대학원

088 남북한 경제공동체 형성전략
이상만 | 중앙대 경제학과

089 지방자치회계의 투명성과 주민의 알 권리
권찬태 외 | 경북대 경영학부

090 정치지도자의 정책리더십
이해영 | 경일대 행정학과

091 경제위기와 한국인의 복지의식
신광영 외 | 중앙대 사회학과

092 북한의 노동
김강식 | 한국항공대 경영학과

093 우리나라 중소기업의 정보기술 활용 현황과 경쟁력 강화를 위한 제안
정승호 | 부산외대 정보시스템학과

094 인간배아복제의 법적 · 윤리적 문제점과 그 해결방안
최병규 | 한경대 법학부

095 가치변화에 따른 투표행태
조찬래 외 | 충남대 정치외교학과

096 인터넷 경매에서의 계약체결과 소비자 보호
이기수 외 | 고려대 법과대학

097 세계화시대 남북한 통합의 방향과 과제
윤민재 | 서울대 사회발전연구소

098 글로벌 시대 지방정부의 문화마케팅 전략
박흥식 | 중앙대 행정학과

099 대졸여성실업의 실태분석 및 대학-노동시장 간 효율적 연계방안
이은우 외 | 울산대 사회과학부

100 그린 투어리즘의 분석
이응진 | 대구대 관광학부

101 지방자치단체장의 부정부패
오일환 | 한양대 아태지역연구센터

102 산업화가 유교체제하 중국여성의 지위에 미친 영향
천성림 | 배재대 사회과학연구소

103 움직이는 말하기
유혜숙 외 | 나사렛대 교양학부

104 장애학생을 위한 특수교육공학의 활용
김용욱 | 대구대 중등특수교육과

105 지식기반사회의 평생교육 이해와 평생교육 프로그램 개발
박성열 | 건국대 교육공학과

106 N세대의 미술교육
김동철 | 대구교육대 미술교육학과

107 노후계획과 투자
권택호 | 여수대 국제통상학과

108 영화산업
양영철 | 경성대 연극영화학부

109 동유럽의 변혁과 언론의 역할
정대수 | 경남대 정치언론학부

110 환율, 임금, 물가가 국제경쟁력 및 수출입산업에 미치는 영향
하인봉 | 경북대 경제통상학부

111 일본기업의 기술혁신 전략
위정현 | 중앙대 상경학부

112 노후보장정책과 역저당연금제도
조덕호 외 | 대구대 행정학과

113 유비쿼터스 라이프와 미래 사회
김석수 | 한남대 멀티미디어공학과

114 죽음과 관련된 생명윤리적 문제들
구인회 | 가톨릭의과대 인문사회과학교실

115 경제적 세계화와 빈곤문제, 그리고 국가
김준현 | 한일장신대 인문사회과학부

116 한국의 세계불교유산
김종명 | 한국학중앙연구원 한국학대학원

117 복지레저서비스론
고태규 | 한림대 국제학부

118 자생적 철학체계로서 인간중심철학
선우현 | 청주교대 윤리교육과

119 전략적 통합과 한반도 평화체제
김승채 | 고려대 정책대학원

120 환경사법론
전경운 | 경희대 법학부

121 인터넷 자료를 통해 본 한국의 이혼문화와 사회복지
성정현 외 | 협성대 사회복지학과

122 유럽연합의 사회정책에 관한 연구
문진영 | 서강대 신학대학원 사회복지학과

123 여성건강의 통합적 관점
김혜원 | 관동대 간호학과

124 복잡계 네트워크 과학
강병남 | 서울대 물리천문학부

125 경제적인 3세대 전원주택 개발
박근준 | 호서대 건축공학과

126 사회복지와 인적자원개발
이상일 | 인제대 국제경상학부